Wie lernt ihr mit deutsch.p

deutsch.punkt besteht im Wesentlichen aus zwei Teilen:

1. Unterrichtsvorhaben,
die im Unterricht bearbeitet werden. Dazu gehören auch die Lesekapitel, deren Seiten besonders gekennzeichnet sind.

2. Lernstationen,
die ihr sowohl im Unterricht als auch selbstständig außerhalb des Unterrichts bearbeiten könnt.

Die Unterrichtsvorhaben sind den folgenden Bereichen zugeordnet:

- Nachdenken über Sprache
- Umgang mit Texten/Medien
- Sprechen und Zuhören
- Schreiben

Besonders wichtige Dinge in den Unterrichtsvorhaben sind mit Symbolen gekennzeichnet:

Merke | **Tipps** | **Arbeitstechnik** | **Prüfe**

Folgende Piktogramme werden im Buch verwendet:

Lesekapitel

Lernspiegel

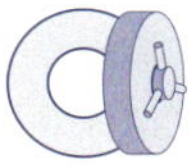
Lernlexikon

Lerndossier

Partnerarbeit

Spiel/szenisches Spiel

Gruppenarbeit

fächerverbindende Aufgabe

Überall im Buch findet ihr auf der Randspalte Querverweise. Sie zeigen euch jeweils, an welchen Stellen im Buch ihr das, was ihr gerade bearbeitet, weiter vertiefen könnt, wo ihr Beispiele findet usw.

▶▶ **Seite 11 ff.**
UV „Schule hier und anderswo“

Inhaltsverzeichnis

Unterrichtsvorhaben und Lesekapitel

Schule hier und anderswo – Sich argumentativ mit Sachverhalten auseinandersetzen 11

Schule hat viele Gesichter – Gedanken äußern und aktiv zuhören 12
Noten fürs Verhalten? – Meinungen und Argumente unterscheiden 14
Schuluniform – Argumente sammeln 16
Bildung in Zahlen – Grafiken zum Argumentieren nutzen 18
Heiße Themen hart diskutiert – Diskussionsformen 20
Impulse zur Weiterarbeit 22

Ich-Suche – Produktionsorientiertes Schreiben 23

Selbstbildnisse – Porträts als produktiver Schreibanlass 24
Spiegelbilder – Gedankenreden verfassen 26
Suchendes Ich – Texte fortsetzen 28
Zukunftsvisionen – Paralleltexte schreiben 30
Perfektes Ich? – Texte in eine andere Gattung übertragen 32
Impulse zur Weiterarbeit 34

Dem Täter auf der Spur – Krimis erschließen 35

Spuk im Spiegel – Eine Kriminalgeschichte untersuchen 36
Sherlock Holmes & Co – Berühmte Detektive kennen lernen 38
„Tat, Tatort, Täter…“ – Typische Merkmale einer Kriminalgeschichte 40
Allerlei Verbrechen – Kriminalgeschichten selbst gestalten 42
Impulse zur Weiterarbeit 44

Alaska – Ein Land entdecken im Projekt 45

Faszinierendes Alaska – Ein Projekt planen 46
Natur, Land und Leute – Gruppenarbeit organisieren, üben, auswerten 48
Die Geschichte Alaskas – Präsentieren 52
Die Inuit – In Projekten arbeiten 54
Impulse zur Weiterarbeit 56

Eine Zeitreise durch die Geschichte der Mode – Zeitformen kennen lernen 57

Der Gang durch mehrere Jahrhunderte – Präteritum und Plusquamperfekt 58
Mode im Wandel – Der Gebrauch der Vergangenheitsformen 60
Und was kommt jetzt? – Futur I und Futur II 62
Impulse zur Weiterarbeit 64

Klasse Party! – Aktiv und Passiv 65

Eine Party wird geplant – Aktiv und Passiv unterscheiden 66
Vorbereitungen auf Hochtouren – Die Bildung des Passivs 68
Schlemmereien – Vorgänge beschreiben 70
Unterhaltung pur – Passiv in der Vergangenheit 72
Alles hat ein Ende... – Aktiv und Passiv in verschiedenen Zeitformen 74
Impulse zur Weiterarbeit 76

Faszination Wassersport – Rechtschreibung 77

Abtauchen in den Ferien – Wenn Adjektive und Verben zu Nomen werden 78
Im Trainingslager – Groß- und Kleinschreibung von Zeitangaben und Eigennamen 80
Lacanau, im Tal der Wellen – Zusammen- und Getrenntschreibung 82
Impulse zur Weiterarbeit 84

Die Kraft der Sonne – Nebensatzarten, Zeichensetzung 85

Faszination Sonne – Haupt- und Nebensätze 86
Die Erforschung der Sonne – Adverbial- und Relativsätze 88
Das unerschöpfliche Kraftwerk Sonne – *das/dass*-Schreibung 90
Die Sonne als Quelle allen Lebens – Kommasetzung bei Einschüben und Infinitivgruppen 92
Impulse zur Weiterarbeit 94

Richtiges Schreiben, eine Kunst? – Trainingsstation zum Rechtschreiben 95

Geschriebenes überprüfen – Fehlerschwerpunkte feststellen 96
Mitsprechen – Laute und Silben hören 98
Schreibweisen hörbar machen – Verlängern, Wortfamilien bilden und ableiten 100
Wörter zum Lernen – Dehnungszeichen, F-Laute, X-Laute 102
Die Umgebung im Satz beachten – Großschreibung 104
Impulse zur Weiterarbeit 106

Von früher und heute erzählen – Balladen untersuchen 107

Dramatische Erzählgedichte – Balladen und ihre Merkmale kennen lernen 108
Von Rittern und Nixen – Inhaltsangaben schreiben I 110
Ein bedeutungsvoller Becher – Inhaltsangaben schreiben II 112
Loreley, die geheimnisvolle Schöne – Balladen vergleichen 114
Fauler Zauber – Eine Ballade sinnbetont vortragen 116
Von Vampiren und Werwölfen – Moderne Balladen 118
Impulse zur Weiterarbeit 120

Kleine Fluchten – Umgang mit Medien 121

Computerspiele – Angaben erschließen 122
Spiele nur für Jungen? – Bilder und Sachtexte verstehen 124
Spielsucht – Wirkungsweise von Medien untersuchen 126
Entwicklung von Computerspielen – Sachtexten Informationen entnehmen 128
Von der Idee zum Spiel – Ein Spiel entwickeln 130
Impulse zur Weiterarbeit 132

Mittelalterliche Welten – Einblicke in vergangene Zeiten 133
Auf dem Lande – Bäuerliches Leben 134
Ulrich von Hutten – Ritterliche Lebensformen 136
Ora et labora – Als Novize im Kloster 138
Der Handschuh – Eine höfische Herausforderung 142
Impulse zur Weiterarbeit 144

Fantasie pur – Die Kraft der Vorstellung 145
Die Magie der Worte – Tintenherz 146
Die fantastische Welt unter uns – Artemis Fowl 148
Tolkiens fantastische Welt – Der kleine Hobbit 150
Magische Fähigkeiten – Die Wellenläufer 152
Ein Autor erklärt sich – Interview mit Kai Meyer 154
Impulse zur Weiterarbeit 156

Familienbande – Dramatische Texte lesen und spielen 157
Immer darf er zuerst – Konkurrenz unter Geschwistern 158
Papas Neue – Veränderungen in der Familie 160
Stiefmutter – Was ist eine gute Mutter? 162
„Mama meint es doch gut mit dir“ – Übertriebene Mutterliebe 164
Vater und Tochter – Liebe zwischen Eltern und Kindern 166
Impulse zur Weiterarbeit 168

Geld regiert die Welt – Sachtexten Informationen entnehmen 169
Woher kommt das Geld? – Bild und Text verknüpfen 170
Das eigene Geld – Sachtexte und Tabellen auswerten 172
Was man sich mit Geld alles kaufen kann – Tabellen erstellen und auswerten 174
Geld sparen, Geld vermehren, Geld verlieren – Textabsichten erkennen 176
Wer ist hier arm, wer ist hier reich? – Texte aufeinander beziehen 178
Impulse zur Weiterarbeit 180

Es lebe der Sport?! – Geschichten zum Lesen und Nachdenken 181
Die Angst überwinden – Was heißt hier Feigling! 182
Eine Freundschaft auf der Probe – Salto abwärts 186
Sekunden, die das Leben verändern – Das Schicksal eines Skiläufers 190
Impulse zur Weiterarbeit 192

Lernstationen

Lesestrategien, Lesetechniken 194

1. Lesegewohnheiten überprüfen 194
2. Lesestrategien – Sich einen Text erschließen 196
3. Was ich über Lesestrategien, Lesetechniken gelernt habe – Evaluation 205

Sich und andere informieren 206

1. Fragen stellen 206
2. Recherchieren im Internet 207
3. Informationen aus dem Internet bewerten 212
4. Was ich über das Informieren mithilfe des Internets gelernt habe – Evaluation 213

Schreiben 214

1. Schreiben, aber wie? 214
2. Schreiben als Prozess gestalten 214
3. Formen mit besonderen Anforderungen: Berichten und Beschreiben 219
4. Kreatives Schreiben – Produktionsorientierte Schreibverfahren 227
5. Was ich über das Schreiben gelernt habe – Evaluation 231

Sich verständigen – Gespräche führen – Argumentieren 232

1. Sich verständigen 232
2. Unterschiedliche Gesprächsformen 235
3. Schriftlich argumentieren 240
4. Was ich über Verständigung gelernt habe – Evaluation 245

Umgang mit literarischen Texten 246

1. Erzählende Texte untersuchen 246
2. Balladen untersuchen 254
3. Szenische Texte untersuchen 255
4. Was ich über den Umgang mit literarischen Texten gelernt habe – Evaluation ... 257

Umgang mit Sachtexten 258

1. Fachtexte und ihre Sprache(n) – z. B. Biologie 258
2. Verstehen von Sachtexten – z. B. Überprüfungsaufgaben 261
3. Was ich über den Umgang mit Sachtexten gelernt habe – Evaluation 265

Sprache untersuchen – Grammatik ... 266

1. Wortarten ... 266
2. Das Verb ... 266
3. Satzglieder ... 269
4. Satzreihen und Satzgefüge ... 270
5. Nebensätze ... 271
6. Übungen ... 273
7. Was ich über Grammatik gelernt habe – Evaluation ... 275

Rechtschreibung ... 276

1. Groß- und Kleinschreibung ... 276
2. *das/dass*-Schreibung ... 277
3. Zusammen- und Getrenntschreibung ... 278
4. Zeichensetzung ... 279
5. Übungen ... 280
6. Was ich über Rechtschreibung und Zeichensetzung gelernt habe – Evaluation ... 283

Lern- und Arbeitstechniken ... 284

1. Sich am Unterricht beteiligen ... 284
2. Feedback geben ... 286
3. Diagramme auswerten ... 287
4. Präsentieren ... 290
5. Arbeitsformen im Unterricht ... 292
6. Stummes Schreibgespräch ... 293
7. Lernen mit einer Rechtschreibkartei ... 293

Anhang ... 294

Sachregister, Autoren-, Textsorten-, Textquellen- und Bildquellenverzeichnis ... 295

Unterrichtsvorhaben / Lesekapitel

Unterrichtsvorhaben werden – das sagt schon der Name – vor allem gemeinsam im Unterricht bearbeitet.
Hier das Wichtigste, was ihr über sie wissen müsst:

- Unterrichtsvorhaben fangen immer gleich an: Auf der ersten Seite informieren sie euch, worum es im Wesentlichen in dem Unterrichtsvorhaben geht.
- Unterrichtsvorhaben sind in einzelne (Teil-) Kapitel unterteilt. Ein solches (Teil-) Kapitel umfasst in der Regel eine Doppelseite.
- Auf der linken Randspalte einer Doppelseite ist ausgewiesen, welche Schwerpunkte des Deutschunterrichts jeweils angesprochen werden, z. B.:

- Fünf der Unterrichtsvorhaben setzen auf allen Doppelseiten den Schwerpunkt beim „Umgang mit Texten“ – hier dreht sich alles um das Lesen.

- Durch Verweise in den Randspalten (z. B. auf die Lernstationen) sieht man für einzelne Lernziele, an welchen Stellen in deutsch.punkt man nachschlagen und Kenntnisse vertiefen und erweitern kann:

- Am Ende steht immer eine Seite mit „Impulsen zur Weiterarbeit“. Dort findet ihr Anregungen für kleine Projekte, die ihr allein, in Gruppenarbeit oder mit der ganzen Klasse durchführen könnt.

Bei Schwierigkeiten helfen euch auch die Lernstationen weiter. Was es mit ihnen auf sich hat, könnt ihr auf S. 193 nachlesen.

Schule hier und anderswo – Sich argumentativ mit Sachverhalten auseinandersetzen

In unterschiedlichen Ländern gibt es unterschiedliche Schulsysteme, die sich mehr oder weniger voneinander unterscheiden. Durch internationale Vergleiche ist in der Öffentlichkeit eine Diskussion angeregt worden, die die Vor- und Nachteile von Systemen diskutiert. Wer mitreden will, muss sich informieren und eine Meinung argumentativ vertreten können.

Im Einzelnen lernt ihr

- wie man auf der einen Seite seine Gedanken äußern und zugleich aktiv zuhören kann
- Meinungen von Argumenten zu unterscheiden
- dass man Argumente sammeln und vertreten können muss
- verschiedene Formen von Diskussionen kennen
- Tabellen und Diagramme zu lesen und schriftlich zu diskutieren

Sprechen und Zuhören

Umgang mit Texten / Medien

Schule hat viele Gesichter – Gedanken äußern und aktiv zuhören

1 Stellt euch vor, ihr seid eine Schülerin oder ein Schüler auf den jeweiligen Fotos. Äußert einen Wunsch hinsichtlich der Schulsituation. Notiert euch eure Wünsche.

2 Arbeitet nun in einer 4er-Gruppe: Ein Schüler beginnt mit dem ersten Bild und formuliert seinen Wunsch in der Ich-Form. Der nächste Schüler wiederholt diesen Wunsch möglichst genau und formuliert anschließend seinen eigenen Wunsch, der wiederum von dem dritten Schüler wiederholt wird usw.
(z.B. *Jonas: Aishe, du hast dir gewünscht, dass … Ich würde mir wünschen, dass …*)

3 Arbeitet nun innerhalb der Gruppe mit einem Partner und lest den Text folgendermaßen: Einer ist Zuhörer, der andere ist Vorleser. Einer liest den ersten Abschnitt vor, der Zuhörer fasst das Gehörte zusammen. Der Vorleser muss angeben, ob die Zusammenfassung richtig war.

Arbeitstechnik

Aktives Zuhören
Die Aussage des anderen wird mit eigenen Worten wiederholt. Die Gefühle des Gegenübers werden gespiegelt, z.B. „*Dich hat das sehr geärgert.*“ Man fragt nach, wenn man etwas nicht verstanden hat.

Meine Schule und ich: Äthiopien

Ich bin:
Bruke Mekonen Kebed, 13 Jahre, 7. Klasse, Bonga Elementary School, Bonga, Kaffa-Provinz, mehr als 2000 Schüler (Klassen 1–8), 70 Lehrer; ein Lehrer betreut ca. 30 Schüler

Manche laufen drei Stunden bis zur Schule
Mein Schulweg ist nicht weit, weil ich mitten in Bonga wohne. Aber manche meiner Kameraden brauchen zu Fuß drei Stunden für den Hinweg und genauso lange zurück. Am liebsten mag ich den Englischunterricht. Der Lehrer ist nett, bei dem haben wir auch Sport. Fußball finde ich ganz toll. Unsere Schule liegt mitten im Ort, mit einem großen Fußballplatz direkt neben den Gebäuden. Ich spiele auch im Verein von Bonga.

Eigentlich gehe ich gerne zur Schule
Unsere Schule liegt im Südwesten von Äthiopien und ist die größte in der Stadt Bonga. Allein von den siebten Klassen gibt es zehn. Die meisten meiner 68 Mitschüler sind älter als ich; einige sogar schon 18 Jahre, denn bei uns werden manche Kinder erst spät eingeschult. Eigentlich gehe ich gern zur Schule, aber mich nervt, dass mich die Großen manchmal hänseln, weil ich der Kleinste bin. Ab und zu prügeln wir uns sogar.

Traumberuf: Arzt
Wenn ich groß bin, will ich Arzt werden. Äthiopien ist ein armes Land, da müssen wir hart arbeiten, um weiterzukommen. Auch unsere Schule hat nicht genug Geld und viel zu wenige Klassenräume. Deshalb werden wir abwechselnd unterrichtet: eine Woche vormittags, die nächste nachmittags. Für die ganze Klasse haben wir nur drei Englischbücher. Trotzdem sind wir gern in Bonga. Alles ist grün, und bei uns leben noch wilde Tiere. Im Wald habe ich schon Affen, Vögel und Schlangen gesehen. Manche Leute sagen sogar, es gebe noch Löwen.

4 Nehmt nach der Methode „Gedächtnistraining" Stellung zu dem eben Gelesenen, indem ihr die Situation in Äthiopien mit der eurer Schule vergleicht.

Arbeitstechnik

Gedächtnistraining:
Alle Meinungen sind wichtig
Bildet Gruppen. Jeder in der Gruppe sollte mit mindestens drei Sätzen zu einer Aussage Stellung beziehen. Notiert euch dazu zunächst Stichworte.
Ein Schüler achtet auf die Einhaltung der Regeln: Reihenfolge, ausreden lassen und Mindestanforderung von drei Sätzen.
Dann gibt ein durch Zufall bestimmter Schüler alle Sätze der Gruppe vor der Klasse wieder.
Zum Schluss erhält er nochmals von der Gruppe die Rückmeldung, inwieweit er die Positionen der anderen korrekt wiedergegeben hat.

Sprechen und Zuhören

Schreiben

Noten fürs Verhalten? – Meinungen und Argumente unterscheiden

An der Gesamtschule von Murat und Nina, Klassensprecher der 7.1, wird in den kommenden Wochen in allen Gremien, also innerhalb der Lehrer-, Schüler- und Elternschaft, über so genannte Kopfnoten (Noten für das Arbeits- und Sozialverhalten) diskutiert; deshalb wollen die beiden die Meinung der Klasse in Erfahrung bringen.

Svenja Was sind Kopfnoten?

Nina Statt nur Noten auf dem Zeugnis in den einzelnen Fächern stehen zu haben, sollen Bemerkungen zum Arbeits- und Sozialverhalten auf dem Zeugnis erscheinen, ob du z.B. pünktlich kommst, ob du vorlaut bist usw. Früher standen diese Noten oben auf dem Zeugnis, daher der Name Kopfnoten.

Arvid Find' ich gut, wenn mal jemand schreibt, dass Svenja faul ist.

Murat Hilft mir aber nicht weiter. Ich fänd' es besser, wenn ihr einige Begründungen nennen würdet.

Iljana Ich möchte so etwas nicht.

José Ich schon.

Nina Das hilft uns nicht sehr weiter. Könntet ihr eure Meinung versuchen zu begründen?

Gesine Ich habe die Sorge, dass jemand wegen solcher Noten keine Ausbildungsstelle bekommt. Vielleicht hat es ja Gründe, dass einer sich zu einem bestimmten Zeitpunkt danebenbenimmt. Wenn es ihm dann später wieder besser geht, sieht das keiner mehr, sondern er läuft sein Leben lang mit dem Zeugnis rum. Ich fände das nicht gut.

Anton Aber vielleicht zwingt es andere dazu, sich anzustrengen. Mir täte solch ein Tritt in den Hintern zuweilen gut, wenn es um die Hausaufgaben geht.

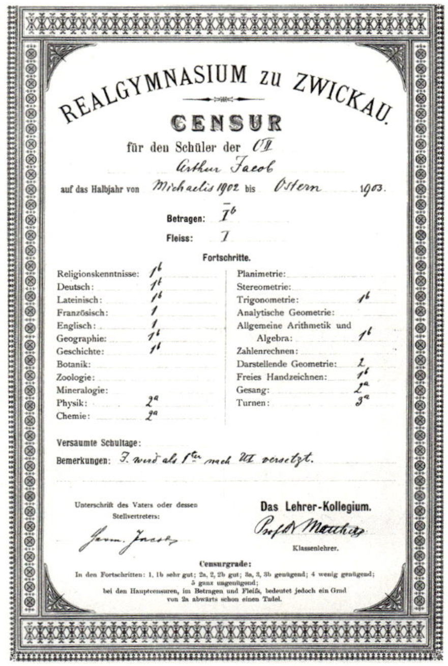

REALGYMNASIUM zu ZWICKAU.

CENSUR

für den Schüler der OII

Arthur Jacob

auf das Halbjahr von Michaelis 1902 bis Ostern 1903.

Betragen: Ib

Fleiss: I

Fortschritte.

Religionskenntnisse:	1b	Planimetrie:	
Deutsch:	1b	Stereometrie:	
Lateinisch:	1b	Trigonometrie:	1b
Französisch:	1	Analytische Geometrie:	
Englisch:	1	Allgemeine Arithmetik und Algebra:	1b
Geographie:	1b	Zahlenrechnen:	
Geschichte:	1b	Darstellende Geometrie:	2
Botanik:		Freies Handzeichnen:	1b
Zoologie:		Gesang:	2a
Mineralogie:		Turnen:	3a
Physik:	2a		
Chemie:	2a		

Versaumte Schultage:

Bemerkungen: J. wird als 1ter nach UI versetzt.

Unterschrift des Vaters oder dessen Stellvertreters:

Das Lehrer-Kollegium.

Klassenlehrer.

Censurgrade:
In den Fortschritten: 1, 1b sehr gut; 2a, 2, 2b gut; 3a, 3, 3b genügend; 4 wenig genügend; 5 ganz ungenügend;
bei den Hauptcensuren, im Betragen und Fleiß, bedeutet jedoch ein Grad von 2a abwärts schon einen Tadel.

Merke

Eine **Meinung/These** ist die Haltung, die eine Person zu einer strittigen Frage hat. Es gibt oft verschiedene Meinungen/Thesen.
Ein **Argument** ist eine Begründung dieser Meinung/These. Es sollte sachlich und verständlich sein. Dabei kann man auf Tatsachen oder Wertvorstellungen hinweisen oder sich auf jemanden berufen, der als Experte gilt.
Ein **Beispiel** macht ein Argument anschaulicher.

Meinung / These
Ich bin für die Kopfnoten,

Argument
weil ich mit Druck besser arbeite.

Beispiel
Ich würde dann meine Hausaufgaben regelmäßig machen.

1. Erkundigt euch, welche Regelung es diesbezüglich an eurer Schule gibt und wie es zu dieser Regelung gekommen ist.

▸▸ Seite 235 ff.
LS „Sich verständigen – Gespräche führen – Argumentieren"

2. Welche Meinung hat eure Klasse? Erstellt zunächst ein Meinungsbild durch Abstimmung.

3. Begründet eure Meinung mit möglichst vielen Argumenten und führt Beispiele an.

Auch die Landesschüler- und Landesschülerinnenvertretung hat darüber diskutiert und ist zu einem Beschluss gekommen.

Antragstext:
Die LandesschülerInnenvertretung lehnt „Aussagen zum Arbeits- und Sozialverhalten" (im Folgenden: Kopfnoten) für SchülerInnen in NRW ab. [...]

Begründung:
Die schriftlichen Kopfnoten sind ein Rückgriff auf die Disziplinierungsmaßnahmen des preußischen 19. Jahrhunderts. Die zunehmenden Probleme, SchülerInnen mit schwierigem sozialen Hintergrund in den Unterricht der Schulen in NRW zu integrieren, hat die Frage aufgeworfen, wie man den LehrerInnen wieder den nötigen Respekt verschaffen kann. Hierbei greift die Landesregierung nun auf die Methoden der vergangenen Jahrhunderte zurück: „Kopfnoten".

Es ist sehr wohl Aufgabe der LehrerInnen, SchülerInnen zu eigenständigen BürgerInnen in einer demokratischen Gesellschaft zu erziehen, es ist aber nicht ihre Aufgabe, ihre Erfolge in diesem Bereich, die auch von vielen anderen Faktoren (Elternhaus, soziales Umfeld etc.) abhängen, zu bewerten und damit auch für die spätere berufliche Laufbahn der SchülerInnen zugänglich zu machen. LehrerInnen sind auch nur Menschen und so besteht die Gefahr, dass LehrerInnen dieses Instrument absichtlich oder unabsichtlich missbrauchen, um SchülerInnen mit einer anderen Meinung oder Anschauung zu disziplinieren.

An einem Punkt schießt das Gesetz auch über jeden belegbaren Rahmen hinaus, indem es ermöglicht wird, das Sozialverhalten eines Menschen zu beurteilen. Hiermit werden die LehrerInnen überfordert, nur selten kann man einen anderen Menschen so gut kennen, dass man sein gesamtes Sozialverhalten überblicken kann, geschweige denn bewerten. Von den LehrerInnen in NRW wird jetzt erwartet, dass sie dieses gleich klassen- und halbjahresweise schaffen.

4. Klärt zunächst die euch unbekannten Begriffe.
5. Listet die Argumente der LandesschülerInnenvertretung auf.
6. Vergleicht die Argumentation mit eurer, indem ihr Gemeinsamkeiten und Unterschiede herausstellt.
7. Führt jetzt nochmals eine Abstimmung durch. Hat sich eure Meinung geändert?

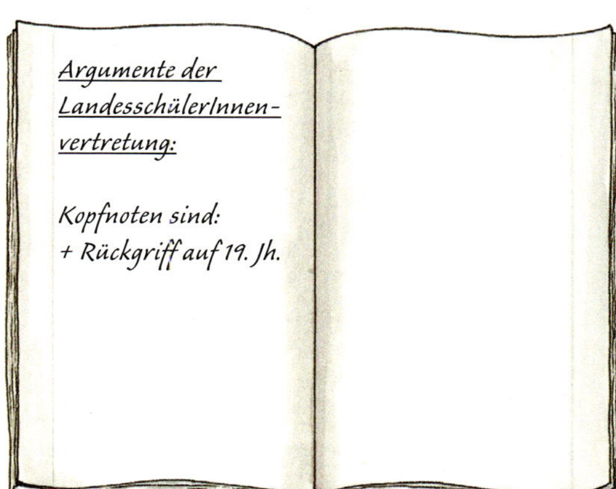

Sprechen und Zuhören

Schreiben

Schuluniform – Argumente sammeln

In vielen Ländern ist es üblich, eine Schuluniform zu tragen. Die Schüler kennen das gar nicht anders. Ob in England, Japan oder Australien – für die meisten dort ist die Schuluniform an der Tagesordnung. In Deutschland gibt es lediglich einige Schulen, die neugierig geworden sind und daraus einen Versuch entwickelt haben. Doch immer wieder werden Stimmen laut, die Schuluniformen flächendeckend für Deutschland fordern.

1 Wo begegnen euch im Alltag Uniformen und wie stellt ihr euch eine Schuluniform vor?

2 Teilt die Klasse in zwei Gruppen. Gruppe 1 bearbeitet die Beiträge der mündlichen Diskussion in Einzelarbeit, die Gruppe 2 den Text „Ein Wechselbad der Gefühle".

▸▸ Seite 292
Gruppenarbeit
LS „Lern- und Arbeitstechniken"

3 Gruppe 1: Legt eine Tabelle mit Pro- und Kontra-Argumenten an und haltet die Argumente stichwortartig fest.

Ein Wechselbad der Gefühle

Am Anfang hatte das Projekt aus einem mit Schülern aus 8. Klassen zusammengewürfelten Haufen eine eingeschworene Gemeinschaft gemacht. Schließlich mussten sie, wann immer sie in ihrem Einheitsoutfit auftraten, Rede und Antwort stehen. Im Bus und auf dem Pausenhof – die Schulkleidung war Dauerthema. Und da wurden nicht nur Nettigkeiten ausgetauscht. In ihrem Projekttagebuch, das sie regelmäßig führten, vermerkten Lisa und Nadine: „Manche Schüler gaben blöde Kommentare ab." Damals störte sie das noch wenig: „Uns selber ist es eigentlich egal, was die anderen dazu sagen. Wir haben mit der Einheitskleidung kein Problem."

Das hat sich inzwischen ein wenig geändert – wenn auch nicht bei allen. […] Nicht nur, dass manche es leid sind, die immer gleichen Fragen zu beantworten. Auch morgens immer zu denselben Klamotten greifen zu müssen, geht auf die Nerven.

Vergangene Woche schließlich wurde in der Klasse die Kardinalfrage gestellt: Machen wir weiter? Ursprünglich hatten schließlich alle zugestimmt, für eine begrenzte Zeit von Ende Oktober bis kommenden Januar (2003) Einheitskleidung zu tragen – auch um ein Zeichen gegen den Markenterror zu setzen. Doch was in der ersten Zeit ein Gemeinschaftsgefühl geschaffen hatte, reißt inzwischen Gräben. Die 9 b hat sich in Befürworter und Gegner gespalten. „Das sind Straßenklamotten. Ich kenne keinen, der jeden Tag die gleichen Sachen anhat", wettert Aussteiger Pablo. Ihm ist das Outfit zu leger. Er tendiert zur „echten Uniform" mit Anzug und Jacke. „Wenn das dann alle tragen, ist der Einheitslook in Ordnung." Dann wäre auch der Unterschied zwischen Schul- und Freizeitkleidung deutlich. Andere in der Klasse sind dagegen mit ihrem neuen Look so zufrieden, dass sie die Schulkleidung keineswegs nur vormittags tragen.

4 Gruppe 2: Legt eine Tabelle an, in der ihr die Pro- und Kontra-Argumente stichwortartig festhaltet.

5 Stellt der jeweils anderen Gruppe mithilfe der Kugellager-Methode eure gesammelten Argumente vor. Positioniert euch so, wie es bei der Kugellager-Methode erklärt wird. Die Teilnehmer des Außenkreises teilen ihrem Gegenüber zunächst die Pro-Argumente mit. Der Gegenüber nennt im Anschluss daran seine Pro-Argumente. Dann wird entsprechend gedreht.

6 Tauscht nun die Kontra-Argumente nach derselben Methode aus.

7 Kommt am Ende wieder alle zusammen und führt die Kontrolle durch: Ein Teilnehmer der Gruppe 1 nennt aus dem Gedächtnis die Argumente von Gruppe 2 und umgekehrt. Die anderen beurteilen, ob alle Argumente erfasst wurden.

Arbeitstechnik

Kugellager

- Die Gruppe stellt sich einander zugewandt in einem Innen- und einem Außenkreis auf und tauscht sich mit ihrem Gegenüber über ein Thema aus.
- Auf ein Zeichen hin rücken die Teilnehmer im Außenkreis um zwei bis drei Plätze weiter und unterhalten sich nun mit ihrem neuen Gesprächspartner.
- Der Vorgang wird maximal viermal wiederholt, wobei sich auch der Innenkreis weiterbewegen kann. Es ist nur darauf zu achten, dass sich nicht zweimal dieselben Partner gegenüberstehen.

Sprechen und Zuhören

Schreiben

Bildung in Zahlen – Grafiken zum Argumentieren nutzen

Timo ist Vertreter in der Schulkonferenz und weiß, dass auf der kommenden Sitzung über die Pisa-Studie debattiert werden wird. Ihm ist es wichtig, dass er gut informiert ist und seine Argumente hieb- und stichfest sind. So verschafft er sich zunächst einmal einen Überblick über das Abschneiden der Länder.

OECD: Abkürzung für (engl.): „Organization for Economic Cooperation and Development", das bedeutet „Organisation für wirtschaftliche Zusammenarbeit und Entwicklung". Diese Organisation wurde 1961 gegründet und hat ihren Sitz in Paris. Die OECD hat derzeit 30 Mitgliedsländer.

Pisa-Länderstudie 2003

Kompetenzen der 15-Jährigen in OECD-Staaten*
(im Mittelwert erreichte Punktzahl)

Lesen

Platz	Land	Punkte
1	Finnland	(543)
2	Südkorea	(534)
3	Kanada	(528)
4	Australien	(525)
5	Neuseeland	(522)
6	Irland	(515)
7	Schweden	(514)
8	Niederlande	(513)
9	Belgien	(507)
10	Norwegen	(500)
11	Schweiz	(499)
12	Japan	(498)
13	Polen	(497)
14	Frankreich	(496)
15	USA	(495)
	OECD-Durchschnitt: 494	
16	Island	(492)
17	Dänemark	(492)
18	Österreich	(491)
19	Deutschland	(491)
20	Tschechien	(489)
21	Ungarn	(482)
22	Spanien	(481)
23	Luxemburg	(479)
24	Portugal	(478)
25	Italien	(476)
26	Griechenland	(472)
27	Slowakei	(469)
28	Türkei	(441)
29	Mexiko	(400)

Mathematik

Platz	Land	Punkte
1	Finnland	(544)
2	Südkorea	(542)
3	Niederlande	(538)
4	Japan	(534)
5	Kanada	(532)
6	Belgien	(529)
7	Schweiz	(527)
8	Australien	(524)
9	Neuseeland	(523)
10	Tschechien	(516)
11	Island	(515)
12	Dänemark	(514)
13	Frankreich	(511)
14	Schweden	(509)
15	Österreich	(506)
16	Deutschland	(503)
17	Irland	(503)
	OECD-Durchschnitt: 500	
18	Slowakei	(498)
19	Norwegen	(495)
20	Luxemburg	(493)
21	Polen	(490)
22	Ungarn	(490)
23	Spanien	(485)
24	USA	(483)
25	Italien	(466)
26	Portugal	(466)
27	Griechenland	(445)
28	Türkei	(423)
29	Mexiko	(385)

Naturwissenschaften

Platz	Land	Punkte
1	Finnland	(548)
2	Japan	(548)
3	Südkorea	(538)
4	Australien	(525)
5	Niederlande	(524)
6	Tschechien	(523)
7	Neuseeland	(521)
8	Kanada	(519)
9	Schweiz	(513)
10	Frankreich	(511)
11	Belgien	(509)
12	Schweden	(506)
13	Irland	(505)
14	Ungarn	(503)
15	Deutschland	(502)
	OECD-Durchschnitt: 500	
16	Polen	(498)
17	Island	(495)
18	Slowakei	(495)
19	USA	(491)
20	Österreich	(491)
21	Spanien	(487)
22	Italien	(486)
23	Norwegen	(484)
24	Luxemburg	(483)
25	Griechenland	(481)
26	Dänemark	(475)
27	Portugal	(468)
28	Türkei	(434)
29	Mexiko	(405)

Problemlösung

Platz	Land	Punkte
1	Südkorea	(550)
2	Finnland	(548)
3	Japan	(547)
4	Neuseeland	(533)
5	Australien	(530)
6	Kanada	(529)
7	Belgien	(525)
8	Schweiz	(521)
9	Niederlande	(520)
10	Frankreich	(519)
11	Dänemark	(517)
12	Tschechien	(516)
13	Deutschland	(513)
14	Schweden	(509)
15	Island	(505)
16	Österreich	(506)
17	Ungarn	(501)
	OECD-Durchschnitt: 500	
18	Irland	(498)
19	Luxemburg	(494)
20	Slowakei	(492)
21	Norwegen	(490)
22	Polen	(487)
23	Spanien	(482)
24	USA	(477)
25	Portugal	(470)
26	Italien	(470)
27	Griechenland	(449)
28	Türkei	(408)
29	Mexiko	(384)

*ohne Partnerländer Quelle: PISA-Konsortium Deutschland 20041206-DE02 AFP

Timo notiert sich folgende Aspekte:

- Deutschland in allen Bereichen im Mittelfeld
- Am schlechtesten schneiden die Deutschen ab in ...
- Finnland und ... in allen Bereichen sehr gut abgeschnitten
- ...

1 Schreibt diese Stichworte in euer Heft und fügt weitere Aspekte hinzu.

Timo bespricht das Abschneiden mit einigen Freunden. Nina meint: „Mein Vater sagt, es sei ja kein Wunder, dass wir so schlecht abschnitten. Die anderen Länder gäben viel mehr Geld für Bildung aus." Doch Timo ist es zu unsicher, das einfach ungeprüft zu glauben, und er bittet seine Klassenlehrerin, mit ihm im Internet zu recherchieren. Es dauert nicht lange und sie werden fündig.

2 Hat Ninas Vater Recht? Vergleicht das Abschneiden der Länder bei der Pisa-Studie mit den Ausgaben für Bildung, indem ihr
- die Spalte ermittelt, die ihr betrachten müsst, wenn ihr einen Zusammenhang zur Studie herstellen wollt;
- die Ausgaben der Größe nach sortiert;
- ermittelt, ob es einen Zusammenhang zwischen Bildungsausgaben und Abschneiden bei der Studie gibt.

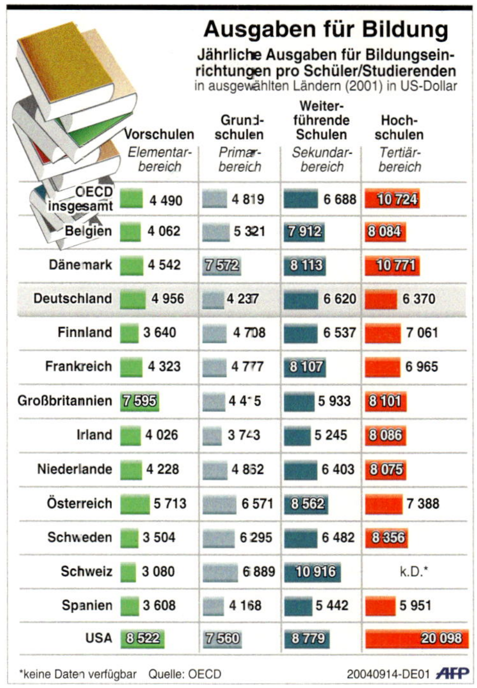

Ausgaben für Bildung

Jährliche Ausgaben für Bildungseinrichtungen pro Schüler/Studierenden
in ausgewählten Ländern (2001) in US-Dollar

	Vorschulen *Elementarbereich*	Grundschulen *Primarbereich*	Weiterführende Schulen *Sekundarbereich*	Hochschulen *Tertiärbereich*
OECD insgesamt	4 490	4 819	6 688	10 724
Belgien	4 062	5 321	7 912	8 084
Dänemark	4 542	7 572	8 113	10 771
Deutschland	4 956	4 237	6 620	6 370
Finnland	3 640	4 708	6 537	7 061
Frankreich	4 323	4 777	8 107	6 965
Großbritannien	7 595	4 4[illegible]5	5 933	8 101
Irland	4 026	3 743	5 245	8 086
Niederlande	4 228	4 862	6 403	8 075
Österreich	5 713	6 571	8 562	7 388
Schweden	3 504	6 295	6 482	8 356
Schweiz	3 080	6 889	10 916	k.D.*
Spanien	3 608	4 168	5 442	5 951
USA	8 522	7 560	8 779	20 098

*keine Daten verfügbar Quelle: OECD 20040914-DE01 AFP

▸▸ **Seite 287 ff.** Diagramme auswerten LS „Lern- und Arbeitstechniken“

Angelas Mutter ist als Elternvertreterin in der Schulkonferenz und meint zu ihrer Tochter: „Zurzeit fällt bei euch viel zu viel Unterricht aus. Wie ich gehört habe, ist das an anderen Schulen genauso. Kein Wunder, dass Pisa so schlecht ausgefallen ist. Ihr braucht unbedingt neue Lehrer oder Lehrerinnen an der Schule.“

Geburtenentwicklung

Personen in Tausend

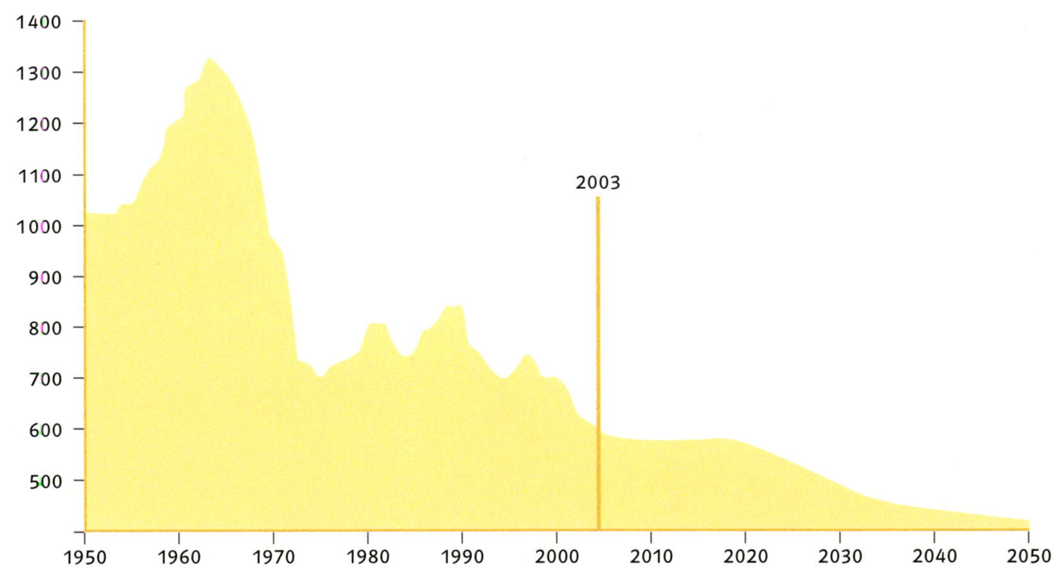

3 Schaut euch die Zahlen in der Grafik genau an und überlegt:
- Wie kann man diese Zahlen als Argument für die Einstellung neuer Lehrerinnen und Lehrer nutzen?
- Und wie kann man die gleichen Zahlen dazu verwenden, genau das Gegenteil zu fordern?

Sprechen und Zuhören

Umgang mit Texten/Medien

Heiße Themen hart diskutiert – Diskussionsformen

Stechuhr in der Schule

Es klingelt, die erste Schulstunde beginnt:
Doch bevor du dich hinsetzen kannst, musst du erst zur Stechuhr. Das ist eine Uhr, in die man eine Karte steckt und die dann genau registriert, wann man kommt und geht. In vielen Firmen wird so die Arbeitszeit der Mitarbeiter kontrolliert. Klingt wie ein schlechter Film? Ist aber im italienischen Turin seit kurzem Alltag. Eine Schule hat die Stechuhren eingeführt, um ihre Schüler besser kontrollieren zu können. Es habe einfach zu viel Zeit gekostet, die Entschuldigungsschreiben zu prüfen und Einträge ins Klassenbuch vorzunehmen, fand der Vizedirektor dieser Schule. Wenn ein Schüler nun zu spät kommt, spuckt der Computer einen Bericht aus, der dann ins Klassenbuch geheftet wird. Schummeln wird damit nahezu unmöglich. Was der Vizedirektor super findet, kommt bei den Schülern überhaupt nicht gut an. Sie fühlen sich übermäßig überwacht, müssen jedes Mal vor dem Automaten Schlange stehen – und ihre Eltern können vom heimischen Rechner aus nachprüfen, wie oft ihre Kinder gefehlt haben.

Arbeitstechnik

Fish-Bowl-Methode – Eine besondere Art der Diskussion

- Bildet dafür jeweils Pro- und Kontra-Gruppen, die möglichst viele Argumente für ihre Position auflisten. Jede Gruppe wählt einen Redner, der in der anschließenden Diskussionsrunde die Meinung der Gruppe vertritt.
- Um einen Stuhl in der Mitte herum nehmen die Gruppensprecher Platz. Alle übrigen Schüler bilden um diesen inneren Stuhlkreis einen äußeren Stuhlkreis.
- Die Teilnehmer in der Mitte diskutieren nun stellvertretend für die Gesamtgruppe über das Thema. Während der Diskussion haben die Teilnehmer aus dem Außenkreis die Möglichkeit, sich auf den freien Stuhl in der Mitte zu setzen, um neue Aspekte bzw. Argumente einzubringen. Sie erhalten sofort Rederecht. Danach kehren sie in den Außenkreis zurück.
- Einer übernimmt die Rolle des Moderators.

▸▸ **Seite 235 ff.** Diskutieren LS „Sich verständigen – Gespräche führen – Argumentieren“

1. Bereitet diese besondere Form der Pro-und-Kontra-Debatte zum Thema „Sollte eine Stechuhr in unserer Schule eingeführt werden?“ vor und führt sie anschließend durch.
2. Achtet bei der Durchführung der Debatte auf unverzichtbare Diskussionsregeln. Wählt dafür vier Beobachter.
3. Überlegt am Ende der Diskussionsrunde mithilfe der vier Beobachter, welche Regeln eingehalten wurden und auf welche man demnächst achten muss.

Merke

Der Diskussionsleiter sollte:
unbeteiligt sein, das Wort erteilen, die Reihenfolge beachten, evtl. beruhigen, zusammenfassen.

Wichtige Diskussionsregeln
- Meinung begründen
- zuhören
- andere ausreden lassen
- beim Thema bleiben
- sachlich bleiben

Meine Schule und ich: Finnland

Ich bin Hanna Linderoos, 12 Jahre, 6. Klasse, Gesamtschule, Jyväskylä, 520 Schüler (Klassen 1–9), 34 Lehrer; ein Lehrer betreut ca. 15 Schüler.

Wir wohnen mitten in Südfinnland. Von unserer Stadt Jyväskylä erstreckt sich der über 100 Kilometer lange Päijännesee fast bis nach Helsinki. In Jyväskylä gibt es angeblich mit die besten Schulen im Land. Seit einem Jahr bekommen wir häufig Besuch aus dem Ausland, vor allem von Deutschen. Sie reden ständig von Pisa, diesem Test unter Schülern, bei dem wir Finnen fast am besten abgeschnitten haben. In Finnland spricht niemand von Pisa.

Bei uns zu Hause wird häufig über Schulen gesprochen, vor allem, wenn Deutsche zu Besuch sind. Die wollen immer nicht glauben, dass wir unsere Prüfungen mit dem Bleistift schreiben, in der Schule Hausschuhe anziehen und unsere Lehrer duzen.

Unsere Lehrer sind sehr freundlich. Meine Freundin Theresa, die auch eine deutsche Schule kennt, sagt, dass die finnischen Lehrer gelassener und viel weniger streng sind. Sie kümmern sich wirklich sehr um uns. In meine Klasse gehen 28 Kinder, aber wir haben oft Unterricht in kleinen Gruppen.

Manchmal ist auch ein zweiter Lehrer dabei. Er geht an die Tische und hilft Schülern, die etwas nicht so gut können. Außerdem gibt es Einzelstunden für Schüler, die nicht gleich alles verstanden haben. Niemand bleibt sitzen, und die ersten vier Jahre gibt es keine Noten. Man muss sich selber beurteilen und spricht mit den Lehrern und Eltern über die Selbsteinschätzung.

Wir essen in der Schule auch zusammen mit unserem Lehrer. Nachmittags werden Theater, Musik und Tanz angeboten. Am Donnerstag treffen sich alle Kinder meines Alters, deren Vater oder Mutter Deutsche sind, in Jyväskylä; dann lernen wir Deutsch als zweite Muttersprache. Am liebsten möchte ich mal Schauspielerin werden. Vielleicht auch Kinderkrankenschwester oder Tanzlehrerin.

4 Sucht in diesem Text nach Themen, die diskussionswürdig sind: z. B. „Lehrer duzen?"

5 Bereitet eine oder mehrere Pro-und-Kontra-Debatten vor und führt diese durch.

Arbeitstechnik

Pro-und-Kontra-Debatte

1. Die Klasse teilt sich auf in je drei Pro- und Kontra-Gruppen, die die Argumente erarbeiten.
2. Pro- und Kontra-Gruppen sitzen sich gegenüber.
3. Ein Diskussionsleiter eröffnet die Debatte durch die Formulierung des Problems.
4. Jeweils der Sprecher der Gruppen trägt seinen Standpunkt in einem zeitlich festgelegten Rahmen vor (ca. 1–2 Min.).
5. Danach hält der Diskussionsleiter sich streng an eine Rednerliste.
6. Wird ein Diskussionsteilnehmer angesprochen, entscheidet der Diskussionsleiter, ob er von der Rednerliste abweicht.
7. Am Ende der Debatte wird über die Frage abgestimmt.
8. Hier entscheidet jeder unabhängig von der vorherigen Gruppenzugehörigkeit nach Sachlage.

▸▸ **Seite 239**
Debattieren
LS „Sich verständigen – Gespräche führen – Argumentieren"

▸▸ **Seite 243 f.**
Eine eigene Argumentation planen
LS „Sich verständigen – Gespräche führen – Argumentieren"

Impulse zur Weiterarbeit

- Besorgt euch die Zeitschrift „Geolino“ oder geht auf deren Internetseite. Dort werden immer wieder interessante Artikel über Schulen abgedruckt.
- Beschäftigt euch mit den Gremien an eurer Schule. Welche Aufgaben haben sie? Formuliert Anträge mit Begründungen, wenn ihr etwas Bestimmtes an eurer Schule ändern möchtet.
- Gibt es Dinge, die in der Entscheidung der Stadt liegen? Wendet euch an die entsprechenden Stellen.
- Gibt es in eurer Stadt ein Jugendparlament? Dann geht einmal zu einer Sitzung.
- Ihr könnt jeden Monat ein Thema wählen, über das ihr in der Klasse nach einer bestimmten Methode diskutiert.

Ich-Suche – Produktionsorientiertes Schreiben

„Wer bin ich?" – „Was macht mich aus?" – „Wie finden mich andere?" – „Wie wird meine Zukunft sein?" – Diese Fragen nach dem eigenen Ich tauchen von Zeit zu Zeit immer wieder auf. Bei der Suche nach Antworten auf diese Fragen wird das eigene Ich auch schon einmal ganz infrage gestellt und verliert sich für kurze Zeit. Oft führt diese Ich-Suche aber auch zu einer Um- oder auch Neuorientierung im eigenen Leben.

Im Einzelnen lernt ihr

- eure eigene Person in Form eines Ich-Porträts darzustellen
- Texte kennen, in denen andere Personen ihre Gedanken und Gefühle auf der Suche nach dem eigenen Ich ausdrücken
- fremde und eigene Zukunftsvorstellungen zu formulieren
- Idealvorstellungen vom eigenen Ich kritisch zu hinterfragen
- produktive Schreibverfahren anzuwenden, mit denen ihr eigene Texte zu Papier bringen könnt

Selbstbildnisse – Porträts als produktiver Schreibanlass

▸▸ **Seite 227 ff.**
Produktionsorientierte Schreibverfahren
LS „Schreiben“

1. Beschreibt, was auf den einzelnen Fotos zu sehen ist.
2. Wählt ein Foto aus und versetzt euch in die Situation der abgebildeten Person. Entwerft in euer Heft eine Gedanken- oder Sprechblase, in der diese oder dieser Jugendliche in Ich-Form seine Gedanken oder Gefühle äußert.
3. Lest einzelne Ergebnisse vor und vergleicht diese miteinander.
4. Bringt einige Fotos von euch mit. Fertigt nun ein Poster an, auf dem ihr eure Fotografien aufklebt und mit Gedanken- oder Sprechblasen verseht. Stellt euch die Fotoposter gegenseitig vor. Möglich wäre auch eine Präsentation in Form einer Wandzeitung im Klassenraum.

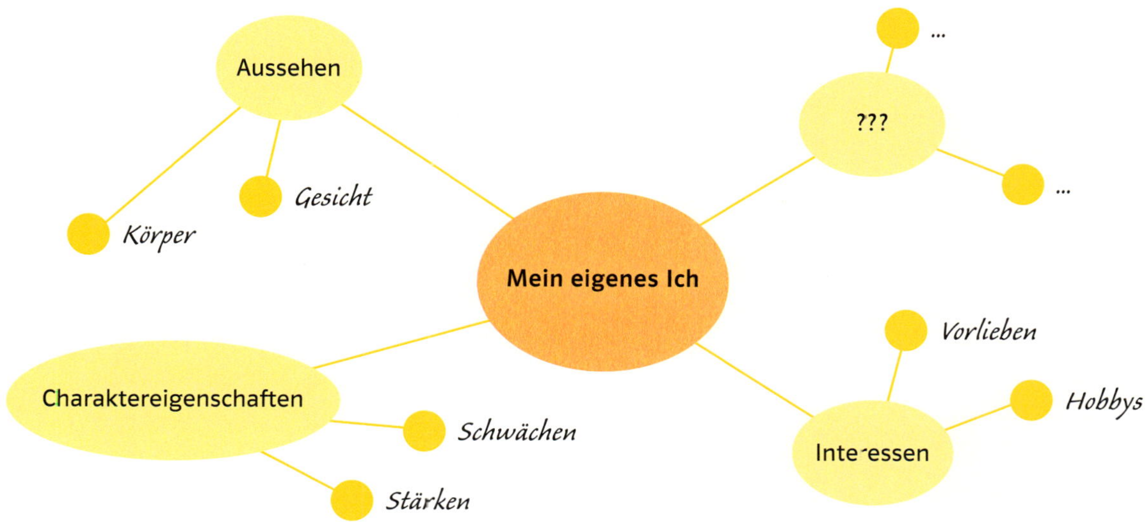

5 Besprecht, was die Mind-Map darstellt.

6 Ergänzt die Mind-Map um weitere Aspekte, die für das Erstellen eines Selbstporträts notwendig sind.

7 Fertigt zu eurer eigenen Person eine Mind-Map an, in der ihr alle wesentlichen Aspekte berücksichtigt.

Ich-Collage

Material:
Plakat, Fotos, Erinnerungsstücke, alte Zeitungen, Kleber, Schere, Filzstifte

Arbeitsschritte:
- Die Arbeit beginnt mit der Auswahl der Materialien. Einzelne Wörter, Überschriften oder Abbildungen werden aus den verschiedenen Zeitungen ausgeschnitten und auf dem Plakat angeordnet.
- Dann montiert man auf der großen Pappe alle Materialien, klebt diese auf und beschriftet das Plakat nun mit den Angaben zur eigenen Person. Man sollte eine sinnvolle Einheit aus Bild und Text schaffen.

Ich-Scherenschnitt

Material:
großes Plakat, Filzstift, Schere, Tageslichtprojektor

Arbeitsschritte:
- Für einen Scherenschnitt benötigt man ein großes Plakat, das an der Wand befestigt wird.
- Der Schatten einer Person wird mithilfe eines Tageslichtprojektors an die Wand geworfen.
- Eine zweite Person zeichnet nun die Schattenumrisse des Kopfes oder aber, falls die Pappe groß genug ist, des ganzen Körpers auf das Plakat.
- Dann schneidet man den Umriss sorgfältig aus.
- Zum Schluss werden alle Angaben zur eigenen Person auf dem Scherenschnitt festgehalten. Überlegt, wie Bild und Text miteinander kombiniert werden können.

8 Stellt ein Selbstporträt in Form einer „Ich-Collage" oder eines „Ich-Scherenschnittes" her.

9 Präsentiert eure Ergebnisse der Gesamtgruppe und vergleicht diese miteinander.

Spiegelbilder – Gedankenreden verfassen

1. Entziffert den Text des Spiegelbildes.
2. Erklärt, welcher Zusammenhang zwischen Bild und Text besteht.
3. Versetzt euch in die Person vor dem Spiegel. Schreibt in Ich-Form eine Gedankenrede, die eine Begründung für die eigene Selbstwahrnehmung beinhaltet. Vielleicht gibt es eine Situation, in der sich die Person gerade befindet und die ihr Leben und ihre Sicht der eigenen Person besonders prägt.

Merke

In einer **Gedankenrede,** auch **innerer Monolog** genannt, gibt eine Person ihre Gedanken und Gefühle in Ich-Form wieder. Da dies meist eine Wiedergabe von augenblicklichen Regungen ist, wird die Gedankenrede im Präsens verfasst.

Margret Steenfatt

Im Spiegel

„Du kannst nichts“, sagten sie, „du machst nichts“, „aus dir wird nichts“. Nichts. Nichts. Nichts.

Was war das für ein NICHTS, von dem sie redeten und vor dem sie offensichtlich Angst hatten, fragte sich Achim, unter Decken und Kissen vergraben.

Mit lautem Knall schlug die Tür hinter ihnen zu.

Achim schob sich halb aus dem Bett. Fünf nach eins. Wieder mal zu spät. Er starrte gegen die Zimmerdecke. – Weiß. Nichts. Ein unbeschriebenes Blatt Papier, ein ungemaltes Bild, eine tonlose Melodie, ein ungesagtes Wort, ungelebtes Leben.

Eine halbe Körperdrehung nach rechts, ein Fingerdruck auf den Einschaltknopf seiner Anlage. Manchmal brachte Musik ihn hoch. Er robbte zur Wand, zu dem großen Spiegel, der beim Fenster aufgestellt war, kniete sich davor und betrachtete sich: lang, knochig, graue Augen im blassen Gesicht, hellbraune Haare, glanzlos. „Dead Kennedys“ sangen: „Weil sie dich verplant haben, kannst du nichts anderes tun als aussteigen und nachdenken“.

Achim wandte sich ab, erhob sich, ging zum Fenster und schaute hinaus. Straßen, Häuser, Läden, Autos, Passanten, immer dasselbe. Zurück zum Spiegel, näher heran, so nah, dass er glaubte, das Glas zwischen sich und seinem Spiegelbild durchdringen zu können. Er legte seine Handflächen gegen sein Gesicht im Spiegel, ließ seine Finger sanft über Wangen, Augen,

Stirn und Schläfen kreisen, streichelte, fühlte nichts als Glätte und Kälte. Ihm fiel ein, dass in dem Holzkasten, wo er seinen Kram aufbewahrte, noch Schminke herumliegen musste. Er fasste unters Bett, wühlte in den Sachen im Kasten herum und zog die Pappschachtel heraus, in der sich einige zerdrückte Tuben fanden. Von der schwarzen Farbe war noch ein Rest vorhanden. Achim baute sich vor dem Spiegel auf und malte zwei dicke Striche auf das Glas, genau dahin, wo sich seine Augenbrauen im Spiegel zeigten. Weiß besaß er reichlich. Er drückte eine Tube aus, fing die weiche ölige Masse in seinen Händen auf, verteilte sie auf dem Spiegel über Kinn, Wangen und Nase und begann, sie langsam und sorgfältig zu verstreichen. Dabei durfte er sich nicht bewegen, sonst verschob sich seine Malerei. Schwarz und Weiß sehen gut aus, dachte er, fehlt noch Blau. Achim grinste seinem Bild zu, holte sich das Blau aus dem Kasten und färbte noch die Spiegelstellen über Stirn und Augenlidern.

Eine Weile verharrte er vor dem bunten Gesicht, dann rückte er ein Stück zur Seite, und wie ein Spuk tauchte sein farbloses Gesicht im Spiegel wieder auf, daneben eine aufgemalte Spiegelmaske.

Er trat einen Schritt zurück, holte mit dem Arm weit aus und ließ seine Faust in die Spiegelscheibe krachen. Glasteile fielen herunter, Splitter verletzten ihn, seine Hand fing an zu bluten. Warm rann ihm das Blut über den Arm und tröpfelte zu Boden. Achim legte seinen Mund auf die Wunde und leckte das Blut ab. Dabei wurde sein Gesicht rot verschmiert.

Der Spiegel war kaputt. Achim suchte sein Zeug zusammen und kleidete sich an. Er wollte runtergehen und irgendwo seine Leute treffen.

4 Wer spiegelt sich hier und warum? Entnehmt dem Text die wesentlichen Informationen, indem ihr die euch bekannten Lesestrategien anwendet. Nutzt hierzu eine Kopie des Textes.

▶▶ **Seite 194 ff.**
LS „Lesestrategien, Lesetechniken“

5 Als Achim im Spiegel erst „vor dem bunten Gesicht“ steht, dann „sein farbloses Gesicht“ sieht, gehen ihm Gedanken durch den Kopf. Nehmt an, Achim hätte vor der Zertrümmerung des Spiegels zu seinem Spiegelbild gesprochen.
Verfasst schriftlich einen inneren Monolog in der Ich-Perspektive.

6 Versetzt euch in Achims Situation. Ihr steht vor dem Spiegel und sollt euer Spiegelbild mit Farbe malen. Schreibt einen Text, in dem ihr beschreibt, wie euer Spiegelbild aussehen würde. Begründet eure Gestaltung und Farbwahl.

▶▶ **Seite 227 ff.**
Produktionsorientierte Schreibverfahren
LS „Schreiben“

Suchendes Ich – Texte fortsetzen

Simone Schneider

Luises Tagebuch oder Die Geschichte vom „Ei"

Simone Schneider, geb. 1962, hat diesen Text als 16-jährige Schülerin geschrieben.

23.8 Heute war ein besonderer Tag. Ich hatte nämlich Geburtstag. Nun bin ich zwölf Jahre alt. Schon lange wollte ich zwölf sein, und nun ist es endlich so weit. Ein richtig komisches Gefühl ist das! [...] Am Nachmittag kamen dann die Verwandten. Das Schönste ist immer, wenn Oma zu meinem Geburtstag kommt, die hat meistens die besten Geschenke. Diesmal hatte sie allerdings etwas sehr Seltsames für mich: ein Tagebuch. Oma sagte, ich könnte in dieses Buch alles schreiben, was ich sonst keinem erzählen will, und meine Tante, sie ist Lehrerin, sagte darauf, dass ich jetzt wohl auch bald in die „Phase" käme.

24.8 Direkt heute ist natürlich auch etwas Tolles passiert, was ich gleich in mein Tagebuch schreiben muss. Ich hatte heute meine erste Englischstunde.[...] Die Englischstunde selber ist aber eigentlich nicht das tolle Erlebnis, von dem ich schreiben wollte. Das Tolle ist, dass ich in dieser ersten Englischstunde einen Gedanken bekommen habe, den ich keinem erzählen will, auch nicht meinen Eltern, denn die würden bestimmt lachen.

25.8 Ich konnte gestern nicht weiterschreiben, weil mein Bruder mich geärgert hat. Er wollte immer in mein Tagebuch schauen, während ich schrieb, und das kann ich nicht haben. Jetzt kann ich also endlich meinen Gedanken aufschreiben, den ich gestern in der Englischstunde bekommen habe:
Im Englischen gibt es das Wort „I", und dieses Wort wird genauso ausgesprochen wie im Deutschen das Wort „Ei". Übersetzt bedeutet „I" – „Ich". In meiner Sprache ist mir dieses Wort „Ich" noch nie so aufgefallen. Es ist ja auch nichts Besonderes. Aber dieses „I", das wie „Ei" ausgesprochen wird, fasziniert mich. Also, wenn man sich das einmal bildlich vorstellt: Jedes Ei hat doch einen Eidotter, also so etwas, was ganz im Inneren des Eis ist. – Und dann habe ich mich gefragt, wie das mit dem „Ich" ist. Habe ich auch so etwas, was im Innersten von mir drin ist? Und was keiner sehen kann? Im Grunde müsste das ja so sein, weil ich ja in der englischen Sprache ein „Ei" bin. Natürlich ist dieser Gedanke ein bisschen dumm, deswegen erzähl ich auch keinem davon. Aber trotzdem konnte ich heute Nacht fast nicht schlafen, weil ich die ganze Zeit überlegen musste, was denn mein Innerstes, mein „Dotter" sein könnte.

26.8 Ich habe heute den ganzen Nachmittag mit Eiern gespielt. Mutti war nicht zu Hause, sonst hätte sie das bestimmt nicht erlaubt. Das war so: Ich wollte mir ein Stück Wurst aus dem

Kühlschrank holen, da sah ich ein Ei im Fach stehen. Sofort erinnerte ich mich wieder an meinen komischen Gedanken mit dem Ei. Es lässt mich nicht mehr los. Ich nahm das Ei und schaute es mir genau an. Von außen ist es dunkelweiß. Ich wollte wissen, wie es von innen aussieht, und schlug die Schale auf, so wie Mutti das immer macht. Den Inhalt ließ ich auf einen großen Teller fallen. In der Mitte hat das Ei einen schönen, goldgelben Dotter. Dieser Dotter ist von einer durchsichtigen, klebrig wirkenden Masse umgeben, das ist das Eiweiß.
Im Gegensatz zum Eiweiß wirkt das Eigelb ziemlich stark und kräftig, das fiel mir sofort auf. Es ist auch ziemlich stark, glaube ich, denn wenn man das Ganze einmal vermischt, also so, als wollte man Rühreier machen, dann ist die ganze Masse plötzlich gelb, so wie der Dotter, und nicht etwa so durchsichtig wie das Eiweiß. Das bedeutet doch, dass das Eigelb sich besser „durchsetzen“ kann. Auch hat unsere Biologielehrerin einmal gesagt, dass in dem Eigelb die wichtigsten Sachen sind, und das Küken entsteht, glaube ich, auch aus dem Eigelb.
Was am stärksten, am wichtigsten und auch am schönsten ist, das ist weit innen, es ist im Ei versteckt und richtig eingeschlossen. Diese Feststellung macht mir fast ein bisschen Angst. Ob das beim Menschen auch so ist?

1 Wie beantwortet ihr Luises Frage? Notiert eure Ideen einzeln und tauscht diese, z.B. mit einer Zettellawine, aus.

2 Setzt den letzten Tagebucheintrag von Luise schriftlich fort.

Mutti will mein Innerstes nicht herauslassen. Das habe ich heute gemerkt. Alles, was ich allein machen möchte, verbietet sie mir! Ich habe ihr heute nämlich vorgeschlagen, dass ich demnächst alle meine Anziehsachen selber aussuchen werde. Und dass ich mein Zimmer umstellen will. Und dass ich selber bestimme, wann ich meine Hausaufgaben mache und wann ich zu einer Freundin gehe.

Eine Woche lang habe ich jetzt nur das getan, was ich wollte, also, was mein Innerstes wollte! Ich war fast gar nicht mehr zu Hause, habe meine Schulaufgaben nicht mehr gemacht, habe sogar zweimal die Schule geschwänzt und bin statt zur Schule in die Stadt gegangen, und außerdem habe ich nur noch das angezogen, was mir gefällt. Ich habe mir da nichts mehr vorschreiben lassen. Aber es war eine schreckliche Zeit! Mutti hat nur noch geschimpft. Manchmal hat sie mich sogar angeschrien. Auch meine Lehrerin wurde wütend. Vor zwei Tagen hat sie sich sogar mit Mutti zusammengesetzt und die beiden haben beratschlagt, was man mit mir machen soll. Meine Freundinnen haben nicht mehr mit mir gesprochen, weil ich ihnen gesagt habe, dass sie ja noch kleine Kinder wären, die sich alles vorschreiben ließen. Heute war dann der schlimmste Tag.

3 Welche Erfahrungen schildert Luise in ihrem Tagebuch?

4 Versetzt euch in Luises Situation und schreibt einen Tagebucheintrag, in dem sie erzählt, was sie Schlimmes erlebt hat.

5 Tragt euch die Texte in einer Kleingruppe gegenseitig vor und wählt einen Tagebucheintrag mit einer konkreten Konfliktsituation aus. Entwickelt hierzu in Kleingruppen ein Rollenspiel.

▸▸ **Seite 248 ff.**
Erzähler und Erzählverhalten
LS „Umgang mit literarischen Texten“

Schreiben

Sprechen und Zuhören

Zukunftsvisionen – Paralleltexte schreiben

Peter Pohl

Du fehlst mir, du fehlst mir

Die eineiigen Zwillinge Cilla und Tina teilen viele Interessen miteinander wie z. B. die Leidenschaft für das Theaterspielen. Bei einem tragischen Verkehrsunfall kommt Cilla ums Leben. Um ihre Trauer zu verarbeiten, setzt sich Tina mit den Wünschen ihrer verstorbenen Schwester auseinander, indem sie deren Tagebuch liest. Kurz vor ihrem Tod hat Cilla hierin spontan ihre Zukunftsvorstellungen festgehalten.

Wenn ich einmal groß bin, vorausgesetzt, dass ich das werde, will ich berühmt werden – beim Film. In einem Film werde ich eine Nonne spielen und in einem anderen einen eiskalten Bullen, der an jeder Straßenecke rumballert. Und dabei müssen die echten Schurken hopsgehen, Ausbeuter und solche. Die kommen zu den Dreharbeiten und werden echt erschossen. Dann will ich in einem Steven-Spielberg-Film mitmachen – wenn ich Zeit habe. Mein ganzes Geld will ich Aidskranken und Armen geben, vor allem denen in Kolumbien, und anderen, die Geld brauchen – wenn das Geld reicht, natürlich. Und dann will ich wie eine normale Person behandelt werden. Ich bin der Ansicht, dass alle Berühmtheiten wie Götter behandelt werden, und das ist falsch. Außerdem will ich Präsident werden und dafür sorgen, dass alle gleich behandelt werden: Arme und Reiche, Farbige und Nichtfarbige, Punker und Präsidenten (darunter ich selbst), Gesunde und Verrückte.

Meine Kinder sollen heißen: Jim oder Jimmy, Nicole, Anastasia, Alexander. Mein Mann muss lieb sein und darf kein Chauvi sein. Und er muss mir interessante Sachen erzählen, die er weiß. Und dann darf er nicht jeden Abend in Kneipen rumhängen. Meine Kinder sollen wie Freunde behandelt werden und in eine französische Schule gehen.

Ich will in Paris oder New York leben und werde kein Bier trinken. Bier schmeckt nach Abwasser, vornehm ausgedrückt. Ab und zu ein Glas Wein, von der Sorte, die nach Saft schmeckt. Aber nur bei Festen und besonders feinen Einladungen.

Wenn ich mich scheiden lasse, dürfen meine Kinder nicht darunter leiden.

1. Tragt zusammen, wie sich Cilla ihre Zukunft vorgestellt hat.
2. Beurteilt die Realisierbarkeit der einzelnen Zukunftsvisionen Cillas.
3. Tauscht euch über eure eigenen Wünsche und Vorstellungen hinsichtlich der Gestaltung eurer Zukunft aus.
4. Schreibt einen Paralleltext zu dem Romanauszug. Verwendet hierzu die unterstrichenen Formulierungen, um einen parallel aufgebauten Tagebucheintrag zu verfassen, der eure Zukunftswünsche zum Ausdruck bringt.

▸▸ **Seite 227 ff.** Produktionsorientierte Schreibverfahren LS „Schreiben“

Dawna Markova

Ich bin wichtig

Ich will
nicht leben
ein ungelebtes Leben
ich will nicht leben mit der Angst
zu fallen oder Feuer zu fangen.
Ich entscheide mich,
meine Tage auszufüllen,
ich gestatte meinem Leben, mich zu öffnen,
mich weniger ängstlich zu machen, bis es ein Flügel wird,
eine Fackel, ein Versprechen.
Ich entscheide mich,
meine Wichtigkeit in Frage zu stellen,
so zu leben, dass das, was als Samen zu mir kam,
als Blüte zum Nächsten geht,
und das, was als Blüte zu mir kam,
als Frucht weiterwirkt.

5 Gebt mit eigenen Worten wieder, welche Vorstellungen das lyrische Ich von seiner Zukunft hat.

6 Deutet die zahlreichen bildlichen Formulierungen. Beispiel: *Das lyrische Ich hat Angst, „Feuer zu fangen" (Z. 5). Mit dieser Metapher könnte zum Ausdruck gebracht werden, dass sich die sprechende Person davor fürchtet, im Leben negative Erfahrungen machen zu müssen, an denen sie zugrunde geht, sich „verbrennt".*

7 Auch das Gedicht oben bietet sich an, einen Paralleltext zu schreiben. Nutzt die folgenden Satzanfänge als Hilfestellung für eure Textproduktion und verfasst ein Gedicht, in dem ihr Entscheidungen für eure Zukunft formuliert.

Ich will …
nicht …
Ich will nicht …
Ich entscheide mich …
Ich gestatte meinem Leben, mich …
Ich entscheide mich …

! Merke

Eine **Metapher** (griech.: Übertragung) ist ein sprachliches Bild. Hierbei werden Wörter nicht in ihrer eigentlichen, sondern in übertragener, bildhafter Bedeutung verwendet.

Beispiel: *„Feuer fangen"; „als Frucht weiterwirken"*

Perfektes Ich? – Texte in eine andere Gattung übertragen

Ērika Bērziņa

ich bin so jung

ich bin so jung
mein gesicht ist faltenlos
ich habe keine angst vor cellulitis
mein bauch ist glatt
die hüften knabenhaft schmal
die haare glänzen von pro-vitamin
die lippen feucht
die zähne ebenmäßig
die brüste fest
wie golfbälle
die beine unbehaart
morgens trinke ich saft
und abends wein
gewissenhaft zerkaue ich jeden bissen
vor dem schlucken
ich trage keine kontaktlinsen
meine augen sind strahlend blau
aber weißt du
ich habe kein herz

1 Wie wird das äußere Erscheinungsbild der sprechenden Person beschrieben?

2 Das lyrische Ich schließt mit den Worten „aber weißt du/ich habe kein herz". Was könnte hiermit gemeint sein?

Während die Körper der Models in der heutigen Zeit eher auf die Gefahren der Magersucht hinweisen, pflegte das Barock ein gegenteiliges Extrem im Schönheitsideal des weiblichen Körpers. Dies wird durch das Gemälde „Drei Grazien" des barocken Malers Peter Paul Rubens, das in der Mitte des 17. Jahrhunderts entstand, veranschaulicht. Der Titel ist keineswegs ironisch gemeint. Vielmehr galten üppige Rundungen und Sicherheits-Fettpolster in der damaligen Zeit als Wohlstandskennzeichen. Nach dem Dreißigjährigen Krieg (1618–1648) waren viele Menschen verarmt und wirtschaftlich ruiniert, so dass die „Rubensfrauen" für Reichtum und gleichzeitig für die Sehnsucht nach besseren Zeiten standen.

▸▸ Seite 57 ff.
UV „Eine Zeitreise durch die Geschichte der Mode"

3 Vergleicht die Aussagen zum Körperideal der Gegenwart in dem Gedicht „ich bin so jung" mit der Darstellung des Sachtextes zum Schönheitsideal im Barock. Diskutiert über die gesellschaftlichen Vorstellungen von Aussehen und Schönheit damals und heute.

Doris Meissner-Johannknecht

Traumtänzer

GRÖSSER! Größer werden! Mein Thema! Obwohl die hier die innere Größe meinen! Das weiß ich auch!
Seit Jahren nur noch die Erbärmlichkeit von millimeterdicken Bleistiftstrichen an meiner Zimmertür. Mit der bitteren Erkenntnis: Amadeo Falkenstein wird das Maß von ein Meter sechzig in diesem Leben nicht mehr überschreiten können! Ich hab's sogar schriftlich! Selbst die Götter in Weiß können mir da nicht helfen. Für meinen speziellen Fall gibt es keine Lösung. Keine Operation, keine Hormonkur. Nichts!
Ich habe nicht nur diesen total unmöglichen Namen. Nein.
Ich werde ein Zwerg bleiben. Für immer und ewig.
Das ist hart. Das ist bitter. Das ist kein Leben! Was kann ich mit meinem Zwergenwuchs in dieser gigantischen Welt schon ausrichten? Wo die Durchschnittsgröße des deutschen Mannes sich langsam, aber sicher auf die zwei Meter zu bewegt […]. „Amadeo, unser Kleiner!" Er macht mich wahnsinnig, dieser Satz!
In diesem absoluten Tief hat mich Rolf zum ersten Mal zu Frau Dr. M. geschleppt. Neurologin, Psychotherapeutin, Sprechzeiten nach Vereinbarung.

Der Adonis-Komplex

Frauen sind schon lange nicht mehr die einzigen Opfer der Medien. Die Zahl der Männer, die alles vernachlässigen, nur um ihren Körper zu „stählen", steigt stetig. Die Gewichte glühen, die Muskeln brennen und der Schweiß rinnt in Bächen – ein Bild, das sich beim Besuch im Fitness-Center zeigt. Obwohl sich der Großteil der dort trainierenden Männer schindet, um nicht ganz aus der Form zu geraten, wächst der Anteil derer, die von ihrem Aussehen regelrecht besessen sind, stetig. Die Sorge um ihren Körperfettanteil, die Größe des Bizeps oder ob die Bauchmuskeln ausgeprägt genug sind, vereinnahmt sie völlig. Dermaßen, dass an ein „normales" Leben im privaten oder beruflichen Bereich nicht gedacht werden kann. Diese Form von Schönheitswahn hat einen Namen: „Adonis-Komplex".

■ **Gruppenzwang.** Nicht nur erwachsene Männer sind von dem Phänomen Körperwahn betroffen. Im Gegenteil, immer mehr Jugendliche verfallen dem Körperkult. Beginnend bei der scheinbar richtigen und oft Stunden dauernden Auswahl von Kleidung bis hin zur Unzufriedenheit über das eigene Aussehen bietet sich heute bereits in den Anfängen der Pubertät eine breite Palette von diversen Komplexen.

Einer der bekanntesten ist wahrscheinlich der „Markendrang", der eine erhebliche Rolle in der Entwicklung des Selbstbewusstseins spielt. Wer bei einer Gruppe dabei sein will, braucht bestimmte Marken. Ohne sie gilt man automatisch als Außenseiter.

4 Warum ist für Amadeo seine Größe so ein besonderes Thema?

5 Stellt euch vor, Amadeo geht das erste Mal zu seiner Therapeutin. Schreibt einen Dialog, der zwischen der Psychologin und Amadeo stattfinden könnte.

6 Lest den Zeitungsartikel und sprecht darüber, welche idealtypische Vorstellung von „dem perfekten Mann" in den Medien vermittelt wird.

7 Verfasst einen Zeitungsartikel, in dem ihr kritisch zu den Schönheitsidealen in der heutigen Zeit Stellung nehmt.

Impulse zur Weiterarbeit

- Stellt ein „Ich-Buch" mit Finger- und Fußabdrücken, Steckbriefen, Fotopostern, Selbstporträts oder Gedichten zu eurer Person zusammen. Vielleicht gibt es auch Freunde, die Texte über euch verfassen, die dann in das „Ich-Buch" aufgenommen werden könnten.
- Malt ein Bild oder sucht ein Foto aus, zu dem ihr dann einen eigenen Text verfasst.
- Gründet mit interessierten Schülern eine Schreibwerkstatt. Trefft euch regelmäßig und schreibt zu Bildern oder literarischen Texten eigene kleine Werke. Gebt euch gegenseitig Rückmeldung zu euren Eigenproduktionen und überarbeitet eure Texte.
- Veranstaltet eine Ausstellung oder Lesung mit euren selbst verfassten Texten.
- Nehmt eine fremde Identität an, indem ihr „Ich als …"-Texte anfertigt. Versetzt euch in die Rolle eines Schatzsuchers, eines Fußballprofis, einer Primaballerina … Beschreibt in eurem Text, an welchem Ort, zu welchem Zeitpunkt und in welcher Situation sich euer neues Ich befindet. Die Textgattung (Gedicht, Erzählung, szenischer Text) kann der bzw. die Schreibende frei wählen.
- Untersucht, wie es sich mit Spiegelungen im physikalischen Sinne verhält. Was passiert da eigentlich?

Dem Täter auf der Spur – Krimis erschließen

In diesem Unterrichtsvorhaben geht es um allerlei Kriminalgeschichten. Verbrechen, Tatort, Täter, Alibi, Indizien – alles Begriffe, die ihr sicherlich schon kennt.
Zu einer spannenden Kriminalgeschichte gehört aber noch mehr, vor allem ein Ermittler, mit dem man in das Geschehen eintauchen kann.

Im Einzelnen lernt ihr

- eine Kriminalgeschichte zu untersuchen und weiterzuschreiben
- berühmte Detektive und ihre Vorgehensweise kennen
- typische Merkmale von Kriminalgeschichten herauszufinden
- eine spannende Kriminalgeschichte nach einer Bildvorlage zu schreiben
- Kriminalgeschichten selbst zu gestalten

Spuk im Spiegel – Eine Kriminalgeschichte untersuchen

Alfred Hitchcock

Die drei ??? und der Zauberspiegel

Das sind sie, die drei ???: Justus Jonas, Peter Shaw und Bob Andrews; die drei hoffnungsvollen Jünglinge lösen etliche Kriminalfälle auf der ganzen Welt.
Ausgerüstet mit Justus' Superhirn, Bobs Forscherdrang, Peters Sportgeist und einer perfekten technischen Ausrüstung sind sie ein unschlagbares Detektiv-Team.
In dem vorliegenden Fall geht es um einen Einbruch bei der reichen Mrs. Darnley. Der Eindringling hatte es offenbar auf einen riesigen, antiken Spiegel abgesehen. Eines Nachts scheint ein Gespenst aus dem Spiegelglas zu treten. Die drei ??? wollen nicht an Spuk glauben. Doch irgendein Geheimnis muss das Möbel bergen. Gleich mehrere Männer interessieren sich brennend dafür und schrecken vor nichts zurück.

Als Bob und Peter mit Morton weggefahren waren, schritt Justus aufmerksam durch das große Haus und prüfte nach, ob alle Türen verschlossen und verriegelt und die Fenstergitter unversehrt waren. Er durchstreifte die abgedunkelten Räume und versuchte, sich des Eindrucks zu erwehren, dass sich ringsumher alles Mögliche bewegte. Er machte sich immer wieder klar, dass das alles von den Spiegeln herrührte – Spiegel über Spiegel. Dann stand er in der Bibliothek und horchte. Er konnte Jenny und Mrs. Darnley in der Küche hören. Sie klapperten mit dem Geschirr. Das waren normale Alltagsgeräusche, tröstlich und gut. Doch selbst diese Geräusche wirkten eigenartig in einem Haus, wo trotz Schlössern und Eisengittern und massiven Wänden irgendjemand oder irgendetwas ungehindert kommen und gehen konnte. Der Donner grollte weit hinten im Norden und im Zauberspiegel bewegte sich schon wieder ein Schatten. Es war Jeff Parkinson, der gerade in die Bibliothek gekommen war.
Jeffs Miene war angespannt. „Großmama hat das Abendessen fertig", sagte Jeff. „Wir essen in der Küche. Ich glaube, zurzeit will sie keine Spiegel mehr sehen." Justus nickte und folgte Jeff den langen Flur entlang in die hell erleuchtete Küche. „Hier werden wir keine Gespenster sehen", sagte Mrs. Darnley. „Ich bin tatsächlich froh, dass John hier in der Küche keine Spiegel haben will." „Sie haben doch nur in einem bestimmten Spiegel eine Erscheinung gesehen", brachte Justus in Erinnerung. „Im Chiavo-Spiegel." Mrs. Darnley setzte sich hin. Jetzt wirkte sie müde und alt und verbraucht. „Manchmal", sagte sie, „glaube ich, dass alle meine Spiegel verhext sind." „Mrs. Darnley", fragte Justus schnell, „Sie haben doch vorher noch nie in irgendwelchen Spiegeln Gespenster gesehen?" […] „Ich habe noch nie vorher in einem Spiegel ein Gespenst gesehen." „Gut", meinte Justus. „Dann müssen wir uns nur mit dem einen Spiegel befassen, mit dem Chiavo-Spiegel. Mrs. Darnley, entweder spukt es wirklich in diesem Spiegel oder es gibt eine Möglichkeit, ins Haus zu gelangen, von der Sie nichts wissen, oder aber es hält sich hier jemand versteckt, an einem Ort, den wir nicht finden können. Eine von diesen drei Möglichkeiten muss zutreffen." Mrs. Darnley nickte. „Ja, ich weiß."

1 Überlegt an dieser Stelle, wie es weitergehen könnte.

„Die meisten der beunruhigenden Geräusche, die hier in der vergangenen Woche zu hören waren, traten bei Nacht auf, oder nicht?“, erkundigte sich Justus. „Ja“, sagte Mrs. Darnley.

„Als ich den Geist zum ersten Mal sah …“ Justus erstarrte. „Sie haben ihn nicht erst heute gesehen?“ „Gestern Nacht sah ich ihn“, bekannte sie. „Es war spät, schon sehr spät. Ich hörte Schritte auf dem Flur. Ich stand auf und hörte ein grässliches, leises Kichern. Es schien aus der Bibliothek zu kommen. Ich ging zur Treppe vor und stieg hinunter und da sah ich diese entsetzliche Fratze im Spiegel.“

„Also gut“, sagte Justus. „Ich schlage Folgendes vor: Wir gehen alle hinauf ins Obergeschoss. Und zwar bald. Haben Sie oben ein Fernsehgerät?“ Mrs. Darnley nickte. „Gut. Dann können wir zusammen fernsehen.“ „Alle zusammen?“, fragte Jenny. „Mit einer Ausnahme“, sagte Justus. „Wir schalten in der Halle das Licht aus und ich setze mich auf die Treppe – dorthin, wo Sie, Mrs. Darnley, heute Nachmittag standen, als Sie und Jenny das Gespenst sahen. Vielleicht erscheint Chiavos Geist wieder, wenn es im Haus ruhig ist. Vielleicht können wir verfolgen, auf welche Weise die Erscheinung im Spiegel auftaucht.“ Das war eine gute Idee. Als alle gegessen hatten, stiegen Jenny, Jeff und Mrs. Darnley geräuschvoll die Treppe hinauf. Und als Mrs. Darnley im oberen Flur das Licht ausknipste, bezog Justus seinen Posten auf den Stufen, mit Blick auf die Flügeltür zur Bibliothek. Hin und wieder zuckte ein Blitz herab und der Donner war zu hören. Justus harrte aus, ohne sich einen Augenblick der Entspannung zu gönnen. Dann hörte er unten ein leises Geräusch. Es war ein ganz leises, hohes Stöhnen, vielleicht auch nur ein Quietschen am Haus: War es nun ein Gebälk, das nach dem jähen Temperaturabfall ächzte, oder hatte sich da tatsächlich etwas bewegt? Und da krachte es dumpf! Justus erschrak. Das war unüberhörbar gewesen. Doch noch immer sah Justus nichts. Da lachte es unten. Obwohl Justus nicht leicht zu erschrecken war, erschauerte er. Das Lachen war gemein, hämisch, fast wie das Lachen eines Irrsinnigen. Ein grünliches Licht flackerte in der Bibliothek und Justus' Blick fiel durch die offen stehende Tür geradewegs auf den widerlichen Spiegel. Und er sah das Gespenst! Justus war einen Augenblick starr vor Entsetzen. Dann verschwand die Erscheinung im Spiegelglas und Justus rieb sich die Augen. Er konnte kaum glauben, dass er sie gesehen hatte. Das Haar war grau und verfilzt und hing zu beiden Seiten des Gesichts in wirren Strähnen wie feuchter Tang herab. Das Gesicht war kreidebleich und die Augen waren weit geöffnet: grüne, funkelnde, höhnische Augen! Oben auf dem Flur ging die Tür zum Fernsehzimmer auf. Wieder hörte Justus das Lachen. Da sprang er blitzschnell auf und rannte stolpernd die Treppe hinunter. Plötzlich war die Erscheinung im Spiegel verschwunden. Alles war wieder ganz finster. Justus sauste durch die Halle zur Bibliothek und tastete aufgeregt nach einem Licht. Seine Hände stießen an eine Lampe und er knipste sie an. Der Raum war leer. Außer Justus selbst mit seinem bleichen Ebenbild im Zauberspiegel war niemand da.

▸▸ **Seite 214 ff.**
Einen Schreibplan erstellen
LS „Schreiben“

2 Sammelt Ausdrücke und Formulierungen, mit denen es dem Autor gelingt, im Text Spannung zu erzeugen.

3 Welches Geheimnis könnte der Spiegel bergen? Wie können fremde Personen in das Haus eindringen? Welche Spuren und Hinweise gibt es? Fertigt dazu eine Gedankenlandkarte (Mind-Map) an.

4 Schreibt dann auf, wie die Geschichte weitergehen könnte.

Sherlock Holmes & Co – Berühmte Detektive kennen lernen

1 Schaut euch die Bilder dieser Ermittler an.
Welche Detektive erkennt ihr? Erzählt euch von ihnen.

Henning Mankell

Kommissar Wallander

Als Wallander am Donnerstagmorgen erwachte, fühlte er sich ausgeruht. Die Magenbeschwerden waren abgeklungen. Er stand kurz nach sechs auf; das Thermometer vor dem Küchenfenster zeigte plus fünf Grad an. Schwere Wolken bedeckten den Himmel. Die Straßen waren nass, aber es regnete nicht. Kurz nach sieben war er im Präsidium von Ystad. Noch herrschte morgendliche Stille. Als er durch den Korridor zu seinem Zimmer ging, fragte er sich, ob man wohl Holger Eriksson gefunden hatte. Er hängte die Jacke fort und setzte sich. Auf seinem Tisch lagen ein paar Zettel mit Notizen über eingegangene Telefonate. Ebba erinnerte ihn an seinen Termin beim Optiker, den er vergessen hatte. Aber es war ein wichtiger Termin, denn er brauchte eine Lesebrille. Wenn er lange über seine Papiere gebeugt saß, bekam er Kopfschmerzen, und die Buchstaben verschwammen und begannen zu tanzen. Er war bald siebenundvierzig. Das Alter forderte seinen Tribut. Auf einem anderen Zettel stand, dass Per Akesson ihn sprechen wolle. Wallander legte den Zettel zur Seite und holte sich eine Tasse Kaffee. Dann lehnte er sich in seinem Stuhl zurück und versuchte, sich eine Strategie zurechtzulegen, wie er in der Autoschmuggelgeschichte vorgehen könnte. Er musste etwas unternehmen. Jede Form von organisiertem Verbrechen hatte in der Regel einen schwachen Punkt, ein Glied, das man knacken konnte, wenn man es schwer genug belastete. Wollte die Polizei auch nur die geringste Chance wahrnehmen, den Schmugglern auf die Schliche zu kommen, musste sie sich darauf konzentrieren, genau diesen Punkt zu finden.

2 Welche Einstellung hat Kommissar Wallander zu seinem Beruf?
Womit hat er zu kämpfen?

Sir Arthur Conan Doyle

Sherlock Holmes

Sherlock Holmes stand gewöhnlich sehr spät auf, wenn er nicht – was gar nicht so selten vorkam – die ganze Nacht wach blieb. Diesmal saß er schon zeitig am Frühstückstisch in der Baker Street. Ich stand am Kamin und nahm den Stock zur Hand, den unser Besucher gestern Abend zurückgelassen hatte. Es war ein schöner, kräftiger Stock und er trug unter dem Griff ein fingerbreites Silberband mit der Widmung „James Mortimer, M.R.C.S. von seinen Freunden vom C.C.H." Im Ganzen ein Stück, wie ihn altmodische Hausärzte besitzen, solide und zuverlässig. „Na, Watson, was ersiehst du daraus?" Holmes saß mit dem Rücken zu mir, und ich hatte mir nicht anmerken lassen, womit ich mich beschäftigte. „Woher weißt du, was ich tue? Du hast wohl Augen im Hinterkopf." „Das nicht, aber vor mir steht eine blanke, silberne Kaffeekanne", entgegnete Holmes. „Also – was ersiehst du aus dem Stock? Unser Besucher traf uns gestern leider nicht an, und da wir keine Ahnung haben, was er wollte, wird das Andenken, das er unfreiwillig hinterließ, recht bedeutsam. Untersuche den Stock und dann lass hören, wie du dir den Mann vorstellst!" „Ich glaube", sagte ich und bediente mich der Methode, die mein Freund in solchen Fällen anzuwenden pflegte, „ich glaube, dass er ein erfolgreicher älterer Arzt ist, ein angesehener Mann, denn man hat ihm dieses Zeichen der Wertschätzung verehrt." „Gut", sagte Holmes, „ausgezeichnet!" „Ich halte es auch für wahrscheinlich, dass er ein Landarzt ist, der einen großen Teil seiner Visiten zu Fuß erledigt." „Warum?" „Weil der Stock so mitgenommen aussieht. Ich kann mir kaum vorstellen, dass er bei einem in der Stadt praktizierenden Arzt so aussehen würde. Die dicke Eisenzwinge ist ganz abgenutzt, daraus geht hervor, dass er viel damit gelaufen ist." „Vortrefflich!", sagte Holmes.

3 Sherlock Holmes fordert seinen Freund auf, den Stock zu untersuchen. Welche Schlussfolgerungen zieht Watson? Was erfahrt ihr über Sherlock Holmes' kriminalistische Vorgehensweise?

4 Lest euch noch einmal die beiden Textausschnitte durch und vergleicht sie miteinander. Welche Gemeinsamkeiten bzw. Unterschiede stellt ihr zwischen den einzelnen Ermittlern fest? Was fällt euch hinsichtlich der Erzählperspektive auf?

▸▸ **Seite 248 ff.**
Erzähler und Erzählverhalten
LS „Umgang mit literarischen Texten"

5 Denkt euch einen eigenen Ermittler aus. Legt euch dazu einen Steckbrief zum Aussehen und zu seinem Charakter an.

6 Schreibt eine kurze Szene, in der euer Kommissar frühstückt und sich Gedanken über seinen derzeitigen Fall macht.

„Tat, Tatort, Täter …" – Typische Merkmale einer Kriminalgeschichte

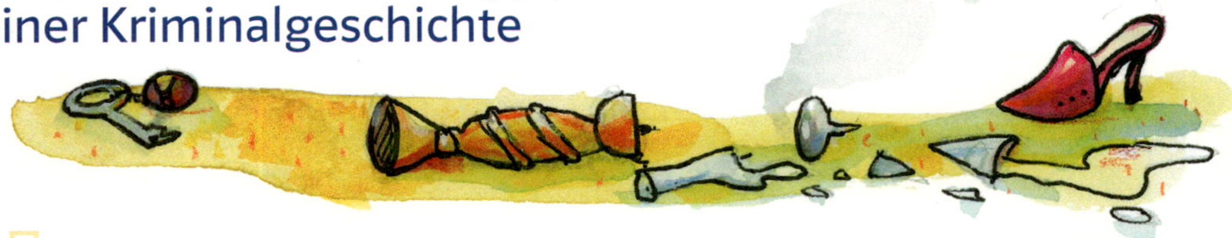

Merke

Der **Kriminalroman** ist eine literarische Gattung, die ein Verbrechen, seine Ausführung und seine Aufklärung zum Thema hat. Das Hauptgewicht liegt auf der Spannung, die durch die Frage nach dem Täter, durch die Beweggründe für seine Tat und oft durch eine aktionsreiche Handlung erzeugt wird. Eine Detektivgeschichte ist eine besondere Form des Kriminalromans. Detektivgeschichten sind immer nach dem gleichen Muster aufgebaut. Zu Beginn steht ein rätselhaftes Verbrechen, das es aufzuklären gilt. Der Tathergang – also der Ablauf der Tat – und der Täter sind unbekannt.
Ein Detektiv wird mit der Aufklärung des Verbrechens beauftragt. Dieser begibt sich an den Tatort, versucht den Tathergang zu rekonstruieren, sammelt Indizien (Spuren und Hinweise), verhört Verdächtige, befragt Zeugen, zieht Schlussfolgerungen. Der Tat verdächtig sind oft alle Beteiligten; hier ist der Spürsinn des Detektivs gefragt, der die vorhandenen Indizien kombinieren muss. Falsche Fährten irritieren ihn und den Leser immer wieder, doch am Schluss steht meistens die erfolgreiche Auflösung des Verbrechens. Zu den berühmtesten Krimiautorinnen und -autoren gehören Sir Arthur Conan Doyle (Sherlock Holmes), Agatha Christie (Miss Marple, Hercule Poirot), Raymond Chandler (Philip Marlowe), Ian Flemming (James Bond), Edgar Wallace, Henning Mankell (Kommissar Wallander), Elizabeth George (Inspektor Lynley), Donna Leon u. a.
Viele ihrer Werke sind verfilmt worden.

▸▸ Seite 203 f.
Textinhalte grafisch darstellen
LS „Lesestrategien, Lesetechniken"

1 Lest euch die Informationen durch und stellt die Merkmale einer Kriminalgeschichte zusammen. Legt euch dazu eine Skizze an.

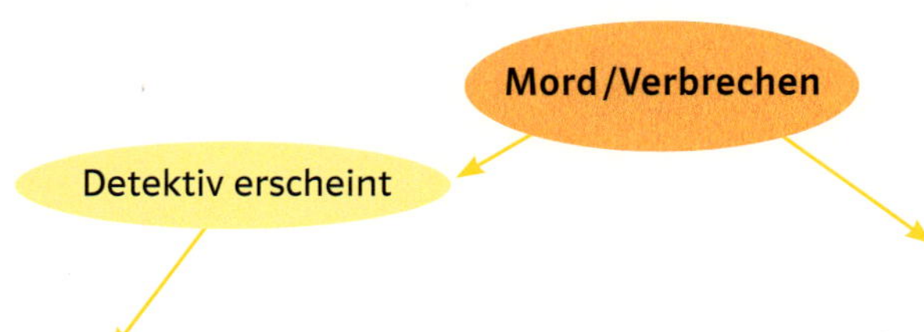

Kommissar Kniepels 48. Fall

Tod am Neujahrsmorgen

1 Es ist Neujahrsmorgen. Die Industriellenwitwe Clara Dünsing lebt nicht mehr. Die Haushälterin berichtet: „Heute früh fand ich die Arme hier. Frau Dünsing ist schwerreich. Entweder hat jemand sie überfallen oder ihr Neffe Roland wars, mit dem hatte sie ständigen Krach wegen der Erbschaft."

2 „Das Fenster ist offen, aber keine Spuren von Gewalt", bemerkt Kommissar Kniepel. „Vielleicht hat Frau Dünsing gelüftet, sie war sehr für frische Luft", sagt Frau Meckel, die Haushälterin. „Und dann schlich sich der Einbrecher rein und wurde von ihr überrascht", überlegt Kommissar Kniepel.

3 „Ist etwas passiert?", fragt Roland Dünsing. „Ihre Tante ist ermordet worden", schluchzt Frau Meckel. „Oh Gott, und ich komme hier mit Sekt zum Neujahrsfrühstück. Gestern Abend wollte ich sie zum Silvesterball abholen, aber sie fühlte sich nicht wohl. Wäre sie mitgegangen, wäre sie noch am Leben", stöhnt Roland.

4 „Die Schmuckschatulle im Schlafzimmer ist leer", sagt Wachtmeister Garms, „der Raubmörder hat Beute gemacht." „Tante Clara hatte prachtvolle Diamanten, die sind weg", murmelt Roland. „Es wird noch genug zum Erben übrig sein", sagt Kommissar Kniepel, „aber ob Sie der Glückliche sind, ist die Frage." Warum?

2 Betrachtet die Bilder genau und lest die Texte aufmerksam durch.

3 Kommissar Kniepel vermutet, dass Roland der Täter ist. Welche beiden Umstände geben ihm den entscheidenden Hinweis?

4 Überprüft mithilfe des Merke!-Kastens auf der linken Seite, ob es sich bei dem Bilderkrimi um eine Detektivgeschichte handelt. Formuliert dazu entsprechende Fragen in euer Heft und beantwortet diese.
Beispiel:
Was ist zu Beginn passiert?
Welche Möglichkeiten gibt es für den Tathergang?

5 Schreibt nun anhand der Bildergeschichte eine eigene Detektivgeschichte. Sammelt dazu zuerst folgende Informationen:
- Was ist genau passiert?
- Welche Personen sind am Geschehen beteiligt?
- Welche Fehler unterlaufen dem Täter, so dass der Kommissar den Tathergang aufklären kann?

6 Achtung Perspektivenwechsel! Versetzt euch in die Lage des Täters und erzählt das Geschehen aus seiner Sicht. *Am Neujahrsmorgen wurde meine Tante …*

! Merke

Perspektivenwechsel:
Wenn man eine Geschichte schreibt, entscheidet man sich für eine bestimmte Erzählperspektive, z.B. aus der Sicht des Kommissars in der Ich-Form oder als unbeteiligter Beobachter in der Er-/Sie-Form.
Beim Perspektivenwechsel versetzt ihr euch in eine andere Rolle, z.B. in die einer eher unbeteiligten Person, und schildert das Geschehen aus deren Sicht.

▸▸ **Seite 214 ff.**
Schreiben als Prozess
LS „Schreiben"

▸▸ **Seite 246 ff.**
Erzähler und Erzählverhalten
LS „Umgang mit literarischen Texten"

Allerlei Verbrechen – Kriminalgeschichten selbst gestalten

Erfolg für jungen Kommissar

Düsseldorf. | An Karneval lernten die beiden Düsseldorfer Schülerinnen Melanie S. (15) und Sabrina G. (16) zwei Männer in einer stadtbekannten Diskothek kennen. Noch in der gleichen Nacht überredeten die beiden Männer die Mädchen, mit ihnen in ein Juweliergeschäft einzubrechen, die Tageseinnahmen und etliche Schmuckstücke zu stehlen. In der Folgezeit fanden die Mädchen Gefallen an dem Spiel, vor allem weil sie einen Teil des Diebesguts behalten durften. Von März bis Juli diesen Jahres überfiel das Quartett vermutlich zehn weitere Juweliergeschäfte im Düsseldorfer Raum. Den beiden Mädchen kam bei den Einbrüchen die Rolle der Aufpasserinnen zu. Marius F. (30), seit kurzem erst im Düsseldorfer Polizeidienst, kam ihnen jedoch durch eine am Tatort vergessene Schultasche auf die Schliche. Gestern Nacht konnte er sie auf frischer Tat ertappen, als sie einen Edeljuwelier auf der Königsallee berauben wollten.

▸▸ Seite 214 ff.
Schreiben als Prozess
LS „Schreiben“

1 Formt diese Zeitungsmeldung in eine Geschichte um.
Beachtet dabei die Merkmale einer Detektivgeschichte (siehe S. 40).

Anhand von Personenbeschreibungen eine kurze Kriminalgeschichte verfassen

▸▸ Seite 286
Schreibkonferenz
LS „Lern- und Arbeitstechniken“

2 Verfasst mithilfe dieser Personenbeschreibungen eine kurze Kriminalgeschichte.
Überarbeitet dann eure Texte in einer Schreibkonferenz.

Reinhard Mey

Der Mörder ist immer der Gärtner

Die Nacht liegt wie Blei auf Schloss Darkmoor
Sir Henry liest Financial Times
Zwölfmal schlägt gespenstisch die Turmuhr
Der Butler hat Ausgang bis eins
Da schleicht sich in flackerndem Lampenschein
Fast lautlos ein Schatten zur Türe herein
Und stürzt auf Sir Henry, derselbe lebt ab
Und nimmt das Geheimnis mit ins Grab

Refrain:
Der Mörder war wieder der Gärtner
Und er plant schon den nächsten Coup
Der Mörder ist immer der Gärtner
Und der schlägt erbarmungslos
er schlägt erbarmungslos
er schlägt erbarmungslos zu

Bei Maigret ist schon seit zwei Stunden
Ein Fahrstuhl andauernd blockiert
Inspektor Dupont ist verschwunden
Der Fahrstuhl wird grad' repariert
Da öffnet sich lautlos die Tür zum Schacht
Es ertönt eine Stimme, die hämisch lacht
Inspektor Dupont traf im Fahrstuhl
ein Schuss
Der Amtsarzt stellt sachlich fest: Exitus!

Am Hafendamm Süd wurde neulich
Ein Hilfsleuchtturmswart umgebracht
Inspektor Van Dyke, stets voreilig
Hat drei Täter schon im Verdacht
Die Wirtin zur Schleuse, denn die schielt
und die hinkt
Der Käpt'n der schiffsbrüchig
im Rum ertrinkt
Der Lotse, der vorgibt, Napoleon zu sein
Aber da irrt Van Dyke, keiner war's
von den Drei'n

Die steinreiche Erbin zu Manster
Ist wohnhaft im fünfzehnten Stock
Dort schläft sie bei offenem Fenster
Big-Ben schlägt gerad' „two o'clock"
Ganz leis' bläht der Wind
die Gardinen auf
Auf die Erbin zeigt mattschwarz
ein stählerner Lauf
Und ein gellender Schrei
zerreißt ja die Luft
Auch das war wohl wieder der Gärtner,
der Schuft!

In seinem Gewächshaus im Garten
Steht in grüner Schürze ein Mann
Der Gärtner rührt mehrere Arten
Von Gift gegen Blattläuse an
Der Gärtner singt,
pfeift und lacht verschmitzt
Seine Heckenschere,
die funkelt und blitzt
Sense, Spaten und Jagdgewehr
steh'n an der Wand
Da würgt ihn von hinten
eine meuchelnde Hand

Der Mörder war nämlich der Butler
Und der schlug erbarmungslos zu
Der Mörder ist immer der Butler
Man lernt eben täglich dazu

3 Klärt gemeinsam die Hauptaussage des Liedes.

4 Wählt eine Strophe aus, entwerft einen skizzenhaften Handlungsplan und schreibt dazu eine Kriminalgeschichte.

Tipp

Eine spannende Kriminalgeschichte braucht:
- eine neugierig machende Überschrift
- eine Einleitung in das Geschehen
- eine Vorstellung der Personen
- eine Steigerung der Spannung
- einen fesselnden Hauptteil
- treffende Adjektive
- wörtliche Rede
- die Auflösung des Kriminalfalls …

▶▶ **Seite 214 ff.**
Schreiben als Prozess
LS „Schreiben"

Impulse zur Weiterarbeit

- Ihr könnt in eurer Klasse ein Krimibuch anlegen, in dem ihr eure besten Krimis sammelt.

- Gestaltet eine Wandzeitung zu berühmten Krimiautoren.

- Setzt einen Krimianfang auf die Homepage eurer Schule. So können alle zu Mitautorinnen und -autoren werden, indem sie die Geschichte weiterschreiben.

- Im Internet könnt ihr selbst aktiv werden.
  Schaut unter www.detektiv-club.de und www.detektivroman.de nach.

- Kriminalgeschichten lassen sich leicht in Theaterstücke umschreiben. Führt eine Kriminalgeschichte an eurem Schulfest auf.

- Erstellt ein Hörspiel zu einer Detektivgeschichte.

- Lesetipps
  - Hergé: Tim und Struppi. Die Juwelen der Sängerin. Hamburg: Carlsen 2005.
  - Thomas Brezina: Ein Fall für dich und das Tiger-Team. München: Egmont 2005.
  - Thomas Brezina: Die Knickerbocker-Bande. Ratekrimis. Das Vermächtnis der Frida Frankenfein. Ravensburg: Ravensburger 2000.
  - Cornelia Funke: Herr der Diebe. Hamburg: Dressler 2004.
  - Günther Bentele: Schwarzer Valentinstag. Ein Kriminalfall aus dem Mittelalter. Stuttgart: Thienemann 1999.

Alaska – Ein Land entdecken im Projekt

Alaska. Land der Kälte. Land der Indianer und der Inuit. Land der Bären, der Wölfe, der Karibuherden. Land der Gletscher und Vulkane. Land der Goldsucher und des Erdöls. Sicher habt ihr schon einiges von Alaska gehört. In diesem Kapitel könnt ihr euch über Alaska informieren. Eure Arbeit kann dabei zum Teil in einem Projekt erfolgen.

Im Einzelnen lernt ihr

- etwas über die Natur und die Geschichte Alaskas sowie etwas über das Leben der Inuit
- wie man Sachtexte grafisch umsetzen kann
- wie man sinnvoll in einer Gruppe arbeitet
- was Projektarbeit ist und wie man Projektarbeit organisiert

Faszinierendes Alaska – Ein Projekt planen

Alaska: das Land der Superlative. Hier gibt es die höchsten Berge, die größten Gletscher, die hartnäckigsten Moskitos. Der Mount McKinley ist Nordamerikas höchster und der Welt kältester Berg. Alaska hat mehr Vulkane als irgendeine andere Region und mit Abstand die gewaltigsten Gletscher.

Die Winter sind lang und kalt, voller Eis und Schnee. Der Frühling kommt über Nacht. Der Goldrausch war kurz und heftig, das Öl wird in riesigen Mengen in Alaska gefördert. Hier ereignete sich die schlimmste Ölkatastrophe der USA. Der Yukon-Quest ist das härteste Schlittenhunderennen der Welt.

Die Klasse 7c möchte sich gerne genauer über das Land Alaska informieren. Damit jeder das bearbeiten kann, was ihn am meisten interessiert, wollen sie in einem Projekt arbeiten. Gemeinsam besprechen sie mögliche Untersuchungsgebiete und ihre Vorgehensweise.

Arbeitstechnik

Arbeiten im Projekt

1. Phase: **Das Projekt vorplanen und organisieren:** Arbeitsgruppen bilden.

2. Phase: **Ideen sammeln und Arbeitsschritte festlegen:** Untersuchungsfragen formulieren, Aufgaben verteilen.

3. Phase: **Material zusammenstellen:** Texte und Fotos aus Büchern, Zeitschriften und dem Internet beschaffen, sichten und bearbeiten.

4. Phase: **Ergebnisse aufbereiten:** Plakate, Wandzeitungen, Ausstellungsgegenstände müssen gesammelt, hergestellt und beschriftet werden.

5. Phase: **Projektergebnisse vorstellen:** Jetzt bekommen auch andere, z.B. Mitschüler, Eltern, Lehrer oder auch die Öffentlichkeit eure Ergebnisse zu sehen.

6. Phase: **Projektergebnisse beurteilen:** Nach der Ausstellung mit der gesamten Klasse überlegen: Was ist gut gelaufen, was weniger gut, was überhaupt nicht?

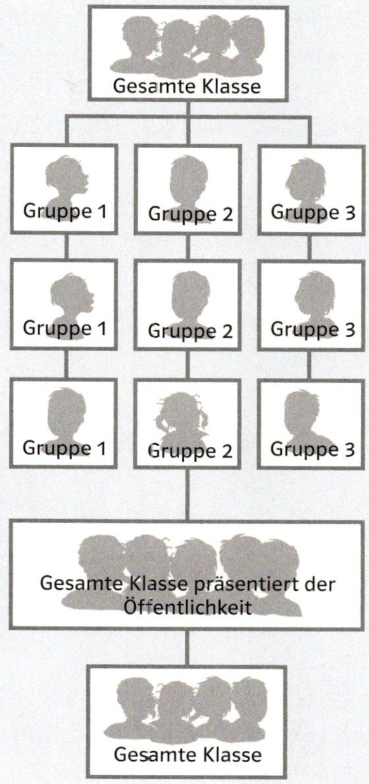

Unsere Planung

Samstag, den 28. 5.: Tag der offenen Tür
Klassenthema:
Alaska – Ein faszinierendes Land der Kälte
Vorbereitungszeit: 2 Wochen
Präsentation:
Ausstellung im Klassenraum
- *mit Fotos, Texten und Grafiken auf Plakaten*
- *mit Ausstellungsstücken wie Nachbau eines Inuit-Schlittens, eines Iglus*
- *mit Büchern zum Thema*
- *eventuell: kleine Szenen nachspielen, die das Leben der Goldgräber oder der Inuit zeigen*

1 Klärt in einem gemeinsamen Gespräch, was Projektarbeit bedeutet.

2 Beschreibt, was die Klasse 7c in ihrem Alaska-Projekt vorhat. Welche Teilgruppen hat die Klasse gebildet?

3 Findet noch weitere Themen, mit denen man sich im Zusammenhang mit Alaska beschäftigen könnte.

Natur, Land und Leute – Gruppenarbeit organisieren, üben und auswerten I

Schreiben

Sprechen und Zuhören

Bevor die Klasse 7c mit der eigentlichen Projektarbeit beginnt, stellt sie erst einmal Regeln für eine erfolgreiche Gruppenarbeit auf.

1 Überlegt euch zunächst in Zweier-Teams fünf Regeln für eine gute Gruppenarbeit. Danach bilden drei Zweier-Teams gemeinsam eine Gruppe. Erstellt in der Gruppe ein Plakat mit sieben Regeln, durch die Gruppenarbeit gelingt. Stellt die Regeln der Klasse vor.

▸▸ Seite 292 Gruppenarbeit LS „Lern- und Arbeitstechniken"

2 Während der Gruppenarbeit übernimmt jedes Gruppenmitglied eine bestimmte Funktion. Klärt, welche Aufgabe die jeweilige Funktion beinhaltet.

Die Projektgruppe „Alaskas Natur" hat verschiedene Texte (A–C, S. 49 f.) zum Thema „Natur" zusammengetragen, die sie jetzt für die Ausstellung am Tag der offenen Tür bearbeitet. Bevor die Gruppe zu arbeiten beginnt, bespricht sie zunächst einen Fahrplan und macht sich das Thema bewusst.

Arbeitsplan Gruppe A	
1. Funktionen verteilen	1 Min.
2. Thema erfassen, Fragen stellen	8 Min.
3. Vorgehensweise besprechen (Fahrplan)	
4. (Material sammeln)	zu Hause
5. Material in Einzelarbeit vorbereiten (lesen, unterstreichen)	4 Min.
6. Inhalte besprechen	10 Min.
7. Darstellungsweise überlegen	
8. Folie für die Präsentation vorbereiten	10 Min.
9. Präsentation vorbereiten: Wer trägt vor?	2 Min.
10. Auswerten der Arbeit und der Präsentation	

Alaskas Natur
(Landschaft, Natur, Klima)
- Wie groß ist Alaska?
- Wie sind die Temperaturen im Jahresverlauf?
- Gibt es Berge in Alaska?
- …

Was gehört in einen Steckbrief?
(Notizen machen)
Wie soll der Steckbrief aussehen?
(Skizze, Entwurf anfertigen)

3. Ergänzt die Fragen zum Thema „Alaskas Natur", die die Gruppe A schon formuliert hat.

4. Besprecht zunächst den Fahrplan, den die Gruppe A aufgestellt hat. Erstellt für die Gruppe B einen ähnlichen, möglichst konkreten Fahrplan.

5. Bearbeitet die folgenden Texte (A–C) mit den dazugehörigen Aufgaben in Gruppenarbeit (je zwei Gruppen bearbeiten das gleiche Thema).
   - Erstellt jeweils für eure Gruppe einen Fahrplan, den ihr dann auch einhaltet.
   - Fasst eure Arbeitsergebnisse auf einem Plakat zusammen, welches die Grundlage für eure abschließende Präsentation bildet.

A) Land und Leute

Mit 1 518 807 km² ist Alaska der größte Bundesstaat der USA und 5-mal so groß wie Deutschland. Von den 615 000 Einwohnern leben nur 29 000 in der Hauptstadt Juneau, der einzigen Hauptstadt der USA ohne Straßenverbindungen zur Außenwelt. Ihren Namen verdankt die Stadt einem Goldsucher namens Joe Juneau. In Alaskas größter Stadt Anchorage lebt dagegen fast die Hälfte aller Einwohner, 257 780 Menschen. Fairbanks, die dritte große Stadt des Landes, beherbergt 32 688 Einwohner.

Alaska ist ein Land der wilden Natur: Mehr als 3 Millionen Seen, ca. 100 000 Gletscher (5 % der Gesamtfläche Alaskas), über 3000 Flüsse und unzählige unberührte Gebiete prägen das Land, das an den Nordpazifik, das Beringmeer und die Beaufortsee angrenzt. [...] Auf Grund der zum großen Teil unberührten Weiten ist das Flugzeug mit das wichtigste Verkehrsmittel des Landes geworden. In Anchorage befindet sich der weltweit größte Flughafen für Wasserflugzeuge [...].

Das Land verfügt über 16 Tierschutzgebiete und 15 Nationalparks, die alleine eine Fläche von mehr als 21,8 Mio. Hektar einnehmen. Neben hohen Gebirgen ist für Alaska die ausgedehnte, flache und baumlose Tundra im Norden typisch. Die Küste Alaskas besteht aus zahlreichen Fjorden und unzähligen kleinen Inseln.

- Erstellt einen Steckbrief über Alaska.
- Sammelt noch weitere Informationen über Alaskas Land und Leute, die einen Steckbrief ergänzen könnten, z.B. der längste Fluss, der größte Gletscher.
- Veranschaulicht einiges mit Fotos.

▸▸ **Seite 207 ff.**
Recherchieren im Internet
LS „Sich und andere informieren"

Schreiben

Sprechen und Zuhören

Natur, Land und Leute – Gruppenarbeit organisieren, üben und auswerten II

B) Alaskas Klima

In Alaska kann man drei Klimazonen voneinander unterscheiden: Zum einen das Seeklima (maritimes Klima) in Südostalaska, auf den Aleuten und in der Golfregion. Das Besondere dieser Klimazone ist der häufige Niederschlag. Die Meeresnähe sorgt für nicht zu kalte Winter und relativ milde Sommer. Die nächste Klimazone ist das Landklima (kontinentales Klima). Es herrscht vor allem im Inneren Alaskas. Hier sind die Temperaturschwankungen extrem: heiße Sommer, kalte Winter. Als höchste Temperatur wurde bisher 38°C in Fort Yukon im Jahr 1915 gemessen, am kältesten war es 1971 in Prospect Creek mit -62°C. Als drittes gibt es noch das arktische Klima mit extrem kalten Wintern, kalten Sommern und wenig Niederschlag. In Barrow zum Beispiel geht die Sonne vom 10. Mai bis zum 2. August überhaupt nicht unter.

- Sucht aus dem Text die Schlüsselbegriffe heraus. Stellt die wichtigsten Informationen für die Klasse in einer grafischen Übersicht dar.
- Besorgt euch aus eurem Erdkundebuch, aus einem Lexikon oder aus dem Internet Klimadiagramme oder Klimatabellen für Alaska, z.B. für die Orte Anchorage, Fairbanks und Barrow. Ergänzt damit sinnvoll euer Plakat.

▸▸ Seite 289
Kurvendiagramme
LS „Lern- und Arbeitstechniken“

C) Tierwelt

In den weiten und wilden Lebensräumen Alaskas lebt eine Vielzahl beeindruckender Tiere: Wölfe, Koyoten, Polarfüchse, Büffel, Otter, Moschusochsen, Biber, Elche, Wildschafe, Widder, Sitka-Wild, Erdhörnchen und viele andere. Besonders berühmt jedoch ist Alaska für seine Karibuherden, die die Tundra durchstreifen, und die Bären: Eisbären, Schwarzbären und Braunbären, von denen die größten Exemplare auf den Kodiak Islands vorkommen. Die Gewässer rund um Alaska beherbergen eine unglaublich artenreiche und faszinierende Tierwelt: Allein 15 Walarten kann man hier beobachten. Aber auch Seelöwen, Walrosse, Seehunde und Seeotter trifft man an. In den zahlreichen, glasklaren Seen und Flüssen tummeln sich 5 verschiedene Lachsarten, Regenbogenforellen, Seeforellen, Kabeljaue, Hechte und Heilbutte, um nur einige zu nennen. Ca. 400 Vogelarten leben hier, der bekannteste Vertreter ist der mächtige Weißkopfseeadler, Amerikas Wappentier.

- Sucht aus dem Text die Schlüsselbegriffe heraus. Stellt die wichtigsten Informationen für die Klasse in einer grafischen Übersicht dar.
- Sammelt für die Tiere Bilder und zusätzliches Informationsmaterial. Stellt die Informationen in einem Steckbrief über die Tiere dar. Wie passen sich die Tiere dem Klima an?

▸▸ Seite 207 ff.
Recherchieren im Internet
LS „Sich und andere informieren“

1 Präsentiert die Gruppenarbeitsergebnisse euren Mitschülern.

Seite 290 f.
Präsentieren
LS „Lern- und Arbeitstechniken"

2 Besprecht danach in der Klasse die Qualität des Vortrags und des Plakats. Welche Verbesserungsvorschläge könnt ihr der Gruppe jeweils machen?

3 Stellt zunächst in Zweier-Teams fünf Tipps für eine gelungene Präsentation und ein gelungenes Präsentationsplakat auf. Danach bilden drei Zweier-Teams gemeinsam eine Gruppe. Erstellt in der Gruppe ein Plakat mit sieben Tipps, durch die eine Präsentation gelingt. Stellt die Präsentationstipps der Klasse vor.

Tipps zum Präsentieren

Inhalt
- *den Vortrag strukturiert vortragen*
- *...*

Verhalten der Präsentierenden
- *laut und deutlich sprechen*
- *...*

Tipps zum Präsentationsplakat

Inhalt
- *eine Überschrift verwenden*
- *...*

Form
- *auf eine leserliche Schrift achten*
- *...*

4 Überlegt zunächst jeder für sich, wie ihr in der Gruppe gearbeitet habt. Die nebenstehenden Fragen können euch helfen.

5 Reflektiert dann innerhalb der Gruppe, welche positiven Erfahrungen ihr gemacht habt und welche Schwierigkeiten es gab. Notiert euch Verbesserungsvorschläge.

6 Sammelt in der Klasse Tipps, wie man die Gruppenarbeit und die Arbeitsergebnisse weiter verbessern könnte.

Prüfe

Verlauf der Gruppenarbeit

Ihr könnt für jede der ersten zehn Fragen 0–2 Punkte vergeben. Je mehr Punkte, desto besser ist eure Gruppenarbeit.

Seite 292
Gruppenarbeit
LS „Lern- und Arbeitstechniken"

1. Habe ich mich bei der Gruppenarbeit wohlgefühlt?
2. Hat sich jeder in die Gruppe eingebracht?
3. Haben wir uns als Team verhalten?
4. Sind alle Gruppenmitglieder angehört und beachtet worden?
5. Habe ich bei der Gruppenarbeit gut mitgearbeitet?
6. Hat die Gruppe insgesamt zielstrebig gearbeitet?
7. Haben wir die Arbeit gerecht und sinnvoll untereinander verteilt?
8. Haben wir die Aufgabe stets in den Mittelpunkt gestellt?
9. Bin ich mit unserem Ergebnis zufrieden?
10. Haben wir gut präsentiert?

Seite 286
Feedback geben
LS „Lern- und Arbeitstechniken"

Was hat mich gestört?
Was hätten wir besser machen können?

Die Geschichte Alaskas – Präsentieren

Zum Thema „Geschichte Alaskas“ arbeiten zwei Gruppen der Klasse 7c. Während die eine Gruppe für die Projektpräsentation ein Plakat mit einer Zeitleiste zur Geschichte vorbereitet, schreibt und probt die andere Gruppe ein 5-Minuten-Theaterstück zum Thema „Goldrausch“. Die Szene soll am Tag der offenen Tür aufgeführt werden.

Seite 290
Präsentieren
LS „Lern- und
Arbeitstechniken“

1 Macht euch den Aufbau des Präsentationsplakates klar.
Welche Regeln zur Gestaltung solcher Plakate wurden beachtet?

2 Setzt den Zeitstrahl mithilfe der unten stehenden Informationen fort.

Der eigentliche Öl-Boom setzte 1968 in Alaska ein, als man in der Prudhoe Bay im Nordpolarmeer auf Öl stieß. Seit 1977 wird das Öl durch die Trans-Alaska-Pipeline transportiert. Die 1280 km lange Pipeline verbindet Prudhoe Bay mit dem ganzjährig eisfreien Hafen Valdez, wo das Rohöl in Tankschiffe verladen wird. Dank des „schwarzen Goldes“ gehört Alaska zu den reichsten Gebieten der USA mit dem höchsten Pro-Kopf-Einkommen, allerdings auch bei hohen Preisen. Die Schattenseiten des Erdöls: Beim größten Tankerunglück Nordamerikas (1989) verschmutzte aus dem Schiff Exxon Valdez auslaufendes Öl einen Teil von Alaskas Küste. Die Folgen der Ölkatastrophe für die Tierwelt waren und sind verheerend. Die Fischerei kam zum Erliegen.

Die gewaltigen Kräfte der Natur zeigten sich am 27. März 1964 mit dem stärksten Erdbeben, das je in Nordamerika gemessen wurde. Die Erde bebte vier Minuten, die Städte Anchorage, Valdez, Seward und Cordova wurden zerstört, viele Menschen ertranken in den Flutwellen der Tsunamis.

Der Goldrausch beginnt

Szene nach dem Jugendroman „Im Goldrausch“ von Will Hobbs. *Geschrieben und gespielt von der Klasse 7c.*

New York 1897.
Jason, 15 Jahre, Zeitungsverkäufer, läuft durch die Menge und preist seine Zeitung an.

Jason *sehr laut* Gold! Lesen Sie alles darüber! Gold in Alaska entdeckt! *Geht weiter, schwenkt die Zeitung.* Goldschiff in Seattle eingetroffen! Extra! Extra! Lesen Sie alles darüber! Goldwäscher aus Alaska! Zwei Tonnen Gold!

Jason entnimmt seinem Zeitungssack einen großen Stapel Zeitungen und verkauft sie. Die Leute drängen zu ihm.

Jason Goldwäscher aus Alaska treffen in Seattle ein! Zwei Tonnen Gold! Gold!

Die Menge stößt und drängt, um eine Zeitung zu erhalten.

Jason *rennt mit der letzten Zeitung in eine stille Ecke und liest.* Um sechs Uhr heute Morgen ging ein Dampfschiff mit zwei Tonnen Gold an Bord im Hafen von Seattle vor Anker. Fünftausend Menschen strömten aus den Straßen der Stadt zum Schwabacher Dock, um das Goldschiff, die Portland, in Empfang zu nehmen. […] Eine Nation […] richtet ihren Blick jetzt hoffnungsfroh auf Alaska. […] Noch während diese Zeilen in Druck sind, scheint sich ein Goldrausch anzubahnen. *Jason springt auf, laut, aufgeregt.* Ich muss nach Seattle zurück, dann irgendwie … Richtung Norden nach Alaska.

3 Überarbeitet diese Szene und ergänzt dabei:
Was könnten die Zeitungskäufer zueinander und über die Goldfunde sagen?
Was könnte im Gedränge passieren?

Seite 255 f.
Szenische Texte untersuchen
LS „Umgang mit literarischen Texten“

4 Spielt die Szene in der Klasse nach.

5 Nennt die Vorteile und Nachteile der beiden Präsentationsformen:
Plakat, Theaterstück.

Schreiben

Sprechen und Zuhören

Die Inuit – In Projekten arbeiten

Eine Gruppe der Klasse 7c beschäftigt sich mit den Inuit. Die Unterschiede zwischen dem Leben heute und dem Leben früher stellen sie in einer Tabelle dar. Felix meint aber: „Für eine interessante Ausstellung muss man dem Publikum das Leben der Inuit auch noch anders erklären." „Genau", bestätigt Tobias, „wir könnten doch einen Hundeschlitten nachbauen." „Lasst uns mal Ideen sammeln und dann entscheiden, was sinnvoll ist", schlägt Jenny vor.

Alaskas Ureinwohner

In Alaska leben vier Hauptgruppen von Ureinwohnern: Eskimos (Inuit), Aleuten, Athabascan und die Indianer der Südwestküste. Die Inuit verbreiteten sich in den westlichen Regionen Alaskas. Die Aleuten besiedelten hauptsächlich die Inseln, die jetzt ihren Namen tragen – die Aleuten. Die beiden großen Indianervölker, die Tlingit und Athabascan, ließen sich im Südosten und in Zentralalaska nieder.

Die Inuit

Als Esquimantsik (Rohfleischfresser) bezeichneten die Athabasca-Indianer geringschätzig ihre nördlichen Nachbarn. Die Europäer übernahmen die beleidigende Bezeichnung und verkürzten sie zu „Eskimo". Die Menschen der Arktis nennen sich jedoch Inuit, in der Einzahl Inuk, was schlicht „der Mensch" bzw. „das Volk" bedeutet. [...]

Der Lebensraum der Inuit ist die Arktis; d.h. Alaska, der Norden Kanadas, Sibirien und Grönland. In Grönland leben ca. 45 000 Inuit, in Alaska und Kanada je 32 000 und einige Tausend in Sibirien (Eigenname: Yuit).

Obwohl die Entfernungen zwischen den Gebieten teilweise mehr als 5000 km Luftlinie betragen, weisen die Inuit überall eine ähnliche Sprache und Kultur auf. Eine Ausnahme bilden die Inuit Südalaskas und der Aleuten, die Elemente der indianischen Nordwestküsten-Kultur übernommen haben.

Die Inuit haben sich an die Herausforderungen ihres kalten Lebensraumes angepasst. Sie ernährten sich durch Jagen und durch Sammeln essbarer Pflanzen. Alle Inuit jagten Seesäuger, wie Robben, Walrosse und Wale, und betrieben Fischfang. An Land jagten sie Karibus, Moschusochsen, Eisbären und kleinere Tiere. Das Töten der Tiere und das Zerlegen der Beute erfolgten nach strengen Riten. Jagen gingen die Männer. Um Kleidung und Weiterverarbeitung der Jagdbeute kümmerten sich die Frauen. Allerdings: „Ein Mann ist immer der Jäger, den die Frau aus ihm macht", so ein Inuit-Sprichwort – denn ohne warm haltende Kleidung keine Jagd, ohne Jagd kein Überleben.

Die Tierhäute und -felle nutzten sie, um daraus Kleidung, Zelte und Kajaks herzustellen. Aus den Tierknochen, Geweihen und Zähnen fertigten sie Werkzeug und Waffen. Im Sommer reisten die Inuit in Kajaks, die aus Tierhäuten und Treibholz hergestellt wurden, im Winter nutzten sie Hundeschlitten. Während der Sommermonate lebten die meisten Inuit in Zelten, im Winter in Häusern aus Grasnarben und auf Reisen in Iglus. Die Inuit lebten als Nomaden, weil sie dem Nahrungsangebot folgen mussten und daher den Tierherden hinterherzogen.

Die Kultur der Inuit ist fest verankert in der Natur. Zur Identität der Inuit tragen das Geschichtenerzählen, das Trommeln, die Sprache, die Familie, die Tradition und das (traditionelle) Jagen bei.

Das Leben der Inuit hat sich innerhalb der letzten Jahrzehnte stark verändert. Heute sind die Inuit sesshaft und leben in festen Holzhäusern in Siedlungen mit Ölheizung, Elektrizität, Haushaltsgeräten und sanitären Anlagen ausgestattet. Iglus und Zelte werden praktisch nur noch während der Jagd gebaut. Selbstverständlich können die Inuit heute ihre Nahrung im Supermarkt beschaffen, doch die Jagd spielt auch heute noch eine große Rolle, weil sie wesentlich zur Identität der Inuit gehört. Heute haben die Inuit auch moderne Berufe. Sie arbeiten z.B. als Polizist, Lehrerin oder Ingenieur. Sie tragen moderne, gut isolierende Kleidung, ergänzt durch traditionelle Kleidung, z.B. Fellschuhe. Als Transportmittel nutzen sie heute selbstverständlich Motorboote, Schneemobile und (zumindest innerhalb von Städten) Autos bzw. Geländewagen. In Alaska gehören Flugzeuge zum alltäglichen Transportmittel. Diese modernen Techniken (z.B. Schusswaffen statt Harpunen) erleichtern den Inuit vor allem das Jagen.

Das Leben der Inuit

	früher	heute
Lebensweise	Nomaden	Sesshaftigkeit
Nahrung	essbare Pflanzen, Robben-, Seelöwen-, Walfleisch	...
...	...	...

Ideensammlung: Inuit
- *Gespräch zwischen Großvater und Enkel über das Leben der Inuit als Fünf-Minuten-Theaterstück vorbereiten und aufführen.*
- *Fotos von Inuit suchen oder Bilder selber zeichnen und diese mit Texten über deren Leben heute oder früher beschriften.*
- *Hundeschlitten, Kajaks, Iglus oder Zelte nachbauen und damit ein kleines Dorf erstellen.*
- *Informationstafeln zur Kleidung der Inuit erstellen, einzelne Kleidungsstücke, z.B. Stiefel, nacharbeiten.*
- *Informationsmaterial über eine andere Gruppe der Ureinwohner Alaskas sammeln und ansprechend darstellen.*

1 Setzt die Tabelle fort. Findet dazu für die linke Spalte Aspekte, in denen sich das Leben der Inuit früher und heute unterscheidet.

2 Bildet Gruppen. Jede Gruppe wählt aus der Ideensammlung eine Aufgabe aus und setzt sie um. Dabei solltet ihr zunächst genau eure Aufgabe durchdenken, einen Arbeits- und Zeitplan entwickeln und die einzelnen Arbeitsschritte sinnvoll unter euch aufteilen.

Impulse zur Weiterarbeit

- Führt zu weiteren Themen Projekte durch und bereitet so eine umfassende Ausstellung zu Alaska vor.
  Mögliche Themen:
  - Der Yukon-Quest (Hundeschlittenrennen)
  - Erdöl in Alaska (Technische Meisterleistung, Chancen und Gefahren)
  - Nationalparks und Tourismus in Alaska
  - Erdbeben und Vulkane in Alaska
  - …

- Ihr könnt ein Hörbuch mit Romanpassagen z.B. zum Thema Goldrausch erstellen, das sich die Ausstellungsbesucher dann (über Kopfhörer) anhören.

- Der amerikanische Schriftsteller Jack London gehörte selber zu den Goldsuchern in Alaska. Informiert euch über sein Leben und seine Abenteuer in Alaska.
  Fertigt aus seiner Biografie und aus Auszügen seiner Bücher ein Leseheft an.

- Lesetipps
  - Will Hobbs: Im Goldrausch. Weinheim, Basel: Beltz & Gelberg 2002.
  - Tom Bodett: Williwaw! Weinheim, Basel: Beltz & Gelberg 2002.
  - Jean Craighead George: Julie von den Wölfen. München: dtv 2000.
  - Jack London: Lockruf des Goldes. München: dtv 2001.
  - Jack London: In der Wildnis des Nordens. Stuttgart: Klett 1999.
  - Jack London: Der Ruf der Wildnis. München: dtv 2000.

Eine Zeitreise durch die Geschichte der Mode – Zeitformen kennen lernen

Wer sich heute modisch kleiden will, kann dies tun. Man geht ins Geschäft und kauft, was man mag. Es gibt Mode für jeden Geldbeutel, Mode ist für jeden verfügbar. Früher war das anders. Da bestimmten die Herrscher, wer welche Kleidung zu tragen hatte. Was die Zukunft bringen wird, welche Rolle Kleidung dort spielen wird? Auch darüber gibt es schon gesicherte Kenntnisse.

Im Einzelnen lernt ihr

- wie man die Geschichte der Mode mithilfe der Zeitformen der Verben korrekt darstellt
- wie die Zeitformen der Verben eine Brücke von der Vergangenheit in die Gegenwart bauen können
- wie Verben es uns ermöglichen, sowohl die Zukunft als auch demnächst Vergangenes sprachlich treffend zu bezeichnen

Nachdenken über Sprache

Umgang mit Texten / Medien

Der Gang durch mehrere Jahrhunderte – Präteritum und Plusquamperfekt

Sowohl in Griechenland als auch in Rom unterlag die Mode im Laufe der Jahrhunderte gewissen Änderungen, aber die Grundform der Kleidung blieb die gleiche. Die Griechen, Männer wie Frauen, trugen als einfaches Gewand den Chiton, eine Art Hemdbekleidung aus Leinen oder Wolle. Die Seiten des Chitons waren zusammengenäht, eine Verarbeitung, die nicht immer üblich gewesen war. Angeblich hatten die Athenerinnen zuvor einen Krieger, der aus dem unglücklich verlaufenen Feldzug gegen Aegina allein heimgekehrt war, mit ihren Gewandnadeln erstochen. Deshalb hatten ihre Männer sie gezwungen, die zuvor mit Nadeln zusammengehaltenen Gewänder gegen den genähten Chiton einzutauschen.

1 Lest den Text sorgfältig und nehmt mündlich zu den folgenden Aussagen Stellung:

▸▸ Seite 262 Überprüfungsaufgaben LS „Umgang mit Sachtexten“

Der Chiton wurde von Männern und Frauen getragen.	richtig	falsch
Die Chitons wurden zunächst an den Seiten mit Nadeln zusammengehalten.	richtig	falsch
Die Grundform der Kleidung änderte sich im Laufe der Jahrhunderte sowohl in Griechenland als auch in Rom.	richtig	falsch
Die Chitons bestanden aus Seide.	richtig	falsch

! Merke

Das **Präteritum** ist eine Vergangenheitsform. Sie bezieht sich auf Vergangenes und wird für Vorgänge verwendet, die in der Vergangenheit liegen und **abgeschlossen** sind. Das Präteritum wird meist in der geschriebenen Sprache verwendet.
Es wird aus der einfachen Vergangenheitsform des Verbs gebildet.

Beispiel: *sie nähte, er ging*

▸▸ Seite 267 Tempus LS „Sprache untersuchen – Grammatik“

2 Schreibt die Prädikate der ersten sechs Zeilen des Textabschnitts heraus und bestimmt die Zeitformen.

3 In dem Text wird von einem Ereignis berichtet, das vor dem Tragen des zusammengenähten Chitons liegt. Schreibt die Verbformen, die sich auf dieses Ereignis beziehen, ebenfalls heraus.

a) war gewesen *b) hatten erstochen* *c) …* *d) …*

Vorvergangenheit	Vergangenheit
Chiton mit Nadeln gehalten	*Chiton zusammengenäht*

! Merke

Das **Plusquamperfekt** (vollendete Vergangenheitsform) wird benutzt, wenn man deutlich machen will, dass etwas vor einem Ereignis in der Vergangenheit, über die man erzählt oder berichtet, liegt.

Es wird gebildet aus der Vergangenheitsform von **sein** oder **haben** und dem **Partizip II** des eigentlichen Verbs.
Beispiel: *sie hatte genäht, er war gegangen*

Im Laufe der nächsten Jahrhunderte, in der Zeit des Übergangs von der Antike ins christliche Mittelalter, veränderte sich mit der Gesellschaft auch die Mode. Die Kirche erlangte zunehmend eine kulturelle und geistige Vormachtstellung in Europa. Die Herstellung von Kleidern wurde immer mehr Aufgabe der Klöster, sie übernahmen das Erbe der antiken Tuchmacher und Schneider. Röcke, Beine und Ärmel an den Kleidern wurden länger, um möglichst überall die Haut zu bedecken, lange Untergewänder und Hemden wurden üblich. Zunehmend verbargen Frauen ihr Haar unter Tüchern und Schleiern, ein Brauch, den anfangs vor allem die Kirche forderte, der sich dann aber auch auf das Alltagsleben ausdehnte.

Gleichzeitig liebte der Adel kostbare Gewänder, Schmuck und andere Luxuswaren, trotz der Mahnungen der Kirche zur Mäßigung. Männer wie Frauen statteten sich mit teuren Stoffen und kostbarem Geschmeide aus, der Körperschmuck diente der Schönheit und signalisierte Erfolg.

Die unteren Schichten konnten sich diesen Luxus nicht nur nicht leisten, es war ihnen sogar verboten, die gleichen Kleider und Farben zu tragen wie der Adel.

4 Stellt gegenüber: Übertragt die Sätze dafür in euer Heft. Achtet auf die korrekten Formen von Präteritum und Plusquamperfekt.

▸▸ **Seite 267**
Tempus
LS „Sprache untersuchen – Grammatik“

Vergleich	Plusquamperfekt	Präteritum
Haare der Frauen	In der Antike ___ die Frauen die Haare offen ___ (tragen),	ehe sie sie im Mittelalter ___ (verbergen).
Kirche	In der Antike ___ die Kirche keinen Einfluss auf die Mode ___ (haben),	diesen ___ (bekommen) sie erst im Mittelalter.
Herstellung der Kleidung	Nachdem …	
Sichtbare Haut		
Reiche		
Arme		

Nachdenken über Sprache

Umgang mit Texten / Medien

Mode im Wandel – Der Gebrauch der Vergangenheitsformen

Je stärker die Stellung des königlichen Hofes wurde, desto intensiver begann sich dort eine eigene Hofetikette zu entwickeln, die für den höheren Adel zum Verhaltens- und Kleidungsmaßstab wurde. Im Mittelpunkt stand der König, der Grad der Verwandtschaft zum Königshaus bestimmte den Rang und damit die Art der Kleidung in der höfischen Gesellschaft. Die Etikette[1] bestimmte, wer Gold, Samt und Seide tragen durfte und wem Hermelin und Zobel[2] zustand. Das strenge Zeremoniell legte ebenfalls Farben und Formen fest. Am Hof durften nur Samt-, Seiden- und Brokatstoffe getragen werden, die man mit Gold, Silber und Edelsteinen üppig schmückte und die in leuchtenden Farben glänzten. Die Frauen schnürten sich die Taillen mit einem Korsett und betonten mit Mieder und großem Dekolletee ihren Busen.

[1] Etikette: Vorschriften für Umgangsformen

[2] Hermelin und Zobel: Pelze

1. Wodurch wurde bestimmt, wer welche Kleidung trägt? Nennt die Regelungen im Detail.
2. Begründet die Zeitform der Verben, die im Text durchgängig gewählt wird.
3. Welche Begriffe französischer Herkunft finden im Bereich der Mode bis heute Verwendung?

Ein Revolutionär aus den Tagen der Französischen Revolution (1789–1799) berichtet:

Bis jetzt haben Kleiderordnungen das Tragen bestimmter Stoffe, Muster, Schnitte und Accessoires für die einzelnen Stände geregelt. An der Kleidung sollte jeder sehen, dass Gott einen festen Platz in der Welt für einen vorgesehen hat. Die Herrschaften haben sich rausgeputzt, während das Volk gehungert hat. Aber das ist jetzt vorbei. Wir sind alle gleich und tragen deshalb auch die gleiche Kleidung. Und die soll einfach sein.

Seite 267 Tempus LS „Sprache untersuchen – Grammatik“

4. Der Zeitzeuge berichtet von der Kleiderordnung vor und nach der Französischen Revolution. Schreibt die Verben heraus und bestimmt die Zeitformen.
5. Erklärt, wieso diese Zeitformen benutzt werden.

Merke

Das **Perfekt** (vollendete Gegenwartsform) wird benutzt, wenn das Vergangene bis in die Gegenwart wirkt oder umgangssprachlich beim mündlichen Erzählen von Vergangenem.

Beispiel: *Bis jetzt haben Kleiderordnungen dies geregelt.*

Es wird gebildet aus der Gegenwartsform von **haben** oder **sein** und dem **Partizip II** des eigentlichen Verbs.

Beispiel: *sie hat genäht, er ist gegangen*

6 Schreibt den folgenden Text mit den korrekten Verbformen ab.

Die Zeit der bürgerlichen Mode ___ (beginnen). Der Adel ___ viele seiner Privilegien[3] ___ (aufgeben) und die Führung dem Bürgertum ___ (überlassen). Während und nach der Französischen Revolution ___ sich die Kleidung den Idealen und Bedürfnissen der republikanischen Gesellschaft ___ (anpassen), die Begeisterung für die Revolution ___ europaweit zu einer Verbreitung der neuen Mode (führen). Wir Revolutionäre ___ uns bewusst an die einfache Kleidung der Bauern und Matrosen ___ (anlehnen).

[3] *Privilegien: Sonderrechte*

Im Laufe des 19. Jahrhunderts wurden allerdings Forderungen laut nach Herstellung der alten politischen Ordnung. Je lauter diese Stimmen wurden, umso prunkvoller wurde wieder die europäische Mode. Am Hof entstand erneut eine verspielte Art der Kleidung mit aufwändigen Reifröcken und kostbaren Hofkleidern. Seide und Taft wurden wieder zu begehrten Materialien. Die Bürgerinnen ahmten den höfischen Stil nach und schätzten exklusive Kleidung. Modemacher gaben den Ton an und die ersten Vorläufer der späteren Haute Couture[4] erschienen.

[4] *Haute Couture: elegante Mode*

7 Fasst die Entwicklung der Mode nach der Französischen Revolution mit eigenen Worten zusammen.

Im Rahmen der gesellschaftlichen Veränderungen, die das 19. Jahrhundert mit sich brachte, gab es allerdings auch Kritik am neuen aufwändigen Modestil. Einige Stimmen forderten eine schlichtere, zweckmäßigere Frauenkleidung. Eine frühe Feministin schlug schon 1851 in den USA die Hosentracht vor, eine Idee, mit der sie jedoch viel Spott erntete. Erst im 20. Jahrhundert, nicht zuletzt in Zusammenhang mit der Frauenarbeit während der beiden Weltkriege, konnte sich die Frauenhose durchsetzen.

Seit Beginn des 20. Jahrhunderts und nach dem Ersten Weltkrieg hat sich die moderne Frau durchgesetzt, die selbstbewusst ihre Rechte anmeldet und häufig ihren eigenen Lebensunterhalt verdient. Die Umbruchzeit der Jahrhunderte erschütterte besonders in den Großstädten die traditionellen Rollenmuster, die alten Konventionen[5] galten als überholt. Man trug die Röcke und Haare kürzer, die sportlichere Mode betonte die schlanken Körperformen.

[5] *Konvention: Brauch, Übereinkunft*

8 Stellt die Veränderung der Frauenmode im 19. und 20. Jahrhundert dar. Legt dafür einen Zeitstrahl an und tragt die Entwicklung zeitlich sortiert ein.

▸▸ **Seite 201 f.** Textstrukturen erkennen LS „Lesestrategien, Lesetechniken“

9 Begründet mithilfe dieses Zeitstrahls die unterschiedlichen Zeitformen der Verben.

Nachdenken über Sprache

Umgang mit Texten / Medien

Und was kommt jetzt? – Futur I und Futur II

Heute ist das anders. Es wird wieder stärker auf die Mode der Vergangenheit zurückgegriffen. So kann man zum Beispiel oft Petticoats aus den 50er Jahren sehen. Dieser Retro-Trend wird sich auch in Zukunft fortsetzen. „Wir mixen alles“, sagt Zukunftsforscher Eike Wenzel. „In unserem Lebensstil werden wir immer stärker zu Patchwork-Individuen, es kann sein, dass wir alle zehn Jahre einen neuen Lebensentwurf leben, und das drückt sich auch in unserer Kleidung aus. Deswegen werden wir immer stärker mischen. Der Vergleich eines DJs, der aus verschiedenen Musikbereichen zusammenmixt und sampled, ist sehr angemessen.“ Seiner Meinung nach werden wir alle Regeln durchkreuzen. Wir werden männliche und weibliche Klamotten mischen und teure Sachen mit der billigen Ware kombinieren.

In Zukunft lassen sich einige sogar ihre Kleidung schneidern – Mass Customization ist das Zauberwort. Der Konsument lässt seine Passform herausfinden und bekommt die Ware dann über das Internet. Bislang ist der Bereich noch ein Nischenmarkt, langfristig soll er aber ein Wachstumspotenzial zwischen 15 und 30 Prozent haben.

1. Klärt gemeinsam die euch unbekannten Begriffe. Habt ihr eine Erklärung dafür, warum dieser Text so viele Fremdwörter und englische Ausdrücke enthält?
2. Wann bezeichnet ihr eine Kleidung als modisch? Nennt Beispiele.
3. Stellt fest, welche grammatische Zeitform im 1. Abschnitt vorherrscht.
4. Sucht alle Futur-I-Formen aus dem Text heraus.
5. Findet Sätze, die sich zwar auf Zukünftiges beziehen, aber dennoch nicht mit der Futur-I-Form gebildet werden.

▸▸ **Seite 267**
Tempus
LS „Sprache untersuchen – Grammatik“

Merke

Das **Präsens** kann unterschiedliche Funktionen haben:

- Etwas passiert gerade, z.B.: *Im Moment trage ich gerne Sportkleidung.*
- Etwas gilt immer oder ist allgemein gültig, z.B.: *Schneider ist ein alter Beruf.*
- Etwas wird in der Zukunft stattfinden, z.B.: *Nächstes Jahr trägt man Kartoffelsäcke.*
- Etwas schon Geschehenes wird sachlich, z.B. in einer Inhaltsangabe, wiedergegeben, z.B.: *Die Kleiderordnung ändert sich u.a. durch die Französische Revolution.*

Das **Futur I** wird gebraucht, um eine zukünftige Handlung oder einen zukünftigen Zustand von der Gegenwart zu unterscheiden.
Es wird gebildet mit einer Form von **werden** und dem **Infinitiv** des eigentlichen Verbs.

Beispiel: *er wird nähen, sie wird gehen*

Der Markt ist schnelllebig geworden: Was heute modern ist, wird morgen Vergangenheit sein; was morgen modern sein wird, wird übermorgen modern gewesen sein. Wenn man morgen in den Geschäften nach einem bestimmten Hosenschnitt fragt, wird man diesen Hosenschnitt nach einiger Zeit schon wieder vergessen haben.

Merke

Das **Futur II** wird gebraucht, wenn man ein Geschehen in der Zukunft als bereits beendet bezeichnen will. Oft ist dies eine Vermutung.

Es wird gebildet mit dem Hilfsverb **werden**, dem **Partizip II** des eigentlichen Verbs und mit **haben** oder **sein.**

Beispiel: *Bis du dich entschieden hast, werden die Pullover alle verkauft sein.*

6 Erläutert, was mit den Formen „wird gewesen sein" und „wird vergessen haben" für eine Zeitstufe angesprochen wird.

Nicht nur Modemacher, auch die Forschung beschäftigt sich mit Textilien. Unter dem Stichwort „Intelligente Textilien" werden in Zukunft viele Textilien auf den Markt kommen.
Nachdem Kleider über Jahrtausende hinweg warm hielten, Schutz boten und Leute machten, sollen sie zukünftig mehr leisten. Das Unterhemd von morgen wird üblen Schweißgeruch verhindern, der Pullover wird tagelang nach Lavendel und bei Erkältung nach Menthol duften, die Bluse wird lästige Insekten verjagen, der ölverschmutzte Blaumann wird sich mühelos reinigen lassen, und der Schlafanzug wird feuchtigkeitsregulierend wirken. Im Deutschen Textilforschungsinstitut in Krefeld hat die Zukunft bereits begonnen. Es wird Kleidung für Kleinkinder geben, in die ein elektronisches Warnsystem eingebaut ist, so dass man die Kinder sofort wieder findet, falls sie verloren gehen. Man kann sich kaum vorstellen, dass diese Entwicklungen in naher Zukunft Alltag sein werden oder sogar schon wieder verschwunden sein werden.

7 Nennt die Funktionen von Kleidung, die sie in der Vergangenheit hatte.

8 Tragt die neuen Funktionen zusammen, die der Kleidung demnächst zukommen werden.

9 Sucht die Zeitformen der Verben heraus und bestimmt, auf welchen Zeitpunkt bzw. Zeitraum sie jeweils verweisen.

10 Entwerft einen Text, in dem ihr eure Vorstellungen von und Wünsche an Kleidung darlegt.

▶▶ **Seite 214 ff.**
Einen Schreibplan erstellen
LS „Schreiben"

Impulse zur Weiterarbeit

- Zeichnet Kleidung, wie ihr sie euch in der Zukunft vorstellt.
- Sammelt Zeitungsartikel über die Mode der Zukunft und schaut nach einem längeren Zeitraum nach, ob sich bestimmte Trends durchsetzen konnten.
- Zieht Erkundigungen über die Geschichte bestimmter Kleidungsstücke ein, z.B. die Geschichte der Krawatte, die Geschichte des Kostüms, die Geschichte der Bademode. Man gibt diese Begriffe als Stichwort in eine Suchmaschine, z.B. „google" ein, und erhält viele Internetadressen zum Thema.
- Plant einen Museumsbesuch in ein Heimatmuseum oder Freilichtmuseum in eurer Nähe. In der Regel enthalten diese Ausstellungen auch einen Bereich „Kleidung".
- Fragt eure Eltern und Großeltern, ob sie noch Kleidungsstücke aus früheren Zeiten verwahrt haben, leiht sie euch aus und veranstaltet eine geschichtliche Modenschau.
- Setzt euch an einem Samstag in die Innenstadt und beobachtet bewusst die unterschiedlichen Kleidungsstile.

Klasse Party! – Aktiv und Passiv

In diesem Unterrichtsvorhaben erfahrt ihr einiges darüber, wie die Klasse 7c der Lise-Meitner-Realschule ihre Klassenparty vorbereitet und durchgeführt hat. Darüber gibt es viel zu berichten. Dabei kommt es immer auf die Sichtweise an, wie davon erzählt wird und dass dafür das Aktiv und das Passiv wichtig sind.

Im Einzelnen lernt ihr

- Aktiv und Passiv zu unterscheiden
- das Passiv zu bilden
- Rezepte/Anleitungen mithilfe des Passivs zu schreiben
- das Passiv in verschiedenen Zeitformen kennen

Nachdenken über Sprache

Schreiben

Eine Party wird geplant – Aktiv und Passiv unterscheiden

Die Schülerinnen und Schüler der Klasse 7c der Lise-Meitner-Realschule haben bei einem bundesweit ausgeschriebenen Wettbewerb mit ihrer Klasse gewonnen. Dies wollen sie ausgiebig mit einer Klassenparty feiern. Damit die Party auch wirklich gelingt, sind natürlich einige Vorbereitungen nötig. Gemeinsam überlegen sie, wer was besorgen könnte und wie der Klassenraum hergerichtet werden muss.

1 Schreibt auf, wer was tun bzw. besorgen könnte. Unterstreicht dabei in allen Sätzen die Verben.
Beispiel: *Nina installiert die Musikanlage.*

Nachdem die Schülerinnen und Schüler der Klasse 7c für sich geklärt haben, wer für die einzelnen Aufgaben zuständig ist, beginnen sie mit ihren Vorbereitungen. Schließlich soll die Party ja ein richtiger Erfolg werden. Als die Vorbereitungen in vollem Gange sind, trifft die Klassenlehrerin Frau Reuter im Schulhaus auf die Rektorin Frau Blank, die auch eingeladen wurde. Sie möchte von Frau Reuter wissen, was denn gerade im Klassenraum geschieht.

2 Formt dazu die zuvor gebildeten Sätze nach folgendem Muster um und ergänzt noch eigene Beispielsätze.
Beispiel: *Die Musikanlage wird installiert.*

3 Legt anschließend in eurem Heft folgende Tabelle an und stellt die einzelnen Sätze gegenüber. Ergänzt die Tabelle mit mindestens fünf eigenen Beispielen.

Aktiv (Wer tut etwas?)	Passiv (Was geschieht?)
Nina installiert die Musikanlage.	Die Musikanlage wird installiert.
…	…

4 Schaut euch noch einmal eure Sätze an und unterscheidet nach der Handlung (was wird getan?) und nach dem Handlungsträger (wer tut etwas?). Unterstreicht dazu in euren Sätzen den jeweils Handelnden.

Auch die Eltern sind sehr aktiv und beteiligen sich an den Vorbereitungen.

! Merke

Das **Aktiv** drückt vor allem aus, dass jemand etwas tut, dass etwas geschieht. Der Handelnde, also der, der etwas tut, steht im Vordergrund.

Die **Passivform** des Verbs drückt aus, was geschieht. Man verwendet das Passiv oft, wenn man nicht sagen möchte, wer der Handelnde ist, oder wenn es unwichtig ist, wer etwas getan hat.

▸▸ **Seite 267**
Handlungsart (Genus Verbi)
LS „Sprache untersuchen – Grammatik“

5 Überlegt gemeinsam, was die Eltern zu der Klassenparty beitragen können, und legt dazu eine Stichwortliste an.

6 Bildet mit euren Stichworten jeweils sechs Aktiv- und Passivsätze und unterstreicht die handelnden Personen.
Beispiel: *<u>Lenas Vater</u> bringt einen Marmorkuchen.*
Ein Marmorkuchen wird gebracht.

Nachdenken über Sprache

Schreiben

Vorbereitungen auf Hochtouren – Die Bildung des Passivs

Schon im Vorfeld der Klassenparty sind alle aufgeregt. Die Schülerinnen und Schüler der Klasse 7c dürfen eine Party mit Musik und Darbietungen feiern. Das gab es noch nie! Natürlich wollen und müssen dazu alle etwas beitragen. Viele wollen zum ersten Mal selbst etwas zum Essen vorbereiten, einige überlegen sich Spiele und Darbietungen, andere erklären sich bereit, für die Dekoration zuständig zu sein.

▸▸ **Seite 268** Die Bildung des Passivs LS „Sprache untersuchen – Grammatik"

1 Setzt diese Aktivsätze ins Passiv und unterstreicht die Verbformen, mit denen ihr das Passiv gebildet habt.

2 Natürlich gibt es noch mehr bei der Durchführung einer Klassenparty zu tun. Bildet mindestens sieben weitere Beispielsätze im Aktiv und formt diese dann ins Passiv um. Folgende Wörter helfen euch dabei:

- Lichtkugel montieren
- Girlanden befestigen
- Bühne aufbauen
- Kuchen backen

! Merke

Das **Passiv** wird gebildet aus einer Personalform von **werden** und dem **Partizip II** (Partizip Perfekt) des Verbs.

Die Klasse	*wird*	*geschmückt.*
	Personalform von **werden** (= flektierte Form)	**Partizip II**

Besonders aktiv bei der Vorbereitung und Durchführung ist die Klassensprecherin Nina, aber auch einige andere Schüler und Schülerinnen. Darüber spricht man auf dem Schulhof:

3 Lest euch die Sprechblasen genau durch. Legt euch eine Aktiv-Passiv-Tabelle an und tragt die Sätze entsprechend ein. Achtet darauf, dass die Sätze, die vom Inhalt her zusammengehören, nebeneinander stehen.

4 Bestimmt in diesen Sätzen die Prädikate, die Subjekte und die Objekte und unterstreicht diese. Wählt dafür unterschiedliche Farben. Was fällt euch auf?

Merke

Das Objekt des Aktivsatzes wird zum Subjekt des Passivsatzes.

	Subjekt	**Prädikat**	**Objekt**		
Aktivsatz:	*Nina*	*stellt*	*die Tische*	*zur Seite.*	
Passivsatz:	*Die Tische*	*werden*	*(von Nina)*	*zur Seite*	*gestellt.*
	Subjekt	**Prädikat**			**Prädikat/Partizip II**

Mithilfe des Passivs ist es möglich, Sätze so zu formulieren, dass der Handelnde, der meistens an der Subjektstelle steht, nicht genannt werden muss.

Aktivsatz: *Katja schmückte das Klassenzimmer.*
Passivsatz: *Das Klassenzimmer wurde geschmückt.*

5 Formt folgende Aktivsätze in Passivsätze um, ohne den Handelnden zu nennen. Unterstreicht in den Aktivsätzen die Subjekte und die Objekte. Bestimmt anschließend das Subjekt und das Objekt in den Passivsätzen.
Ninas Mutter kauft Berliner. / Der Hausmeister baut die Bühne auf. / David und Jonathan schließen die Beleuchtung an. / Melina leiht sich die Nebelmaschine aus.

Beispiele: *Ninas Mutter* (Subjekt) *kauft Berliner* (Objekt).

Berliner (Subjekt) *werden (von Ninas Mutter) gekauft.*

6 Denkt euch noch eigene Aktivsätze aus und verfahrt mit ihnen ebenso.

Schlemmereien – Vorgänge beschreiben

Lena und Marius wollen für die Klassenparty einen Nudelsalat zubereiten. Das Rezept hat ihnen Lenas Mutter in Stichworten aufgeschrieben.

Nudelsalat „Klassenfest"

- *3 l Wasser zum Kochen bringen / Salz hinzufügen*
- *500 g Nudeln nach Packungsanleitung kochen*
- *300 g Fleischwurst in Streifen schneiden*
- *4 Eier hart kochen und klein schneiden*
- *8 Gewürzgurken klein schneiden*
- *4 Tomaten waschen und zerkleinern*
- *2 Äpfel in Würfel schneiden*
- *mit Salz und Pfeffer verfeinern und alles mischen*

jetzt die Soße zubereiten:

- *2 Becher Naturjoghurt, 100 g Mayonnaise, 6 Esslöffel Kondensmilch verquirlen*
- *diese Marinade mit Saft einer gespritzten Zitrone, 1 Spritzer Worcestersoße, 1 Messerspitze Paprika, Pfeffer, Salz würzen*
- *Soße über die Zutaten geben*
- *alles mit einem Salatbesteck vermischen*

Nudelsalat eine Stunde kühl stellen und mit Petersilie garniert servieren

1 Erstellt mithilfe der Stichworte eine Zutaten- und Geräteliste.

Drei Liter Wasser werden zum Kochen gebracht und Salz wird hinzugefügt. Anschließend werden 500 g Nudeln nach der Packungsanleitung gekocht. Nun werden …

Drei Liter Wasser werden zum Kochen gebracht und Sie fügen etwas Salz hinzu. Anschließend kochen Sie 500 g Nudeln nach der Packungsanleitung. Nun werden …

2 Dies sind zwei Rezeptanfänge für den Nudelsalat. Im ersten wird nur das Passiv, im zweiten werden Aktiv und Passiv verwendet. Überlegt, was sich besser anhört.

3 Formt nun die Stichworte in vollständige Aktiv- und Passivsätze um und schreibt das Rezept in euer Heft.

Tipp

Beim Schreiben eines Rezeptes gibt es unterschiedliche Anredeformen:
Sie nehmen drei Eier …
Nimm drei Eier …
Man nimmt drei Eier …
Entscheidet euch aber beim Schreiben für eine einheitliche Anredeform.

Zwei andere Mitschüler wollen Frikadellen braten und haben dazu von ihrer Lehrerin Frau Reuter Rezeptkarten erhalten.

(B)

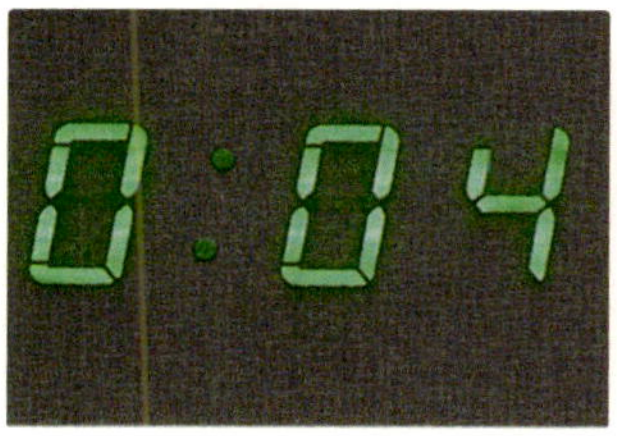

(N)

(W)

(E)

(I)

(L)

(Z)

(E)

4 Leider sind die Rezeptkarten mit den Bildvorlagen durcheinandergeraten. Ordnet die Bilder und schreibt die richtige Reihenfolge in euer Heft.

5 Erstellt mithilfe folgender Wörter eine Zutaten- und Geräteliste.

gehackte Kräuter | Öl | 1 Messbecher

Pfannenwender | 1 trockenes Brötchen

500 g gemischtes Hackfleisch | 2 Zwiebeln

scharfes Messer | Gabel | Salz

Backschüssel | Pfanne

Pfeffer | 1 Ei | Schneidebrett

6 Schreibt nun das vollständige Rezept in euer Heft und verwendet dabei Aktiv- und Passivsätze. Unterstreicht anschließend alle Passiv-Verbformen.

! Merke

Bei einer **Vorgangsbeschreibung** bzw. beim Schreiben eines Rezeptes erstellt man zuerst eine Zutaten- und Geräteliste, damit der Leser sofort weiß, was man zur Zubereitung alles benötigt.

Mit dem Passiv kann man besonders gut Anleitungen oder Vorgänge beschreiben.
Es wird vor allem das Passiv verwendet, das den Handelnden nicht nennt, da es unwichtig ist, wer etwas gerade durchführt.

Beispiel: *Zwei Eier werden aufgeschlagen.*

Die genaue Reihenfolge der Arbeitsschritte sollte beim Schreiben beachtet werden.

▸▸ **Seite 226**
Einen Vorgang beschreiben
LS „Schreiben“

Nachdenken über Sprache

Schreiben

Unterhaltung pur – Passiv in der Vergangenheit

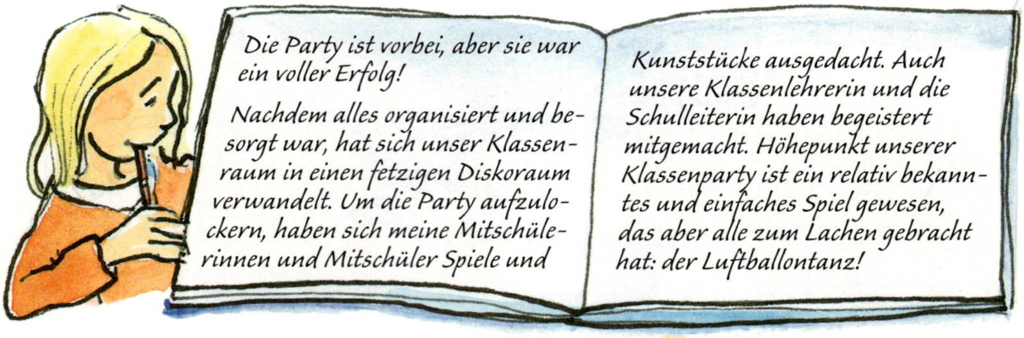

Auf der Klassenparty wurden Spiele veranstaltet. Zur fetzigen Musik wurde ein Luftballontanz gespielt. Von jedem wurde ein Luftballon aufgeblasen. Es wurde sich durch den Raum bewegt und die Ballons wurden auf den Zeigefingern hüpfen gelassen.

! Merke

Präteritum
Aktiv: *Wir tanzten heftig.*
Passiv: *Es wurde heftig getanzt.*

Das Präteritum Passiv wird gebildet aus der Präteritumform von **werden** *(wurde)* und dem **Partizip II** des Handlungsverbs *(getanzt)*.

1 Diese Passivsätze stehen im Präteritum. Schreibt die Sätze ab und unterstreicht die Passiv-Verbformen.

▸▸ Seite 268
Bildung des Passivs
LS „Sprache untersuchen – Grammatik“

2 Setzt die folgenden Sätze der Spielbeschreibung auch ins Präteritum Passiv, wenn dies möglich ist. Ansonsten wählt die Präteritum-Aktiv-Form.

Die Ballons zwischen die Knie *(klemmen)* und *(tauschen)*.
Zu zweit einen Ballon zwischen die Stirnen *(klemmen)* und sich gemeinsam *(drehen)*.
Als der Ballon *(wegrutschen)*, musste er ohne Hände *(herbeischaffen)*.
Anschließend wir mit den Ballons das Luftballonspiel Karawane *(spielen)*.
Dazu eine lange Schlange *(bilden)*.
Zwischen den Nacken des Vordermannes und die Stirn des Hintermannes ein Ballon *(kommen)*.
Dann sich diese Karawane zur Musik durch den Klassenraum *(bewegen)*.

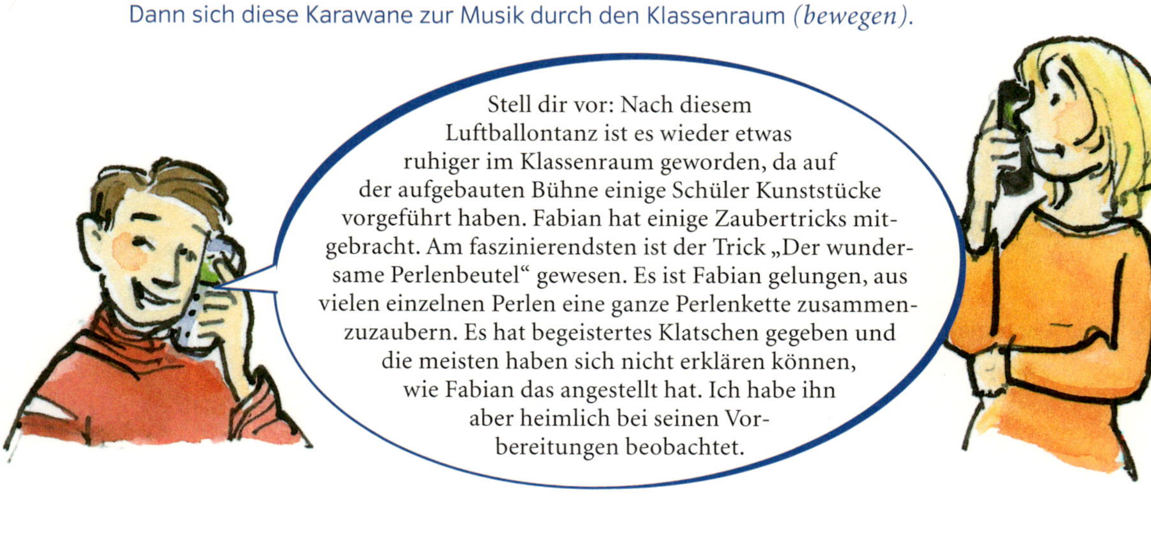

Der wundersame Perlenbeutel – Die geheime Vorbereitung

Der Beutel hat zwei Fächer gehabt. Vom Publikum ist aber immer nur ein Fach gesehen worden.
Die einzelnen Perlen sind in das Holzkistchen getan worden.
Fabian hat die Perlenkette in eines der Fächer des Stoffbeutels gelegt.
Die Oberkante des Beutels ist so umgeschlagen worden, dass dadurch dieses Fach verschlossen worden ist und nur noch das leere Fach zugänglich gewesen ist.

3 Notiert alle Verbformen und überprüft, welche Verbformen im Perfekt Passiv oder im Perfekt Aktiv stehen. Legt euch dazu eine Tabelle an.

Seite 268
Bildung des Passivs
LS „Sprache untersuchen – Grammatik“

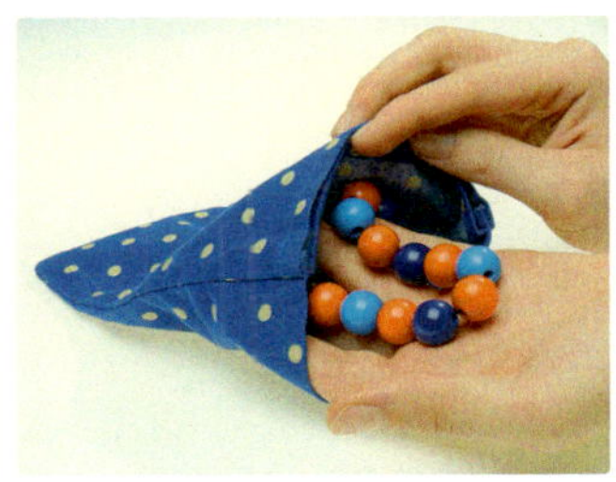

1. Holzkistchen nehmen, Perlen zeigen

2. Beutel zeigen, leeres Fach nach außen stülpen, wieder zurückziehen

3. Perlen ins offene Fach füllen, umgestülpten Beutelrand wieder hochschlagen

4. Beutel geschlossen halten, hin- und herschwingen, Zauberspruch sprechen

5. Fach mit Perlenkette öffnen, Beutelrand umschlagen, Fach mit Einzelperlen verschließen

6. Perlenkette herausziehen, dem Publikum das leere Fach präsentieren

4 Schreibt mithilfe der Bilder und des angegebenen Wortmaterials den Zaubertrick zu Ende. Setzt dabei gezielt Aktiv- und Passivformulierungen im Perfekt ein.

Merke

Perfekt

Aktiv: *Wir haben heftig getanzt.*

Passiv: *Es ist heftig getanzt worden.*

Das Perfekt Passiv wird gebildet aus der Perfektform von **werden** *(ist … worden)* und dem **Partizip II** des Handlungsverbs *(getanzt)*.

Nachdenken über Sprache

Schreiben

Alles hat ein Ende ... – Aktiv und Passiv in verschiedenen Zeitformen

Die Party wurde ein richtiger Erfolg; alle waren sich einig, dass man so etwas öfter machen müsste: Schule einmal ganz anders erleben. Nur einen Wermutstropfen gab es bei dieser Party: Jonas, der viel zu dem Gelingen des Wettbewerbs beigetragen hatte, konnte nicht dabei sein, da er im Krankenhaus lag. Natürlich wollte er alles genau wissen. Laura schrieb daher noch in der Nacht einen Brief an Jonas und berichtete ihm von der Party.

Lieber Jonas,
soeben komme ich von unserer Klassenparty und bin noch ganz aufgeregt. Nachdem lange vorbereitet wurde, konnte heute endlich die Party steigen. Wie du sicherlich schon weißt, hat vor allem Nina sich in die Vorbereitungen gekniet, von ihr ist viel organisiert worden. Aber auch einige Eltern waren sehr aktiv gewesen, es war viel Essen besorgt und gespendet worden. Unseren Klassenraum hättest du nicht wiedererkannt, er verwandelte sich in eine Disko mit Lichtkugeln und -spots und einer Megabühne. Wir alle tanzten wie verrückt und es wurde viel gelacht. Aber der Höhepunkt unserer Party war der Luftballontanz, er wurde vorgeschlagen und sofort in die Tat umgesetzt. Sogar unsere Schulleiterin und Frau Reuter haben mitgetanzt. Bei diesem Tanz und der anschließenden Karawane ist begeistert geklatscht worden. Natürlich führte Fabian auch wieder Zaubertricks vor und verriet uns endlich auch mal einen. Um 22 Uhr ist die Party dann beendet worden und wir werden morgen gemeinsam aufräumen. Mensch, ich merke erst jetzt, wie müde ich bin. Ich werde dir die Tage noch mehr von unserer Party berichten.
Bis dann
deine Laura

1 Das hört sich nicht gut an. In diesem Brief ist einiges durcheinandergeraten. Laura benutzt sowohl Passiv- als auch Aktivformulierungen in unterschiedlichen Zeitformen. Schreibt alle Verbformen im Aktiv und Passiv heraus.

2 Legt euch eine Tabelle nach folgendem Muster an und ordnet die herausgeschriebenen Verbformen richtig ein. Dabei hilft euch der Merke-Kasten auf der folgenden Seite.

Tempus	Aktiv	Passiv
Präsens		
Präteritum		wurde vorbereitet
Perfekt		
Plusquamperfekt		
Futur I		

3 Ergänzt die jeweils fehlende Zeitform im Aktiv oder Passiv.

4 Überarbeitet nun Lauras Brief. Schreibt ihn in einer einheitlichen Zeitform. Überlegt genau, wann ihr das Aktiv oder das Passiv einsetzt.

Merke

Zeitangaben im Passiv

Das Passiv kann wie das Aktiv in verschiedenen Zeitformen verwendet werden. Dazu wird die entsprechende Personalform des Hilfsverbs **werden** gebraucht.

Tempus	Aktiv	Passiv
Präsens	Die Klasse 7c **feiert** eine Party.	Eine Party **wird** von der Klasse 7c **gefeiert.**
Präteritum	Die Klasse 7c **feierte** eine Party.	Eine Party **wurde** von der Klasse 7c **gefeiert.**
Perfekt	Die Klasse 7c **hat** eine Party **gefeiert.**	Eine Party **ist** von der Klasse 7c **gefeiert worden.**
Plusquamperfekt	Die Klasse 7c **hatte** eine Party **gefeiert.**	Eine Party **war** von der Klasse 7c **gefeiert worden.**
Futur I	Die Klasse 7c **wird** eine Party **feiern.**	Eine Party **wird** von der Klasse 7c **gefeiert werden.**

Tipp

Achtung: Passivform nicht verwechseln mit der Tempusform Futur!

Futur:

Sie werden die Klassenräume umgestalten.

Passiv:

Die Klassenräume werden von ihnen umgestaltet.

Tipp

Meistens kommen Passivsätze im Präsens, Perfekt und Präteritum vor.

Seite 268
Handlungsarten in verschiedenen Tempora
LS „Sprache untersuchen – Grammatik"

Nach dem Aufräumen am nächsten Tag macht sich Laura Notizen, was sie Jonas alles noch berichten möchte.

- *Gierig wurde der Nudelsalat verschlungen.*
- *Die Tische werden wieder an ihren Platz gestellt und feucht abgewischt.*
- *Frau Reuter und die Schulleiterin schlossen das Schulgebäude ab.*
- *Lauras Vater brachte die leeren Getränkekästen zum Hausmeister.*
- *Ein Lautsprecher fiel um.*
- *Es ist ein Tanz aufgeführt worden.*
- *Es wurde laut mitgesungen.*
- *Die Dekoration wurde entfernt.*
- *Die Frikadellen werden sofort verspeist.*
- *Die Schüssel mit dem Kartoffelsalat ist umgekippt.*
- *Eine Flasche zerbrach und der Inhalt lief aus.*
- *Die klebrige Flüssigkeit ist weggewischt worden.*

5 Überprüft, ob ihr Aktiv und Passiv unterscheiden könnt. Schreibt alle Passivsätze in euer Heft.

6 Bestimmt anschließend die Zeitformen und notiert diese hinter den Sätzen.

7 Ergänzt in den Passivsätzen, wo es Sinn macht, die jeweiligen handelnden Personen.

Beispiel:

Der Nudelsalat wurde gierig von Peter und Marius verschlungen.

Impulse zur Weiterarbeit

- Organisiert selbst eine Klassenparty, Anlässe dazu gibt es genug.
- Erstellt ein Klassenkochbuch, in das jeder sein Lieblingsrezept schreibt.
- Sammelt Sprüche aus Zeitungen, Zeitschriften oder aus der Werbung, in denen das Passiv verwendet wird, und legt damit eine Wandzeitung an.
- Untersucht, ob Gebrauchs- und Aufbauanleitungen im Passiv geschrieben sind.
- Bildet Kleingruppen und führt einen Wettbewerb durch, wer am schnellsten eine Aktivformulierung ins Passiv umwandeln kann.
- Gestaltet Passivrätsel, indem ihr Passivsätze ohne Handlungsträger schreibt und eure Mitschüler die Handelnden ergänzen müssen.
- Legt euch einen Spielekarteikasten an.
- Lesetipps
  - Ulrich Baer: 666 Spiele für jede Gruppe, für alle Situationen. Seelze: Kallmeyersche Verlagsbuchhandlung 2003.
  - Die schönsten Zaubertricks für Kinder. Ravensburg: Ravensburger 2002.
  - Partyrezepte für Kinder. München: Heyne 2002.

Faszination Wassersport – Rechtschreibung

Tauchen, Segeln, Rudern, Paddeln, Schwimmen, all das sind nur Beispiele aus der vielfältigen Welt des Wassersports, um den es in diesem Kapitel gehen soll. Kanurennsport ist z.B. die schnellste Art, sich in einem Kajak oder Kanadier auf dem Wasser fortzubewegen. Bei der Olympiade in Athen waren die Kanurennsportler der medaillenträchtigste Kader in der deutschen Olympia-Nationalmannschaft. Trotzdem ist dieser vielseitige Vereinssport relativ unbekannt. Während ihr euch in diesem Kapitel mit den Grundregeln der deutschen Rechtschreibung beschäftigt, werden wir euch in die Welt des Wassers eintauchen lassen.

Im Einzelnen lernt ihr

- wie aus Verben und Adjektiven Nomen werden
- wann Zeitangaben und Eigennamen großgeschrieben werden
- wann die Zusammen- und Getrenntschreibung von Verben und Nomen bzw. Verben und Adjektiven erfolgt

Abtauchen in den Ferien – Wenn Adjektive und Verben zu Nomen werden

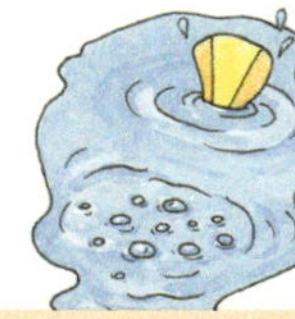

Mein Name ist Robert. In den Sommerferien durfte ich in unserem Freibad einen Kindertauchkurs mitmachen. Die ganze Sache wurde ein Unterwasserabenteuer, um das mich meine Freunde beneideten. Der erste Schritt auf dem Weg zum Supertaucher war das Testen der Tauchausrüstung. Neben Maske, Schnorchel und Flossen, die ich schon vom Schnorcheln kannte, stand das Anprobieren von etwas Neuem auf dem Programm: das Tarierjacket. Bei dieser „Jacke" handelt es sich um eine dehnbare Hülle aus Kunstfasern, die sich mit Luft füllt und mit der man beim Tauchen den Auftrieb reguliert, indem man das Ganze aufbläst oder Luft ablässt. Zusätzlich wird an dieser Weste die Pressluftflasche mit Sauerstoff, die man zum Abtauchen braucht, befestigt. Nachdem man mir das Befestigen der Sauerstoffflasche gezeigt hatte, suchte ich mit meinem Tauchlehrer noch einen sog. „Lungenautomaten" aus. Dieser dosiert die Luft, die aus der Sauerstoffflasche kommt, so, dass sie für mich „trinkbar" ist. Der Lungenautomat wird an der Flasche angebracht. Dann lernte ich das Schwimmen mit der Tauchausrüstung unter Wasser. Da man in der Tiefe nicht miteinander sprechen kann, muss man als richtiger Taucher Handsignale beherrschen, mit denen eine Verständigung möglich ist (z.B. das Zeichen für „Hilfe, ich bekomme keine Luft mehr").
Als ich dann unter Wasser zum ersten Mal das Gefühl der Schwerelosigkeit erlebte, kam ich mir vor wie im Weltraum. Jedoch spürte ich, als ich eine bestimmte Tiefe erreichte, unglaubliche Schmerzen in meinen Ohren. Ich erinnerte mich daran, dass ich diesen Schmerz auch schon einmal während des Schulsports beim Ringetauchen im tiefen Becken erlebt hatte. Mein Tauchlehrer Timo erklärte mir später dieses Phänomen.

1 Der Text beschreibt Roberts erste Taucherfahrungen.
Erklärt euch gegenseitig, aus welchen Bestandteilen Roberts Grundausrüstung besteht und welche Funktionen die einzelnen Elemente haben.

▶▶ **Seite 276 f.**
Groß- und Kleinschreibung
LS „Rechtschreibung"

2 Im Text sind viele Nominalisierungen enthalten. Übertragt den Text in euer Heft und kreist die Nomensignale rot ein. Unterstreicht die nominalisierten Verben grün, die nominalisierten Adjektive gelb.

Merke

Nomen und als Nomen gebrauchte Wörter werden großgeschrieben.
Beim Erkennen von Nomen helfen die **Nomensignale**. Nomensignale sind die verschiedenen Begleiter der Nomen: Artikel, Präpositionen, Pronomen, Adjektive und Mengenangaben.

Wörter, die im Satz als Nomen gebraucht werden, obwohl sie einer anderen Wortart angehören, nennt man **Nominalisierungen**. In Verbindung mit Nomensignalen können Verben und Adjektive zu Nomen werden, z. B.: *schwimmen* → *das Schwimmen, schnarchen* → *sein Schnarchen, süß* → *leckere Süße, neu* → *das Neueste.*

Bezieht sich der Artikel oder ein anderer Begleiter auf das Adjektiv, so wird dieses großgeschrieben.

Robert muss vor dem Schwimmbad auf seinen Tauchlehrer Timo ___arten.
Beim ___arten fällt Robert auf, dass er sein Duschgel vergessen hat.
Um elf Uhr sollten sich hier alle Tauchkinder ___reffen.
Das ___reffen hatten sie gestern nach dem zweiten Tauchgang vereinbart.
Beim ___ineingehen in das Schwimmbad leiht sich Timo Duschgel von Lucas.
Alle quatschen und trödeln herum, so dass Timo sie irgendwann streng auffordert, endlich ___ineinzugehen, damit das dritte Training beginnen kann.

3 Übertragt den Text in euer Heft und setzt die fehlenden Buchstaben ein. Begründet die Groß- bzw. Kleinschreibung der Wörter.

Nach Abschluss des Tauchkurses fährt die Gruppe in das Tauchgasometer nach Duisburg, um die erlernten Fähigkeiten in richtiger Tiefe zu trainieren. Das Becken ist 13 m tief und hat einen Durchmesser von 45 m, so dass genug Platz vorhanden ist. Bevor die Gruppe nun in die Tiefe absteigt, müssen sie jedoch die Hinweise des Hauses studieren.

4 Formt die Hinweise um und bildet aus den Adjektiven Nomen. Beachtet, dass bei der Umformung kein Komma gesetzt wird. Beispiel: *Der Vorsichtige wird den Tauchgang genießen.*

5 Klein- oder großgeschrieben? Schreibt den folgenden Text in richtiger Schreibweise in euer Heft ab. Unterstreicht die Nominalisierungen.

Hinweise zum Tauchen

- Wer vorsichtig ist, wird den Tauchgang genießen.
- Nimm eine Taschenlampe mit in das Becken, das ist clever.
- Reagierst du empfindlich auf Kälte? Man sollte sich zunächst im Schwimmbad an die Wassertemperatur gewöhnen.
- Wenn du interessiert bist, dann genieße die Vielfalt der Unterwasserobjekte: Autowracks, Schiffe, Schilder u.v.m.
- Wer sportlich ist, kann auch zwei Tauchgänge absolvieren.
- Ist dir kalt? Dann kannst du an der Bar heiße Getränke erwerben.
- Komme bald wieder, wenn du hier glücklich warst.

ROBERT IST NUN BEREIT FÜR DAS TAUCHEN IM OFFENEN MEER. JEDOCH MUSS ER SICH GEDULDIG ZEIGEN, DA ER ERST IN DEN NÄCHSTEN FERIEN SEINE FÄHIGKEITEN IM OFFENEN MEER ERPROBEN KANN. BIS DAHIN WIRD ER IM TAUCHVEREIN FLEISSIG TRAINIEREN, OFT DAS SCHWIMMEN UND DAS ANLEGEN SEINER AUSRÜSTUNG ÜBEN. ZU WEIHNACHTEN WIRD DER GLÜCKLICHE DANN DEN ERWACHSENEN IM ROTEN MEER ZEIGEN, WAS ER ALLES KANN. SCHWERELOS WIRD ER DURCH DIE BUNTEN KORALLEN GLEITEN UND TAUSENDE FISCHE AN SICH VORBEIZIEHEN LASSEN.

Nachdenken über Sprache

Schreiben

Im Trainingslager – Groß- und Kleinschreibung von Zeitangaben und Eigennamen

Vanessa ist im Kanu groß geworden. Bereits im Alter von drei Jahren nahmen ihre Eltern sie auf Wanderfahrten auf den großen Flüssen Deutschlands mit. Seit ihrem elften Lebensjahr betreibt Vanessa ihr Hobby als Leistungssport. Im letzten Jahr ist sie bei den deutschen Meisterschaften in ihrer Klasse Zweite geworden. Wenn sie sich weiter in ihrer Leistung steigert, wird sie evtl. in die Nationalmannschaft aufgenommen und kann an den nächsten Olympischen Spielen teilnehmen. Da sie unbedingt bei diesem großen Ereignis einmal dabei sein möchte, muss sie viel Fleiß und Schweiß an den Tag legen. Sie trainiert in der Regel fünfmal die Woche, egal ob Sommer oder Winter. Da dies aber noch nicht ausreicht, hat sie sich in den Osterferien für ein Trainingslager angemeldet. Hier ist ein noch härteres Training angesagt, das sich aber lohnt. Außerdem ist sie hier zwei Wochen lang mit Gleichgesinnten zusammen, für die das Leben als Kanute auch im Mittelpunkt steht.

Als Vanessa im Camp ankommt, erhält sie ihren Trainingsplan für die nächsten drei Tage:

Tag	**1. Einheit** 6.00–7.00 Uhr	**2. Einheit** 10.00–11.30 Uhr	**3. Einheit** 14.00–16.00 Uhr	**4. Einheit** 19.00–20.00 Uhr
Montag	Laufen *(6 km Waldlauf)*	Wassertraining *(Kurzstrecke, Sprintübungen 10 x 100 m)*	Wassertraining *(Langstrecke, 20 km auf Zeit)*	Hanteltraining
Dienstag	Schwimmtraining in der Halle *(Langstrecke, 3000 m)*	Wassertraining *(Langstrecke, 20 km auf Zeit)*	Wassertraining *(Trainieren der Start- und der Endspurttechnik)*	Lauftraining *(im Stadion, Rundentraining mit wechselndem Tempo)*
Mittwoch	Wassertraining *(Langstrecke, 30 km auf Zeit)*	Schwimmtraining *(10 x 200 m auf Tempo)*	Hanteltraining *(Schwerkraftzirkel)*	PAUSE

▸▸ **Seite 276 f.** Groß- und Kleinschreibung LS „Rechtschreibung“

1 Vanessa nutzt am Mittwoch ihre Pause, um ihrer Freundin Katrin einen Brief zu schreiben. Sie erzählt ihr von ihren ersten drei Trainingstagen. Verfasst diesen Brief und baut möglichst viele Zeitangaben in eure Ausführungen ein.

2 Erstellt einen Wochenplan eurer eigenen Freizeitgestaltung und erzählt einem Mitschüler, z.B. welche Sportart ihr wann betreibt.

! Merke

Zeitangaben werden unterschiedlich geschrieben:

Das **Zeitadverb** wird kleingeschrieben: *morgens, vormittags, mittags, nachmittags, abends, nachts, morgen, heute, gestern, früh etc.*

Das **Nomen** wird großgeschrieben: *der Morgen, der Vormittag, der Mittag, der Nachmittag, der Abend, die Nacht, der nächste Tag, der gestrige Tag, morgen Abend etc.*

Vanessa teilt während des Trainingslagers ihr Zimmer mit Josefa, ihrer stärksten Konkurrentin. Eigentlich hat sie mit ihren Vereinskameraden gerne mal über Josefa gelästert, doch nun fällt ihr auf, dass sie doch gar nicht so unsympathisch ist und dass man vieles gemeinsam hat. Als die beiden abends im Bett liegen, reden sie noch über die Wettkämpfe des letzten Jahres:

Vanessa: Warst du eigentlich auch bei der Frühjahrsregatta im ___ (h)amburger ___ (h)afen dabei?

Josefa: Klar, da hat doch der Christian von ___ (b)lau- ___ (w)eiß Herne die ___ (g)elbe ___ (k)arte bekommen, weil er drei Mal einen Frühstart verursacht hat.

Vanessa: Der ist eigentlich sehr nett, bei der Sportgala am ___ (r)oten ___ (t)urm hatte ich mit ihm einen Pressetermin und hinterher haben wir uns noch lange unterhalten.

Josefa: Wenn du ihn wiedersehen willst, musst du dich unbedingt für die ___ (l)enne- Regatta melden, dort tritt er immer an.

Vanessa: Als ich im letzten Jahr die Zweite bei den ___ (w)estdeutschen Meisterschaften wurde, hat er bei der ___ (a)ußerordentlichen Ehrung zugesehen, als ich den ___ (h)errmann- ___ (p)ressler- ___ (p)reis verliehen bekam. Ich glaube, er mag mich.

Josefa: Du hast es gut, ich bin nur auf der großen ___ (h)essischen Frühjahrsregatta und beim ___ (w)estfälischen Dreikampf auf das Siegertreppchen gekommen, aber in diesem Jahr will ich es unbedingt bei den ___ (a)llgemeinen ___ (d)eutschen ___ (m)eisterschaften schaffen.

Vanessa: Komm, wir holen uns noch einen ___ (g)rünen Tee und schlafen dann. Und ab morgen trainieren wir gemeinsam für den Sieg.

3 Legt eine Tabelle an und entscheidet, ob es sich im Lückentext um Bestandteile des Eigennamens oder um feste Verbindungen handelt. Sortiert die Beispiele nach Groß- bzw. Kleinschreibung in die Tabelle ein. Nehmt bei Bedarf ein Wörterbuch zu Hilfe.

! Merke

- **Eigennamen** werden großgeschrieben (z. B. *Hamburg, Vanessa, Burgstraße*).
- Bei **mehrteiligen Eigennamen** schreibt man das erste und alle weiteren Wörter groß, sofern sie nicht Artikel, Präposition oder Konjunktion sind (z. B. *Vereinigte Staaten von Amerika, Unter den Linden*).
- Großgeschrieben werden weiterhin **Wörter auf „-er“**, die von geografischen Eigennamen abgeleitet sind (z. B. *der Schweizer Käse, ein Hamburger Hotel*).
- **Adjektive in festen Begriffen** werden in der Regel kleingeschrieben (z.B. *das neue Jahr, die graue Maus*). Ausnahmen sind Titel (z. B. *der Heilige Vater, der Technische Direktor*), besondere Kalendertage (z. B. *der Erste Mai, der Heilige Abend*) und Fachbegriffe, vor allem der Biologie (z. B. *die Gemeine Kuhblume, die Schwarze Witwe*).
- Kleingeschrieben werden **Adjektive**, die **auf „-isch“** enden und von geografischen Namen abgeleitet, aber nicht Teil des Eigennamens sind (z. B. *holländische Tulpen, italienische Salami*), und **Adjektive**, die **von Personennamen abgeleitet** sind (z. B. *platonische Liebe, darwinsche Evolutionstheorie*).

Lacanau, im Tal der Wellen – Zusammen- und Getrenntschreibung

Nachdenken über Sprache

Umgang mit Texten / Medien

Lacanau-Océan, wo liegt das überhaupt? Dazu schlage man im Atlas die Frankreichkarte auf. Im Westen sieht man dort, wo Spanien und Frankreich zusammentreffen, einen Landstrich, der kerzengerade verläuft. Dort liegt das Bade- und Surfparadies Lacanau, das bekannt ist für seinen hohen Wellengang. Deswegen finden dort auch jedes Jahr Surf-Meisterschaften statt. Der Atlantik ist an dieser Stelle nicht ungefährlich. Schon nach 8–10 m kann man oftmals nur noch auf Zehenspitzen stehen. Sodann beginnen bereits die hohen Wellen. Es ist zwar ein Spaß, in den Wellen zu hüpfen, doch man sollte vor allem nicht zu weit hinausschwimmen und unbewachte Strandabschnitte meiden, da hier selbst die erfahrensten Schwimmer manchmal scheitern. Sicherer ist hier der Badespaß, wenn man Surfer ist und den Umgang mit dem Brett und den Wellen gelernt hat.

▸▸ **Seite 278**
Zusammen- und Getrenntschreibung
LS „Rechtschreibung“

Eine französische Tauchschule schreibt Folgendes zu ihrem Surfkurs:

In 14 Tagen wirst auch du zum Profi.

Wenn du dich nicht gehen lässt und bei dir Aktivität im Wasser großgeschrieben wird, sollte dir das Wellenreiten bald keine Probleme mehr bereiten. Damit dir nicht nach dem ersten Mal mit dem Brett im Wasser die Haare zu Berge stehen, bereiten wir dich mit Trockenübungen an Land vor. Du lernst die Bewegung des schnellen Anpaddelns mit den Armen, das korrekte Aufsteigen auf das Brett und das sichere Stehen erst einmal im Trockenen am Strand. Wenn die Bewegungsabläufe des Trockensurfens deinem Surflehrer keine Kopfschmerzen mehr bereiten, geht es hinaus ins Meer, wo nach dieser Vorbereitung alles gut geht. Zusammen werdet ihr gegen die Strömung hinauspaddeln und an einer Linie nebeneinander auf die richtige Welle warten. Vielleicht wirst du nicht sofort die erste Welle nehmen, sondern diese links liegen lassen, aber irgendwann kommt **DEINE WELLE** und deine Gefühle werden Karussell fahren. Das Gefühl unendlicher Freiheit wird dir den Kopf verdrehen und du wirst auf dieses Erlebnis nicht mehr verzichten wollen.

! Merke

1. **Verb + Verb:** Regelfall ist die Getrenntschreibung (z. B. *schwimmen lernen).*
   Zusammenschreibung ist möglich bei *kennen lernen* sowie Verbverbindungen mit *lassen* und *bleiben* als zweitem Bestandteil, wenn die Verbindung eine übertragende Bedeutung hat: *(auf dem Stuhl) sitzen bleiben/sitzenbleiben (= nicht versetzt werden); (Holz) schleifen lassen/(das Training) schleifenlassen (= vernachlässigen).*
2. **Nomen + Verb:** Regelfall ist die Getrenntschreibung (z. B. *Auto fahren).* Wenn das Nomen nicht mehr als Nomen wahrgenommen wird, schreibt man es mit dem Verb zusammen (z. B. *leidtun, standhalten, teilhaben).* In manchen Fällen ist auch eine Doppelschreibung möglich (z. B. *maßhalten/Maß halten).*
3. **Adjektiv + Verb:** Regelfall ist die Getrenntschreibung (z. B. *nahe kommen).* In manchen Fällen ist auch Zusammenschreibung möglich (z. B. *klein schneiden/kleinschneiden).* Grundsätzlich wird die Verbindung zusammengeschrieben, wenn sie eine übertragende Bedeutung hat: *kaltstellen (= jmd. ausschalten), schwarzfahren (= ohne gültigen Fahrschein fahren).*
4. **Nominalisierungen:** Alle aufgeführten Verbindungen werden zusammen- und großgeschrieben, wenn sie als Nomen verwendet werden (z. B. *das Badengehen, das Autofahren, das Gesundbleiben).*

1 In dem Text links unten findet ihr verschiedene Verbindungen aus Verben und Nomen bzw. Verben und Adjektiven. Legt eine Tabelle nach folgendem Muster an und verzeichnet alle im Text genannten Verbindungen.

Verb + Verb	Nomen + Verb	Adjektiv + Verb	Nominalisierung (als Nomen gebrauchte Verbverbindung)
...	...	...	...

2 Ergänzt die Tabelle mit den Beispielen aus dem Merkekasten. Sucht anschließend nach weiteren Beispielen.

3 Benutzt die Wortverbindungen aus den Wortbausteinen und bildet zu jeder Verbindung einen Satz. Gebt in einer Klammer an, welche Regel bei den Wortverbindungen Anwendung findet.

lesen üben
teilnehmen
eislaufen
arbeiten gehen
Fahrrad fahren
fernsehen
heiligsprechen
stattfinden
stehenlassen
Rat suchen
liegenbleiben
Angst haben
böse werden
schachmatt setzen

4 Unterstreicht in euren Sätzen die Nomen rot, die Verben blau und die Adjektive gelb.

5 Verfasst mit folgenden Reizwörtern eine Geschichte. Verwendet möglichst viele Verbindungen aus Nomen + Verb und Verb + steigerbares/erweiterbares Adjektiv.

Monsterwelle – Panik – cool – Surferparadies – Freundschaft – unendliche Tiefe

Tipp

Mit der **Umstellprobe** kann man fast immer herausfinden, wie die richtige Schreibung von Nomen in Verbindung mit Verben erfolgen muss:

Ist die Umstellung der Reihenfolge der beiden Wörter möglich, so schreibt man groß und getrennt.

Beispiel:
Hunger?haben –
ich habe Hunger

Ist die Umstellung der Reihenfolge der Wörter nicht möglich, so schreibt man klein und zusammen.

Beispiel:
segel?fliegen –
ich fliege Segel (geht nicht)

Wenn ihr euch bei einer Schreibung nicht sicher seid, schlagt die Verbindung einfach in einem Wörterbuch nach. Sucht dabei immer zunächst nach dem ersten Bestandteil.

Impulse zur Weiterarbeit

- Im Unterrichtsvorhaben „Es lebe der Sport ?!" (Seite 181 ff.) findet ihr weitere Geschichten zum Lesen und Nachdenken.
- Erkundigt euch nach Wassersportvereinen in eurer Umgebung und nehmt an Schnuppertagen teil.
- Die DLRG bietet regelmäßig auch schon für wenig Geld Tauchkurse für Jugendliche an.
- Legt euch Karteikarten an, auf denen ihr wichtige Regeln zur Rechtschreibung festhaltet.
- Wenn ihr richtige Rechtschreib-Cracks werden möchtet, hilft euch vielleicht folgendes Buch:
  - Reiner Friedrichs: Rechtschreibung. Kurz gefasst. Stuttgart: Klett 1997.

Die Kraft der Sonne – Nebensatzarten, Zeichensetzung

Wie sähe unsere Erde aus, wenn die Sonne nicht mehr scheinen würde? Warum sind die Menschen so fasziniert von der Sonne? Wird unsere Sonne eigentlich auf unbegrenzte Zeit Licht spenden? Diese Fragen und noch viele mehr werden in diesem Kapitel beantwortet. Ebenso geht es um die Unterscheidung zwischen Haupt- und Nebensätzen, um wichtige Regeln zur Kommasetzung sowie um den feinen, aber dennoch entscheidenden Unterschied zwischen *das* und *dass*.

Im Einzelnen lernt ihr

- wie sich Haupt- und Nebensätze unterscheiden
- Adverbial- und Relativsätze kennen
- wann ihr nach einem Komma *das* und wann *dass* schreiben müsst
- dass Kommas gerade bei komplizierten Satzgefügen eine große Hilfe sind, Sätze besser zu verstehen

Faszination Sonne – Haupt- und Nebensätze

Der Sonnengott Ra

(auch Rê oder Atum) ist der altägyptische Sonnengott. Es ist überliefert, dass er als wichtigster und höchster Gott galt, denn durch das Wirken seiner Kraft ermöglichte er überhaupt erst das Leben auf der Erde und ließ es fortbestehen. Sein Kultgegenstand war der Obelisk und in Menschengestalt wurde dieser Gott mit einem Falkenkopf dargestellt, da man im alten Ägypten die Sonne zunächst als einen Falken ansah, der den Himmel überflog. In anderen Abbildungen wird er oft zusätzlich mit einer Sonnenscheibe auf dem Kopf dargestellt. Die Vorstellung der Ägypter war, dass zu Anfang der Welt Götter als Könige herrschten. Ra war der erste König auf Erden und zog sich später in den Himmel zurück. Er fuhr mit der Sonnenbarke am Tag durch den Himmel, aber am Abend stieg er um in die Nachtbarke und fuhr durch das Totenreich, um dann am nächsten Morgen bei Sonnenaufgang wiedergeboren zu werden, wobei er in der Unterwelt die Angriffe der Schlangengottheit Apophis abwehren musste.

1 Schreibt alle Satzreihen aus dem Text in euer Heft.

2 Markiert in euren Sätzen durch Klammern die verschiedenen Hauptsätze und kreist innerhalb der Hauptsätze das Subjekt (grün) und das Prädikat (rot) ein.
Unterlegt die Konjunktion mit einer Wellenlinie.

Seite 270
Satzreihen und Satzgefüge
LS „Sprache untersuchen – Grammatik"

Merke

Die Satzreihe reiht selbstständige Hauptsätze aneinander. Sie werden manchmal nur durch Kommas voneinander getrennt, meist werden sie jedoch durch Konjunktionen verbunden.

Satzreihe		
Hauptsatz *Er galt als wichtiger Gott,*		**Hauptsatz** *denn seine Kraft ermöglichte das Leben.*
Kennzeichen	Komma	Konjunktion
Aufgabe	Grundinformation	Grundinformation

3 Verbindet die folgenden Sätze mithilfe beiordnender Konjunktionen (aber, denn, doch, oder, und etc.). Setzt, falls erforderlich, das entsprechende Satzzeichen ein.
- *Die Ägypter vermenschlichten ihre Götter. Sie gaben ihnen Namen.*
- *Die Sonne war für die Ägypter von tragender Bedeutung. Die Sonne konnte die Schatten der Nacht vertreiben.*
- *Der Sonnengott Ra tritt zumeist in menschlicher Gestalt auf. Er trägt eine Sonnenscheibe auf dem Kopf.*

*Max Frisch**

Homo faber

Gegen fünf Uhr kam das erste Dämmerlicht: Wie Porzellan. Von Minute zu Minute wird es heller, das Meer und der Himmel, nicht die Erde; man sieht, wo Athen liegen muß, die schwarzen Inseln in hellen Buchten, es scheiden sich Wasser und Land, ein paar kleine Morgenwolken darüber. [...] Da erkennt man bereits die Brandung an den Küsten: Wie Bierschaum! Sabeth findet: Wie eine Rüsche! Ich nehme meinen Bierschaum zurück, ich finde: Wie Glaswolle! Aber Sabeth weiß nicht, was Glaswolle ist – und dann die ersten Strahlen aus dem Meer: Wie eine Garbe, wie Speere, wie Sprünge in einem Glas, wie eine Monstranz, wie Elektronen-Beschießungen. [...] Ich werde nie vergessen, wie sie auf diesem Felsen sitzt, ihre Augen geschlossen, wie sie schweigt und sich von der Sonne bescheinen läßt.

* *alte Rechtschreibung*

4 Lest euch die Darstellung des Sonnenaufgangs durch. Mit welchen Mitteln beschreibt Max Frisch das Licht und die Stimmung?

! Merke

Werden Hauptsatz und Nebensatz miteinander verbunden, so spricht man von einem Satzgefüge.

Satzgefüge			
Hauptsatz *Ich denke,*		**Nebensatz** *dass das erste Dämmerlicht wie Porzellan aussieht.*	
Kennzeichen	Komma	Konjunktion	Personalform des Verbs am Ende
Aufgabe	Grundinformation	Zusatzinformation	

5 Bildet aus folgenden Sätzen Satzgefüge. Verwendet hierzu die angegebenen Konjunktionen:
- *Ich starrte den Horizont an. Etwas schien sich zu bewegen. (weil)*
- *Die Dämmerung brach durch. Ich sah die ersten Umrisse. (da)*
- *Ich mag Sonnenaufgänge sehr. Sie stehen für mich für den Anfang. (weil)*
- *Der Sonnenaufgang ist himmlisch. Man muss auf ihn warten. (obwohl)*
- *Der Sonnenuntergang macht traurig. Es scheint wie ein Abschied für immer. (da)*

6 Überlegt, wo in einem Satzgefüge die Nebensätze stehen können, und entwerft hierzu ein Lernplakat. Notiert hier auch die Definition und die Erkennungszeichen von Nebensätzen.

Die Erforschung der Sonne – Adverbial- und Relativsätze

Die Erforschung der Sonne

Als der wichtigste Himmelskörper für das irdische Leben genoss die Sonne bereits vor der Geschichtsschreibung die aufmerksame Beobachtung der Menschen. Kultstätten wie Stonehenge wurden errichtet, um die Position der Sonne zu bestimmen. Weitere ältere Stätten in Schottland, so vermutet man, wurden angelegt, weil hier der Lauf der Sonne beobachtet werden konnte. Aufzeichnungen aus dem alten China belegen, dass erhöhte Sonnenfleckenaktivität mit dem bloßen Auge zu beobachten war. Sonnenflecken können mit dem bloßen Auge gesehen werden, wenn die Sonne tief am Horizont steht und das Sonnenlicht durch die dichte Erdatmosphäre „gefiltert" wird.

Jedoch führte erst die Entwicklung des Teleskops, das in den Niederlanden erfunden wurde, zur systematischen Sonnenforschung. Im Jahre 1610 beobachtete Galileo Galilei, welcher in Italien lebte, Sonnenflecken mittels des Teleskops. Zur selben Zeit machte Thomas Harriot, der aber in London lebte, ähnliche Entdeckungen. Schriftlich fixiert wurde die Existenz der Sonnenflecken erst im Jahre 1611 von Johann Fabricius, einem Deutschen, womit er für Aufruhr in der kirchlich geprägten Welt sorgte.

Lange Zeit war unklar, woher die Sonne ihre Energie bezieht. So hatte man die Vorstellung, dass die Sonne ein glühender, brennender Körper sei, der irgendwann verglühen würde. William Thomson, der später zu Lord Kelvin geadelt wurde, ging davon aus, dass die Sonne durch ihre eigene Schwerkraft schrumpfe. Erst durch die Entdeckung der Radioaktivität wurde das Rätsel gelöst.

1 Übertragt den ersten Abschnitt des Textes in euer Heft. Unterstreicht in allen Satzgefügen den Hauptsatz, markiert das Komma rot, kreist die Konjunktion ein und unterlegt den Nebensatz mit Wellenlinien.

Merke

Adverbialsätze sind Nebensätze und in der Regel Konjunktionalsätze.
Nur lokale Adverbialsätze sind immer Relativsätze.

Konjunktionalsätze			
Hauptsatz *Weitere Kulturstätten wurden angelegt,*		**Nebensatz** *weil hier die Sonne beobachtet werden konnte.*	
Kennzeichen	Komma	Konjunktion	Personalform des Verbs am Ende
Aufgabe	Grundinformation	Zusatzinformation	

Fachbegriff	Aufgabe	Konjunktionen
Temporale Adverbialsätze	Angabe der Zeit	als, nachdem, während, solange, ehe, bevor, bis, wenn
Kausale Adverbialsätze	Angabe des Grundes	weil, da, zumal (da)
Finale Adverbialsätze	Angabe der Absicht, des Zwecks	damit
Konsekutive Adverbialsätze	Angabe der Folge, der Wirkung	so dass, dass
Konzessive Adverbialsätze	Angabe der Einräumung, des Gegengrundes	obwohl, obgleich, obzwar, wenn … auch
Konditionale Adverbialsätze	Angabe der Bedingung	wenn, falls, sofern
Modale Adverbialsätze	Angabe der Art und Weise	wie, als ob, indem
Lokale Adverbialsätze	Angabe des Ortes	wo, woher, wohin (Relativpronomen)

▸▸ **Seite 272**
Arten des Adverbialsatzes
LS „Sprache untersuchen – Grammatik“

2 Bildet zu jeder in der Tabelle aufgeführten Konjunktion einen Beispielsatz.

3 Warum ist es wichtig, nicht nur in einer Aneinanderreihung von selbstständigen Hauptsätzen miteinander zu kommunizieren? Sammelt hierzu im Klassengespräch Einfälle und diskutiert diese.

4 Sucht aus dem Text zur Erforschung der Sonne die Relativsätze heraus und übertragt sie in euer Heft. Unterstreicht die Hauptsätze, kreist die Relativpronomen ein und kennzeichnet den Nebensatz mit einer Wellenlinie. Nehmt hierzu die Tabelle zu Hilfe.

Galileo Galilei

Merke

Relativsätze beginnen immer mit einem Relativpronomen.

Relativsätze			
Hauptsatz *Galileo Galilei,*		**Relativsatz** *der in Italien lebte,*	**Hauptsatz** *beobachtete Sonnenflecken.*
Kennzeichen	Komma	Relativpronomen + Komma	
Aufgabe	Grundinformation	Zusatzinformation	Grundinformation

Nachdenken über Sprache

Schreiben

Das unerschöpfliche Kraftwerk Sonne – *das/dass*-Schreibung

Phänomen Sonne

Man kann sagen, dass die Sonne ein Ort der Superlative ist. Ihr Alter, das mit unserer Erfahrung von Zeit kaum zu erfassen ist, beträgt fünf Milliarden Jahre. Betrachtet man die Größe der Sonne, dann stellt man staunend fest, dass die Sonne mit fast 1,4 Millionen Kilometer Durchmesser im Vergleich zur Erde riesig ist. Der Größenunterschied wird deutlich, wenn man versucht, sich bewusst zu machen, dass unsere Erdkugel 1,3 Millionen Mal in der Sonne Platz finden würde. Ihre Temperatur im Inneren liegt bei 16 Millionen Grad Celsius. Auch an der Oberfläche herrscht mit 5800 Grad eine Temperatur, die jede Materie innerhalb von Sekunden verpuffen lassen würde. Unvorstellbar ist auch ihr Gewicht, das zweitausend Quadrillionen Tonnen beträgt. Man müsste, um diese Zahl aufzuschreiben, 24 Nullen hintereinander folgen lassen. Die Sonne steht im Zentrum unseres Sonnensystems, das aus der Sonne, den neun Planeten und deren Monden besteht. Selbst der nach irdischen Maßstäben riesige Planet Jupiter, der in einer Entfernung von etwa 780 Millionen Kilometern um die Sonne kreist, wird winzig klein, wenn man hört, dass allein die Sonne 99,87 Prozent der Gesamtmasse unseres Sonnensystems enthält.

1 Der Text enthält zahlreiche Satzgefüge, d.h. Hauptsätze mit einem oder mehreren Nebensätzen.
Schreibt alle Satzgefüge in euer Heft, in denen ein Nebensatz mit *das* oder *dass* beginnt, und unterstreicht das Einleitungswort. In den Relativsätzen unterstreicht ihr außerdem das Wort, für das das Relativpronomen steht.
Beispiel: *Man kann sagen, dass die Sonne ein Ort der Superlative ist.*
Ihr Alter, das mit unserer Erfahrung von Zeit kaum zu erfassen ist, beträgt fünf Milliarden Jahre.

2 Vervollständigt die folgende Regel nach den Beispielen im Text und schreibt sie in euer Heft:

Merke

Ein durch die **Relativpronomen** „…, …, …“ eingeleiteter Nebensatz wird durch Kommas vom Hauptsatz abgegrenzt.
Beispiel: *Das Boot, das uns zum Sieg verholfen hat.*

Ein durch die **Konjunktion** „…“ eingeleiteter Nebensatz wird ebenfalls durch Kommas abgegrenzt.
Beispiel: *Dass du nicht kommen kannst, ist schade. Sie bemerkte, dass die Kinder immer stiller wurden.*

Planet Jupiter

Merke

- Ein **Relativpronomen** vertritt, wie jedes andere Pronomen auch, ein Nomen im (Neben-)Satz. Ohne dieses Nomen kann man keinen vollständigen Satz mehr aus den übrigen Wörtern bilden.
  Beispiel:
  Das Boot, das uns zum Sieg verholfen hat, war teuer. → ??? hat uns zum Sieg verholfen.
  Die Relativpronomen „der", „die" und „das" können gegen die Relativpronomen „welcher", „welche" und „welches" ausgetauscht werden.
  Beispiel:
  Das Boot, das/welches uns zum Sieg verholfen hat, war teuer.
- **Konjunktionen** (= Bindewörter) verbinden dagegen einen Nebensatz mit einem Hauptsatz. Auch ohne Konjunktion kann man aus den übrigen Wörtern einen vollständigen Satz bilden.
  Beispiel:
  Sie bemerkte, dass die Kinder stiller wurden. → Die Kinder wurden stiller.
  Konjunktionen können nicht durch Pronomen ersetzt werden, man kann also „dass" nicht durch „welches" ersetzen.
- **Grundsätzlich gilt:** Wenn man „das/dass" nach einem Komma durch „dieses", „jenes" oder „welches" ersetzen kann, dann schreibt man es mit einem einfachen -s.

Es ist sicher, dass/das wir uns auf die Sonne verlassen können: Noch viereinhalb Milliarden Jahre wird sie uns Licht spenden, das/dass für alles Leben auf der Erde unverzichtbar ist. Wir können uns ebenfalls darauf verlassen, das/dass die Erde weiterhin unverändert im sicheren Abstand die Sonne umkreisen wird. Das blaue Gestirn, das/dass wir Erde nennen, wird noch in fernster Zukunft die Sonne in einem Abstand von 149,6 Millionen Kilometern umkreisen. Das/Dass diese Entfernung genau die richtige ist, spüren wir jeden Tag. Die Sonne ist so nah, das/dass unsere Erde nicht zur Eiswüste wird, und so weit entfernt, das/dass wir nicht durch ihre Hitze verbrennen.

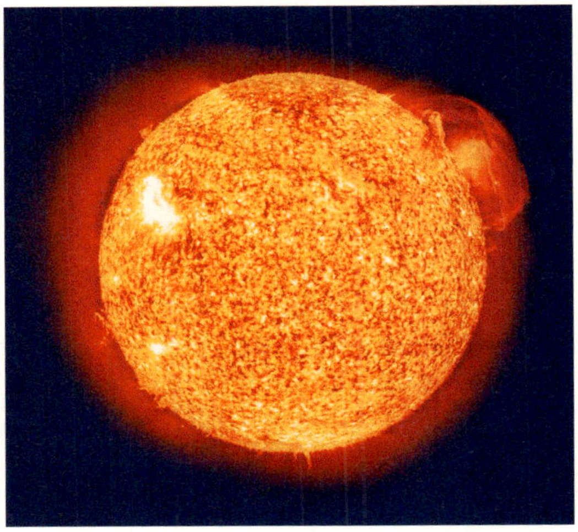

3 Schreibt den Text in euer Heft und prüft mithilfe des Merke-Kastens, ob *das* oder *dass* geschrieben werden muss.

4 Stellt euch einen sonnigen Tag auf einer Wiese vor. Bildet fünf Satzgefüge mit *dass*, z.B.: *Ich fühle, dass die Sonne auf der Haut brennt.*

Merke

Das Wort **dass** ist immer eine **Konjunktion.** Meistens gehen Verben des Meinens, Sagens, Denkens, Fühlens und Wahrnehmens voraus.
Beispiel: *Ich meine, dass etwas passieren wird. – Ich glaube, dass etwas passieren wird.*

Seite 277
das/dass-Schreibung
LS „Rechtschreibung"

Die Sonne als Quelle allen Lebens – Kommasetzung bei Einschüben und Infinitivgruppen

Jugendlicher hat eine clevere Idee, Sonnenenergie zu speichern

Behutsam packt Alexander Sommerkamp-Homann sein Modellboot aus dem Karton. „Alles selbst gemacht“, sagt der 13-jährige Schüler, der beim Hamburger Wettbewerb „Schüler experimentieren“ mit seinem Boot, das per Brennstoffzelle angetrieben wird, einen zweiten Preis bekommen hat. Während weltweit Wissenschaftler nach einer Lösung für Wasserstofftanks suchen, hat der Hamburger Gymnasiast dieses Problem in den Griff bekommen.

Alexander füllt den Wasserstoff in einen Ballon, der sich als leicht, dehnbar, hierin steckt das Neuartige, und dennoch stabil erweist. Ein ehemaliger Professor sorgte dafür, dass das Modellboot zum Patent angemeldet wurde. Den Wasserstoff benötigt der Junge, um das mit einer Brennstoffzelle betriebene Modellboot flottzumachen. Der junge Tüftler stellt seine Erfindung während einer Messe vor, der vierten Internationalen Fachmesse für Wasserstoff- und Brennstoffzellentechnologien.

„Einzig mein Physiklehrer hat mir ein paar Tipps gegeben“, sagt Alexander, der sich für erneuerbare Energien interessiert. Ein Jahr vor dem Boot wurde eine andere Forschung von ihm prämiert. Er testete, bei welcher Außentemperatur sich Brennstoffzellen am besten entfalten können, bei etwa 15 Grad.

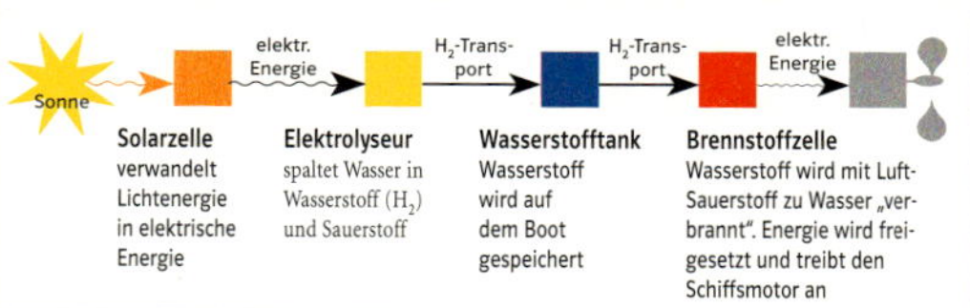

Der dehnbare Ballon als Wasserstofftank ist nicht das einzig Neuartige an Alexanders Erfindung. Für den Antrieb hat er ein kniffliges System von Bausteinen ausgetüftelt. Es besteht unter anderem aus einer Fernsteuerung, einer Solarzelle zur Energiegewinnung, einem Elektrolyseur, hier wird mithilfe der gewonnenen Energie Wasser in Wasserstoff und Sauerstoff aufgespalten, und einer Brennstoffzelle. In der Brennstoffzelle werden die beiden Elemente wieder zu Wasser verbunden, wobei Energie entsteht, die einen kleinen Elektromotor antreibt. Das Boot fährt nicht nur völlig geräuschlos, sondern hinterlässt auch keine umweltschädlichen Abgase. Das Einzige, was bei der „Verbrennung“ von Wasserstoff und Sauerstoff übrig bleibt, ist Wasser. (stü)

▶▶ Seite 279
Kommasetzung bei Einschüben und nachgestellten Satzteilen
LS „Rechtschreibung“

1 Nebensätze werden durch Kommas abgetrennt. Überprüft diese Regel anhand des Textes. Schreibt dazu den ersten Absatz des Textes ab, unterstreicht alle Nebensätze und markiert die Kommas rot. Ein Komma im ersten Absatz steht aus einem anderen Grund. Welches? Wie heißt die Regel?

2 Schreibt aus dem Zeitungsartikel alle Sätze mit Einschüben, Nachstellungen oder Parenthesen heraus.

3 Schreibt die folgenden Sätze ab und markiert in ihnen den Infinitiv mit „zu" sowie das Einleitungswort bzw. das übergeordnete Nomen.
Die Idee, Sonnenenergie zu nutzen, ist schon über 2000 Jahre alt.
Um Geld zu sparen, lassen sich schon heute viele Hausbesitzer Solaranlagen installieren.
Es gibt bereits viele Versuche, auch Autos mit Solarenergie zu betreiben.
Mit Solarautos könnte man dann fahren, ohne jemals tanken zu müssen.

4 In dem Zeitungsartikel findet sich ein Satz mit einer Infinitivgruppe. Welcher ist es? Erklärt noch einmal, warum hier ein Komma stehen muss. Beachtet auch die Überschrift.

5 Schreibt einen Text über die Vorteile der Sonnenenergie. Überlegt euch dabei, wo bzw. wie man Sonnenenergie überall einsetzen könnte. Verwendet dabei möglichst viele Infinitivgruppen. Tauscht anschließend eure Texte aus und korrigiert sie gegenseitig.

Tipp

Anhand des Zeitungsartikels könnt ihr alle wichtigen Regeln zur Zeichensetzung wiederholen.
Diktiert euch gegenseitig den Zeitungsartikel. Jeder von euch sollte dabei einen Abschnitt in seinem Heft stehen haben. Am Ende vergleicht eure Texte mit dem Original und besprecht die Fehler.

Merke

Einschübe und Nachstellungen sind Ergänzungen aller Art, die aus der normalen Satzstruktur herausfallen. Sie werden mit Kommas abgetrennt.
Einschübe: *Wir feiern heute, am Samstag, deinen Geburtstag. Sie, nämlich Lucas und Maria, gehen schon lange zur Schule.*
Nachstellungen: *Sie gehen schon lange zur Schule, nämlich in Köln. Er bekam ein neues Fahrrad, ein Mountainbike.*

Ein Sonderfall eines Einschubs ist die so genannte **Parenthese**. Eine Parenthese liegt vor, wenn ein vollständiger Satz eingeschoben wird.
Parenthese: *Lucas und Maria, sie sind beide ja schon 13 Jahre, gehen schon lange zur Schule.*

Infinitivgruppen grenzt man mit Komma ab, wenn die Infinitivgruppe
- mit *um, ohne, statt, anstatt, außer* oder *als* eingeleitet wird:

Alexander entwickelte seine Idee, ohne auf fremde Hilfe zurückzugreifen.
Um den Wasserstoff zu speichern, hat er einen dehnbaren Ballon entwickelt.
- von einem Nomen abhängt:

Alexander fasste den Plan, seine Erfindung auf einer internationalen Fachmesse vorzustellen.
Bei den Versuchen, die gewonnene Energie zu speichern, hatte er schließlich Erfolg.

▶▶ **Seite 279**
Kommasetzung bei Infinitivgruppen
LS „Rechtschreibung"

Impulse zur Weiterarbeit

Zum Thema „Kommasetzung“

- Ihr könnt versuchen, kompliziert formulierte Texte (z.B. Bedienungsanleitungen) so umzuschreiben, dass sie verständlicher werden. Dabei müsst ihr auf überschaubare Satzkonstruktionen und eine sinnvolle Verwendung der Satzzeichen achten.
- Die gelernten Regeln zur Kommasetzung könnt ihr immer wieder gebrauchen. Deshalb könnt ihr sie in einer übersichtlichen Wandzeitung als Lernhilfe zusammenstellen.

Zum Thema „Sonnenenergie“

- Wisst ihr, was ein Sonnenwindkraftwerk ist? Informiert euch über diese geniale Erfindung, die man mit geringem Aufwand sogar als Modell nachbauen kann.
- Wenn ihr wissen wollt, woher der Strom aus den Steckdosen in eurer Gemeinde stammt, könnt ihr euch bei der Gemeindeverwaltung oder aber bei den führenden Stromversorgern informieren. So könnt ihr auch herausbekommen, wie hoch der Anteil an Strom durch Sonnenenergie in eurer Gegend ist.
- Das zukünftige Energieversorgungsproblem wird man – darin sind sich die Fachleute einig – nur lösen können, wenn man die Möglichkeiten des Energiesparens konsequent nutzt. Ihr könnt euch über derartige Sparmaßnahmen bei eurer Gemeindevertretung informieren und anschließend euer Wissen in der Schule öffentlich machen.

Richtiges Schreiben, eine Kunst? – Trainingsstation zum Rechtschreiben

Sicherlich ärgert ihr euch immer wieder über Rechtschreibfehler, die ihr macht. Richtiges Schreiben ist nicht einfach und muss immer wieder geübt werden. Auch die Künstler, die euch in diesem Kapitel vorgestellt werden, haben jahrelang geübt. Ihre besten Bilder, ihre schönsten Kunstwerke malten sie oft erst in hohem Alter.

Im Einzelnen lernt ihr

- eure Fehlerschwerpunkte kennen
- direkt an euren typischen Fehlern zu arbeiten
- Regeln und Tipps, um eure Rechtschreibung zu verbessern
- bekannte Künstler und berühmte Bilder kennen

Nachdenken über Sprache

Schreiben

Geschriebenes überprüfen – Fehlerschwerpunkte feststellen

Seerosen (Nymphéas), 1920/26

Claude Monet – Der Maler des Lichts

Berühmt ist der Maler Claude Monet für seine riesigen Gemälde von Seerosen. Monet lebte von 1840 bis 1926 in Frankreich. Die Seerosenbilder malte er gegen Ende seines Lebens. Auf ihnen schimmern die Blüten der Wasserpflanzen in zarten Pastelltönen, und in der Wasseroberfläche spiegeln sich Bäume, Himmel und Wolken.

Aus der Nähe betrachtet scheinen die Bilder nur aus Farbklecksen zu bestehen, doch aus einiger Entfernung beeindruckt das Gesamtbild. In seinem Garten hatte Monet einen Teich mit exotischen Pflanzen angelegt, den er immer wieder malte. Dabei experimentierte er mit den unterschiedlichsten Farben. Monet interessierte, wie das Licht die Natur verändert, und das hielt er in seinen Gemälden immer wieder fest. Er ist der Maler des Lichts. (113 Wörter)

Monet gehört zu den ersten Malern, die häufig draußen im Freien malten. Er stapfte, gefolgt von seinen Kindern, die in der Schubkarre Leinwände, Staffelei und Malzeug hinterher schafften, über die Wiesen und Felder, um Heuschober oder Bäume zu malen, die er mit wilden Strichen auf die Leinwände brachte. Kompliziert und unbequem war das Malen im Freien. Im Sommer rüstete sich Monet mit einem großen Sonnenschirm aus. Im Winter sah man ihn wegen der Kälte in Stiefeln, Wollzeug und oftmals mehreren Mänteln und in Decken eingepackt vor seinem Motiv sitzen. Bei windigem Wetter band er Staffelei und Leinwand mit Schnüren fest, und trotzdem spielte ihm die Natur manch einen Streich. Einmal, beim Malen am Strand, als er sich hinsichtlich der Gezeiten irrte, erfasste ihn eine Flutwelle und riss ihn samt Malzeug und Leinwänden ins Meer. (134 Wörter)

1 Lasst euch den Text von eurem Lehrer oder eurer Lehrerin diktieren.

2 Korrigiert nun eure Diktattexte. Ordnet eure Fehler mithilfe der Tabelle Fehlerschwerpunkten zu und legt eine Strichliste an.

Beispiel:
Ein Schüler schreibt: *Riesigen Gemelde, beeindrukt, Farbklex*
Er hat folgende Fehlerschwerpunkte:
Groß- und Kleinschreibung, ä/e verwechselt, Konsonantenverdopplung nicht beachtet, x und cks verwechselt

Fehlerschwerpunkt	Fehler-zahl	Übungsregel/Rechtschreibstrategie
Buchstaben vergessen oder verwechselt		Mitsprechen
Konsonantenverdopplung nicht beachtet (z.B. mm, nn, ll, ff)		Silben hören Ableiten (bei Doppelkonsonanten)
b/p, d/t und g/k verwechselt		Verlängern
ä/e und äu/eu verwechselt	/	Ableiten
Dehnungszeichen (h, ie, aa/oo/ee) nicht beachtet, falsch verwendet		Wörter zum Lernen
f, v und ph verwechselt		Wörter zum Lernen
x, chs und ks verwechselt	/	Wörter zum Lernen
Schwierige Wörter falsch geschrieben		Wörter zum Lernen
Groß- und Kleinschreibung nicht beachtet	/	Nomen erkennen
Großschreibung von Adjektiven und Verben		Beachte die Umgebung!
Groß- und Kleinschreibung von Zeitangaben		Beachte die Umgebung!
Getrennt- und Zusammenschreibung		Beachte die Umgebung!
Kommasetzung		Beachte die Umgebung!

▸▸ **Seite 293**
Lernen mit einer Rechtschreibkartei
LS „Lern- und Arbeitstechniken“

▸▸ **Seite 77 ff.**
UV „Faszination Wassersport“

▸▸ **Seite 85 ff.**
UV „Die Kraft der Sonne“

3 Einen noch besseren Überblick über eure Fehlerschwerpunkte bekommt ihr, wenn ihr auch die Fehler aus einem Aufsatz (z.B. aus der letzten Klassenarbeit) mithilfe der Tabelle ordnet.

4 Stellt mithilfe der Tabelle fest, in welchem Fehlerbereich ihr besonders üben müsst. Auf den folgenden Seiten werden euch für die unterschiedlichen Fehlerschwerpunkte Übungen angeboten.

Mitsprechen – Laute und Silben hören

1 Überlegt gemeinsam: Wie schreibt ein Kind im ersten Schuljahr? Was kann es schon? Was muss es noch lernen?

2 Lest die folgenden Wörter in der Rechtschreibsprache laut vor. Schreibt sie dann auf, indem ihr sie leise für euch lest, abdeckt und dann notiert.

Malerpalette	*experimentieren*	*Landschaft*	*Ölfarben*
interessant	*Dekoration*	*Spektakel*	*Museen*
ordentlich	*geometrisch*	*Finsternis*	*kompliziert*
Hauptsache	*unendlich*	*Explosion*	*Aquarell*

! Merke

Mitsprechen
Sprecht beim Schreiben die Wörter in der **Rechtschreibsprache** mit, d.h. sprecht deutlich **jeden Buchstaben** und die **Silben**.

Albrecht Dürer

Am 21. Mai 1471 wurde einer der berühmtesten Maler Deutschlands geboren – Albrecht Dürer. Er war das dritte Kind von insgesamt 13 Geschwistern. Die Menschen, damals wie heute, bewundern ihn für sein herausragendes Zeichentalent.

Albrecht Dürer interessierte sich schon sehr früh für Malerei und konnte überdurchschnittlich gut zeichnen. Er glaubte sein ganzes Leben, seine Begabung komme von Gott. Dürers Ziel war es, die Natur so wirklichkeitsgetreu wie möglich zu zeichnen, das heißt naturalistisch. Dürer starb im Alter von 58 Jahren. Er hinterließ mehr als 100 Bilder und nahezu 1000 Zeichnungen.

Selbstporträt Dürer

3 Schreibt den Text in euer Heft und lest dabei deutlich in der Rechtschreibsprache mit. Unterstreicht dann schwierige Wörter.

4 Findet heraus, ob ihr ein oder zwei Konsonanten einsetzen müsst. Sprecht dazu deutlich mit. Kennzeichnet beim Abschreiben die Silben.

s: *Die Ros-se fres-sen die Ro-sen.*
f: *Die Schi__e liegen schie__ am Strand.*
n: *Die Re__tiere re__en den ganzen Tag.*
l: *Aus den Stä__en steh__en Diebe Fahrgeste__e.*
s: *Ha__en ha__en Ha__enjagd.*
k: *In der E__e ste__t 'ne kran__e Zecke.*

Merke

Konsonantenverdopplung

- Wenn in einem Wort nach kurzem betonten Vokal der Konsonant verdoppelt wird, kann man beide Konsonanten **hören**, wenn man deutlich die **Silben spricht.** z.B. *Him-mel, ren-nen, fal-len, im-merhin, rap-peln, knur-ren, fres-sen*
- Statt *kk* schreibt man *ck* (*eckig, Flecken*), statt *zz* wird *tz* (*Katze*) geschrieben.
- Ausnahmen: Einige ausländische Wörter schreibt man mit *zz: Pizza, Skizze*

5 Erfindet ähnliche Sätze.

6 Sammelt Reime und notiert sie in euer Heft. Sprecht deutlich in der Rechtschreibsprache mit, um die Silben und die zwei Konsonanten zu hören.

Tassen	*Blitze*	*fallen*	*Flecken*	*Bälle*	*Hummeln*
K__	*W__*	*pr__*	*st__*	*W__*	*b__*
l__	*H__*	*sch__*	*D__*	*St__*	*sch__*
__	__	__	__	__	__

Dürers berühmter Hase

Ein ganz normaler Hase. Vor 500 Jahren war er etwas ganz Besonderes. Denn Dürer malte seinen Hasen in einer Zeit, als die naturgetreue Darstellung von Tieren kein Thema war. Damals wurden religiöse Szenen gemalt, z.B. Adam und Eva, auch Bildnisse von Adligen, Königen oder Geistlichen. Ein Stück Wiese, ein einfacher Hase wurden damals nicht allein gemalt, sondern nur als Hintergrund. Doch dann malte plötzlich ein bekannter Maler, Albrecht Dürer, ein Allerweltstier, einen Hasen, und beeinflusste so die Kunst seiner Zeit.

Dürer verband die Kunst mit der Natur auf eine neue Weise. Ganz genau studierte er die Natur, ihn interessierten unendlich viele Einzelheiten, er zeichnete alles detailliert, technisch hervorragend. Viele seiner Zeichnungen und Skizzen wurden weltberühmt.

7 Schreibt die unterstrichenen Wörter in euer Heft und kennzeichnet dabei die Silben. Unterstreicht dann die Wörter mit Doppelkonsonanten.

Schreibweisen hörbar machen – Verlängern, Wortfamilien bilden und ableiten

1 Verlängert die folgenden Wörter:

d oder t?	g oder k?	b oder p?
Sonnenlich?	*Sonnta?*	*Sta?*
Bil?	*Tru?schluss*	*Far?gebung*
strahlen?	*bekla?t*	*Schu?karre*
Win?	*verlan?t*	*Lo?lied*
unbekann?	*le?ten*	*blei?t*
Gegenwar?	*klu?*	*glau?ten*

2 Bildet zu den folgenden Wörtern eine Wortfamilie mit mindestens vier weiteren Wörtern.

Kunst	*Angst*	*raten*	*kommen*	*siegen*
malen	*lieb*	*Rad*	*Haus*	*singen*

3 Setzt *ä, e, äu* oder *eu* ein und schreibt die richtige Form in euer Heft. Prüft vorher durch Ableiten und schreibt, wenn möglich, auch die Grundform auf.

L_te	*erkl_ren*	*tr_merisch*
Ertr_ge	*St_ngel*	*K_ller*
fr_ndlich	*g_rne*	*W_rme*

Merke

Verlängern

Ob ein Wort mit *b/p, d/t, g/k* am Silbenende und vor einem *t* geschrieben wird, kann man durch Verlängern herausfinden.

Kal? → *Kälber*
Gol? → *goldig*
Schran? → *Schränke*
rau?ten → *rauben*
lie?ten → *lieben*
en?lich → *endlich*

Wörter haben Familien

Um herauszufinden, wie ein Wort geschrieben wird, kann man ein **verwandtes** Wort suchen und davon die richtige Schreibweise **ableiten**. Die verwandten Wörter haben alle den gleichen Wortstamm, z.B. *fahr*.

z.B. *fahren, er fährt, Fahrbahn, wegfahren, verfahren, Fähre, fahrbar, Fahrgast*

Ableiten bei *ä* oder *e*, *äu* oder *eu*

- Ein Wort wird meistens mit *ä* oder *äu* geschrieben, wenn es zu diesem Wort eine Grundform mit *a* oder *au* gibt. Man schreibt z.B. *er trägt* wegen *tragen*; *Räuber* wegen *rauben*, *Kälte* wegen *kalt*, *überschwänglich* wegen *Überschwang*.
- Bei wenigen Wörtern schreibt man *ä*, ohne dass es eine passende Form mit *a* gibt. z.B. *Lärm, Dämmerung, ätzend*

Vincent van Gogh – Früher verarmt, heute weltberühmt

Heute gilt Vincent van Gogh (1853–1890) als einer der bekanntesten Maler überhaupt. Seine „Sonnenblumen“ fanden für einige Millionen Euro einen K_fer. Da ist es schw_r, sich vorzustellen, dass er w_hrend seines gesamten Lebens in _rmlichen Verh_ltnissen lebte.

Das Gem_lde „Die Sonnenblumen in einer Vase“ soll Glück und Lebensfr_de ausdrücken, d_tlich erkennbar an dem kr_ftigen Gelb. Doch im Gegensatz zu diesem weltbekannten Gemälde musste van Gogh in seinem Leben einige Schicksalsschl_ge einstecken, wie unglückliche Liebe oder Unverk_flichkeit seiner Bilder. Außerdem war van Gogh kr_nklich, er litt an Depressionen und hatte wahrscheinlich Epilepsie.

Selbstporträt van Gogh

4 Schreibt den Text ab und setzt *ä, e, äu* und *eu* ein.

Van Goghs Tod

Vincent van Gogh litt unter Anfällen von Geistesverwirrung. Einmal schnitt er sich sogar das Ohrläppchen seines linken Ohrs ab. Schließlich musste er in einer Irrenanstalt leben. Doch auch in diesen letzten Jahren seines Lebens konnte er weiterhin Bilder malen. Farben und Pinsel stellte ihm sein Bruder Theo, der als Kunsthändler in Paris arbeitete, zur Verfügung. Dafür schickte ihm Vincent seine Gemälde. Doch die fanden erst nach van Goghs Tod Käufer. Am Nachmittag des 27. Juli 1890 schoss sich Vincent van Gogh bei glühender Sommerhitze eine Kugel in die Brust, woran er zwei Tage später starb. Er wurde nicht älter als 37 Jahre.

5 Übertragt die Tabelle in euer Heft. Sortiert dann aus dem Text mindestens 10 Wörter mit Doppelkonsonanten in die Tabelle ein. Unterstreicht die Doppelkonsonanten.

Doppelkonsonant hörbar	Doppelkonsonant in Ableitung hörbar	Merkwörter andere Regel
Sonnenblumen	erkennbar → erken-nen	litt

6 Verlängert die folgenden Wörter: *Haus, Eis, Kreis, er speist, du schmust, er bläst, sie liebkost*

Merke

Ableiten bei Doppelkonsonanten
Die Silbenmethode macht die Doppelkonsonanten hörbar. Doch einige Wörter muss man vorher ableiten.
Beispiel:
- *er schwimmt*
  Doppelkonsonant nicht hörbar
  → ableiten: *schwim-men*
- *der Fall*
  Doppelkonsonant nicht hörbar
  → ableiten: *fal-len*

Ableiten bei s-Lauten
Hört man beim Ableiten einen summenden s-Laut, schreibt man ein einfaches *s*.

Gras → *Gräser*
er reist → *reisen*

Wörter zum Lernen – Dehnungszeichen, F-Laute, X-Laute

Pablo Picasso – Das Genie des Jahrhunderts

Der Spanier Pablo Picasso (1881–1973) hat während seines Lebens unglaublich viele und sehr unterschiedliche Kunstwerke geschaffen, insgesamt ungefähr 20 000. Er war Maler, Bildhauer, Grafiker und Keramiker.

Picasso entwickelte gemeinsam mit Georges Braque den Kubismus. Die Kubisten zerlegen die Gegenstände und Figuren in ihre Einzelteile und setzen sie wieder neu zusammen. So malt Picasso die Gesichtshälften seiner Tochter Maya in verschiedenen Farben, Mayas Haare grün. Das linke Auge sieht man von vorn, das rechte von der Seite. In den Händen hält Maya ein Segelboot. Ist das lila und grüne Dreieck dahinter ihr Körper oder das Segel oder beides? Picasso stellt ein Kind dar, wie es sich beim Spielen fühlt. Maya ist in diesem Moment selbst das Boot und gleichzeitig der Schiffsführer, der über die sieben Weltmeere des Teppichs fährt.

▶▶ **Seite 223 ff.**
Ein Bild beschreiben
LS „Schreiben“

1 Übertragt die Tabelle in euer Heft. Sortiert dann aus dem Text die Wörter mit *-h* in die Tabelle ein.

ah/äh	*eh*	*oh/öh*	*uh/üh*

2 Ergänzt die Tabelle mit folgenden Wörtern:
Stuhl, mühsam, wühlen, Wohnung, Sehnsucht, wahnsinnig, berühmt, Fährte, Ernährung, Ohren, stöhnen, erzählen, Rahmen, fühlen, verkehrt, gestohlen

3 Wählt vier Wörter aus und ergänzt deren Wortfamilie.

4 Schreibt aus dem Text die Wörter mit *ie* heraus. Sammelt zehn weitere Wörter mit *ie*.

5 Nur ein *i* enthalten die folgenden Wörter. Schreibt sie korrekt in euer Heft.
w…derlich, w…dersetzen, l…la, m…nus, Kl…nik, T…ger, B…bel, pr…ma

6 Die folgenden Wörter werden mit *ieh* geschrieben. Übertragt sie in euer Heft.
er empf…lt, er bef…lt, es z…t, es gesch…t, er fl…ht

7 Übertragt die folgenden Wörter in euer Heft und setzt *aa, oo, ee* ein.
M…r, M…s, l…r, S…l, P…r, S…le, W…ge

! Merke

Die Schreibweise bestimmter Wörter muss man sich merken. Oft werden lang gesprochene betonte Vokale durch ein **Dehnungszeichen** gekennzeichnet.

Ein unhörbares **Dehnungs-h** steht nur vor *l, m, n* und *r*.

Bei wenigen Wörtern wird ein **Doppelvokal** verwendet: *ee, aa, oo* *(Meer, Moos, Staat)*

Das **lange *i*** wird im Deutschen meistens mit *ie* geschrieben. Merken muss man sich die Wörter mit **einfachem *i*.**

Selten gibt es die Verbindung *ih (ihn, ihr, ihm, ihnen)* und *ieh (er stiehlt, ziehen).*

8 Wandelt die folgenden Wörter so um, dass sie immer mit *F/f* oder *V/v* beginnen.

Ball → *Fall*	Gast	Kater	Tisch
Kolk → *Volk*	Hase	Pest	herein
Dach	Horn	teuer	Weilchen

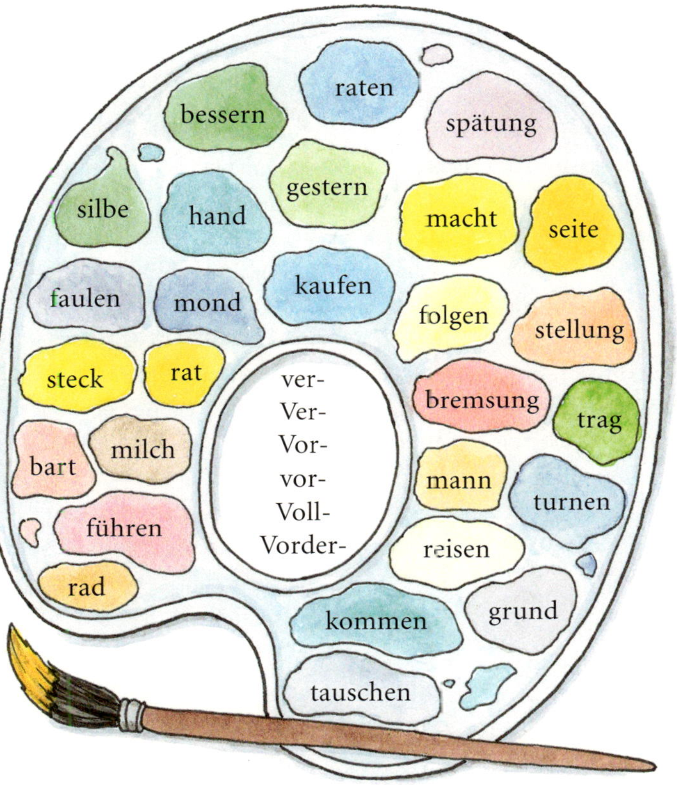

9 Alle Vorsilben beginnen mit einem *v* (wie z.B. *ver-* oder *Vorder-*). Vervollständigt die Wörter aus der Malerpalette in euer Heft.

Picasso liebte den Zirkus. Anfan___ porträtierte er oft Harlekine, die Fa___en machten, kni___ten oder rücklin___ hinfielen. Er lachte über Clowns, die sich gegenseitig austri___ten.

Die E___emplare seiner Kunstwerke sind heiß begehrt. Picasso e___perimentierte viel, we___elte die Techniken und mi___te die verschiedensten Farben.

Obwohl seine Kunst abstrakt ist, besteht sie nicht nur aus Farbkle___en.

10 Schreibt den Text ab und setzt *ks, x, chs, gs* und *cks* in die Lücken ein.

! Merke

Der **f-Laut** wird unterschiedlich geschrieben. Dafür gibt es keine Regel, diese Wörter muss man sich merken.
Man schreibt:
- **Sehr viele** Wörter mit **f**: *Fisch, Frost, fertig, Hof, Affe*
- **Einige** Wörter mit **v**: *Vater, Vogel, brav*
- Viele **Fremdwörter** mit **ph**: *Katastrophe, Atmosphäre, Physik*
  Manchmal ist die Schreibweise schon **eingedeutscht**: *Fotografie, Telefon, Grafik*
- In **vielen Fremdwörtern** wird **v** wie **w** gesprochen: *Vase, Violine, Vanille*
- Beim **deutlichen Sprechen** hört man das **pf**: *Pfand, Pfahl, Pfingsten*

Der **x-Laut** wird unterschiedlich geschrieben.
Man schreibt:
- mit **ks** wenige Wörter *(Keks, links, schlaksig)*
- mit **x** einige **deutsche Wörter** *(Hexe, Axt, Nixe, kraxeln)* und viele **Fremdwörter** *(Exemplar, Experiment, Lexikon, Praxis, Mixtur, Text)*
- mit **chs** wenige Wörter *(Achse, Dachs, Luchs, sechs, Wachs, wachsen, wechseln)*
- mit **gs** und **cks**. Hier kann dir das Ableiten helfen. *(Klecks – kleckern, unterwegs – Weg)*

Die Umgebung im Satz beachten – Großschreibung

Thermenlandschaft, Blumau, Österreich

Friedensreich Hundertwasser

Hundertwassers kunst fällt auf und spricht an. Seine bilder sind bunt, seine bauwerke krumm. Solche außergewöhnlichen gebäude, wie sie der österreichische maler und architekt friedensreich hundertwasser (1929–2000) schuf, hatte vor ihm noch nie jemand gebaut.

Friedensreich hundertwasser heißt eigentlich fritz oder friedrich stowasser, doch dieser name klang dem gebürtigen wiener zu gewöhnlich. Ein besonderer, außergewöhnlicher künstlername musste her. Er übersetzte sto (slawisch für 100) ins deutsche. Aus dem unspektakulären vornamen machte er friedensreich.

In seiner vorstellung von häusern wollte hundertwasser jede langeweile vermeiden. Die menschen sollten in seinen bauwerken freude erleben und sich wohl fühlen. Daher sucht man in seinen bauprojekten (kindergärten, bahnhof, wohnhaus, kirche) gerade linien und geometrische formen vergeblich. Hundertwassers liebe galt leuchtenden farben, runden bauformen, ungleichen fenstern, vergoldeten zwiebeltürmen und pflanzen auf den dachflächen.

Merke

Nomen erkennen
Eigennamen und Nomen werden **großgeschrieben**.
Nomen (Substantive)
- bezeichnen Menschen, Tiere, Pflanzen, Dinge oder Begriffe (z. B. Wahrnehmungen, Gefühle, Eigenschaften)
- enden manchmal auf *-ung, -heit, -keit, -tum, -nis, -schaft*

▸▸ **Seite 276 f.**
Groß- und Kleinschreibung
LS „Rechtschreibung“

1 Schreibt den Text ab. Achtet darauf, alle Nomen und Eigennamen großzuschreiben. Unterstreicht in eurem Heft die Eigennamen rot, Lebewesen (d. h. Menschen, Tiere, Pflanzen) blau, Gegenstände grün und Begriffe schwarz.

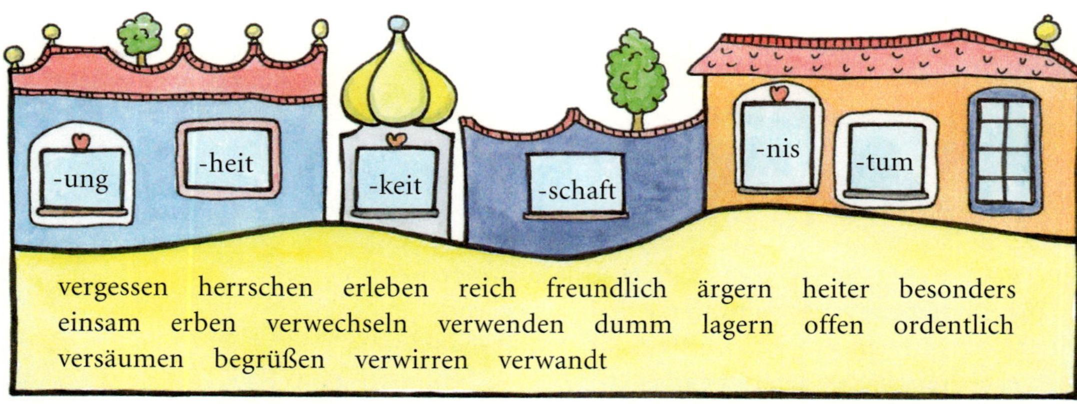

2 Bildet mithilfe der Endungen aus den Adjektiven und Verben neue Nomen.
z. B. *vergessen* → *Vergesslichkeit*

3 Eine typische Nomenendung bei Fremdwörtern ist die Endung *-tion*, z. B. *Aktion, Position.* Erstellt eine Liste mit diesen Wörtern.

4 Schreibt den Text unten in euer Heft und zeichnet jeweils Pfeile, die das Nomensignal mit dem nominalisierten Verb oder Adjektiv verbinden.

Das Schaffen von ungewöhnlichen Sinneserfahrungen lag Hundertwasser am Herzen. Etwas Besonderes ist im Kunsthaus in Wien der wellige Fußboden, beim Laufen kann der Mensch so sein Gleichgewicht wiederfinden. Hundertwasser liebte das Unregelmäßige und das Verspielte. Die Fassade im Kunsthaus ist nicht perfekt glatt, sondern bucklig.

In seinen Bildern will Hundertwasser das Leuchten der Farben zeigen. Durch das Umranden mit schwarzer Farbe kann er die Leuchtkraft verstärken. Das Typische für Hundertwassers Bilder sind strahlende Farben, Spiralen, Tropfen und Augen. Eine Spirale symbolisiert das Leben, sie kann wie ein Schneckenhaus zum Verkriechen sein, doch gleichzeitig besteht eine Verbindung zur Außenwelt.

Hundertwasser: (691) Irinaland über dem Balkan, 1969

! Merke

Nomensignale

Nomen sowie **nominalisierte Adjektive und Verben**, die großgeschrieben werden müssen, erkennt man auch an ihrer Umgebung im Satz, an den **Nomensignalen.**

- **Artikel** (Begleiter): *der Künstler, das Unregelmäßige*
- **Präposition + Artikel:** *an dem → am, zu der → zur, beim Laufen*
- **Mengenangaben / Indefinitpronomen:** *drei Zwiebeltürme, häufiges Stolpern*
- **Possessivpronomen** (besitzanzeigende Fürwörter): *meine Idee, dein Nachdenken*

Manchmal steht noch ein **Adjektiv** zwischen Nomensignal und Nomen:

der wellige Fußboden,

unser gemeinsames Erleben

▸▸ Seite 78 ff. UV „Faszination Wassersport“

5 Bildet selber Sätze, in denen Nominalisierungen vorkommen. In den Sätzen könnt ihr über Kunst und Kunstwerke nachdenken. Folgende Satzanfänge und Wörter können dabei helfen.

Beim Betrachten von Kunstwerken …

Das Außergewöhnliche bei Gemälden ist …

Mein Erleben …

genial | schön | hässlich | langweilig | bewundern | malen | betrachten | kennen

Impulse zur Weiterarbeit

- Legt euch eine Rechtschreibkartei an. Auf Karteikarten sammelt ihr Wörter, die ihr falsch geschrieben habt.

- Schreibt die Merke-Kästen dieses Kapitels auf ein bis zwei DIN-A4-Blätter. Nutzt diese Blätter als Nachschlagewerke und überprüft eure Rechtschreibung mithilfe der Regeln, wenn ihr Texte schreibt.

- Erstellt Schreib- und Schriftkunstwerke.
  Wählt eure Lieblingswörter, komplizierte Wörter oder gut klingende Wörter. Schreibt diese in einer besonderen Schrift auf. Erprobt dabei unterschiedliche Schriftarten.

- Wählt Kunstwerke aus, die euch gut gefallen. Fertigt daraus eine Ausstellung für euren Klassenraum oder für die Schule an. Informiert in Hinweistafeln über das Kunstwerk und über den Künstler. Denkt daran, dass die Texte fehlerfrei sein sollten.

Von früher und heute erzählen – Balladen untersuchen

Vor einigen hundert Jahren ließen sich die Menschen gerne von Musikanten unterhalten, die Balladen vortrugen. Das waren gesungene Tanzlieder, die von sensationellen, dramatischen Ereignissen handelten. Aus den Liedern wurden im Verlauf der Zeit spannende Erzählgedichte. Dieses Kapitel gibt euch einen Einblick in traurige und lustige, ernste und weniger ernst gemeinte, ältere und jüngere Balladen.

Im Einzelnen lernt ihr

- die Merkmale von Balladen kennen
- wie man eine Inhaltsangabe schreibt
- Balladen zu vergleichen
- eine Ballade sinnbetont vorzulesen
- dass die Tradition der Ballade auch heute noch weiterlebt

Umgang mit Texten / Medien

Schreiben

Dramatische Erzählgedichte – Balladen und ihre Merkmale kennen lernen

Joseph von Eichendorff

Waldgespräch

Es ist schon spät, es wird schon kalt,
Was reit'st du einsam durch den Wald?
Der Wald ist lang, du bist allein,
Du schöne Braut! Ich führ dich heim!

„Groß ist der Männer Trug und List,
Vor Schmerz mein Herz gebrochen ist,
Wohl irrt das Waldhorn her und hin,
O flieh! Du weißt nicht, wer ich bin."

So reich geschmückt ist Ross und Weib,
So wunderschön der junge Leib,
Jetzt kenn ich dich – Gott steh mir bei!
Du bist die Hexe Loreley.

„Du kennst mich wohl – von hohem Stein
Schaut still mein Schloss tief in den Rhein.
Es ist schon spät, es wird schon kalt,
Kommst nimmermehr aus diesem Wald!"

1 Untersucht die Ballade unter folgenden Gesichtspunkten:
- Was passiert?
- Wer sind die handelnden Personen?
- Welche Figur spricht welchen Teil?

2 Überlegt, wie sich die Ballade von szenischen Texten (z.B. Theaterstücken) und Erzählungen unterscheidet.

Auszüge aus verschiedenen Lexika

Balladen sind Gedichte, die Spannendes erzählen: Oft werden Menschen beschrieben, die gefährliche, unheimliche Situationen erleben. Manchmal werden handlungsreiche, vielfach dämonisch-spukhafte und tragische Geschehnisse aus Geschichte, Sage oder Mythos erzählt. Sogar Geister und andere übernatürliche Erscheinungen treten auf. Die Personen, die in den Balladen vorkommen, rufen ihre Gedanken oft laut aus und sprechen aufgeregt miteinander. Solche Gespräche, Dialoge genannt, erzeugen Spannung. Um ihre Balladen fesselnd zu machen, folgen die Dichterinnen und Dichter einer Art Bauplan: Die Geschichten fangen zwar schon aufregend an, werden dann aber immer spannender und bewegen sich auf einen Höhepunkt zu. Jede Ballade hat einen solchen Höhepunkt, also eine Stelle, an der die Handlung am spannendsten ist. Diesen Aufbau der Balladen kann man mit einer Spannungskurve nachvollziehen. Balladen enthalten oft Reime und setzen sich aus mehreren Strophen zusammen.

Nach einer französischen Definition aus dem 13. Jahrhundert (Mittelalter) ist eine **Ballade** ein strophisch gesungenes Tanzlied. Sie ist eine erzählende, rhythmisch gestaltete Schilderung eines vergangenen Geschehnisses, das häufig einen katastrophalen Ausgang hat. Balladen können aber auch ohne musikalische Begleitung erzählt werden.
Gerade deutschsprachige Dichter gelten als Schöpfer bekannter Balladen:
- Johann Wolfgang von Goethe
- Adelbert von Chamisso
- Heinrich Heine
- Theodor Fontane
- Bertolt Brecht

Eine **Ballade** erzählt eine Geschichte in Gedichtform. Dabei werden Gestaltungsmittel der Lyrik, des Dramas und des Erzählens verbunden. Balladen stellen meist besondere Taten oder Naturereignisse dar. Oft steht im Mittelpunkt eine Figur (ein „Held“) in einer besonderen Situation.

Ballade nennt man ein meist aus zahlreichen Strophen bestehendes Gedicht, in dem eine Geschichte erzählt wird (Erzählgedicht). Im späten 18. Jahrhundert begann man sich in Deutschland, nachdem die Ballade zuvor in England und Frankreich bekannt wurde, erst richtig für die Ballade zu interessieren. Man sammelte so genannte Volksballaden und es entstanden so berühmte Erzählgedichte wie Gottfried Bürgers „Lenore“. Häufig steht ein dramatisches, geheimnisvolles Geschehen im Mittelpunkt, bei dem sich die Helden bewähren müssen.

3 Versucht mithilfe der Lexikonartikel zu begründen, warum es sich bei dem Text „Waldgespräch“ um eine Ballade handelt.

4 In den Lexikonartikeln sind einige Dichter erwähnt. Findet selbst Balladen dieser Dichter.

▶▶ **Seite 254**
Balladen untersuchen
LS „Umgang mit literarischen Texten“

Von Rittern und Nixen – Inhaltsangaben schreiben I

Heinrich Heine

Die Nixen

Am einsamen Strande plätschert die Flut, T
Der Mond ist aufgegangen,
Auf weißer Düne der Ritter ruht,
Von bunten Träumen befangen.

Die fünfte küsst des Ritters Händ', E
Mit Sehnsucht und Verlangen;
Die sechste zögert und küsst am End'
Die Lippen und die Wangen.

Die dritte lacht, und ihr Auge blitzt, V
Sie zieht das Schwert aus der Scheide,
Und auf dem blanken Schwert gestützt
Beschaut sie den Ritter mit Freude.

Die schönen Nixen, im Schleiergewand[1], R
Entsteigen der Meerestiefe.
Sie nahen sich leise dem jungen Fant[2],
Sie glauben wahrhaftig er schliefe.

Der Ritter ist klug, es fällt ihm nicht ein, N
Die Augen öffnen zu müssen;
Er lässt sich ruhig im Mondenschein
Von schönen Nixen küssen.

Die eine betastet mit Neubegier Ä
Die Federn auf seinem Barette[3].
Die andre nestelt am Bandelier[4]
Und an der Waffenkette.

Die vierte tänzelt wohl hin und her M
Und flüstert aus tiefem Gemüte[5]:
„O, dass ich doch dein Liebchen wär,
Du holde Menschenblüte!"

[1] *Gewand: Kleid*
[2] *Fant, Kurzform von Infant: Edelknabe*
[3] *Barett: flache Kopfbedeckung, eine Art Kappe*
[4] *Bandelier: breiter Schulterriemen*
[5] *Gemüt: hier: aus tiefstem Herzen*

1 In dieser Ballade sind die Strophen vertauscht worden; schreibt sie in der richtigen Reihenfolge in euer Heft. Dabei ergibt sich ein Lösungswort.

2 Erklärt mit eigenen Worten, wie ihr beim Sortieren vorgegangen seid. Benutzt dabei auch Begriffe, die ihr bereits vom Aufbau einer Geschichte her kennt: Einleitender Teil, Hauptteil, Höhepunkt, Schlussteil.

3 Fasst das Wichtigste jeder Strophe schriftlich in einem Satz zusammen. Unterstreicht dazu zunächst in jeder Strophe die Schlüsselbegriffe.

Seite 199 f. Textmarkierungen und Randnotizen vornehmen LS „Lesestrategien, Lesetechniken"

Merke

Die **Inhaltsangabe** ist eine informierende Textsorte. Ihr Ziel ist die kurze und präzise Zusammenfassung eines Textes, eines Films oder eines Theaterstückes. Durch die inhaltliche Zusammenfassung kann man sich und anderen einen ersten Überblick verschaffen. Die Inhaltsangabe wird im Präsens geschrieben.

▶▶ **Seite 222 f.**
Inhaltsangabe
LS „Schreiben"

Vorarbeiten für das Verfassen einer Inhaltsangabe:

1. Schritt: W-Fragen

Lest euch die Ballade mindestens zweimal durch und beantwortet dann die W-Fragen. Dies hilft euch dabei, zunächst die wichtigsten Informationen herauszufinden.

2. Schritt: Gliederung

Abschnitte	Überschrift	Wichtiges Geschehen
Zeile 1–4	Der Ritter am Strand	Der Ritter schläft.
Zeile 5–15	Die Nixen kommen	Die Nixen entsteigen dem Meer und untersuchen den Ritter.
Zeile …	…	…

3. Schritt: Der Einleitungssatz

Zu Beginn einer Inhaltsangabe steht ein Einleitungssatz. Er beinhaltet:

- Textsorte (z.B. hier die Ballade)
- Autor oder Autorin
- Titel
- Thema

Beispiel: *In der Ballade „Die Nixen" von Heinrich Heine geht es um einen sich schlafend stellenden Ritter, der …*

4 Schreibt zu der Ballade „Die Nixen" einen Einleitungssatz.

Tipp

Ihr müsst den Text gut verstanden haben, um das Thema benennen zu können. Deshalb solltet ihr den Einleitungssatz erst schreiben, wenn ihr euch schon gründlich mit dem Text beschäftigt habt.

Umgang mit Texten/Medien

Schreiben

Ein bedeutungsvoller Becher – Inhaltsangaben schreiben II

Johann Wolfgang von Goethe

Der König in Thule

Es war ein König in Thule
Gar treu bis an das Grab,
Dem sterbend seine Buhle
Einen goldnen Becher gab.

Es ging ihm nichts darüber,
Er leert' ihn jeden Schmaus;
Die Augen gingen ihm über,
So oft er trank daraus.

Und als er kam zu sterben,
Zählt' er seine Städt' im Reich,
Gönnt' alles seinem Erben,
Den Becher nicht zugleich.

Er saß beim Königsmahle,
Die Ritter um ihn her,
Auf hohem Vätersaale
Dort auf dem Schloss am Meer.

Dort stand der alte Zecher,
Trank letzte Lebensglut
Und warf den heil'gen Becher
Hinunter in die Flut.

Er sah ihn stürzen, trinken
Und sinken tief ins Meer.
Die Augen täten ihm sinken;
Trank nie einen Tropfen mehr.

1 Beschreibt die Stimmung des Textes. Benutzt dabei möglichst viele Adjektive, wie z.B. *bedrückend, düster, unheimlich*. Findet Textstellen, die zu euren Adjektiven passen.

2 Erklärt, warum dem König der Becher so wichtig ist.

▸▸ **Seite 26**
UV „Ich-Suche“

3 Schreibt einen inneren Monolog, in dem der König seine Beweggründe schildert.

4 Schreibt eine Inhaltsangabe zu der Ballade.
Orientiert euch dabei an folgendem Beispiel:

In der Ballade „Der König in Thule" von Johann Wolfgang von Goethe geht es um einen König, der sein liebstes Erinnerungsstück an seine Frau, einen goldenen Becher, am Ende seines Lebens ins Meer wirft.

Der König in Thule erhält von seiner sterbenden Frau einen goldenen Becher. Dieser Becher bedeutet ihm sehr viel und er benutzt ihn bei jeder Gelegenheit. Als auch er im Sterben liegt, verteilt er all seinen Besitz freigiebig. Nur seinen Becher gönnt er niemandem. Bei einem Festmahl …

▸▸ **Seite 222 f.**
Inhaltsangabe
LS „Schreiben"

5 Tauscht eure Inhaltsangaben untereinander aus. Überprüft, ob ihr alle wesentlichen Schritte für das Verfassen einer Inhaltsangabe beachtet habt und ob eure Texte verständlich formuliert sind. Korrigiert eure Fehler und macht eventuell Verbesserungsvorschläge für Formulierungen.

6 Sucht euch in einem anderen Kapitel dieses Buches eine Erzählung heraus und lest diese aufmerksam durch. Fertigt dann eine Inhaltsangabe zu dieser Erzählung an.

7 Vergleicht die Merkmale und die Funktion einer Erzählung mit denen der Inhaltsangabe. Übertragt dazu die Tabelle in euer Heft und ergänzt eine dritte Spalte „Erzählung".

Prüfe

Eine Inhaltsangabe sollte:
- im Präsens geschrieben sein
- keine wörtliche Rede enthalten
- mit eigenen Worten zusammengefasst sein
- sachlich formuliert werden, ohne die eigene Meinung hineinzubringen

▸▸ **Seite 286**
Schreibkonferenz
LS „Lern- und Arbeitstechniken"

	Inhaltsangabe
Sprachstil	sachlich, knapp, informativ
Zeitform	Gegenwart
wörtliche Rede	ist nicht erlaubt
Einleitung	benennt, worum es geht
wichtige Angaben zu Person, Zeit, Ort	werden immer am Anfang einer Inhaltsangabe gemacht
Funktion der Textsorte	Information über einen Text, einen Film, ein Theaterstück …

Umgang mit Texten / Medien

Schreiben

Loreley, die geheimnisvolle Schöne – Balladen vergleichen

Der Loreleyfelsen am Mittelrhein hat viele Dichter inspiriert. In früheren Zeiten war die Passage an dieser Stelle wegen der Strudel und Untiefen sehr gefährlich. Oft ereigneten sich Schiffsunglücke. 1823 veröffentlichte Heinrich Heine in seinem berühmten „Buch der Lieder" eine Ballade über die Loreley. Dazu schrieb ein Komponist etwas später eine Melodie und landete damit einen Hit: Die Loreley ist eines der bekanntesten deutschen Volkslieder.

Heinrich Heine

Loreley

Ich weiß nicht, was soll es bedeuten,
Dass ich so traurig bin;
Ein Märchen aus alten Zeiten,
Das kommt mir nicht aus dem Sinn.

Die Luft ist kühl und es dunkelt,
Und ruhig fließt der Rhein;
Der Gipfel des Berges funkelt
Im Abendsonnenschein.

Die schönste Jungfrau sitzet
Dort oben wunderbar,
Ihr goldnes Geschmeide blitzet,
Sie kämmt ihr goldenes Haar.

Sie kämmt es mit goldenem Kamme,
Und singt ein Lied dabei;
Das hat eine wundersame,
Gewaltige Melodei.

Den Schiffer im kleinen Schiffe
Ergreift es mit wildem Weh;
Er schaut nicht die Felsenriffe,
Er schaut nur hinauf in die Höh.

Ich glaube, die Wellen verschlingen
Am Ende Schiffer und Kahn;
Und das hat mit ihrem Singen
Die Loreley getan.

1 Beantwortet die folgenden W-Fragen in vollständigen Sätzen:
- Was ist passiert? Wer ist beteiligt?
- Wo hat sich das Ereignis zugetragen?
- Warum ist es geschehen?
- Welche Folgen hat das Ereignis?

▶▶ **Seite 219 ff.** Berichten und Beschreiben LS „Schreiben"

2 Schreibt zu der Ballade einen Zeitungsbericht. Formuliert dazu eine treffende Schlagzeile.

Erich Kästner

Der Handstand auf der Loreley

Die Loreley, bekannt als Fee und Felsen,
ist jener Fleck am Rhein, nicht weit von Bingen
wo früher Schiffer mit verdrehten Hälsen,
von blonden Haaren schwärmend, untergingen.

Wir wandeln uns, die Schiffer inbegriffen.
Der Rhein ist reguliert und eingedämmt.
Die Zeit vergeht. Man stirbt nicht mehr beim Schiffen,
bloß weil ein blondes Weib sich dauernd kämmt.

Nichtsdestotrotz geschieht auch heutzutage
noch manches, was der Steinzeit ähnlich sieht.
So alt ist keine deutsche Heldensage,
dass sie nicht doch noch Helden nach sich zieht.

Erst neulich machte auf der Loreley
hoch überm Rhein ein Turner einen Handstand!
Von allen Dampfern tönte Angstgeschrei
als er kopfüber oben auf der Wand stand.

Er stand, als ob er auf dem Barren stünde,
mit hohlem Kreuz und lustbetonten Zügen.
Man frage nicht: Was hatte er für Gründe?
Er war ein Held. Das dürfte wohl genügen.

Er stand verkehrt im Abendsonnenscheine.
Da trübte Wehmut seinen Turnerblick.
Er dachte an die Loreley von Heine
und stürzte ab und brach sich das Genick.

Er starb als Held. Man muss ihn nicht beweinen.
Sein Handstand war vom Schicksal überstrahlt.
Ein Augenblick mit zwei gehobnen Beinen
ist nicht zu teuer mit dem Tod bezahlt.

P. S. Eins wäre allerdings noch nachzutragen:
Der Turner hinterließ uns Frau und Kind.
Hinwiederum, man soll sie nicht beklagen,
weil im Bezirk der Helden und der Sagen
die Überlebenden nicht wichtig sind.

3 Beschreibt mit euren eigenen Worten die Stimmung der Ballade.

4 Vergleicht die beiden Balladen:
- Notiert dazu zunächst wichtige Wörter, die in beiden Balladen vorkommen (z. B. Schiffe).
- Könnt ihr Stimmungsunterschiede entdecken? Belegt eure Ergebnisse mit Textstellen.
- Begründet, welche Ballade euch besser gefällt.

5 Wählt eine Ballade aus und gestaltet diese als Bildgeschichte.

Fauler Zauber – Eine Ballade sinnbetont vortragen

Johann Wolfgang von Goethe

Der Zauberlehrling

Hat der alte Hexenmeister
Sich doch einmal wegbegeben!
Und nun sollen seine Geister
Auch nach meinem Willen leben.
Seine Wort' und Werke
Merkt ich, und den Brauch,
Und mit Geistesstärke
Tu ich Wunder auch.

Walle! walle
Manche Strecke,
Dass, zum Zwecke,
Wasser fließe
Und mit reichem, vollem Schwalle
Zu dem Bade sich ergieße.

Und nun komm, du alter Besen!
Nimm die schlechten Lumpenhüllen;
Bist schon lange Knecht gewesen:
Nun erfülle meinen Willen!
Auf zwei Beinen stehe,
Oben sei ein Kopf,
Eile nun und gehe
Mit dem Wassertopf!

Walle! walle
Manche Strecke,
Dass, zum Zwecke,
Wasser fließe,
Und mit reichem, vollem Schwalle
Zu dem Bade sich ergieße.

Seht, er läuft zum Ufer nieder,
Wahrlich! ist schon an dem Flusse,
Und mit Blitzesschnelle wieder
Ist er hier mit raschem Gusse.
Schon zum zweiten Male!
Wie das Becken schwillt!
Wie sich jede Schale
Voll mit Wasser füllt!

Stehe! Stehe!
Denn wir haben
Deiner Gaben
Voll gemessen! –
Ach, ich merk es! Wehe! wehe!
Hab ich doch das Wort vergessen!

Ach das Wort, worauf am Ende
Er das wird, was er gewesen.
Ach, er läuft und bringt behände!
Wärst du doch der alte Besen!
Immer neue Güsse
Bringt er schnell herein,
Ach! und hundert Flüsse
Stürzen auf mich ein.

Nein, nicht länger
Kann ichs lassen;
Will ihn fassen.
Das ist Tücke!
Ach! nun wird mir immer bänger!
Welche Miene! welche Blicke!

O, du Ausgeburt der Hölle!
Soll das ganze Haus ersaufen?
Seh ich über jede Schwelle
Doch schon Wasserströme laufen.
Ein verruchter Besen,
Der nicht hören will!
Stock, der du gewesen,
Steh doch wieder still!

Willst's am Ende
Gar nicht lassen?
Will dich fassen,
Will dich halten
Und das alte Holz behände
Mit dem scharfen Beile spalten.

Seht, da kommt er schleppend wieder!
Wie ich mich nur auf dich werfe,
Gleich, o Kobold, liegst du nieder;
Krachend trifft die glatte Schärfe.
Wahrlich! brav getroffen!
Seht, er ist entzwei!
Und nun kann ich hoffen,
Und ich atme frei!

Wehe! wehe!
Beide Teile
Stehn in Eile
Schon als Knechte
Völlig fertig in die Höhe!
Helft mir, ach! ihr hohen Mächte!

Und sie laufen! Nass und nässer
Wird's im Saal und auf den Stufen.
Welch entsetzliches Gewässer!
Herr und Meister! hör mich rufen! –
Ach, da kommt der Meister!
Herr, die Not ist groß!
Die ich rief, die Geister
Werd ich nun nicht los.

„In die Ecke,
Besen! Besen!
Seid's gewesen.
Denn als Geister
Ruft euch nur, zu seinem Zwecke,
Erst hervor der alte Meister."

1. Fasst den Inhalt der Ballade mündlich zusammen.
2. Wer kommt überwiegend zu Wort und wer spricht am Ende der Ballade die letzten Verse?
3. Beschreibt, wie sich der Zauberlehrling fühlt. Sammelt dazu Zitate, in denen seine Situation deutlich wird. (z.B. „Tu ich Wunder auch", Zeile 8 – selbstbewusst, stolz)
4. Tragt die Ballade sinnbetont vor. Dabei solltet ihr je nach dargestellter Situation z.B. größere und kleinere Sprechpausen machen, bestimmte Wörter besonders betonen, das Lesetempo, den Klang und die Lautstärke eurer Stimme variieren.

Arbeitstechnik

Lesepartitur

Einen Text kann man zum Lesen vorbereiten, indem man ihn mit Betonungszeichen markiert. Nehmt euch dazu eine Folie oder macht euch eine Kopie vom Text. Schreibt nun folgende Betonungszeichen an die entsprechenden Textstellen.

°	Betonung	~	langsam
/	Pause	|||	schnell
+	laut lesen	↘	Stimmführung tief
–	leise lesen	↗	Stimmführung hoch

Ihr könnt aber auch in der Klasse gemeinsam eigene Betonungszeichen entwerfen und festlegen.

▸▸ **Seite 290 f.**
Balladen vortragen
LS „Lern- und Arbeitstechniken"

Von Vampiren und Werwölfen – Moderne Balladen

Die Ärzte

Der Graf

Der Graf ist nicht das, was er mal war.
Ja, der Graf wirkt heut' seltsam und bizarr.
Ja, der Graf lebt von Blutkonserven, Ratten und Getier.
Ja, der Graf ist kein Punkrocker. Er ist Vampir.

Der Graf erschreckt schon längst keine Kinder mehr.
Ja, der Graf fühlt sich nutzlos, alt und leer.
Ja, der Graf weiß nichts vom Ozonloch und Kernenergie.
Ja, der Graf ist Vergangenheit, Blut und Nostalgie[1].

Doch damals …
Ja, früher war er gefürchtet bei allen, das Böse in Person
und trotzdem war er begehrt bei den Frauen.
Sie machten zum Lohn ihm die Hälse frei.
Doch das ist lang vorbei.

Der Graf ist jetzt einsam und allein.
Ja, der Graf wollte nie ein Anachronismus[2] sein.
Ja, der Graf sehnt sich so sehr nach dem
Blut einer Jungfrau.
Doch der Graf hat Angst, Angst vor HIV.

Doch damals …
Ja, früher war er das mächtigste Wesen
zwischen Zeit und Raum.
Ja, früher war er ein schöner verbotener Traum
von der Unsterblichkeit,
sexy in seiner Erhabenheit.

Der Graf sitzt auf einem Berg und weint.
Ja, der Graf wartet, bis die Sonne auf ihn scheint.

[1] Nostalgie: sehnsüchtige Erinnerung

[2] Anachronismus: veraltete Erscheinung

1 Schon seit Jahrhunderten erzählen sich Menschen Gruselgeschichten über Vampire. Benennt Gewohnheiten und Eigenschaften, die man diesen Fantasiewesen zuschreibt.

2 Notiert aus dem Text Adjektive, die das Leben des Grafen in der Gegenwart beschreiben.

3 Belegt mit Textstellen, wie es dem Grafen früher erging.

4 Überlegt gemeinsam: Wie könnte die Geschichte weitergehen?

5 Handelt es sich bei diesem Liedtext um eine Ballade? Begründet.

Gebrüder Grimm

Der Werwolf

Ein Soldat erzählte folgende Geschichte, die seinem Großvater passiert sein soll:
Eines Tages ging mein Großvater mit einem älteren Waldarbeiter und einem Fremden in den Wald, um Holz zu hacken. Über den Fremden erzählte man sich allerhand Seltsames, doch niemand konnte etwas Genaues sagen. Nach getaner Arbeit waren die drei müde geworden. Da schlug der Fremde vor, ein Mittagsschläfchen zu halten. Das taten sie auch. Der Großvater stellte sich allerdings nur schlafend. Der Fremde wartete ein Weilchen und vergewisserte sich, dass seine Begleiter fest schliefen. Als er sich sicher glaubte, stand er auf, warf seine Kleider ab und verwandelte sich urplötzlich in einen Werwolf. Dann lief er zu einer nahe gelegenen Wiese. Mein Großvater hatte heimlich geblinzelt und traute seinen Augen nicht. Auf der Weide graste friedlich ein kleines Fohlen. Der Werwolf stürzte sich auf das Tier und verschlang es mit Haut und Haaren. Danach kehrte er wieder zu den zwei Schlafenden zurück und verwandelte sich in seine Menschengestalt. Er kleidete sich an und legte sich nieder. Nach einer kleinen Weile standen die drei wieder auf und machten sich auf den Weg in Richtung Stadt. Am Stadttor klagte der Fremde über Magenschmerzen. Da flüsterte ihm mein Großvater heimlich ins Ohr: „Das wundert mich nicht. Schließlich hast du ein Pferd mit Haut und Haaren gefressen.“ Der Fremde zischte bedrohlich: „Hättest du mir das im Wald gesagt, würdest du jetzt nicht mehr leben.“

6 Lest den Text sorgfältig durch und deckt ihn dann ab. Welche Aussagen treffen zu? Notiert den jeweils korrekten Satz in euer Heft:

Seite 262
Überprüfungs-aufgaben
LS „Umgang mit Sachtexten“

Der Großvater eines Soldaten ging eines Tages mit
- ☐ zwei Freunden zum Unkrautjäten in den Garten.
- ☐ seinen Brüdern zur Ernte aufs Feld.
- ☐ einem Waldarbeiter und einem Fremden zum Holzhacken in den Wald.

Nachdem sie mit der Arbeit fertig waren,
- ☐ gingen sie gemeinsam etwas trinken.
- ☐ legten sie sich ein Weilchen hin.
- ☐ vertrieben sie sich die Zeit beim Kartenspiel.

Als er glaubte, unbeobachtet zu sein,
- ☐ legte einer der Männer die Kleidung ab und verwandelte sich in einen Werwolf.
- ☐ zog sich einer der Männer eine Karnevalsmaske auf.
- ☐ fing einer der drei an zu heulen wie ein Kojote.

Ungläubig beobachtete der Großvater, wie
- ☐ er zu einer in der Nähe grasenden Schafherde rannte, ein Lamm tötete und dann wegrannte.
- ☐ er aus einem nahe gelegenen Schweinestall ein Ferkel stahl, dieses verspeiste und sich davonmachte.
- ☐ er in der Nähe ein Fohlen fraß, wieder zu den Männern schlich und sich zurückverwandelte.

Einer der Männer klagte auf dem Rückweg über Bauchschmerzen und
- ☐ bedankte sich für den Rat des Großvaters, sofort einen Arzt aufzusuchen.
- ☐ bedrohte den Großvater, als dieser zugab, die Ereignisse beobachtet zu haben.
- ☐ nahm sich vor, gesünder zu essen.

7 Stellt euch vor, ihr würdet an einem Wettbewerb im Fernsehen teilnehmen: Gesucht werden die besten Balladenautorinnen und -autoren. Schreibt zu der Geschichte der Gebrüder Grimm eine gruselige Ballade und tragt diese auch vor.

Impulse zur Weiterarbeit

- Schreibt eine Ballade über Figuren aus euren Lieblingsbüchern oder -filmen.
- Sucht euch eine Ballade und schreibt sie zu einer spannenden Geschichte um.
- Ihr könnt weitere Balladen suchen oder selbst welche schreiben und mit diesen einen Balladenabend gestalten, auf dem ihr die Texte z.B.
  - als Rap vortragt
  - mit Musik unterlegt
  - szenisch oder pantomimisch darstellt

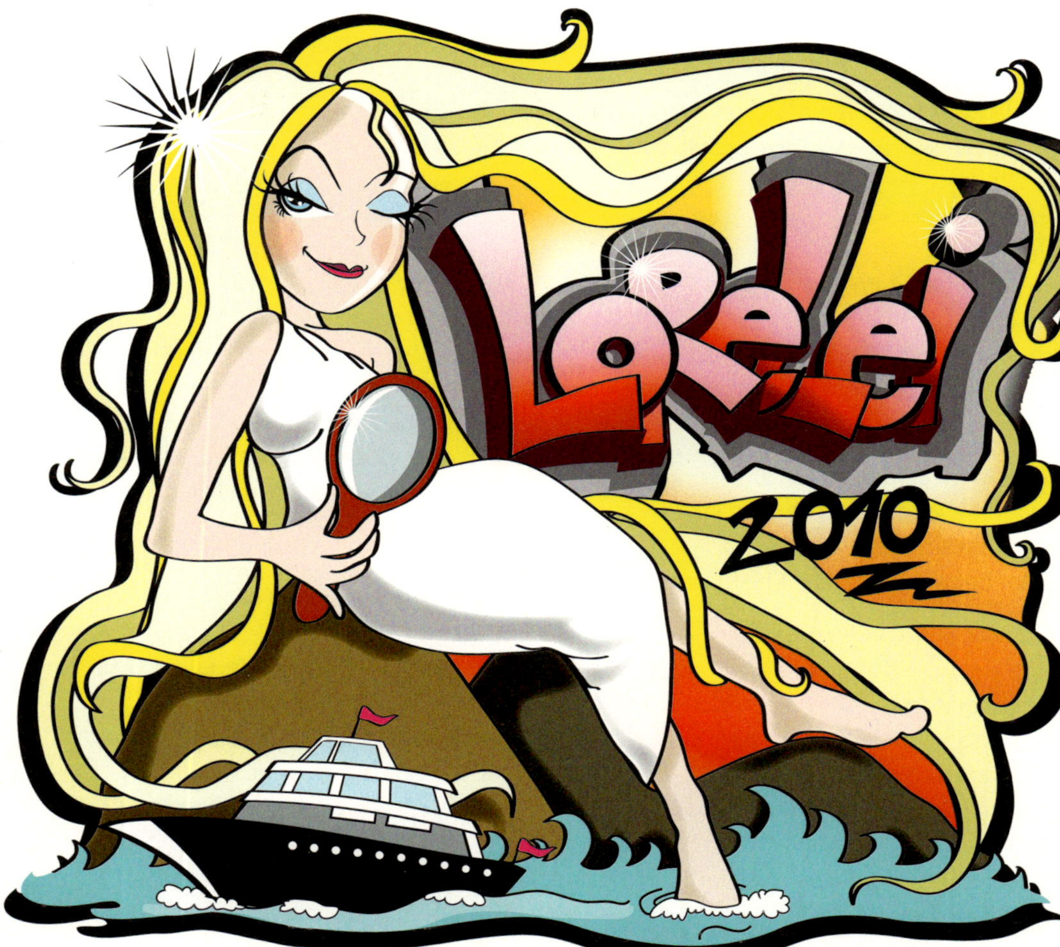

Kleine Fluchten – Umgang mit Medien

Wer von euch hat eigentlich noch nicht stundenlang an der Spielkonsole oder am Computer mit Fabelwesen gekämpft, Autos durch die Gegend sausen lassen oder ganze Zivilisationen aufgebaut? Solche Spiele und ein riesiges Angebot weiterer Spielprogramme sind inzwischen nicht mehr aus eurem Leben wegzudenken. Sie wollen wie alle Spiele der Unterhaltung dienen und Spaß machen. In diesem Kapitel setzt ihr euch mit elektronischen Spielen auseinander und werft einen Blick in den fast unüberschaubaren Markt für diese Spiele.

Im Einzelnen

- lernt ihr, welche Angaben für die Auswahl von elektronischen Spielen nützlich sind
- untersucht ihr Bilder und Sachtexte
- erfahrt ihr, welche Wirkung Spiele haben können
- erfahrt ihr, wer an der Entwicklung von elektronischen Spielen beteiligt ist
- entwickelt ihr selber ein Spiel

Computerspiele – Angaben erschließen

▸▸ Seite 293
Stummes Schreibgespräch
LS „Lern- und Arbeitstechniken"

1 Führt ein stummes Schreibgespräch durch. Schreibt hierfür die vier Satzanfänge auf ein großes Plakat.
Beginnt nun mit dem stummen Austausch von Gedanken zu diesen Vorgaben und ergänzt sie entsprechend euren Vorstellungen.

2 Tauscht euch in der Gruppe über die Ergebnisse aus und tragt diese der Klasse vor.

Arbeitstechnik

- Bei einem **stummen Schreibgespräch** dürfen, wie der Name der Methode bereits sagt, die einzelnen Gruppenmitglieder nicht miteinander sprechen, sondern es findet ein stiller Austausch über das Aufschreiben von Äußerungen, Gedanken und Meinungen statt.
- Auf einem Tisch wird ein großes Plakat ausgelegt, das für alle Gruppenmitglieder von verschiedenen Seiten aus erreichbar ist. Zu einem vorgegebenen Thema können nun alle ihre Gedanken notieren und/oder sich auf Äußerungen eines anderen schriftlich beziehen.
- Nach dieser stummen Phase sollte noch einmal ein Gespräch innerhalb der Gruppe stattfinden, um die Ergebnisse dann der Klasse vorstellen zu können.

3 Welche Bedeutung haben die Bildmotive auf dem Einband von Video- und Computerspielen für das Kaufverhalten?

4 Auf den Einbänden der Computerspiele findet ihr wichtige Gebrauchsangaben. Erläutert sie mit eigenen Worten.

Systemvoraussetzungen

- Pentium III 800 MHz
- mind. 256 MB RAM
- Windows 98/2000/ME/XP
- CD-ROM-Laufwerk
- mind. 900 MB freier Festplattenspeicher
- Quicktime 6 (mitgeliefert)

Alle Urheber- und Leistungsrechte vorbehalten – kein Verleih! Keine unerlaubte Vervielfältigung, Dekompilierung, Vermietung, Aufführung, Sendung!

Freigegeben ohne Altersbeschränkung gemäß § 14 JuSchG
usk

5 Die USK (Unterhaltungssoftware Selbstkontrolle) ist die gutachterliche Stelle für die Prüfung interaktiver Medien und für die Festlegung einer Altersempfehlung. Diskutiert über den Nutzen dieser Institution.

Sportspiel für PC – Wo ist der Sommer?

Vielleicht steckt er ja hier: in den Olympischen Spielen für PC-Sportler

■ **Inhalt:** Seit 108 Jahren und jetzt bereits zum 28. Mal finden die Olympischen Sommerspiele der Neuzeit statt. Pünktlich zur Eröffnung der Wettkämpfe in Athen, der „Wiege der Spiele", dürfen auch PC-Sportler den Kampf um Gold, Silber, Bronze und Ehre aufnehmen. Dass ein Weltereignis des Sports zum Anlass genommen wird, um ein Spiel mit einer Auswahl von Wettkampf-Disziplinen zu programmieren, entspricht bester Computerspiel-Tradition. Hier sind es die fünf Sportarten Sprint, Hürdenlauf, Hochsprung, Schwimmen und Schießen, unterteilt in elf Einzelwettbewerbe: Im Sprint stehen die 100- und 400-Meter-Distanz zur Verfügung, über Hürden geht's auf der 110- und der 400-Meter-Strecke. Freistilschwimmer dürfen 50, 100 oder 400 Meter bewältigen, das Delfinschwimmen wird über 100 und 200 Meter ausgetragen. Im Schießwettbewerb treten Sie mit der Schnellfeuerpistole auf der 25-Meter-Bahn an, und zum Hochsprung gibt's sicher keinen weiteren Erklärungsbedarf.

Die Übungen haben es in sich: Während Sie im niedrigsten Schwierigkeitsgrad Ihre Computergegner meist schon nach kurzem Training locker schlagen, kommen Sie ganz schön ins Schwitzen, sobald Sie die Stellschraube der Anforderungen anziehen. Dann steigt nämlich nicht nur die Leistungsfähigkeit Ihrer elektronischen Kontrahenten – Sie müssen auch erheblich schneller „in die Tasten hauen" und sehen sich beim Schießen heftigem Zeitdruck ausgesetzt.

Wollen Sie mit Freunden um den olympischen Ruhm kämpfen, dann können Sie abwechselnd vor Tastatur und Bildschirm Platz nehmen. Auf Neudeutsch heißt das Hot-Seat-Modus.

■ **Bedienung:** Die Steuerung Ihres Sportlers ist sehr einfach und quer durch alle Wettbewerbe fast unverändert. Spielveteranen, die den genau 20 Jahre alten Klassiker „Summer Games" für Commodore C64 noch kennen, werden sich fast wie zu Hause fühlen: Der Weg aufs Siegerpodest führt über schnelles, gleichmäßiges Tastendrücken, wie damals.

Mit zwei Tasten steigern Sie Lauf- oder Schwimmgeschwindigkeit, eine Aktionstaste löst Sprünge, Schüsse und andere spezielle Bewegungen aus. Je schneller und taktvoller Sie die Lauftasten abwechselnd drücken, desto größer wird das Tempo Ihres Bildschirm-Sportlers.

Um die Kraft raubende Drückerei wenigstens ohne Verrenkungen hinzukriegen, dürfen Sie selbstverständlich die Tastaturbelegung frei wählen.

Computer Bild Spiele 9/2004

6 Wie ist der Artikel gegliedert? Mit welchen Angaben wird das neue Computerspiel vorgestellt? Überprüft, welche weiteren Angaben noch erforderlich sind.

7 Der Artikel richtet sich an Erwachsene. Schreibt ihn so um, dass jugendliche Leser angesprochen werden, und berücksichtigt auch fehlende Gesichtspunkte.

8 Stellt euch nun gegenseitig Computerspiele vor. Gebt den Zuhörern möglichst genaue Angaben zu dem Spiel.

Merke

Wenn ihr selbst ein Computerspiel vorstellen wollt, müsst ihr auf folgende Gesichtspunkte achten:
- Inhalt und Spielverlauf
- Hinweise zur Installation und zu den technischen Anforderungen
- Bedienung
- Grafik, Audio
- Schwierigkeitsgrad
- Bewertung des Spiels
- Preis

▸▸ **Seite 219 ff.**
Berichten und Beschreiben
LS „Schreiben"

Umgang mit Texten/Medien

Sprechen und Zuhören

Spiele nur für Jungen? – Bilder und Sachtexte verstehen

▸▸ **Seite 223 ff.**
Ein Bild beschreiben
LS „Schreiben"

1 Seht euch die Deckblätter der Spiele an und beschreibt sie. Welche Bilder sprechen Mädchen als Käufer und Nutzer an, und welche Bilder Jungen?

2 Nach welchen Kriterien kauft ihr Spiele? Gibt es Unterschiede zwischen den Mädchen und Jungen eurer Klasse?

3 Erarbeitet einen Katalog von Qualitätsmerkmalen für Computerspiele und geht dabei von euren Wünschen aus.

4 Entwerft in Gruppen Figuren für Computerspiele, mit denen sich Mädchen identifizieren können, und stellt sie euch gegenseitig vor.

Merke

Wenn ihr euch mit der Aussage eines Bildes beschäftigt, beachtet folgende Fragen:

Beschreibende Fragestellungen		Deutende Fragestellungen
• Welche Wirkung hat das Bild auf mich? • Was wird dargestellt? • Was ist im Vordergrund, was im Hintergrund zu sehen?	• Mit welchen Farben wird gearbeitet? • Welche Schriftart wird verwendet?	• Warum ist das Bild so gemacht? • Was ist an der Bildgestaltung auffallend? • Was soll das Bild dem Betrachter vermitteln?

Computerspiele – oft nichts für Mädchen

von Florian Rötzner

Die Spiele-Industrie ist längst kein Nebenschauplatz mehr, sondern eine Milliarden Dollar schwere Branche. Allein in den USA wurden 1999 für 6,1 Milliarden US-Dollar Video- und Computerspiele verkauft. Gleichwohl ist die Mehrheit der Spieler noch immer männlich. Auch wenn Jungen und Mädchen mittlerweile etwa dieselbe Zeit vor dem Computer verbringen, beschäftigen sie sich meist nicht mit Spielen. Das aber liegt, so Children Now, eine Organisation für die Belange von Kindern, vorwiegend an den Spielen selbst, die meist nur für Jungen und Männer gemacht werden.

Die Hälfte der zehn am meisten für Sony PlayStation, Sega Dreamcast und Nintendo 64 verkauften Spiele enthalten für Mädchen negative Botschaften. Darunter rechnet Children Now Gewalt, die Darstellung nicht realistischer Körperformen und stereotype Verhaltensweisen von Frauen wie provokative Sexualität, hohe Stimmen und Schwächeanfälle. In 54 Prozent der Spiele, die in der Untersuchung berücksichtigt wurden, kämen Frauen vor, Männer hingegen in 92 Prozent der Spiele. [...] Mädchen würden, wie sich in einer Reihe von Untersuchungen herausgestellt habe, Spiele ohne Gewalt bevorzugen. Wenn sie selbst Spiele entwerfen, dann eher solche ohne Gewalt mit einem positiven Feedback für den Spieler. Sie entwerfen auch keine „bösen" Figuren, und das Ziel der Spiele ist nicht der Tod des Bösen. Die Jungen hingegen ziehen Gewalt und Spiele vor, die schnelle Reaktionen verlangen. [...] Spiele und Geräte, die ursprünglich für Jungen entwickelt wurden, verändere man für Mädchen oft nur in ihrem Erscheinungsbild – im Extrem gibt es dann nur die Farbe Rosa wie beim Game Boy für Mädchen. Sportspiele mit Frauendarstellerinnen gibt es in der Tat kaum, auch wenn bereits das erste Frauenfußballspiel [...] auf den Markt gekommen ist. Patti Miller, Direktorin bei Children Now, meint: „Die Forschung belegt, dass Mädchen Spiele wollen, die motivieren und herausfordern und die unterhaltsam sind, aber sie wollen keine ‚Mädchenversionen' von Spielen, die ursprünglich für Jungen gemacht wurden."

[...] Mädchen scheinen ein wenig anspruchsvoller zu sein. Sie wollen Darsteller, mit denen man sich identifizieren kann, sie wollen komplizierte Geschichten auflösen und ein überzeugendes Ende haben, das mehr sein sollte als der Tod des Gegners. [...] Bei einer anderen Befragung gaben Mädchen an, dass sie an Geheimnissen, Abenteuern, Problemlösungen und kooperativem Vorgehen interessiert seien. Auch die Möglichkeit, Entscheidungen treffen und strategisch vorgehen zu können, scheint ihnen wichtiger zu sein als die Vorlieben der Jungen, die eher auf sich wiederholende Spielsequenzen oder Konkurrenz stehen. [...] 16.12.2000

5 Schreibt aus dem Text stichpunktartig die wichtigen Informationen heraus, die einen Bezug zur Überschrift erkennen lassen. Fasst dann den Inhalt des Textes zusammen.

6 Sollen Jungen und Mädchen unterschiedliche Computerspiele nutzen? Erprobt Argumente in einem Streitgespräch. Bereitet in zwei Gruppen eine Pro-und-Kontra-Debatte zum Thema „Computerspiele für Jungen und Mädchen" vor und führt diese durch.

▸▸ **Seite 20 f.**
Pro-und-Kontra-Debatte
UV „Schule hier und anderswo"

Umgang mit Texten/Medien

Schreiben

Spielsucht – Wirkungsweise von Medien untersuchen

Andreas Schlüter

Das Spiel beginnt

Endlich war Ben zu Hause.

Er rannte in sein Zimmer, schmiss die Schultasche in die Ecke und nahm das neue Steckmodul aus der Hosentasche. Seine Hände zitterten, teils vor Aufregung, teils, weil er den ganzen Schulweg zurück gelaufen war. Noch schwer atmend steckte er das Modul in die Computerbuchse. Mit einer raschen Handbewegung wischte Ben alles vom Tisch, was beim Spielen störte. Dann schaltete er den Computer ein. Der Bildschirm flackerte. Ein kurzes Piepsen. Die üblichen Standardzeilen tauchten in gelber Leuchtschrift auf und verschwanden wieder. Dann eine neue Schrift:

Einen Moment bitte ...

war am unteren linken Rand des Bildschirmes zu lesen. Es funktioniert!, jubelte Ben innerlich. Er lädt das Spiel! Schließlich quäkte eine schrille, einfache Melodie durch den Raum, dann meldete der Bildschirm:

DIE STADT DER KINDER
Das Superabenteuerspiel
der Computergames GmbH

und der ganze andere Quatsch:

Dieses Spiel ist geschützt
Zu bestellen bei ...

und so weiter.

„Mach schon!“, brüllte Ben den Computer an. Endlich zeigte der Bildschirm eine Stadt. Oder besser gesagt, eine Einkaufsstraße. In den einzelnen Läden gingen kleine Figuren ein und aus, immer dem gleichen Bewegungsablauf folgend. Durch die Mitte führte eine schmale Straße, auf der in entgegengesetzter Richtung zwei Autos in Schlangenlinien den Bildschirm durchquerten. In der unteren linken Ecke stand die Figur, die Ben mit dem Joystick bewegen konnte. Er probierte die Bewegungsabläufe aus: links, rechts, nach vorn (im Bildschirm also nach oben), nach hinten. Gut, es konnte losgehen. Ben drückte die START-Taste. Jetzt hieß es, sich zu konzentrieren.

▸▸ Seite 214 ff.
Einen Schreibplan erstellen
LS „Schreiben“

1. Beschreibt Bens Verhalten mit Belegen aus dem Text möglichst genau.
2. Wie könnten die nächsten Stunden von Ben aussehen? Schreibt die Geschichte weiter.

„Dieses Spiel hat mein Leben zur Hölle gemacht“, schreibt eine 17-Jährige in einem Diskussionsforum zu einem Fantasy-Rollenspiel. In der 8. Klasse habe sie damit angefangen, immer öfter die Schule geschwänzt, ihre Freunde verloren, weil sie vor lauter Spielerei keine Zeit mehr für sie hatte. „Meine Eltern haben meinen Computer weggeworfen“, berichtet sie, „aber ich habe immer wieder einen neuen aufgetrieben, auf dem ich weiterspielen konnte.“

Darion, 16 Jahre, schreibt im selben Forum, dass er zwölf Stunden pro Tag am Computer spiele und ständig übermüdet sei. Er nehme sich vor, andere Dinge zu tun, käme aber einfach nicht davon los. „Es ist doch bloß ein Spiel“, antwortet ihm ein anderer User, „wenn du damit nicht aufhören kannst, ist das dein Problem.“

3 Lest die beiden Textausschnitte auf der linken Seite unten und besprecht, was Computerspiele so faszinierend macht.

4 Was haltet ihr von der Antwort des anderen Users: „Es ist doch bloß ein Spiel, wenn du damit nicht aufhören kannst, ist das dein Problem.“?

Bin ich spielsüchtig?

Antwort auf diese Frage gibt ein Test, den ein Experte für Video- und Computerspiele entwickelt hat.

ja	nein	
☐	☐	1. Spielst du fast jeden Tag?
☐	☐	2. Spielst du länger als vier Stunden am Stück?
☐	☐	3. Spielst du wegen des Nervenkitzels?
☐	☐	4. Wirst du unruhig und gereizt, wenn du nicht spielen kannst?
☐	☐	5. Spielst du, obwohl du dich eigentlich mit Freunden treffen oder Sport machen wolltest?
☐	☐	6. Spielst du, statt Hausaufgaben zu machen?
☐	☐	7. Versuchst du öfter, aufzuhören oder weniger zu spielen, und schaffst es nicht?

Wer mindestens fünfmal mit „Ja“ geantwortet hat, so sagt der Experte, spielt zu viel und könnte abhängig sein.

5 Führt diesen Test in eurer Klasse durch und besprecht das Ergebnis.

6 Entwickelt auf der Grundlage der sieben Fragen des Tests Tipps gegen die Abhängigkeit und setzt die Liste oben fort.

Tipps

gegen die Abhängigkeit

1. Vor dem Spielen festlegen, wie lange man spielen möchte. Nach Ablauf dieser Zeit sofort aufhören. Um die Zeiten einzuhalten, kann man einen Wecker stellen.
2. Erst die Arbeit – dann das Vergnügen!
3. …

Arbeitstechnik

Anonyme Umfrage

- Um die Ergebnisse eines Tests oder einer Umfrage auswerten und diskutieren zu können, müssen alle Antworten aller Teilnehmer vorliegen.
- Da es sich bei diesem Fragebogen um ein sehr persönliches und brisantes Thema handelt, ist es möglich, die Ergebnisse geheim abzufragen.
- Befestigt hierfür ein Plakat an der Rückseite der Tafel. Auf diesem sind sieben Zeilen, die für die sieben Fragen stehen, und zwei Spalten (ja/nein) aufgezeichnet.
- Geht nun einzeln zu dem Plakat und tragt eure Antworten in Form von Strichen in der Tabelle ein.
- Wenn alle Antworten aufgenommen wurden, könnt ihr die Tafel aufklappen und die Ergebnisse für die gesamte Klasse auswerten.

Entwicklung von Computerspielen – Sachtexten Informationen entnehmen

Die umfangreichen technischen Möglichkeiten haben auch die Arbeit der Computerspiele-Hersteller verändert. Heute werden Spiele nicht mehr von Einzelnen gemacht, sondern von Teams aus 20 bis 30 Personen: Zeichner, Programmierer, Designer, Texter und Spielstrategen. Wegen der relativ langen Entwicklungszeit von anderthalb Jahren für ein neues Spiel müssen die Hersteller dabei auch die Veränderungen im Bereich der Hardware – also der Spielkonsolen und tragbaren Geräte – vorhersehen können. Die Herstellung von Computerspielen ist zum Big Business geworden.

Michael Paeck, Studio-Manager der JoWood Productions, erklärt, worauf der Erfolg eines Spiels beruht: „Es haben sich seit damals sicher einige Dinge rundherum geändert – wie die Grafik, die Speicherkapazitäten sind größer geworden, von der Musik her hat sich viel getan, sprich, man kann eine ganz andere Atmosphäre schaffen. Aber grundsätzlich gilt – wie bei Brettspielen und allen anderen Spielen –, das Spiel muss Spaß machen, dann verkauft es sich gut.“ Ein Blick in die Geschäfte zeigt: Es scheint Spaß zu machen.

Interview

Frau Eringfeldt, Sie sind 27 Jahre alt und arbeiten erfolgreich in der Entwicklungsabteilung einer Softwareschmiede für Computerspiele im Ruhrgebiet. Wie kamen Sie zu diesem Beruf und wie kommen Sie an Ihre Ideen?
Bereits während meiner Schulzeit habe ich erste Ideen für kleine Computerspiele aufgeschrieben und auch an meiner Schule kleine LAN-Partys organisiert, die sich damals noch in einem Anfangsstadium befanden. Nach meinem Grafikdesign-Studium ist mein Hobby zu meinem Beruf geworden.
Ideen für Spiele fliegen mir aber nicht einfach zu. Ich kann also eine Zeit lang vor einem leeren Blatt Papier sitzen, und es fällt mir einfach nichts Gutes ein. Dafür höre ich ein andermal auf dem Weg zur Arbeit im Auto ein Lied, und mein Kopf ist plötzlich voller Gedanken, die in der richtigen Reihenfolge sortiert ein prima Spiel ergeben können.

Aber mit dieser Idee ist es dann doch noch nicht getan. Die Idee muss ja ausgefeilt und auch technisch umgesetzt werden.

In unserer Storyboardgruppe[1] betreiben wir die weitere Spielentwicklung gemeinsam. Wir einigen uns auf das Thema. Dann überlegen wir unabhängig voneinander, wie die Umsetzung aussehen soll. Mitunter entsteht dann eine Mischung aus unterschiedlichen Konzepten oder wir variieren ein Konzept oder wir verwerfen alle Konzepte und überlegen neu. In der Folgezeit schließen sich viele Tests an, bei denen Varianten ausprobiert, verworfen oder für gut befunden werden.

Das ist die Arbeit in der Storyboardgruppe. Aber wie entsteht aus dem Storyboard ein Computerspiel, wie viele Mitarbeiterinnen und Mitarbeiter sind daran beteiligt?
Die Zahlen schwanken. Es ist möglich, dass nur ein kleines Team von drei bis fünf Personen an einem Spiel arbeitet. Die Zahl kann aber auch über 250 Mitarbeiterinnen und Mitarbeiter betragen, wobei so unterschiedliche Berufe zum Einsatz kommen wie Programmierer, Grafik-Designer, Zeichner, 3D-Animations-Designer – sogar Kameramann, Beleuchter und Schauspieler machen mit, wenn es z.B. darum geht, Bewegungen möglichst real in das Spiel zu integrieren. Dazu kommen Tonstudio-Ingenieure, Sprecher und wir, das Storyboard-Team. Die einzelnen Arbeitsschritte müssen natürlich koordiniert werden. Dazu haben wir eine langfristige Planung, denn die Entwicklungsspanne für ein Spiel liegt zwischen einem halben Jahr und drei Jahren.

Wie schätzen Sie die Entwicklung des PC-Spielemarktes für die Zukunft ein, und in welche Richtung werden sich die Computerspiele in der Zukunft entwickeln?
Die Entwicklung des PC-Spielemarktes sehe ich sehr optimistisch, denn der Computer wird mehr und mehr zum allgemeinen Gebrauchsgegenstand. Das Voranschreiten der technischen Ausstattung bei der Hardware gibt den Entwicklerfirmen immer mehr Freiraum für die Umsetzung ihrer Ideen. Die Spiele werden in Zukunft grafisch, atmosphärisch und von der Komplexität her immer aufwändiger sein. Die wichtigste Tendenz wird wohl darin bestehen, dass die Barriere zwischen Entwicklung und Spiel verschwinden wird. Der Konsument wird dadurch zum Produzenten werden.

[1] Ein Storyboard ist eine Serie von Bildern, die als Anweisung bzw. Erklärung zum Drehen eines Films, in diesem Fall einer Computerspielanimation, dient.

1. In beiden Texten erhaltet ihr Informationen zu den Spielentwicklern. Welche Personen gehören dazu und worin bestehen ihre konkreten Aufgaben?
2. Recherchiert zu den unterschiedlichen Berufen in der Computerspiel-Branche.
3. Erstellt Anforderungsprofile für unterschiedliche Berufe, indem ihr Schlüsselqualifikationen und Anforderungen, die jemand für einen bestimmten Beruf mitbringen muss, zusammentragt. Stellt eure Ergebnisse der Klasse vor.
4. Verfasst mithilfe des Materials auf diesen beiden Seiten einen Bericht für eine Schülerzeitung, der die Entstehung und Entwicklung eines Computerspiels aufzeigt. Vergesst dabei auch nicht, einen Blick in die Zukunft zu werfen.

▸▸ **Seite 207 ff.**
Recherchieren im Internet
LS „Sich und andere informieren“

▸▸ **Seite 219 ff.**
Berichten und Beschreiben
LS „Schreiben“

Umgang mit Texten/Medien

Schreiben

Von der Idee zum Spiel – Ein Spiel entwickeln

Auf dieser Doppelseite könnt ihr den Beginn des Entwicklungsprozesses von Computerspielen in Ansätzen selbst nachvollziehen.
In Anlehnung an Würfelspiele (z. B. „Mensch ärgere dich nicht") entwickelt ihr die Grundidee eines kleinen Spiels, das ihr auch in eurer Klasse ausprobieren könnt.

1 Zuerst sind die **„Texter"** gefragt, die zunächst eine Spielidee entwickeln und aufschreiben müssen.
Bildet Gruppen und schreibt eine kurze spannende Geschichte. Als Ausgangspunkt könnt ihr das Bild nehmen.

2 Eure Geschichte kann folgendermaßen beginnen:
An einem sonnigen Morgen wachte ich wie immer gegen 6.30 Uhr auf. Als ich aus dem Fenster schaute, sah ich in der Ferne ganz ungewöhnliche, glitzernde, rundliche Gebilde. „Die waren aber gestern noch nicht da", dachte ich. Bei genauerem Hinsehen erkannte ich: Das waren …

Tipp

Für eine spannende Geschichte solltet ihr
- eure Wahrnehmungen, Gedanken und Gefühle darstellen
- die wörtliche Rede verwenden
- anschauliche und spannende Wörter benutzen
- sprachliche Bilder und Vergleiche verwenden

3 Stellt euch anschließend die Geschichten gegenseitig vor und verbessert besonders die Ausgestaltung der Handlung und Hauptfiguren.

4 Nun übernehmt ihr die Rolle der **„Spielstrategen"**, die Regeln für ein Würfelspiel für vier bis sechs Personen entwickeln sollen. Zunächst legt ihr die allgemeinen Spielregeln für euer Würfelspiel z.B. in folgender Art fest:

- Jeder von euch verfügt über eine Figur, mit der ihr versucht, ans Ziel zu kommen. Wer zuerst ankommt, hat gewonnen.
- Die Spielerin/der Spieler mit der höchsten Zahl beginnt.
- …

5 Mit einem Spielbrett könntet ihr eigentlich schon jetzt euer Spiel ausprobieren. Aber dann würde nur die Person gewinnen, die am meisten Glück hat. Deshalb entwickelt ihr als Spielstrategen auf der Grundlage eurer Geschichte zusätzlich Ereigniskarten und/oder Actionkarten. Diese Karten könnt ihr möglicherweise auch so gestalten, dass ihr mit ihnen z.B. die Inhalte aus diesem Kapitel wiederholt. Ihr müsst euch dazu Sachfragen und eine „Belohnung" oder „Bestrafung" überlegen.

EREIGNISKARTE

Was bedeutet das Zeichen der USK?

Bei falscher Antwort setze einmal mit dem Würfeln aus!

Bei richtiger Antwort rücke drei Schritte vor!

ACTIONKARTE

Die Wasserwesen haben einen Fluss gestaut. Gehe 10 Schritte zurück!

6 **Hilfsfragen zur Gestaltung von Ereignis- und Actionkarten**

- Wie kann der Spielverlauf für die einzelnen Figuren erschwert werden?
- Welche Anregungen bietet eure Geschichte?
- Wie können die Spielkarten in den Verlauf des Spiels eingebunden werden?
- …

7 Dann klären die **„Designer"** und **„Zeichner"** gemeinsam mit den Textern und Spielstrategen die äußere Gestaltung (das Layout) der Ereignis- und Actionkarten, das Aussehen der Spielfiguren … und auch die Gestaltung des Spielbrettes.
Diese Arbeit könnt ihr am besten in Absprache mit der Kunstlehrerin oder dem Kunstlehrer durchführen.

8 Jetzt solltet ihr euer Spiel und die Schlüssigkeit der Spielregeln und Spielkarten ausprobieren und die letzten Feinheiten vornehmen.

9 Klärt zum Abschluss, welche zusätzlichen Aufgaben auf euch noch zukommen, wenn ihr euer Spiel als elektronisches Spiel gestalten und auch wirklich „vermarkten" wollt.

Impulse zur Weiterarbeit

- Vor dem Kauf oder der Verwendung von Computerspielen sollte man sich darüber Klarheit verschaffen, welche Spielprogramme überhaupt infrage kommen. Nicht alle angebotenen Spiele können erworben werden, auch wenn sie für Kinder und Jugendliche eine hohe Attraktivität besitzen. Entwerft Kriterien für gute Spiele und einen Bogen zur Spielbewertung.

- Im Bereich der Printmedien findet ihr zu elektronischen Spielen eine Vielzahl von Zeitschriften. Ihr könnt diese Zeitschriften in Gruppen bearbeiten und auswerten.

- Führt einen Spieleabend mit nichtelektronischen Spielen durch und vergleicht eure Erfahrungen mit elektronischen Spielen. Ihr könnt diesen Abend auch als einen kleinen Wettbewerb gestalten.

- Gestaltet mit euren eigenen Spielen eine Ausstellung und zeigt die Entwicklung von elektronischen Spielen auf.

- Besucht im Web verschiedene Spielzeugmuseen – z.B. das Spielzeugmuseum Nürnberg oder das Computerspiele-Museum in Berlin.

Mittelalterliche Welten – Einblicke in vergangene Zeiten

In diesem Kapitel taucht ihr in die Welt des Mittelalters ein.
Ihr lernt Jugendbücher kennen, die in der Zeit des Mittelalters spielen, bekommt die hohe Dichtkunst der mittelalterlichen Poeten vorgeführt und könnt euch über das Ritterleben schlau machen.

Im Einzelnen erfahrt ihr etwas über

- das Leben der Bauern
- das Leben des Ritters Ulrich von Hutten
- das Leben eines Novizen im Kloster
- die Ballade „Der Handschuh" von Friedrich Schiller

Umgang mit Texten/Medien

Schreiben

Auf dem Lande – Bäuerliches Leben

Ein Dorf um 1100 (Rekonstruktionszeichnung)

Dörfer waren im Mittelalter kleinere unbefestigte Bauernsiedlungen. Haufendörfer entstanden mit unregelmäßig verlaufenden Gassen um einen Mittelpunkt (Kirche, Dorfplatz) herum. In Straßendörfern waren die Höfe regelmäßig entlang einer geraden Straße angelegt. Meist wurden sie von einem Dorfherrn geplant und gegründet.

Ein Bauerndorf sah vor 1000 Jahren ganz anders aus als heute: Die Höfe lagen verstreut, umgeben von dichten Wäldern und ausgedehnten Sümpfen. Mehrere strohgedeckte Fachwerk- und Holzhäuser, das Wohnhaus, Ställe und Schuppen, standen um einen Hof. Die Häuser bestanden meist nur aus einem großen Wohnraum mit einem festgestampften Fußboden. Um den Herdplatz spielte sich das tägliche Leben ab. In den dunklen, rauchigen Räumen schliefen die Menschen auf Strohsäcken. Die wenigen Möbel, Tische, Bänke und Kisten waren einfach und selbst gefertigt. Oft lagen neben dem Wohnraum gleich die Ställe für die Tiere.

Bauernalltag

Der Arbeitstag der Familie beginnt mit Sonnenaufgang. Zuerst wird das Vieh versorgt, bevor es aufs Feld geht. Aus dem Boden müssen mühsam Steine und die Wurzeln von abgeholzten Bäumen geholt werden. Erst dann kann der Bauer den Boden zu einem Acker umpflügen. Die meisten Bauern verwenden dafür einen Hakenpflug, der die Erde nur wenig aufreißt. Deshalb muss der Acker mehrmals kreuzweise gepflügt werden, bevor das Getreide mit der Hand ausgesät werden kann. Alle müssen mithelfen, auch die Kinder. Erst wenn es dunkel wird, kommt die Familie nach Hause.

Keine reiche Ernte

Am Erntetag arbeiten Bauern gemeinsam in einem Flurstück. Mit Sicheln schneiden sie die Getreideähren ab und sammeln sie ein. Später dreschen sie das Getreide und lassen es in der herrschaftlichen Mühle mahlen. Der Ertrag ist gering: Von einem Sack ausgesätem Korn erntet man drei bis vier Säcke Korn. Davon muss je ein Zehntel an den Grundherrn und an die Kirche abgeführt werden; ein Sack wird für die nächste Aussaat gelagert. Der Rest muss für ein Jahr die Familie und ihr Gesinde ernähren. Hagel und Frost gefährden allerdings jede Ernte.

Vom Alltag der Frauen

Das Leben der Frauen ist schwer. Schon mit 16 Jahren sind die meisten verheiratet. Zehn Schwangerschaften sind keine Seltenheit, doch oft kommen die Kinder tot zur Welt oder die Frauen sterben bei der Geburt. Die Bäuerin und ihre Kinder kümmern sich um das Obst und Gemüse im Garten, versorgen Gänse, Enten, Hühner, verarbeiten Milch zu Käse und Butter, pökeln Fleisch ein und arbeiten auf dem Feld mit. Aus grobem Tuch und Leinen nähen sie Kleider, die viele Jahre halten müssen. Wichtig ist, dass sie die Vorräte überwachen, damit die Familie bis zur nächsten Ernte genug zu essen hat.

Bauer beim Pflügen, 1416

Angst vor bösen Mächten

Oft glauben die Menschen auf dem Land an böse Mächte in der Natur. An der Kirche und an Häuserwänden sollen Pferdeköpfe, Hufeisen oder schreckliche Fratzen böse Geister abwehren. Bittprozessionen sollen Seuchen und schlechtes Wetter verhindern, denn hinter solchem Unheil vermuten die Bauern bösen Zauber von Geistern und Hexen.

Das Sonntagsgesetz Karls des Großen von 789 n. Chr. schrieb den Menschen für den Sonntag folgende Regeln vor:

[...] dass die Männer weder Feldarbeiten verrichten noch im Weinberg sich beschäftigen, noch auf den Feldern pflügen, mähen oder Holz schneiden, oder einen Zaun errichten, noch in den Wäldern roden oder Bäume fällen, oder im Felsgestein arbeiten, noch in Gerichtsversammlungen zusammenkommen, noch die Jagd ausüben dürfen. Und nur in drei Fällen darf man am Sonntag Transporte durchführen, nämlich im Kriegsfalle oder für die Herbeischaffungen von Lebensmitteln oder, wenn es sehr nötig sein sollte, für die Bestattung eines Toten. Ebenso sollen die Frauen nicht weben, Kleider weder auftrennen noch nähen oder Strickereien anfertigen. Auch haben sie keine Erlaubnis, Wolle zu rupfen, Flachs zu schlagen, Kleidungsstücke öffentlich zu waschen und Hammel zu scheren, damit auf jeder Weide die Ruhe des Sonntags gewahrt werde.

1. Verfasst mithilfe der Texte einen Bericht, wie ein Tag im Leben eines Jugendlichen in einem mittelalterlichen Dorf verlaufen sein könnte.

2. Das Sonntagsgesetz Karls des Großen sieht zahlreiche Regelungen für den Sonntag vor. Gibt es auch heute noch ähnliche Regelungen oder Bräuche?

▸▸ Seite 219 f.
Berichten und Beschreiben
LS „Schreiben“

Ulrich von Hutten – Ritterliche Lebensformen

Ulrich von Hutten schildert dem Nürnberger Patrizier Willibald Pirckheimer am 25. Oktober 1518 sein Ritterleben.

In den Städten könnt ihr nicht nur friedlich, sondern auch bequem leben, wenn ihr es euch vornehmt. Aber glaubst du, dass ich unter meinen Rittern jemals Ruhe finden werde? Und hast du vergessen, welchen Störungen und Aufregungen die Menschen in unserem Stand ausgesetzt sind? Glaube das nicht und vergleiche nicht dein Leben mit meinem! Um uns steht es so, dass mir die Zeitläufe keine Ruhe ließen, sogar wenn ich ein höchst ansehnliches Erbe besäße und von meinen Einkünften leben könnte. Man lebt auf dem Feld, im Wald und in den bekannten Burgen auf dem Berg. Die uns ernähren, sind bettelarme Bauern, denen wir unsere Äcker, Weinberge, Wiesen und Wälder verpachten. Der einkommende Ertrag ist, gemessen an der aufgewandten Mühe, geringfügig; aber man sorgt und plagt sich sehr, dass er großmächtig werde. Denn wir müssen höchst sorgsame Hausväter sein.

Sodann müssen wir uns in den Dienst eines Fürsten stellen, von dem wir Schutz erhoffen. Wenn ich das nicht tue, glaubt jeder, er könne sich alles gegen mich erlauben. Aber auch wenn ich es tue, ist diese Hoffnung täglich mit Gefahr und Furcht verbunden. Gehe ich nämlich von zu Hause fort, so muss ich fürchten, auf Leute zu stoßen, mit denen der Fürst, wie bedeutend er auch sein mag, Fehde oder Krieg führt und die mich seinetwegen anfallen und wegschleppen. Wenn es dann mein Unglück will, geht leicht mein halbes Vermögen als Lösegeld darauf, und so droht eben von dorther ein Angriff, von wo ich Abwehr erhoffte. Deswegen halten wir uns Pferde und umgeben uns mit zahlreichem Gefolge, alles unter großen und spürbaren Kosten. Unterdessen gehen wir nicht einmal im Umkreis von zwei Joch ohne Waffen aus. Kein Dorf können wir unbewaffnet besuchen, auf Jagd und Fischfang nur in Eisen gehen. Außerdem entstehen häufig Streitigkeiten zwischen fremden Meiern und unseren; kein Tag vergeht, an dem uns nicht ein Zank hinterbracht wird, den wir dann möglichst vorsichtig beilegen müssen. Denn sobald ich zu eigensinnig das Meine behaupte oder Unrecht ahnde, gibt es Krieg. Wenn ich aber zu sanftmütig nachgebe oder etwas vom Meinen preisgebe, bin ich sofort den Rechtsbrüchen aller anderen ausgeliefert, denn dann will jeder als Beute für sein Unrecht haben, was dem einen zugestanden wurde. Doch unter welchen Menschen geschieht dies? Nicht unter Fremden, mein Freund, nein, zwischen Nachbarn, Verwandten und Angehörigen, ja sogar unter Brüdern. Das sind unsere ländlichen Freuden, das ist unsere Muße und Stille! Die Burg selbst, ob sie auf dem Berg oder in der Ebene liegt, ist nicht als angenehmer Aufenthalt, sondern als Festung gebaut. Sie ist von Mauern und Gräben umgeben, innen ist sie eng und durch Stallungen für Vieh

und Pferde zusammengedrängt. Daneben liegen dunkle Kammern, voll gepfropft mit Geschützen, Pech, Schwefel und sonstigem Zubehör für Waffen und Kriegsgerät. Überall stinkt es nach Schießpulver; und dann die Hunde und ihr Dreck, auch das – ich muss es schon sagen – ein lieblicher Duft! Reiter kommen und gehen, darunter Räuber, Diebe und Wegelagerer. Denn fast für alle stehen unsere Häuser offen, weil wir nicht wissen, was das für Leute sind, oder uns nicht groß danach erkundigen. Man hört das Blöken der Schafe, das Brüllen der Rinder, das Bellen der Hunde, das Rufen der auf dem Feld Arbeitenden, das Knarren und Rattern der Fuhrwerke und Karren; ja sogar das Heulen der Wölfe hört man in unserem Haus, weil es nahe am Wald liegt.

Der ganze Tag bringt vom Morgen an Sorge und Plage, ständige Unruhe und dauernden Betrieb. Äcker müssen gepflügt und umgegraben werden, Weinberge müssen bestellt, Bäume gepflanzt, Wiesen bewässert werden; man muss eggen, säen, düngen, mähen und dreschen; jetzt steht die Ernte bevor, jetzt die Weinlese. Wenn aber einmal ein schlechtes Erntejahr kommt, wie in dieser mageren Gegend meistens, dann haben wir fürchterliche Not und Armut; dann hört es gar nicht mehr auf mit banger Unruhe und zermürbendem Umtrieb. In dieses Leben rufst du mich aus dem unwürdigen Hofleben zurück, als wäre es für das Studium geeignet.

1 Sammelt mithilfe einer Mind-Map Begriffe, die eurer Meinung nach zu einem typischen Ritterleben passen.

2 Der Ritter Ulrich beschreibt „die Störungen und Aufregungen seines Standes“. Fasst diese mit eigenen Worten zusammen.

Ora et labora – Als Novize im Kloster

Miriam Markgraf

Der Mönch und die Hexe

Eine Raubvogelnase, schmal und gebogen, zwischen eng stehenden Augen. Ein scharf geschnittener Mund, kantiges Kinn. Das ist längst kein Kindergesicht mehr, auch wenn der blonde Flaum auf der Oberlippe noch keine Rasur erfordert. Zudem hat er einen kühnen Schmiss im Gesicht, eine dunkelrote Narbe zieht sich vom rechten Jochbein bis zur Oberlippe. Das Gesicht eines jungen Kriegers. Ganz bestimmt nicht das eines Mönches.

Bruder Berthold, der Bibliothekar, betrachtet ihn schon eine ganze Weile. Der ist so vertieft in seine Lektüre, dass er gar nicht merkt, wie er beobachtet wird. Gut, denkt Berthold. Gut, dass wenigstens die Bücher und das Schreiben, das Malen von Initialen und das Kopieren von alten Pergamenten diesem Jungen Trost und Ablenkung geben.

„Du sollst dich bereitmachen zur None[1], Bruder Chrysostomus!“, sagt er sanft.

Der Kopf des Novizen fährt empor.

„Ich kann selbst auf das Stundenglas achten und nenn mich nicht Chrysostomus“, erwidert er schroff.

„Das ist nun mal dein Name hier im Kloster Mariä Heimsuchung!“

„Chrysostomus, ja! Den haben sie mir verpasst, ebenso wie die alberne Tonsur[2], mit der jeder aussieht wie ein Sechzigjähriger!“

Berthold sieht ihn an. Er weiß, diesem Jungen steht ein schwerer Weg bevor im Kloster. Es gab schon Wochen und Monate, wo er sich besser in dies stille und eintönige Leben mit seinen strengen Regeln zu fügen wusste. Aber jetzt … Berthold kann sich vorstellen, wie es in ihm aussieht.

Vor vier Tagen hat es einen Besuch gegeben. Der Vater dieses jungen Ordensbruders, Kuno von Hartenfels, war hergekommen, um mit dem Abt wichtige Dinge zu besprechen und seinen Sohn zu sehen. In dieser Reihenfolge!

[1] Teil des katholischen Stundengebets (zur neunten Tagesstunde = 3 Uhr nachmittags)

[2] kreisrund geschorene Stelle auf dem Kopf katholischer Mönche

Berthold sieht: Der Junge ballt die Fäuste, versucht, sich zu beherrschen. „Bruder Berthold, kannst du mich nicht – kannst du mich nicht noch einen Augenblick in Ruhe lassen?“ Er blickt ihn an, beißt sich auf die Lippen.

Berthold zuckt die Achseln, zieht sich an sein Schreibpult zurück. Der junge Mönch steht auf und tritt ans Fenster.

Irgendwo da hinten liegt Hartenfels! Irgendwo da nennt man ihn nicht Chrysostomus, sondern Heinrich, und er müsste nicht demütig den Blick senken, wenn ihn jemand anspricht, sondern wäre der Junker, der Sohn eines Ritters, frei wie ein Vogel und glücklich an der Seite seines Zwillingsbruders …

Warum haben sie *ihn* hierher geschickt, warum musste er derjenige sein von den Zwillingen, der um Minuten später zur Welt kam? Sein Schicksal, besiegelt in den wenigen Augenblicken, in denen seine Mutter Atem schöpfte. Philipp hatte das Licht der Welt bereits erblickt, war der Erstgeborene. Der Zweite muss zurückstehen.

Manchmal stellt er sich vor, dass er gar nicht Heinrich ist, sondern Philipp. Dass die Amme die beiden Knaben verwechselt hat, eines Tages, nachdem sie nackt im Garten herumgekrabbelt waren. Sie glichen sich ja wie ein Ei dem anderen. Heinrich–Philipp, Philipp–Heinrich. Aber diesen Heinrich gab es nicht mehr, er ist nun Bruder Chrysostomus. […]

Es ist Frühling da draußen. Die Birken, Buchen, Fichten, Eichen, das saftige Gras der Wiesen, das sprießende Getreide, alles hat einen anderen Grünton, ein Choral aus Grün! Jetzt auf einem Pferd über die Flur jagen, zusammen mit Philipp, seinem lachenden Spiegelbild! Immer ist Heinrich der Ernstere, immer ist er es, dem etwas zustößt. Er ist es, dessen Pferd strauchelt, so dass er stürzt und sich den Arm bricht.

Er ist es, der beim Schwertkampf die Deckung preisgibt und von Philipps Waffe im Gesicht getroffen wird. Manchmal betrachtet er wehmütig die Narbe an seiner Wange. – Philipp. Felix hätte sein Bruder heißen sollen, Felix, der Glückliche, der Erstgeborene, Erbe und zukünftige Herr auf Burg Hartenfels.

Manchmal versucht Heinrich, sich einzureden, dass er sie lieben könnte, diese Zurückgezogenheit des Klosterlebens, oder sich zumindest daran gewöhnen. Dann stürzt er sich, wie jetzt eben, mit solcher Verbissenheit in die Studien der Bücher und Schriftrollen, dass die anderen Novizen ihn belächeln. Was er tatsächlich liebt, sind die

Geschichten: Texte in Griechisch oder Latein verfasst, in die er hineinsteigen kann, mit denen er im Geiste fortreisen kann aus der Enge der Klostermauern: Geschichten von einem Hirtenjungen, der Pharao in Ägypten wurde, von einem anderen, der einen Riesen mit der Steinschleuder tötete und später König wurde, von einem Krieger, dessen Stärke in seinem Haar verborgen war und der vernichtet wurde, als man es ihm abschnitt … Dann ist er bereit, sein Schicksal anzunehmen. Aber vor Tagen kam der Vater und alles in ihm bäumte sich auf.

Es gibt im Kloster unendlich viele Regeln, einengende, unsinnige Regeln, wie er findet. So, dass man während der Mahlzeiten nicht sprechen darf. Dass man auch im strengen Winter nur Sandalen an den Füßen tragen muss. Dass man zweimal während der Nacht aufstehen muss zum Gebet – was hat Gott wohl davon, wenn ein paar Leute, denen die Augen fast zufallen, mechanisch ihre lateinischen Sätze herunterplappern? Aber damit nicht genug. Was ist das für eine unmenschliche Regel, nach der ein Sohn daran gehindert wird, mit seinem Vater zu sprechen, bevor der nicht des Langen und Breiten mit dem Abt gespeist und weiß Gott was alles beraten hat? Und selbst bei der Begegnung, als sie dann endlich stattfand, saß der hochwürdige Vater Abt dabei, die Hände in den Ärmeln seiner Kutte verborgen, ein scheinheiliges Lächeln auf dem glatten Gesicht, und hörte jedes Wort mit.

Plötzlich zuckt er zusammen. Sein scharfer Blick hat einen Reiter entdeckt, das Pferd im gestreckten Galopp.

Das Pferd, ein Rappe, so selten wie Silber im Minengestein, gehört seinem Vater. Kommt der Vater heute noch einmal zurück? […]

Heinrich rennt die Treppe hinunter, schubst andere Mönche beiseite, die auf dem Weg zum None-Gebet in der Kapelle sind. Stürzt über den Innenhof zum großen Tor. Er trommelt dem verdatterten Mönch, der Torwache schiebt, mit den Fäusten auf die Brust. „Öffne, öffne, öffne!“ Der andere, ein Novize so wie er, weiß, dass mit Bruder Chrysostomus nicht zu scherzen ist, wenn er seine Anwandlungen von Jähzorn hat. „Wilder Stier“ nennen sie ihn hinter seinem Rücken. Er stellt keine Fragen. Heinrich hilft ihm, den schweren Bolzen, der als Riegel dient, hochzuwuchten, und öffnet das Klostertor. Der Reiter ist schon nahe, die Hufe des Pferdes schmatzen im Schlamm.

Heinrich starrt ihm entgegen. Nein, nicht der Vater! Es ist Philipp, der Bruder!

Philipp gleitet aus dem Sattel des keuchenden Pferdes, sein Gesicht ist verzerrt und schweißbedeckt, als er auf seinen Bruder zugeht.

„Heinrich! Vater ist tot!“

Heinrichs Arme, die er erhoben hatte, um seinen Zwilling in die Arme zu schließen, sacken herunter. „Was sagst du da?", flüstert er tonlos. „Das … das kann ich nicht glauben!" […]

Später sitzen die Zwillingsbrüder in Heinrichs Klosterzelle. Heinrich hockt auf der Kante seines schmalen Bettes, die Stirn in die Hände gestützt. Den einzigen Stuhl am Studiertisch gegenüber dem Fenster hat er Philipp überlassen.

„Ich verstehe es nicht", murmelt Heinrich. „Ich habe ihn vor ganzen vier Tagen hier im Kloster gesehen. Es ging ihm gut!" Er sieht auf, sieht seinem Bruder in die geröteten Augen. „Was ist geschehen?"

Philipp schüttelt den Kopf. „Wir wissen es nicht. Als er heimkam von seinem Besuch und vom Pferd stieg, sagte er, dass ihm nicht wohl sei. Er schlug das Abendmahl aus und legte sich ins Bett. Nach Sonnenuntergang schickte unsere Mutter die Magd, um nach ihm zu sehen. Da hatte er schwere Krämpfe. Es hat ihn förmlich geschüttelt. Mutter hat noch in der Nacht den Medikus rufen lassen. Der meinte, dass Vater lediglich unwohl am Magen sei, und hat etwas Holzkohle verordnet. Und tatsächlich wurde es nach zwei Tagen besser, die Krämpfe ließen nach, es schien vorbei zu sein. Wir warteten nur darauf, dass Vaters Appetit zurückkehrte. Er konnte wieder schlafen. Aber eigentlich war das mehr eine Ohnmacht als ein Schlaf. Gestern Abend ist die Mutter zu ihm hinaufgegangen. Und da … da war er tot … einfach so …"

„Kein Mensch stirbt einfach so!", braust Heinrich auf. Seine Trauer schlägt plötzlich um in Wut, so ist das immer bei ihm. Immer wird er wütend, wenn etwas ihn verletzt […].

Philipp greift in sein Wams und holt ein Dokument heraus, eine Rolle, die mit dem Wappen derer von Hartenfels gesiegelt ist. „Vaters Testament." Er reicht es Heinrich. „Es ist schon seltsam, weißt du … dass er gerade bei seinem letzten Besuch hier ein neues aufgesetzt hat."

Heinrich nimmt die Rolle, dreht sie hin und her. „Hältst du das für einen Zufall?"

Philipp schüttelt den Kopf.

„Wen hat er zum Vollstrecker ernannt?"

„Severin!", platzt Philipp heraus.

Heinrich wiegt die Pergamentrolle auf der Hand. Sagt nach einem Moment des Schweigens: „Warum kann ich unseren Abt eigentlich nicht leiden?"

1 Informiert euch über das Leben im Kloster. Welchen Tagesrhythmus haben die Mönche im Mittelalter und auch noch heute?

▸▸ **Seite 207 ff.** Recherchieren im Internet LS „Sich und andere informieren"

2 Erklärt das Problem, das sich für Heinrich ergibt.

3 Stellt euch vor, ihr wärt in Heinrichs Situation. Was würdet ihr tun?

4 Es stellt sich heraus, dass Heinrichs Vater ermordet wurde. Überlegt, von wem und warum.

Umgang mit Texten/Medien

Schreiben

▸▸ **Seite 107 ff.**
UV „Von früher und heute erzählen“

Der Handschuh – Eine höfische Herausforderung

Friedrich Schiller

Der Handschuh

Vor seinem Löwengarten,
Das Kampfspiel zu erwarten,
Saß König Franz,
Und um ihn die Großen der Krone,
Und rings auf hohem Balkone
Die Damen in schönem Kranz.

Und wie er winkt mit dem Finger,
Auf tut sich der weite Zwinger,
Und hinein mit bedächtigem Schritt
Ein Löwe tritt,
Und sieht sich stumm
Rings um,
Mit langem Gähnen,
Und schüttelt die Mähnen,
Und streckt die Glieder,
Und legt sich nieder.

Und der König winkt wieder,
Da öffnet sich behänd
Ein zweites Tor,
Daraus rennt
Mit wildem Sprunge
Ein Tiger hervor,

Wie der den Löwen erschaut,
Brüllt er laut,
Schlägt mit dem Schweif
Einen furchtbaren Reif,
Und recket die Zunge,
Und im Kreise scheu
Umgeht er den Leu
Grimmig schnurrend;
Drauf streckt er sich murrend
Zur Seite nieder.

Und der König winkt wieder,
Da speit das doppelt geöffnete Haus
Zwei Leoparden auf einmal aus,

Die stürzen mit mutiger Kampfbegier
Auf das Tigertier,
Das packt sie mit seinen grimmigen Tatzen,
Und der Leu mit Gebrüll
Richtet sich auf, da wird's still,
Und herum im Kreis,
Von Mordsucht heiß,
Lagern die gräulichen Katzen.

Da fällt von des Altans Rand
Ein Handschuh von schöner Hand
Zwischen den Tiger und den Leun
Mitten hinein.

Und zu Ritter Delorges spottenderweis
Wendet sich Fräulein Kunigund:
„Herr Ritter, ist Eure Lieb so heiß,
Wie Ihr mir's schwört zu jeder Stund,
Ei, so hebt mir den Handschuh auf."

Und der Ritter in schnellem Lauf
Steigt hinab in den furchtbarn Zwinger
Mit festem Schritte,
Und aus der Ungeheuer Mitte
Nimmt er den Handschuh mit keckem Finger.

Und mit Erstaunen und mit Grauen
Sehen's die Ritter und Edelfrauen,
Und gelassen bringt er den Handschuh zurück.
Da schallt ihm sein Lob aus jedem Munde,
Aber mit zärtlichem Liebesblick –
Er verheißt ihm sein nahes Glück –
Empfängt ihn Fräulein Kunigunde.
Und er wirft ihr den Handschuh ins Gesicht:
„Den Dank, Dame, begehr ich nicht",
Und verlässt sie zur selben Stunde.

1 Malt einen Comic zur Ballade.

2 Verfasst eine Parallelgeschichte, die in der Gegenwart spielt.

Seite 227 ff.
Produktions-orientierte Schreibverfahren
LS „Schreiben"

Impulse zur Weiterarbeit

- Vielleicht gibt es in eurer Stadt oder Region Spuren aus dem Mittelalter. Sucht nach diesen und stellt eine kurze Broschüre hierzu zusammen.

- Informiert euch über den Aufbau typischer Ritterburgen und recherchiert, ob in eurer Nähe eine Burg zu besichtigen ist.

- Evtl. existiert in eurer Stadt noch ein Orden mit dazugehörigem Kloster. Besucht dieses und informiert euch über das Klosterleben heute.

- Lesetipps
  - Günther Bentele: Schwarzer Valentinstag. Ein Kriminalfall aus dem Mittelalter. Stuttgart: Thienemann 1999.
  - Kristien Dieltiens: Das goldene Spiegelzeichen. Die abenteuerliche Geschichte des Jungen Olrac. Würzburg: Arena 2004.
  - Miriam Markgraf: Der Mönch und die Hexe. München: Bertelsmann 2004.

Fantasie pur – Die Kraft der Vorstellung

Fantasie ist die Fähigkeit, sich eine Vorstellung von etwas zu machen, das man aus eigener Anschauung nicht kennt. Man könnte Fantasie auch als Vorstellungskraft bezeichnen. Mit Fantasie kann man sich Dinge vorstellen, die nicht real existieren. Wie zum Beispiel ein Unterwassermotorrad. Aber auch Dinge, die zwar real existieren, die man aber nicht kennt. Beispielsweise eine Hopfenzupfmaschine.

So wird Fantasie in „wikipedia", einem Online-Wörterbuch, definiert (http://de.wikipedia.org/wiki/Phantasie). In diesem Kapitel lest ihr Textauszüge von fantastischen Jugendromanen, die vor Vorstellungskraft nur so sprühen.

Im Einzelnen erfahrt ihr

- dass Geschichten durch Vorlesen im wahrsten Sinne des Wortes zum Leben erweckt werden können
- wie die Wesen in der Welt „unter uns" leben
- dass selbst ein Ruhe liebender Hobbit in unglaubliche Gefahren geraten kann
- wie eine junge Piratin sich durch ihre Fähigkeit, übers Wasser zu laufen, aus einer mörderischen Situation befreit
- und lernt einen Jugendbuchautor näher kennen

Umgang mit Texten/Medien

Schreiben

Die Magie der Worte – Tintenherz

Cornelia Funke

Tintenherz

Meggie lebt allein mit ihrem Vater Mo, einem Buchbinder. In einer stürmischen Nacht warnt ein unheimlicher Besucher ihren Vater vor einem Mann namens Capricorn. Schon am nächsten Morgen reist der Vater mit Meggie zu ihrer Tante Elinor. Hier versteckt Mo das Buch, um das sich alles dreht. Ein Buch, das Mo vor vielen Jahren zum letzten Mal gelesen hat und das jetzt in den Mittelpunkt eines unglaublichen Abenteuers rückt. In diesem Kapitel erfährt Meggie, warum ihr Vater nie vorlesen wollte und was mit ihrer Mutter geschah.

„Du hast vorgelesen?“

„Ja. Jeden Abend. Deiner Mutter gefiel es. An diesem Abend suchte sie sich Tintenherz aus. Sie mochte schon immer abenteuerliche Geschichten, Geschichten voller Glanz und Finsternis. […] Also gaben wir dir einen Stapel Bilderbücher, machten es uns auf dem Teppich neben dir bequem und ich fing an zu lesen.“

Meggie lehnte den Kopf gegen Mos Schulter und starrte die nackte Wand an. Sie sah sich selbst auf dem schmutzigen Weiß, so wie sie sich von alten Fotos kannte: klein, mit speckigen Beinen, die Haare weißblond (sie waren dunkler geworden seither), wie sie mit kurzen Fingern in großen Bilderbüchern blätterte. Wenn Mo erzählte, geschah das immer: Meggie sah Bilder, lebendige Bilder.

„Die Geschichte gefiel uns“, fuhr ihr Vater fort. „Sie war spannend, gut geschrieben und bevölkert mit den seltsamsten Wesen. Deine Mutter liebte es, von einem Buch ins Unbekannte gelockt zu werden, und die Welt, in die Tintenherz sie lockte, war ganz nach ihrem Geschmack. Manchmal ging es sehr finster zu, und jedes Mal, wenn es allzu spannend wurde, legte deine Mutter den Finger an die Lippen und ich las leiser, auch wenn wir sicher waren, dass du viel zu beschäftigt mit deinen eigenen Büchern warst, um einer finsteren Geschichte zu lauschen, deren Sinn du ohnehin noch nicht verstanden hättest. Draußen war es längst dunkel, ich erinnere mich, als wäre es gestern gewesen, es war Herbst, und es zog durch die Fenster. Wir hatten ein Feuer gemacht – die Schuhschachtel hatte keine Zentralheizung, aber einen Ofen in jedem Zimmer – und ich begann mit dem siebten Kapitel. Da passierte es …“

Mo schwieg. Er blickte vor sich hin, als hätte er sich in den eigenen Gedanken verirrt. „Was?“, flüsterte Meggie. „Was passierte, Mo?“

Ihr Vater sah sie an. „Sie kamen heraus“, sagte er. „Plötzlich standen sie da, in der Tür zum Flur, als wären sie von draußen hereingekommen. Es knisterte, als sie sich zu uns umdrehten – so als entfaltete jemand ein Stück Papier. Ich hatte ihre Namen noch auf den Lippen: Basta, Staubfinger, Capricorn. Basta hielt Staubfinger am Kragen gepackt wie einen jungen Hund, den man schüttelt, weil er etwas Verbotenes getan hat. Capricorn trug schon damals gern Rot, aber er war neun Jahre jünger und noch nicht ganz so hager, wie er es heute ist. Er besaß ein Schwert, ich hatte noch nie eins aus der Nähe gesehen. Basta hatte auch eins am Gürtel hängen, ein Schwert und sein Messer, während Staubfinger …“ Mo schüttelte den Kopf. „Nun, er hatte natürlich nichts als den gehörnten Marder dabei, mit dessen Kunststücken er sich seinen Lebensunterhalt verdiente. Ich glaube nicht, dass einer der drei begriff, was geschehen war. Ich begriff es ja auch erst viel später. Meine Stimme hatte sie aus ihrer Geschichte rutschen lassen wie ein Lesezeichen, das jemand zwischen den Seiten vergessen hat. Wie sollten sie das begreifen? […]“ „Und meine Mutter?“ Meggie konnte nur flüstern. Sie war es nicht gewohnt, das Wort auszusprechen.

Mo sah sie an. „Ich konnte sie nirgends entdecken! Du knietest immer noch zwischen deinen Büchern und starrtest mit großen Augen die fremden Männer an, wie sie da standen mit ihren schweren Stiefeln und ihren Waffen. Ich hatte furchtbare Angst um euch, aber zu meiner Erleichterung schenkten weder Basta noch Capricorn dir irgendwelche Beachtung. ‚Schluss mit dem Gerede!', sagte Capricorn schließlich, als ich mich immer mehr in meinen eigenen Worten verhaspelte. ‚Es interessiert mich nicht, wie ich an diesen armseligen Ort gekommen bin, bring uns auf der Stelle zurück, du verfluchter Zauberer, oder Basta schneidet dir deine geschwätzige Zunge aus dem Mund.' […] Frag mich nicht, wie es mir gelang, aber ich schaffte es, Basta und Capricorn auf den Flur hinauszutreiben. […]

Ich spürte plötzlich nur, wie still das Zimmer war. Wie still und leer. Ich sah das Buch auf dem Teppich liegen, aufgeschlagen, so wie ich es hatte fallen lassen, und das Kissen, auf dem deine Mutter gesessen hatte. Sie war nicht da. Wo war sie? Ich rief ihren Namen, ich rief ihn immer wieder. Ich lief in alle Zimmer. Aber sie war fort.“

Elinor saß kerzengerade da und starrte ihn an. „Was redest du denn da, um Gottes willen?“, stieß sie hervor. „Sie ist fortgegangen, hast du mir erzählt, auf irgend so eine dumme Abenteuerreise, und nicht zurückgekommen!“

Mo lehnte den Kopf gegen die Mauer. „Irgendwas musste ich mir doch ausdenken, Elinor“, sagte er. „Die Wahrheit konnte ich ja wohl kaum erzählen, oder?“ […]

Meggie nickte. Er hatte Recht, sie hätte es nur für eine weitere seiner Geschichten gehalten. „Sie ist nie zurückgekommen?“, flüsterte sie, obwohl sie die Antwort wusste.

„Nein“, antwortete Mo. „Basta, Capricorn und Staubfinger sind aus dem Buch herausgekommen und sie ist hineingegangen, zusammen mit unseren zwei Katzen, die wie immer auf ihrem Schoß saßen, als ich vorlas.

1. Benennt die Textstellen, an denen deutlich wird, dass es sich um fantastische Literatur handelt.
2. Meggies Mutter verschwindet in der Welt von Tintenherz. Schreibt auf, was ihr für Gedanken durch den Kopf gegangen sein mögen.
3. Sucht euch eine Geschichte aus und stellt euch vor, ihr könntet eine Person „herauslesen“. Schreibt auf, was dieser Person bei euch zu Hause widerfährt.

Umgang mit Texten/Medien

Schreiben

Die fantastische Welt unter uns – Artemis Fowl

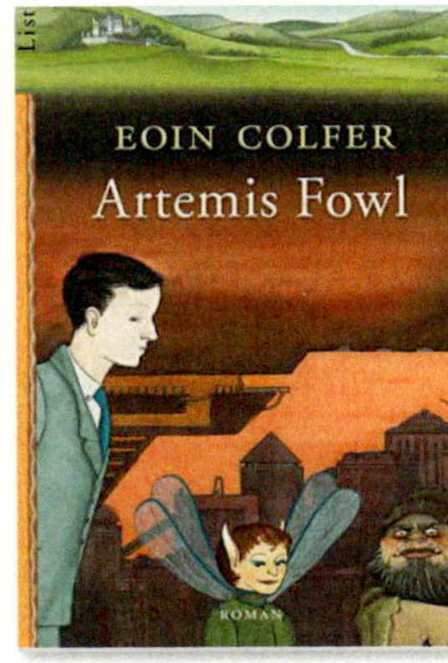

Eoin Colfer

Artemis Fowl

Artemis Fowl ist gerade erst zwölf, aber ein genialer Meisterdieb. Mit einem Trick gelangt er in den Besitz des Buchs der Elfen und entdeckt ein Geheimnis, von dem kein Mensch etwas ahnt: Tief unter der Erde haben sie überlebt, die Elfen und Gnome, Kobolde und Feen aus den Märchen. Doch als er mit einem Haufen Feengold die Ehre seiner Familie retten will und Holly Short vom Polizeikorps der Unterirdischen gefangen nimmt, erkennt Artemis, mit was für einem gefährlichen Gegner er sich eingelassen hat.

Holly Short lag im Bett und kochte innerlich. Daran war nichts Ungewöhnliches; Alraunen waren nicht gerade berühmt für ihre Fröhlichkeit. Doch Holly hatte ganz besonders schlechte Laune, selbst für eine Unterirdische. Genau genommen war sie eine Elfe. Unterirdische war eher eine allgemeine Bezeichnung. Außerdem war sie eine Alraune, aber das war nur ein Job.

Vielleicht ist eine Beschreibung sinnvoller als ein Vortrag über die verschiedenen Gattungen der Unterirdischen. Holly Short hatte karamellbraune Haut, kurzes kastanienbraunes Haar, und ihr Mund war üppig und engelhaft, was nicht weiter verwunderlich war, denn Amor war ihr Großvater. Ihre Mutter war eine europäische Elfe mit ungestümem Temperament und von gertenschlanker Gestalt. Auch Holly war schlank, mit langen, schmal zulaufenden Fingern – wie geschaffen dafür, sich um einen Elektrostock zu legen. Ihre Ohren waren natürlich spitz. Mit genau einem Meter Körpergröße lag Holly nur einen Zentimeter unter dem Elfendurchschnitt, aber ein Zentimeter kann verdammt viel ausmachen, wenn er einem fehlt.

Der Grund für Hollys Ärger war Commander Root. Vom ersten Tag an hatte Root ihr im Nacken gesessen. Er konnte sich nicht damit abfinden, dass der erste weibliche Officer in der Geschichte der Aufklärungseinheit der Zentralen Untergrund-Polizei ausgerechnet seiner Mannschaft zugewiesen worden war. Die Aufklärung war bekanntermaßen ein gefährlicher Posten mit hoher Verlustrate, und Root fand, das sei nicht der richtige Ort für ein Mädchen. Nun, er würde sich an den Gedanken gewöhnen müssen, denn Holly Short hatte nicht die geringsten Absichten, wegen ihm oder irgendwem sonst den Job zu schmeißen.

Obwohl sie es niemals zugeben würde, gab es noch einen weiteren Grund für ihre Gereiztheit: das Ritual. Schon seit mehreren Monden hatte sie sich vorgenommen, es zu vollziehen, aber irgendwie war immer etwas dazwischengekommen. Und wenn Root herausbekam, dass ihre Magie fast aufgebraucht war, würde er sie garantiert zur Verkehrsstreife schicken.

Holly rollte sich von ihrem Futon und taumelte zur Dusche. Das war einer der Vorteile, wenn man in der Nähe des Erdmittelpunkts lebte – das Wasser war immer heiß. Es

gab natürlich kein Tageslicht, aber das war ein geringer Preis für die Ungestörtheit. Erdland. Die letzte menschenfreie Zone. Es gab nichts Schöneres, als nach einem langen Arbeitstag nach Hause zu kommen, den Sichtschild auszuschalten und sich in einen blubbernden Schleimpool sinken zu lassen. Himmlisch.

Die Elfe stieg in ihren mattgrünen Overall, zog den Reißverschluss bis zum Kinn und setzte sich den Helm auf. Die Uniformen der ZUP-Alraunen waren mittlerweile richtig schick. Nicht wie die schauerlichen Spießerkostüme, die die Einheit früher tragen musste – Schnallenschuhe und Kniebundhosen. Also wirklich! Kein Wunder, dass die Alraunen in den Sagen der Menschen so alberne Gestalten waren. Andererseits war es vielleicht auch ganz gut so. Wenn die Oberirdischen wüssten, dass die Alraunen in Wirklichkeit eine Eliteeinheit der Zentralen Untergrund-Polizei waren, würden sie wahrscheinlich versuchen, sie zu vernichten. Lieber unauffällig bleiben und den Menschenwesen ihre Klischees lassen.

Da an der Oberfläche bereits der Mond aufging, blieb keine Zeit mehr für ein anständiges Frühstück. Holly schnappte sich den Rest eines Brennnesselshakes aus dem Kühler und trank ihn unterwegs im Tunnel. Wie üblich war die Hauptröhre völlig überfüllt. Fliegende Feen verstopften den Durchgang wie Steine in einem Flaschenhals, und die Gnome, die mit ihren riesigen, schwingenden Hinterteilen zwei Fahrstreifen blockierten, machten das Ganze auch nicht besser. Fluchkröten tummelten sich auf jeder feuchten Stelle und keiften wie die Fischweiber. Diese seltsame Rasse war ursprünglich als Scherzartikel gezüchtet worden, hatte sich jedoch inzwischen zu einer regelrechten Plage ausgewachsen. Das hatte jemanden seine Dienstmarke gekostet.

Holly kämpfte sich durch das Gewühl zum Polizeipräsidium. Vor dem Magic Burger war bereits ein Tumult ausgebrochen. Corporal Newt bemühte sich, die Massen zu beruhigen. Viel Glück, Kollege. Was für ein Albtraum! Holly seufzte, dankbar, dass sie zumindest oberirdisch arbeiten konnte.

Die Eingangstür der ZUP-Zentrale wurde von Demonstranten belagert. Der Krieg zwischen den Zwergen und Kobolden war erneut aufgeflammt, und allmorgendlich versammelten sich Horden von wütenden Eltern vor dem Gebäude, die die Freilassung ihres unschuldigen Nachwuchses verlangten. Holly schnaubte verächtlich. Falls es so etwas wie einen unschuldigen Kobold gab, so war er ihr noch nicht über den Weg gelaufen. Die Unruhestifter belegten sämtliche verfügbaren Zellen, johlten ihre Schlachtrufe und schleuderten sich Feuerbälle zu.

1 Gestaltet auf der Grundlage des Textauszuges ein Buchcover.

2 Welche Eigenschaften hat die Elfe Holly Short? Unterscheidet dabei zwischen äußerer Beschreibung und Eigenschaften, die durch ihr Verhalten deutlich werden.

3 Artemis Fowl wird Holly Short im Verlauf der Geschichte gefangen nehmen. Sucht in diesem Text Hinweise für eine Schwachstelle Holly Shorts. Entwerft eine eigene Fortsetzung, in der es Artemis Fowl gelingt, diese Schwäche auszunutzen.

Seite 214 ff.
Schreiben als Prozess
LS „Schreiben"

Umgang mit Texten/Medien

Schreiben

Tolkiens fantastische Welt – Der kleine Hobbit

J.R.R. Tolkien

Der kleine Hobbit

Bilbo Beutlin, der zu dem Ruhe liebenden Volk der Hobbits gehört, ist unterwegs auf einer abenteuerlichen Reise, auf der zahlreiche Gefahren lauern. So werden er und seine Gefährten von Trollen und Orks gefangen genommen, können jedoch entkommen. Während Bilbo durch unterirdische Gänge irrt, findet er einen Ring, den er einsteckt. Auf seinem Weg trifft er bei der Suche nach dem Ausgang auf Gollum, der in den Tiefen des Berges lebt. Dieser schlägt Bilbo ein Spiel vor: Sie wollen sich gegenseitig Rätsel stellen, die der andere lösen muss. Gewinnt Gollum, darf er Bilbo fressen; gewinnt Bilbo, wird Gollum ihm den Ausgang aus der Höhle zeigen. Nach einigen Rätseln findet Gollum allerdings heraus, dass Bilbo den Ring bei sich hat, der ursprünglich ihm gehörte, und hat fortan nur noch ein Ziel: seinen Ring wiederzuerlangen. Bilbo wiederum hat inzwischen die magische Kraft des Ringes entdeckt: Wer ihn trägt, ist für andere unsichtbar.

Fort musste er, weg aus der grässlichen Finsternis, solange noch ein bisschen Kraft blieb. Er musste kämpfen. […] Aber ein fairer Kampf war es nicht. Bilbo war unsichtbar, und Gollum hatte kein Schwert. Genau genommen hatte Gollum noch gar keinen ernsthaften Mordversuch gemacht. Aber Bilbo fühlte sich elend, allein und verloren. Ein plötzliches Verstehen, ein Mitleid, mit Entsetzen gemischt, stieg in seinem Herzen auf: ein Widerschein von endlos gleichförmigen Tagen ohne Licht und Hoffnung auf Änderung, harter Stein, kalter Fisch, Kriechen und Flüstern. Alle diese Gedanken flogen in Sekundenschnelle an Bilbo vorüber. Er zitterte. Und dann, ganz plötzlich im nächsten Augenblick, gleichsam von neuer Kraft gepackt, sprang er vorwärts.

Es war kein großer Sprung für einen Mann. Aber es war ein Sprung im Dunkeln. Genau über Gollums Kopf hinweg sprang er, sieben Fuß vor und drei in der Höhe. In der Tat, ein gefährlicher Sprung, denn er hätte sich um ein Haar den Schädel an der niedrigen Stollendecke eingerannt.

Gollum warf sich zurück und schnappte zu, als der Hobbit über ihn hinweg flog – aber zu spät. Seine Hände grapschten in dünne Luft, und Bilbo, der genau auf seine stämmigen Füße fiel, rannte davon, den neuen Gang hinab. Er wandte sich nicht einmal um, um zu sehen, was Gollum tat. Er hörte anfangs das Zischen und Fluchen dicht hinter seinen Fersen. Dann hörte es auf. Und plötzlich erreichte ihn ein Schrei, der das Blut gerinnen machte, ein Schrei voller Hass und Verzweiflung. Gollum war besiegt. Er wagte nicht, weiterzugehen. Er hatte verloren: seinen Raub und das Einzige, das er jemals geliebt hatte, seinen Schatz. Der Schrei ließ Bilbos Herz zum Zerspringen schlagen, doch er setzte seinen Weg fort.

Da erreichte ihn die Stimme, schwach wie ein Echo, aber voll schrecklicher Drohung: „Dieb, Dieb, Dieb! Beutlin! Wir hassen den Dieb, wir hassen ihn, wir hassen ihn für alle Ewigkeit!“

Dann herrschte Schweigen. Aber auch das Schweigen schien Bilbo voll schrecklicher Drohung. Ob die Orks schon so nahe sind, dass er sie gerochen hat?, dachte er. Dann haben sie auch sein Schreien und Fluchen gehört. Vorsicht jetzt, Bilbo Beutlin, oder dieser Weg wird zu Schlimmerem führen!

Der Durchgang war niedrig und schlecht gebaut. Aber für einen Hobbit war es nicht allzu schwierig, abgesehen davon, dass er trotz aller Vorsicht mit seinen armen Zehen mehrfach an scheußliche, zackige Steine stieß. Ein bisschen niedrig für Orks, wenigstens für die großen, dachte Bilbo, der nicht wusste, dass selbst die großen, die Orks des Gebirges, mit größter Geschwindigkeit tief gebückt, die Hände fast am Boden, daherrennen können.

Bald führte der Gang, der anfangs leicht abgefallen war, wieder aufwärts, und nach einer Weile stieg er sogar steil an. Das hemmte Bilbos Eile. Aber schließlich hatte auch dieser Anstieg sein Ende. Der Gang wand sich um eine Ecke und stieg an und dort unten sah Bilbo an der Außenwand einer Biegung endlich einen Lichtschimmer. Es war kein roter, wie von einem Feuer oder von einer Laterne, sondern fahles Tageslicht. Da begann Bilbo zu rennen.

So schnell wie seine Beine ihn trugen, lief er um die letzte Biegung und gelangte plötzlich in einen offenen Raum, in dem das Licht nach all den schrecklichen Stunden in der Finsternis ihn mit seiner Helligkeit blendete.

In Wirklichkeit war es allerdings nur ein schmaler Sonnenstreif, der durch den Torweg fiel, denn das große steinerne Tor stand offen. Bilbo zwinkerte – und dann sah er plötzlich die Orks: Orks in voller Bewaffnung, die mit gezogenen Schwertern im Torweg saßen und Eingang und Ausgang mit weit aufgerissenen Augen bewachten. Die Aufregung war unverkennbar. Die Wachen waren in Alarmbereitschaft.

Sie sahen ihn schneller, als er sie sah. Entweder war es ein Zufall oder ein letzter Trick des Ringes, ehe er seinen neuen Herrn anerkannte – er stak nicht mehr an Bilbos Finger. Mit Freudengeheul stürzten sich die Orks auf ihn.

Wie das Echo von Gollums Jammer ließen Angst und Verlassenheit Bilbos Herz erbeben. Er vergaß, sein Schwert zu ziehen, fuhr nur mit beiden Händen in die Taschen – und da lag der Ring noch in der linken Tasche, und er glitt auf Bilbos Finger. Die Orks hielten erschrocken an. Sie konnten keine Spur von Bilbo sehen. Er war verschwunden. Sie schrien ein paar Mal ebenso laut wie vorhin, aber es klang nicht mehr so freudig.

1 Welche Bedeutung hat der Ring für seine Besitzer? Sucht Textstellen heraus und charakterisiert den Ring.

2 Untersucht den Text hinsichtlich seiner Sprache. Nehmt dazu den ersten Abschnitt und schreibt ihn so um, wie es eurem Sprachstil entspricht. Welche Unterschiede seht ihr?

▸▸ **Seite 216 ff.**
Formulieren des geplanten Textes
LS „Schreiben“

3 Der Ring spielt auch in der Trilogie „Der Herr der Ringe“ eine entscheidende Rolle. Informiert euch über den Inhalt des Folgeromans von J. R. R. Tolkien.

Magische Fähigkeiten – Die Wellenläufer

Kai Meyer

Die Wellenläufer

Jolly, die als Piratenmädchen auf dem Schiff „Magere Maddy“ bei ihrem väterlichen Freund Kapitän Bannon lebt, hat eine seltene Begabung: Sie kann übers Wasser laufen. „Wellenläufer“ oder „Quappen“ werden diese Personen genannt. Eines Tages wird die „Magere Maddy“ während einer Seeschlacht in einen Hinterhalt gelockt.

Ein lautes Flattern übertönte seine Worte, als die Piraten in der Takelage die Segel öffneten. Die mächtigen Stoffpakete entrollten sich in Sekundenschnelle.

„Nein!“, entfuhr es Bannon.

Jolly sah, was er meinte. Und noch im selben Augenblick hörte sie es auch.

Aus den Segeln fielen Krüge. Große, braune Tonkrüge, die beim Aufprall auf dem Deck in tausend Scherben zersplitterten. Zwei, drei Dutzend mussten es sein, die überall an Bord mit hohem Bersten auseinanderbrachen. Einige fielen mitten in den schreienden Pulk der Gefangenen, ein anderer traf Trevino, den Koch, am Schädel und streckte ihn nieder.

In den zerbrochenen Krügen befand sich etwas, das auf den ersten Blick wie dunkles Gewölle aussah. Knäuel aus dicken Fäden – bis sich die Knäuel aus eigener Kraft entwirrten und in hunderte kleiner Bälle zerfielen, die auf dürren Beinen in alle Richtungen ausschwärmten.

„Spinnen!“, kreischte jemand, dann nahmen andere den Ruf auf: „Spinnen … Die Krüge sind voller Spinnen!“

Bannon brüllte Befehle, die in der ausbrechenden Panik an Bord niemand mehr hörte. Die Gefangenen schrien wie am Spieß, als zwischen ihnen eine wahre Eruption aus Spinnenleibern emporschoss. Die Piraten sprangen an Deck umher, einige versuchten die Tiere zu zertreten, gaben aber rasch auf, als sie bemerkten, welch ein hoffnungsloses Unterfangen das war. Zehn, dann zwanzig krabbelten über den Leib des bewusstlosen Kochs, andere suchten sich ihren Weg an Stiefeln und Hosen empor, an der Takelage und der Reling. Die Tiere mochten ebenso panisch und verwirrt sein wie die Männer an Bord, aber sie waren schneller und vor allem eines – gereizt.

Jolly zog sich in die Wanten hinauf. Ihre Hände waren schweißnass, und ihr Atem ging stoßweise. Überall brüllten und stampften und schüttelten sich die Piraten. Christobal schlug sich gleich mehrere Tiere vom Körper, aber er übersah eine besonders fette Spinne, die in seinem Nacken hockte. Er schrie auf, als sie zubiss.

Bannon hieb erst mit dem Säbel auf die Spinnen ein, dann mit den bloßen Händen. Er wollte Jolly nach oben folgen, aber da wurde auch er gebissen, gleich mehrfach, und der Schmerz ließ ihn seine Hände von den Seilen lösen. Mit einem Fluch polterte er zurück aufs Deck.

„Diese Hunde!“, brüllte er mit erlahmender Stimme, als ihn das Spinnengift betäubte. „Jolly … die Galionsfigur … denk an die … Galionsfi –“

Er sackte zusammen. Jolly starrte auf die leblose Gestalt unter ihr, und Tränen schossen ihr in die Augen.

Verdammt – sie musste etwas tun, musste Bannon und den anderen helfen, irgendwie. Verzweifelt sah sie sich nach einer Waffe um, und wusste doch gleichzeitig, dass alles vergebens sein würde. Niemand konnte der Übermacht der Spinnen Herr werden.

Sie unterdrückte ein Schluchzen, als sie sich dranmachte, die Wanten hinabzuklettern.

Jolly wusste genau, was Bannon ihr hatte sagen wollen.

Von ihrer erhöhten Position hatte sie einen freien Blick auf das Wrack der „Maddy“. Die Galionsfigur am Bug ragte empor wie ein ausgestreckter Finger, der ihr den Weg wies.

Jolly wich vereinzelten Spinnen aus und sprang zur Reling hinüber, auf der sie schwankend zum Stehen kam. Spinnen waren jetzt überall, ein wimmelnder dunkler Teppich, der das Deck und alle Menschen an Bord bedeckte. Die meisten Männer rührten sich nicht mehr, einige waren fast gänzlich unter haarigen, krabbelnden Leibern verschwunden. Ein paar riefen noch oben an den Masten um Hilfe, aber auch ihnen näherten sich schon ganze Scharen der achtbeinigen Kreaturen.

Ein letztes Mal blickte sich Jolly zu Bannon um, dann sprang sie in die Tiefe. Es war mehr ein Sturz als ein Sprung. Ebenso gut hätte sie auf einen Steinboden prallen können, als sie auf der Wasseroberfläche aufkam, ohne darin zu versinken. Sie hatte Glück, sich nicht alle Knochen zu brechen, rollte sich ab, wurde von ein paar Wellen wild umhergeschleudert, kam aber schließlich auf die Füße.

Silbrige Dreiecke glitten auf sie zu, umkreisten sie. Jolly hatte schon mehr als einmal mit Haien zu tun gehabt und wusste, dass sie nur die Umrisse ihrer Fußsohlen auf der Oberfläche wahrnahmen und sie nicht als lohnende Beute erkannten. Jolly zwang sich, nicht an die Männer zu denken, die aus Angst vor den Spinnen über Bord gesprungen waren. Sie hatten mit Sicherheit kein solches Glück gehabt wie sie. Hastig lief Jolly über das Wasser, mit großen Sprüngen der „Maddy“ entgegen. Diesmal rannte sie gegen die Strömung an, ihr Atem raste, das Herz hämmerte in ihrer Brust, aber schließlich sah sie das Piratenschiff vor sich – oder vielmehr das, was von ihm übrig geblieben war.

1 Schreibt die euch unbekannten Wörter heraus und klärt deren Bedeutung mithilfe eines Fremdwörterlexikons oder eines Bedeutungswörterbuchs.

2 Die Sprache des Autors ist sehr bildlich. Sucht Textstellen heraus, die dies verdeutlichen.

Seite 31
UV „Ich-Suche“

3 Versetzt euch in einen Piraten an Bord und beschreibt dessen Gedanken beim Überfall der Spinnen möglichst anschaulich.

4 Stellt Vermutungen an, was die Galionsfigur zur Rettung von Jolly beitragen könnte.

Umgang mit Texten/Medien

Schreiben

Ein Autor erklärt sich – Interview mit Kai Meyer

Kai Meyer hat seit 1993 über 40 Romane veröffentlicht, darunter die beiden Bestseller-Trilogien DIE WELLENLÄUFER und DIE FLIESSENDE KÖNIGIN, eine Geschichte um das Waisenmädchen Merle. Im folgenden Interview wurde er zu seinen Romanen und der fantastischen Jugendbuchliteratur allgemein befragt.

FantasyGuide: […] Wie sind Sie auf die Idee zu dieser Kinderfigur gekommen?

Kai Meyer: Ich finde es leichter, eine fantastische Geschichte durch die Augen möglichst junger Charaktere zu erzählen. Jugendliche und Kinder sehen die Welt – auch in der Realität – mit anderen Augen, vertrauen leichter auf das, was sie mit eigenen Augen sehen, als Erwachsene, bei denen meist eine gewisse Vernunftschwelle überschritten werden muss. Erwachsene zweifeln an allem, was nicht in ihr vorgeformtes Bild der Wirklichkeit passt – im Gegensatz zu Kindern. Deshalb können junge – oder jung gebliebene – Menschen im ursprünglichsten Sinn des Wortes „spielen", sich in andere Figuren und Welten hineinversetzen, ohne all den Ballast, den die meisten Erwachsenen mit sich herumschleppen. […]

FantasyGuide: Jolly, die Heldin aus DIE WELLENLÄUFER ist ein selbstbewusstes Mädchen – der Vergleich mit Merle liegt nahe. Warum sind Ihre Hauptpersonen in den Kinderbüchern eigentlich „immer" Mädchen?

Kai Meyer: Sind sie gar nicht. Serafin hat im zweiten und dritten Band der Merle-Trilogie fast ebenso viele eigene Szenen wie Merle. Und Griffin wird in DIE MUSCHELMAGIER, vor allem aber schließlich in DIE WASSERWEBER sehr wichtig als eigener Handlungsträger. Und die vier Helden der SIEBEN-SIEGEL-Reihe waren zwei Mädchen und zwei Jungs – auch wenn Kyra hier sicher ein wenig stärker im Vordergrund steht, weil sie die gesamte Backstory transportieren muss. Ganz allgemein gilt, dass ich gerne mit Protagonistinnen arbeite. Ich bin selbst nicht sicher, woran das liegt. Andererseits wundert mich, dass immer wieder danach gefragt wird. Es gibt so viele Autorinnen, die aus männlicher Sicht schreiben. Aber wenn es umgekehrt ist, runzeln manche die Stirn, erstaunlicherweise auch innerhalb der fantastischen Genres. Ist es denn einfacher, ein Buch aus der Sicht eines Außerirdischen zu schreiben als aus dem Blickwinkel einer Frau?

FantasyGuide: Wie schwer ist es denn für einen Mann, speziell für Sie, aus der Sicht einer Frau zu schreiben?

Kai Meyer: Ich habe das nie als Problem gesehen. Ich habe mir auch, als ich damit begonnen habe, keine allzu großen Gedanken darüber gemacht. Als Autor muss ich mich in die unterschiedlichsten Charaktere hineindenken, ganz unabhängig vom Geschlecht. Wenn ich die Figur erst einmal vor mir sehe, ist es nicht schwierig, die Welt mit ihren Augen zu betrachten. Und das ist es letztlich, worauf es beim Schreiben von Romanen ankommt: Durch die Augen anderer zu blicken, ihre Motivationen für eine Weile zu den eigenen zu machen und – auf dem Papier – entsprechend zu handeln.[…]

FantasyGuide: Ihre Kinderbücher sind durchaus auch für Erwachsene geeignet. Schreiben Sie speziell für Kinder oder von vornherein mit der Prämisse, ein Buch generationenübergreifend zu schreiben?

Kai Meyer: Bei den beiden Trilogien habe ich stilistisch keinen großen Unterschied zu den Erwachsenenromanen gemacht. Ich habe die Geschichten einfach so erzählt, wie sie erzählt werden wollten. Im zweiten Band der WELLENLÄUFER-Trilogie gibt es eine Szene im Bauch eines Walfischs, der auf den ersten Blick natürlich ein Schauplatz aus der klassischen Jugendliteratur ist – aber schon in der christlichen Mythologie gibt es Szenen auf dem Rücken eines Wals, und spätestens da haben wir es nun eindeutig nicht mehr mit Kindergeschichten zu tun. [...]

FantasyGuide: „Harry Potter" muss ja oft genug als Maßstab für neue bzw. andere Kinder- und Jugendbücher herhalten. Wie sehen Sie Ihre Bücher im Vergleich mit „Harry Potter" bzw. mögen Sie diesen Vergleich überhaupt zulassen?

Kai Meyer: „Harry Potter" ist ein soziologisches Phänomen, das losgelöst vom Buchmarkt existiert. Im Kern sind das nette Internatsgeschichten mit Zauberei. Aber als solche werden sie nicht mehr konsumiert, sondern letztlich steht vielmehr der Event-Charakter der Veröffentlichungen, ein gewisser Gruppenzwang und natürlich – und das darf man nicht unterschätzen – für viele eine neu entdeckte Lust am Lesen im Vordergrund. Für diesen letzten Punkt müssen wir Autoren uneingeschränkt dankbar sein. Ich habe meine eigenen Bücher nie im direkten Vergleich zu Rowlings gesehen, und auch nie die von irgendwelchen anderen Autoren [...].

FantasyGuide: Wie hoch setzen Sie die Qualität deutscher Jugendbücher, insbesondere Fantasybücher im Vergleich zu denen englischer Autoren (z.B. Joanne K. Rowling, Eoin Colfer etc.) an? Kann man diese Ihrer Meinung nach überhaupt miteinander vergleichen?

Kai Meyer: Natürlich kann man, wenn man das denn unbedingt möchte. Cornelia Funke ist eine wunderbare Autorin, die meiner Meinung nach mit ihren letzten Büchern an britische Traditionen anknüpft und sich nicht die Spur hinter irgendwelchen Vorbildern verstecken muss. Zumal sie ja auch schon seit vielen Jahren schreibt, länger als Rowling und – ich glaube – auch Colfer. Wenn man die einzelnen nationalen Jugendbuchtraditionen einander gegenüberstellen will, was sicher nicht unproblematisch ist, so sehe ich uns Deutsche sehr viel enger mit den Engländern verwandt, nicht so sehr mit den Amerikanern.

1 Nennt die Gründe, warum Kai Meyer aus der Sicht von Kindern und Jugendlichen schreibt.

2 Wie rechtfertigt der Autor, dass seine Hauptfiguren meist weiblich sind? Listet seine Argumente auf und sortiert diese nach ihrer Überzeugungskraft.

3 Wieso ist „Harry Potter" in den Augen Meyers so erfolgreich? Stellt die Aspekte zusammen.

4 Informiert euch über die Romane des Autors.

▸▸ **Seite 207 ff.**
Recherchieren im Internet
LS „Sich und andere informieren"

Impulse zur Weiterarbeit

- Ihr könnt einen Leseclub „Fantasy“ gründen, der sich regelmäßig trifft und in dem ihr euch gegenseitig fantastische Literatur vorstellt. Dabei könnt ihr
  - eine Textstelle für eine Leseprobe suchen
  - eine knappe Inhaltsangabe schreiben
  - eine persönliche Beurteilung des Romans anfertigen
  - Erkundigungen über den Autor/die Autorin einziehen und diese/n vorstellen

- Führt in Gedanken eine Fantasiereise durch und schreibt hierzu eine Geschichte.

- Lasst euch in einer Bibliothek beraten, welche fantastische Literatur euch gefallen könnte.

- Schreibt ein eigenes fantastisches Geschichtenbuch. Denkt euch zuvor fantastische Figuren, Orte und Zeiten aus und entwerft einen Erzählplan. Bindet alle entstandenen Geschichten zu einem Buch.

- Schreibt zu einer der hier im Kapitel abgedruckten Geschichten ein Drehbuch oder entwickelt einen Fotoroman.

- Lesetipps
  - Cornelia Funke: Der Drachenreiter. Hamburg: Dressler 1997.
  - Eoin Colfer: Artemis Fowl. München: List 2003.
  - J. R. R. Tolkien: Der kleine Hobbit. München: dtv 2001.
  - Kai Meyer: Die Wellenläufer. Bindlach: Loewe 2003.
  - Paul Stewart, Chris Ridell: Twig im Dunkelwald. Düsseldorf: Patmos 2002.
  - Mary Hoffman: Stadt der Masken. Würzburg: Arena 2003.
  - Ralf Isau: Der Kreis der Dämmerung. Stuttgart: Thienemann 2003.

Familienbande – Dramatische Texte lesen und spielen

Jeder Mensch lebt in Familien. Doch wer gehört alles zur Familie? Vater, Mutter, Kind? Viele Kinder und Jugendliche leben in Patchwork-Familien. Sie haben dann zwei Mütter, zwei Väter und Stiefgeschwister. Und nicht immer ist es einfach, miteinander auszukommen. Wie Beziehungen in Familien aussehen können, darüber erfahrt ihr etwas in diesen Jugend-Theaterstücken.

Im Einzelnen erfahrt ihr

- wie Geschwister miteinander um die Liebe und Aufmerksamkeit der Mutter konkurrieren
- wie schwierig es ist, eine neue Familie zu akzeptieren
- wie sich ein Mädchen eine ideale Mutter vorstellt
- was übertriebene Mutterliebe anrichten kann
- wie fest die Liebe zwischen Eltern und Kindern ist – auch nach einer Scheidung

Umgang mit Texten/Medien

Sprechen und Zuhören

Immer darf er zuerst – Konkurrenz unter Geschwistern

Gustav Ernst

Elternsprechtag

Mutter Red mich ja nicht an.

Sohn …

Mutter Du sollst mich ja nicht anreden!

Sohn …

Mutter Du weißt eh, warum du mich ja nicht anreden sollst!

Tochter Weil du wieder einen Fleck[1] kriegst!

Sohn tritt nach der Tochter.

Tochter Au!

Mutter schlägt nach dem Sohn.

Sohn Ich hab sie eh nicht getroffen!

Mutter Du geh auf dein Zimmer! Ich will dich überhaupt nimmer sehen!

Sohn Warum?

Mutter Du weißt ganz genau warum.

Sohn Nein.

Mutter Dann denk nach. Aber auf deinem Zimmer.

Sohn Ich will nicht auf mein Zimmer! Warum?

Mutter Weil du dein freches Mundwerk in der Schule nicht halten kannst, darum! Und weil ich mir das den ganzen Tag heut hab anhören können!

Sohn Wenn der Lehrer einen Blödsinn verzapft!

Mutter Lehrer verzapfen keinen Blödsinn, verstanden!

Sohn Und wenn er trotzdem einen Blödsinn verzapft?

Mutter Er verzapft nicht! Und aus! Und wenn, dann hast du auch nicht blöd zurückzureden!

Sohn Wenn er blöd herredet.

Mutter Er kann blöd daherreden, soviel er will! Das ist noch lang kein Grund …

Sohn Siehst du! Du sagst selber, dass er blöd daherredet.

Mutter Das sag ich nicht! Ich sag nur, auch wenn er blöd daherredet, das heißt, auch wenn es dir so vorkommt, als tät er blöd daherreden, hast du noch immer nicht blöd zurückzureden! Ich kann mir dann immer anhören am Elternsprechtag so wie heut, dass du den Mund nicht halten kannst!

Sohn Der Lehrer hält ja auch nicht den Mund, wenn ich blöd daherred.

Mutter Der Lehrer ist immer noch der Lehrer, verstanden! Und was er darf, darfst du noch lang nicht! Werd einmal selber Lehrer …

Sohn Und dann darf ich auch blöd daherreden?

Mutter Schluss jetzt! Wenn du wenigstens lauter Einser hättest! Aber mit deinen Noten … !

Tochter Lauter Fleck! In Englisch ein Fleck, in Mathematik ein Fleck, in Turnen ein Fleck …

Sohn spuckt nach ihr. Mutter schlägt nach dem Sohn.

[1] *schlechteste Note (österreichischer Ausdruck)*

Mutter Du sollst nicht immer nach deiner Schwester spucken!

Sohn Dann soll sie den Mund halten!

Tochter Von dir lass ich mir überhaupt nichts vorschreiben!

Sohn Du sollst den Mund halten!

Tochter *zeigt Zunge* Einen Dreck halt ich!

Mutter Was ist das für eine Ausdrucksweise!

Tochter Weil er sagt, ich soll den Mund halten.

Mutter Du hast nicht zu ihr zu sagen, sie soll den Mund halten, verstanden! *Zu ihr.* Und du halt ihn!

Tochter Immer ich! Immer soll ich den Mund halten! Immer auf die Kleinen!

Mutter Ich red jetzt mit ihm!

Tochter Alle reden immer mit ihm! Und wenn ich was sag, heißt es immer, halt den Mund!

Mutter Mit dir red ich nachher.

Tochter Nachher! Nachher! Immer darf er zuerst!

Mutter Wieso zuerst? Ich red mit ihm, weil ich mit ihm reden muss, weil ich bei ihm in der Schule war, beim Elternsprechtag! Und es war sein Elternsprechtag …

Sohn Und nicht deiner! Ätsch!

Tochter Immer hilfst du zu ihm!

Mutter Ich helf nicht zu ihm!

Tochter Weil er älter ist! Weil er ein Bub ist! Weil du ihn lieber hast!

Mutter Ich hab ihn nicht lieber!

Tochter Doch!

Sohn Wieso hast du sie lieber?

Mutter Ich hab euch beide gleich lieb, verstanden!

Tochter Aber er hat mehr Fünfer!

Sohn Und sie zerreißt mehr Strumpfhosen!

Tochter Und er patzt sich immer das Hemd an!

Sohn Und sie hat den Rand von der Kaffeetasse abgehaut heut beim Abwaschen!

Tochter Das ist nicht wahr!

Sohn Und ob das wahr ist!

Mutter Schluss jetzt!

Tochter Immer fährst du mich an! Das ist gemein! Weil ich kleiner bin! Das ist feig! Weil ich mich nicht wehren kann! Und er ist faul in der Schule und hat lauter Fünfer …

1. Beschreibt das Verhältnis zwischen der Mutter, ihrem Sohn und ihrer Tochter.
2. Erzählt von euren Erfahrungen mit Geschwistern. Ist es schöner, Einzelkind zu sein oder Geschwister zu haben?
3. Schreibt das Stück weiter, so dass es ein positives Ende nimmt.
4. Führt das Stück auf. Überlegt euch dazu, wo die Personen sich befinden (z.B. in der Küche, im Wohnzimmer), wie sie sich bewegen, welche Gestik und Mimik sie verwenden, mit welcher Stimme und Betonung sie sprechen.

▸▸ **Seite 255 f.**
Szenische Texte untersuchen
LS „Umgang mit literarischen Texten“

Papas Neue – Veränderungen in der Familie

Suzan Zeder

Dreh dich nicht um I

Personen:
Tutti Murphy, 10 Jahre altes Mädchen
Stimme, Tuttis Alter Ego
Max Murphy, ihr Vater, ungefähr 37
Lucille Murphy, ihre Stiefmutter, ungefähr 35

Tutti, Max und Lucille sind auf der Bühne.

Stimme Rotes Licht!

Alle erstarren.

Stimme Tutti Murphy war immer ein liebes kleines Mädchen. Grünes Licht!

Für einen Moment erwachen alle wieder zum Leben. Max und Tutti gehen ein paar Schritte aufeinander zu.

Stimme Rotes Licht!

Alle erstarren.

Stimme Ihre Mutter starb, als Tutti gerade vier Jahre alt war und alle hatten solches Mitleid mit ihr. Sie sagten: „Ach, du armes kleines Mädchen!“, und sie steckten ihr kleine Tösterchen aus Süßigkeiten zu und gaben ihr Unmengen von Geschenken. Tutti lebte zusammen mit ihrem Vater, Max Murphy, dem Chef von Murphy's Entrümpelungs- und Recyclingfirma. Grünes Licht!

Während der nächsten Sätze spielen Max und Tutti Fangen.

Tutti Du bist!

Max Poch, poch ...

Tutti Wer da?

Max Banane.

Tutti Banane wer?

Max Poch, poch ...

Tutti Wer da?

Max Banane.

Tutti Banane wer?

Max Poch, poch ...

Tutti Wer da?

Max Apfelsine.

Tutti Apfelsine wer?

Max Apfelsine, bist du froh, dass ich nicht Banane gesagt habe?

Stimme Rotes Licht!

Alle erstarren.

Stimme Sechs Jahre lang spielten sie Fangen und gingen zum Bowling; sie aßen Fertiggerichte und spielten Baseball und waren sehr glücklich. Grünes Licht!

Tutti und Max spielen pantomimisch Baseball.

Max Hör mal zu, Zwergling, ich habs dir schon hundertmal gesagt, du musst den Ball im Auge behalten.

Er wirft einen imaginären Baseball, Tutti schlägt, Max verfolgt den Ball mit den Augen und erblickt Lucille.

Max Fantastisch!

Stimme Rotes Licht!

Alle erstarren.

Stimme Vor ungefähr zwei Monaten war Tutti in einem Ferienlager und Papa traf eine hübsche Dame, die Musik unterrichtete. Grünes Licht!

Tutti und Max umarmen sich zum Abschied. Tutti klettert auf ihre Leiter und kratzt sich am Po; sie schreibt pantomimisch.

Tutti Lieber Papa, heute waren wir im Wald zelten und rate mal, wo ich Gifteféu gefunden habe …

Max geht auf Lucille zu.

Max *schüchtern* Hallo, ich heiße Max. Max Murphy.

Lucille Guten Tag, Max. Mein Name ist Lucille.

Stimme Rotes Licht!

Alle erstarren.

Stimme Und Papa mochte Lucille gern und Lucille mochte Papa gern. Grünes Licht!

Tutti bindet sich ein Tuch über die Augen.

Tutti Lieber Papa, ich kann heute nicht schwimmen gehen, weil ich eine Augenentzündung habe.

Stimme Tutti kam aus dem Ferienlager zurück, und ihr ganzes Leben war vollkommen verändert.

Tutti, Max und Lucille spielen Blindekuh.

Tutti 5, 4, 3, 2, 1 … Ich komme!

Max Hier sind wir!

Tutti Wo? Wird es wärmer?

Max Nein, eiskalt.

Tutti Jetzt wärmer?

Stimme Rotes Licht!

Alle erstarren.

Stimme Papa und Lucille heirateten. Grünes Licht!

Max und Lucille stellen sich als Brautpaar auf. Sie wechseln Ringe und küssen sich.

Tutti Ich habe gefragt, ob es wärmer wird! He, Papa, wo hast du …

Tutti nimmt das Tuch von den Augen und sieht, wie sie sich küssen. Sie schlägt die Hände vors Gesicht und kichert.

Stimme Rotes Licht!

Alle erstarren.

Stimme Alles war jetzt anders. Lucille kochte ausgewogene Mahlzeiten mit Gemüse. Sie hielt das Haus in Ordnung und nähte an Tuttis Sachen die Knöpfe an. Papa mochte Lucille sehr, und er wollte, dass Tutti sie genauso gerne mochte, aber irgendwo tief innen drin in Tuttis Kopf sagte diese kleine Stimme immerzu … Sieh mal, wie hübsch sie ist …

Tutti Sieh mal, wie hübsch sie ist.

Stimme Sieh mal, wie adrett sie ist …

Tutti Sieh mal, wie adrett sie ist.

Stimme Papa mag sie lieber als dich.

Tutti Nein!

Stimme O doch!

Tutti dreht sich weg.

1. Beschreibt Tuttis Situation und erklärt ihre Gefühle.
2. Welche Funktion hat die „Stimme"? Inwiefern ergänzen sich Stimme und die anderen Darsteller gegenseitig?
3. Spielt die einzelnen Abschnitte pantomimisch nach.

Seite 255 f.
Szenische Texte untersuchen
LS „Umgang mit literarischen Texten"

Umgang mit Texten/Medien

Sprechen und Zuhören

Stiefmutter – Was ist eine gute Mutter?

Suzan Zeder

Dreh dich nicht um II

Lucille Jutta, würdest du mir helfen, wenn ich dich darum bäte?

Tutti Ich habe mein Zimmer nicht aufgeräumt.

Lucille Das sehe ich, aber davon spreche ich jetzt nicht. Ich möchte, dass du mir bei etwas anderem hilfst.

Tutti Mh! Ich kann mir nicht vorstellen, was ich dir helfen könnte.

Lucille *vorsichtig* Weißt du, ich hatte nie Kinder … und ganz oft weiß ich nicht, was man von einer Mutter erwartet. Deshalb möchte ich, dass du mir hilfst.

Tutti Und woher soll ich das wissen? Ich hatte nie so richtig eine Mutter, jedenfalls erinnere ich mich nicht besonders gut daran.

Lucille Vielleicht könnten wir uns gegenseitig helfen.

Tutti zuckt die Achseln.

Lucille Weißt du, meine Mutter war sehr streng. Ich musste jeden Tag mein Zimmer aufräumen und meine Gesangsübungen machen, und ich habe sie sehr lieb gehabt.

Tutti Sie war deine richtige Mutter.

Lucille Ja.

Tutti Das ist etwas anderes. Seine richtige Mutter und seine richtigen Kinder muss man lieb haben.

Lucille Aber man kann sich dafür entscheiden, seine Stiefkinder lieb zu haben.

Tutti Aber keiner kann dich dazu zwingen.

Lucille *nach einer Pause* Das stimmt.

Tutti Also, ich kann dir ein paar Sachen sagen, die Mütter nicht machen sollten. Sie sollten nicht versuchen, ihre Kinder anders zu machen als sie sind. Wenn sie unordentlich sind, sollten sie nicht versuchen, sie ordentlich zu machen. Und Mütter sollten ihre Kinder nicht um halb neun ins Bett schicken, vor allem, wenn es im Fernsehen einen guten Film gibt.

Lucille Aber wenn die Mutter möchte, dass das Kind gesund bleibt und genügend Schlaf bekommt?

Tutti Hast du nicht gesagt, ich soll dir helfen?

Lucille Entschuldigung.

Tutti Mütter sollten ihre Kinder lieb haben, egal wie sie sind. Selbst wenn ein Kind doof und albern ist und wie ein Gorilla aussieht; die Mütter müssen ihnen das Gefühl geben, dass sie schön sind.

Lucille Aber was ist, wenn … das Kind die Mutter nicht lässt …

Tutti Die Mütter müssen anfangen! Das ist so!

Lucille Tutti … ich …

Tutti *dreht sich weg* Was gibts zum Abendbrot?

Lucille Hm?

Tutti Ich hab Hunger. Was gibts zum Abendbrot?

Lucille Ich wollte Filet Stroganoff machen.

Tutti Was ist das?

Lucille Das ist Rindfleischgeschnetzeltes mit saurer Sahne und …

Tutti Saure Sahne!!!! Iiiiihhhhh!!! Mütter sollten ihre Kinder niemals zwingen, saure Sahne zu essen! *Tutti fasst sich an den Hals und würgt sich.*

Lucille *lacht* Du musst es mal probieren.

Tutti Ich weiß was, ich könnte doch heute Abend kochen. Früher haben wir das immer gemacht. Papa und ich, wir hatten so ein ganz tolles Spiel. Wir haben ein paar Fertiggerichte gekocht und dann haben wir uns Tücher vor die Augen gebunden und geraten, was wir essen.

Max *kommt herein* Hat hier jemand was von „Essen" gesagt?

Lucille Ich habe eine großartige Idee! Wir gehen heute Abend aus! […]

Lucille, Max und Tutti beschließen, essen zu gehen und danach Bowling zu spielen. Tutti freut sich darüber, obwohl sie am liebsten mit Max alleine spielen würde.

Stimme Rotes Licht!

Tutti erstarrt.

Stimme Du wirst doch wohl nicht auf dieses Gesülze hereinfallen?

Tutti Hä?

Stimme Na dieses „Hilf mir, eine Mutter zu sein" – Gesülze.

Tutti Naja …

Stimme Stiefmütter sagen so was immer, … um einen einzulullen. Aber sie meinen es nicht ehrlich. Und jetzt geht sie mit euch zum Bowling. Und wenn du es ihr beigebracht hast, weißt du, was dann passiert? Sie geht mit Papa, und du bleibst zu Hause … alleine. Grünes Licht!

1 Stellt Vermutungen an, warum die Stiefmutter Tutti um Tipps bittet, wie eine Mutter sein sollte.

2 Welche Tipps gibt Tutti? Wie sollte eurer Meinung nach eine gute Mutter sein? Wie ein guter Vater?

3 In Märchen wie z. B. Aschenputtel oder Schneewittchen sind die Stiefmütter immer böse und missachten die Stiefkinder. Wie sind eure Erfahrungen mit Stiefmüttern und Stiefvätern?

4 Spielt diese Szene nach. Verändert dabei die Stimmung zwischen Lucille und Tutti. Spielt mal eine freundliche Begegnung und mal eine genervte. Wie ändern sich dann Stimme, Körperhaltung und Mimik?

Umgang mit Texten/Medien

Sprechen und Zuhören

„Mama meint es doch gut mit dir" – Übertriebene Mutterliebe

Gustav Ernst

Mamas Liebling

Sohn sitzt da. Mutter sitzt da und schaut ihn an. Mutter steht auf und nestelt an ihm herum – Haare richten, Kragen richten, Fleck im Gesicht wegputzen usf.
Sie setzt sich wieder und schaut ihn an. Sie steht auf und nestelt. Sie setzt sich wieder. Er will sich einen Apfel schälen.

Mutter Gib her da, du schneidest dich nur!

Sie schält ihm den Apfel. Er isst.

Mutter Nicht so hastig! Nicht solche Brocken hinunterschlucken! Beißen! Sonst hast wieder Bauchweh!

Er isst langsam. Er hat Saft an den Fingern. Er hält die Finger weg, sucht etwas zum Abwischen.

Mutter Wisch dir die Finger nicht wieder im Tischtuch ab!

Sie gibt ihm schnell ein Taschentuch. Er wischt sich die Finger im Taschentuch ab. Er lässt das Taschentuch fallen, springt auf und spielt damit Fußball. Mutter versucht, das Taschentuch zu erwischen. Sohn überdribbelt sie.

Mutter Hör auf, sonst schwitzt wieder und verkühlst dich!

Sie nimmt das Taschentuch. Er geht zum Fenster.

Mutter Geh vom Fenster weg, da ziehts!

Er will sich eine Schallplatte auflegen.

Mutter Lass das! Ich mach das schon! Du weißt, wie heikel der Papa ist!

Sie legt die Schallplatte auf. Er will sich ein Glas Wasser einschenken.

Mutter Gib her da! Du schüttest mir eh alles an! *Sie schenkt ihm ein Glas Wasser ein.* Nicht so schnell! Du kriegst Halsweh! Du weißt, wie empfindlich du bist!

Er setzt sich wieder in den Sessel.

Sohn Mia is koit!

Mutter Mir ist kalt, heißt das!

Er will aufstehen und sich etwas zum Anziehen holen.

Mutter Bleib sitzen! Du bringst mir eh wieder den ganzen Kasten durcheinander!

Sie bringt ihm verschiedene Kleidungsstücke, die sie ihm nacheinander anzieht.

[...]

Sie fährt einen elektrischen Ofen her.

Sohn Mia is eh nimma koit.

Sie bringt Decken und wickelt ihn damit ein.

Sohn Mia is eh nimmer koit.

Er sitzt. Sie schaut ihm zu, nestelt an ihm.

Mutter Hast du keinen Hunger?

Er verneint.

Mutter Ob du keinen Hunger hast, frag ich!

Sohn Naa!

Mutter Nein, heißt das! Aber du hast ja noch gar nichts gegessen!

Sohn An Opfe.[2]

Mutter Du musst etwas Anständiges essen! *Sie schleppt Esswaren heran.*

[2] *Einen Apfel!*

Sohn I wü nix essn. I scheiß aufs Essn.

Mutter Versündig dich nicht!

Sohn I speib da ollas au do![3]

Mutter Red anständig! Und iss!

Sohn I schwitz wi a Off![4]

Sie legt ihm die Hand auf die Stirn.

Mutter Du wirst ja nicht krank werden!

Sie will ihm ein Fieberthermometer unter die Achsel schieben, er wehrt sich.

Sohn I hob ka Fiaba, mia is nua haß! I hob ka Fiaba, mia is nua haß!

Sie besiegt ihn. Sie steckt ihm das Fieberthermometer unter die Achsel. Er schwitzt. Sie schaut ihm zu.

Mutter Gut schaust du nicht aus!

Sohn Weu ma haß is!

Mutter Wahrscheinlich hast du doch ein Fieber! *Sie nimmt das Thermometer heraus.* Fieber hast du keins. Aber ich mach dir trotzdem einen Kamillentee, sicherheitshalber.

Sohn Ned scho wieda wos Haßes!

Mutter Bisschen Kamillentee kann nicht schaden!

Sohn I wü kan Kamündee! I scheiß aufn Kamündee!

Mutter Red anständig!

Er will die Decken wegstoßen.

Sohn I wü kane Deckn! I scheiß auf de Deckn!

Sie hält die Decken fest und ihren Sohn auch.

Mutter Du isst jetzt!

Sie will ihn schoppen[5]. Er hält den Mund zusammengepresst.

Mutter Mund auf! Mund auf!

Sohn Naa!

Sie steckt ihm sofort etwas in den offenen Mund.

Mutter Du bist im Wachsen! Du musst essen!

Er streckt die Hände heraus. Sie schlägt ihm drauf.

Mutter Ich geb dir schon! Du patzt dich eh nur an![6]

Er schlägt um sich. Er will aus der Decke heraus.

Mutter Sitzen bleiben beim Essen!

Sohn Mid mia ned! mid mia ned! mid mia ned!

Immer, wenn er „Mid mia ned" sagt, schiebt ihm die Mutter einen Bissen in den Mund. Sie hält ihm den Mund zu, weil er den Bissen ausspuckt. Sie schoppt ihn. Bis er brav isst, keinen Widerstand mehr leistet.

Mutter Deine Mama meint es doch gut mit dir, du kleines, kleines Dummerchen!

[3] *Ich kotze dir alles voll da!*

[4] *Ich schwitze wie ein Affe!*

[5] *füttern*

[6] *Du bekleckerst dich eh nur!*

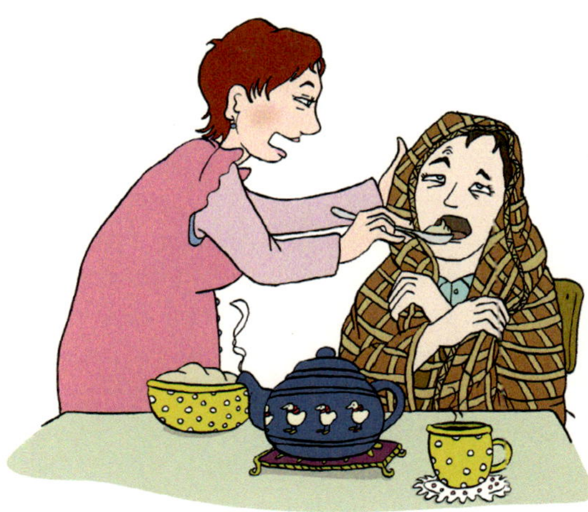

1. Beschreibt das Verhalten der Mutter.
2. Während der Junge von seiner Mutter gefüttert wird, denkt er über seine Situation nach. Schreibt diese Gedankenrede.
3. Der Vater kommt nach Hause. Wie verhält er sich?
4. Besorgt euch die passenden Requisiten oder spielt die einzelnen Abschnitte pantomimisch nach.

▸▸ **Seite 26**
UV „Ich-Suche"

Vater und Tochter – Liebe zwischen Eltern und Kindern

Lilly Axster

Tochtertag

Jennys Vater Max wartet auf seine Tochter, denn sie wollen zusammen Jennys Geburtstag feiern. Jennys Eltern sind geschieden. Während Max auf Jenny wartet, spielt er, wie sie gleich zusammen reden werden. Ein Schauspieler soll also beide Rollen (Max und Jenny) spielen.

Jenny Papa, kann ich mir zum nächsten Geburtstag etwas wünschen? Max!

Max Was denn?

Jenny Dass wir alle zusammen feiern. Dann bist du nicht alleine und Mama auch nicht. Ich kann ja nicht überall gleichzeitig sein.

Max Hast du erwartet, Jenny, dass wir uns extra für heute wieder vertragen? Deine Mutter und ich haben beide gefunden, dass –

Jenny Habt ihr doch miteinander geredet?

Max Jenny, bitte!

Schweigen.

Jenny Papa, weißt du, dass es Väter gibt, über die man gar nichts Genaues weiß?

Max Ja.

Jenny Wieso weiß man über die nichts Genaues?

Max Weil sie sich nie blicken lassen vielleicht. Oder nur arbeiten. Oder nicht mit ihren Kindern reden. Oder nichts sagen, wenn sie reden. Oder nichts zeigen von sich und dann ein Geheimnis draus machen.

Jenny Du antwortest immer so kompliziert.

Max Das ist kompliziert.

Jenny Aber man weiß doch, wie sie heißen, wo sie wohnen und ob sie gesund sind. –

Max Jenny, hör mir zu –

Jenny hält sich die Ohren zu.

Jenny Jenny, du …

Jenny hält sich die Ohren zu.

[…]

Jenny Habe ich als Baby die ganze Zeit geschrien oder war ich manchmal still? Max? Papa!

Max Was?

Jenny Habe ich als Baby die ganze Zeit geschrien oder war ich manchmal still?

Max Alle Babys schreien.

Jenny Was hast du dann gemacht?

Max Ich habe dich geschunkelt in deinem Bett, das hatte Rollen, hin- und hergeschunkelt. Ewig. Immer abwechselnd mit deiner Mutter.

Jenny Seid ihr nie eingeschlafen?
Max Manchmal.
Jenny Und bei meiner Geburt?
Max Das kennst du doch schon, Jenny.
Jenny Bitte.
Max Deine Mutter und ich dachten schon, du kommst nicht mehr. Willst gar nicht raus aus der Gebärmutter. Die im Krankenhaus wollten die Geburt einleiten, weil du einfach nicht gekommen bist. Aber wir haben beschlossen, auf dich zu warten.
Jenny Und dann seid ihr beide eingeschlafen.
Max Richtig.
Jenny Und dann bin ich ganz plötzlich auf die Welt gekommen.
Max So ungefähr, ja. Da bin ich. Guten Tag. Ich bin euer Kind. Wir dachten schon, du kommst nicht mehr.
Jenny Jetzt bin ich da.
Max Hurra!
Jenny Bin ich nicht zu spät?
Max Du bist genau richtig.

1 Jenny fragt: „Papa, weißt du, dass es Väter gibt, über die man gar nichts Genaues weiß?" Max nennt dafür Gründe. Findet weitere Erklärungen.

2 Nennt Möglichkeiten, wie Kinder trotz der Scheidung ihrer Eltern ein gutes Verhältnis zu beiden aufbauen können. Was müssen Eltern und Kinder dazu beitragen?

3 Jenny hört gern Geschichten von ihrer Geburt und ihrer Babyzeit. Überlegt, warum das so ist. Erzählt, was ihr über eure Babyzeit wisst.

4 Hättet ihr als Erwachsene gerne Kinder? Begründet eure Meinung. Fragt eure Eltern, warum sie sich Kinder wünschten.

Impulse zur Weiterarbeit

- Informiert euch über Theateraufführungen für Jugendliche in eurer Nähe und besucht eine Vorstellung.

- Täglich erlebt ihr Familiensituationen. Schreibt selbst kurze Szenen, in denen ihr die Beziehung der Familienmitglieder zueinander darstellt. Themen könnten ein Streit unter Geschwistern, Vorbereitung zu einem Familienausflug oder ein Gespräch zwischen Kind und Eltern über eine Party sein.

- Wie wünscht ihr euch eine Familie? Entwerft eure Idealfamilie jetzt oder in Zukunft, indem ihr die Mitglieder zeichnet und mit einem Steckbrief verseht, aus dem Alter, Beruf, Hobbys, Charakter usw. hervorgehen. Auch für diese Familie könntet ihr kleine Szenen schreiben.

- Familie heute in Deutschland. Informiert euch, wie viele Kinder heute in Eltern-Kinder-Familien, in Mutter-Kind-, in Vater-Kind- oder in Patchwork-Familien leben. Wie viele Kinder wachsen als Einzelkind auf? Wie viele Familien gibt es mit vier oder mehr Kindern? Informiert euch in eurer Stadt über Beratungsstellen für Familien und für Kinder, die Schwierigkeiten mit ihren Familien haben.

Geld regiert die Welt – Sachtexten Informationen entnehmen

„Das Geld ist eines der großartigsten Werkzeuge der Freiheit, die der Mensch erfunden hat."
(Friedrich August von Hayek)

„Geld fällt nicht vom Himmel. Man muss es sich hier auf Erden verdienen."
(Margaret Thatcher)

„Geld allein macht nicht glücklich." *(alte Volksweisheit)*
„Wer den Pfennig nicht ehrt, ist des Talers nicht wert." *(alte Volksweisheit)*
„Ein reicher Mann ist oft nur ein armer Mann mit sehr viel Geld." *(Aristoteles Onassis)*

Im Einzelnen

- verknüpft ihr Bild und Text
- wertet ihr Sachtexte und Tabellen aus
- erstellt ihr Tabellen
- lernt ihr Textabsichten erkennen
- bezieht ihr unterschiedliche Texte aufeinander

Woher kommt das Geld? – Bild und Text verknüpfen

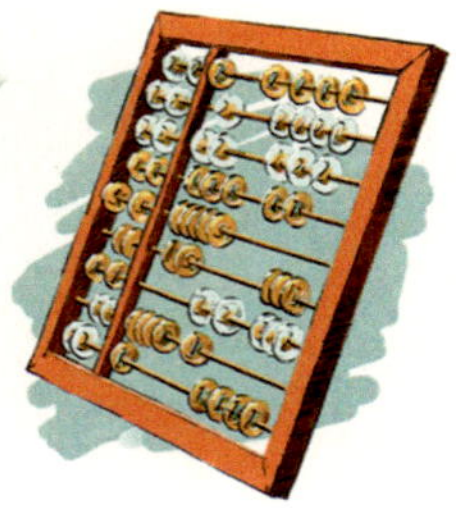

Geld [von althochdeutsch *gelt* „Zahlung, Vergütung", heutige Bedeutung seit dem 14. Jh.]: allgemeines Tauschmittel, das durch seine [Aufgabe], gegen alle Waren austauschbar zu sein, in einer arbeitsteiligen Wirtschaft unentbehrlich für die Vermittlung der Tauschakte ist. Diese [Aufgabe] setzt voraus, dass das jeweilige Geld auch allgemein als Zahlungsmittel anerkannt wird. Diese Anerkennung wird durch die Festlegung gesetzlicher **Zahlungsmittel** gesichert. Darüber hinaus [dient] Geld auch **1. als Recheneinheit,** indem die Geldeinheit das gemeinsame Maß ist, in dem alle anderen Güter gemessen werden. Der in Geldeinheiten ausgedrückte Wert ist der Preis, zu dem ein Gut im wirtschaftlichen Verkehr veranschlagt wird. Geld als Recheneinheit gestattet es, die Werte der verschiedensten Güter miteinander zu vergleichen; **2. als Wertspeicherungsmittel,** da seine allgemeine Anerkennung als Tauschmittel es ermöglicht, mit ihm [...] Werte aufzubewahren. Werte, die durch Geld [vertreten] werden, können zu jedem beliebigen Zeitpunkt verbraucht werden. [...]

Was war vor dem Geld?

Es gab tatsächlich Zeiten, zu denen die Menschen Ware gegen Ware tauschten. Vielleicht eine Axt gegen einen Hirsch oder ein Fell gegen einen Holzkamm. Klar, so war das vor etlichen tausend Jahren in der Steinzeit. Dieser so genannte Naturaltausch brachte jedoch für die Tauschpartner Schwierigkeiten mit sich. Waren mussten transportiert und die richtigen Tauschpartner gefunden werden. [...] Wegen dieser und vieler anderer Schwierigkeiten des Naturaltauschs – wer legt denn bitte schön fest, dass ein Holzkamm ein Fell wert ist? – erfand man das Naturalgeld. Das waren bestimmte Gewürze, Schmuckgegenstände oder beispielsweise Muscheln. Das erste Geld war erfunden. Der klare Vorteil: Der Wert der Tauschgegenstände war allgemein bekannt und anerkannt. Naturalgeld war in der Regel leicht transportierbar, teilbar und konnte gut aufbewahrt werden. Der Wert zu tauschender Güter konnte durch das Naturalgeld leichter verglichen werden. [...] Bis ins 15. Jahrhundert gab es in Europa den Handel mit Naturalgeld. In wirtschaftlich unsicheren Zeiten wurde auch im Deutschland des 20. Jahrhunderts immer wieder auf Naturalgeld zurückgegriffen. So tauschte man Zigaretten gegen alles, was man damals brauchte. Im Mai 1947 gab es für acht Zigaretten ein Stück Seife. [...] Als Erfinder des „richtigen" Geldes gelten die Sumerer, die früheren

Bewohner Mesopotamiens, des heutigen Irak. Im dritten Jahrtausend vor Christus nahmen sie Metall als Rechnungseinheit, um den Tausch von Gütern zu vereinfachen. Nun konnte man alle Preise vergleichen und in Zahlen ausdrücken, nämlich mit dem Verhältnis zum Metall. Die ältesten Münzen [...] sind ungefähr 2 650 Jahre alt. Sie stammen von den Lydern, die in Kleinasien lebten. Babylonier, Ägypter, Griechen und Römer verfügten ebenfalls über geprägtes Metallgeld. Die Erfindung des Münzgeldes war ein großer Fortschritt für den Handel. Münzen aus Edelmetall besaßen den Vorteil der Wertbeständigkeit gegenüber allen anderen Tauschgegenständen. Aber! Teure Ware – viele Münzen. Totschleppen war beim Kauf teurer Ware angesagt. Also musste etwas Leichteres her. Logo: Geldscheine! [...] Marco Polo fand auf seinen Reisen im Jahr 1276 erstmals kaiserlich-chinesische Banknoten aus Papier.

Der Kreislauf des Bargeldes

Wenn das Geld gedruckt und geprägt ist, wird es in Deutschland in großen Paketen an die neun Hauptverwaltungen der Deutschen Bundesbank geliefert. Hier und bei den Filialen der Deutschen Bundesbank versorgen sich die Kreditinstitute, also die Banken und Sparkassen, mit Banknoten und Münzen. Von diesen holen sich die Familien das benötigte Bargeld, das zuvor als Lohn oder Gehalt bargeldlos auf ihr Bankkonto überwiesen und als Bankguthaben geführt worden ist. Sie geben dieses Geld im Laufe eines Monats für viele Dinge des täglichen Bedarfs wie Lebensmittel, Kleidung oder Kosmetika aus. So sammelt es sich schließlich in den Kassen der Händler, Handwerker, Verkehrsbetriebe oder der Gastwirte. Von hier aus gelangt das meiste Bargeld wieder zu den Sparkassen und Banken, wo sich auch das Geld befindet, das die Familien zunächst nicht ausgeben, sondern für größere Anschaffungen sparen wollen. Die Banknoten und Münzen verschwinden auf diese Weise wieder aus dem Zahlungsverkehr. Auch die Kreditinstitute behalten das eingezahlte Bargeld nur zu einem kleinen Teil. Was sie nämlich nicht für Auszahlungen brauchen, deponieren sie bei der Deutschen Bundesbank. Innerhalb eines Jahres kehrt so jeder Geldschein durchschnittlich dreimal zur Bundesbank zurück. Der Kreis hat sich geschlossen.

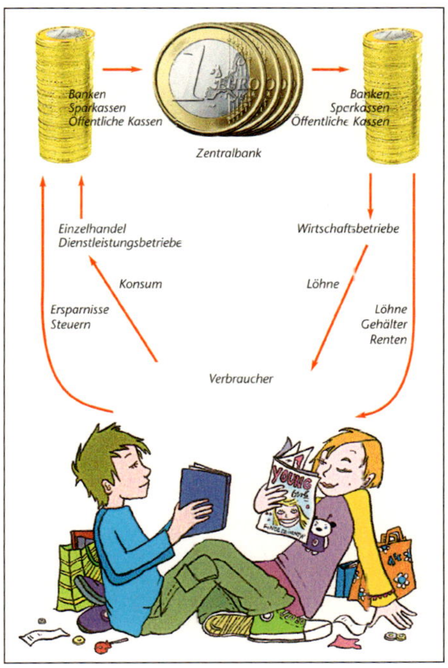

1. Erklärt die Grafik und Bilder mithilfe der Texte.
2. Erstellt mithilfe des zweiten Textes eine Übersicht über die Geschichte des Geldes.
3. Überlegt, wie unser Alltag aussehen würde, wenn es kein Bargeld mehr gäbe.

Seite 201 f.
Textstrukturen erkennen
LS „Lesestrategien, Lesetechniken“

Das eigene Geld – Sachtexte und Tabellen auswerten

Welche Geldgeschäfte Kinder und Jugendliche zwischen 7 und 18 Jahren mit oder ohne Erlaubnis ihrer Eltern tätigen dürfen, regelt der so genannte „Taschengeldparagraph" im Bürgerlichen Gesetzbuch (BGB). Sie dürfen danach nur solche Käufe tätigen, die sie mit ihrem frei verfügbaren Taschengeld bezahlen können. Andere Käufe können die Eltern, wenn sie nicht vorher ihre Zustimmung zum Geschäft erteilt haben, rückgängig machen.

§110 BGB „Taschengeldparagraph"

„Ein von dem Minderjährigen ohne Zustimmung des gesetzlichen Vertreters geschlossener Vertrag gilt als von Anfang an wirksam, wenn der Minderjährige die vertragsmäßige Leistung mit Mitteln bewirkt, die ihm zu diesem Zwecke oder zu freier Verfügung von dem Vertreter oder mit dessen Zustimmung von einem Dritten überlassen worden sind.

Als Mittel kommen alle Vermögensgegenstände in Frage, wobei die Hauptfälle das Taschengeld und das dem/der Minderjährigen überlassene Arbeitseinkommen sind."

Wie viel Taschengeld bekommt ihr?

Es gibt keine festgelegte Norm für die Höhe des Taschengeldes, jedoch Empfehlungswerte:

Alter/Jahre	**Euro**/pro Monat
unter 6	2 – 4
6 – 7	6 – 12
8 – 10	8 – 16
11 – 12	12 – 20
13 – 14	16 – 24
15 – 16	25 – 35
17 – 18	30 – 50

Quelle: recht.jugendhilfe-cottbus.de

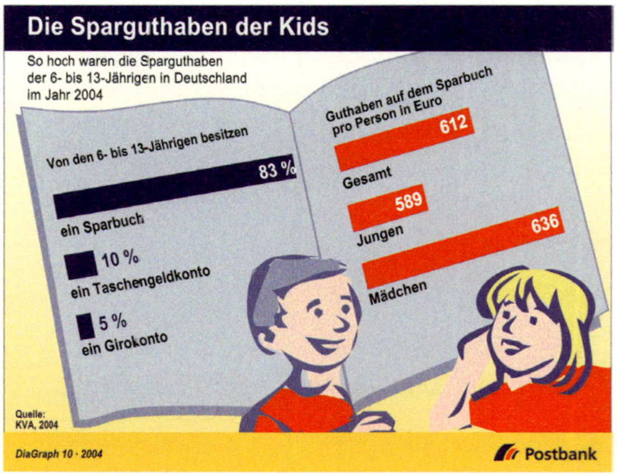

Weitere Möglichkeiten, an Geld zu kommen: Jobs

Bei der Jagd auf den Ferienjob gibt es einiges zu beachten. Das Jugendarbeitsschutzgesetz gibt die Regeln vor. Dahinter steht die Befürchtung, Kindern und Jugendlichen könnte frühzeitige und zu schwere Arbeit schaden. Deswegen ist in Deutschland Kinderarbeit generell verboten.

Wer unter 15 Jahre alt ist und noch zur Schule geht, darf laut Gesetz nicht arbeiten, denn er gilt als Kind. Ausnahmen sind: Zeitungen austragen, in der Landwirtschaft aushelfen, babysitten, Arbeit beim Film, Theater oder in der Werbung. Und auch das nur maximal zwei Stunden täglich. Denn durch seine Arbeit darf ein Jugendlicher weder seine Gesundheit gefährden noch seinen Schulbesuch behindern. Ausnahmen gibt es auch nicht während der Schulferien.

Erfahrungsbericht eines Zeitungsausträgers

Das Erste, was einem einfällt, wenn man schnell und einfach an Geld kommen möchte, ist der Weg zu einer der zahlreichen (Werbe-)Zeitungen, die wöchentlich die Briefkästen tausender Haushalte zieren. […]

Beispiel Sonntagszeitung: Für 20 Packen reinste Werbezeitschrift, etwa 500 Zeitungen, benötigt ein Profi auf dem Gebiet des Zustellens etwa zwei Stunden. Dienstbeginn ist sieben Uhr, denn bis spätestens zehn Uhr müssen alle Zeitungen in den Briefkästen des jeweiligen Gebietes stecken. Bei zwei Stunden Arbeit hat man somit etwa 50 Mehrfamilienhäuser aufgeschlossen und wunderschöne, schwarze Fingerkuppen, die besonders im Winter die Angewohnheit haben, den Tastsinn zu verlieren. Wer beim Zustellen Spaß erhofft oder denkt, an der frischen Luft zu arbeiten wäre schön, der irrt. Kommt man erst einmal in ein Haus hinein und schleppt sich im Halbschlaf die Treppen hinauf zu den oftmals schon voll gestopften Briefkästen, wird man feststellen, dass nicht nur das Gewicht der Zeitungen erdrückend ist, sondern auch der zum Teil erbärmliche Gestank des Hausflures.

Hat man dann endlich die Tour geschafft und kommt völlig erschöpft nach Hause, hat man 10,– EUR verdient. Steuerfrei. Das heißt also zwei Cent pro Zeitung.

1. Beschreibt die Tabelle und die Grafik mit eigenen Worten. Vergleicht deren wesentliche Aussagen mit eurem monatlichen Taschengeld und Sparguthaben.
2. Überlegt euch mithilfe der Texte, warum für Jugendliche in eurem Alter sowohl beim Arbeitsrecht als auch beim Umgang mit Geld gesetzliche Sonderregelungen gelten.
3. Welche zusätzlichen Einnahmequellen neben eurem Taschengeld habt ihr?

Was man sich mit Geld alles kaufen kann – Tabellen erstellen und auswerten

▶▶ Seite 287 ff. Diagramme auswerten
LS „Lern- und Arbeitstechniken"

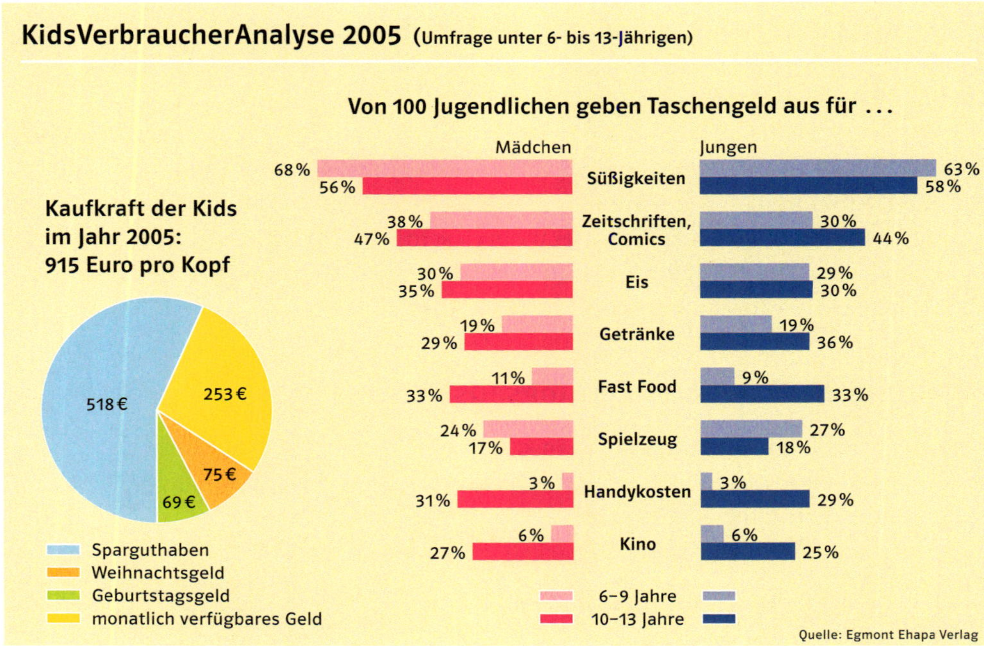

Liebe Omi, *Hamburg, 14. Mai 2006*

vielen Dank für das Buch und deine tolle Karte mit den 50 Euro. Ich habe das Buch schon angefangen zu lesen und ich weiß auch, was ich mit dem Geld mache. Ich habe noch mehr Geld bekommen, insgesamt über 400 Euro. Für 259 Euro habe ich mir richtig gute Inliner gekauft, damit ich endlich auch draußen mitfahren kann. Jetzt habe ich noch 150 Euro und meine Eltern sagen, ich soll das Geld sparen. Ein Freund von mir spart sein Konfirmationsgeld, damit er in vier Jahren seinen Führerschein machen kann. Ich will mir aber lieber ein neues Computerspiel kaufen oder Sachen für meine Modelleisenbahn. Carsten, der Sohn unserer Nachbarn, hat sich einen nagelneuen Computer für 1000 Euro gekauft. Er will immer das Beste haben, dabei war sein alter Computer viel schneller als meiner. Er musste sich sogar noch 300 Euro von seinen Eltern leihen!

Ich überlege es mir noch mal, was ich mit dem Geld machen werde.

Alles Liebe wünscht dir
Christopher

Kinder und Konsum

Expertin im Studio: Prof. Dr. Edda Müller, Verbraucherzentrale Bundesverband e.V.

Kinder mögen Werbung, vor allem im Fernsehen. Rund zwei Stunden verbringen Kinder und Jugendliche zwischen 6 und 16 Jahren heute im Durchschnitt vor der Flimmerkiste (Quelle: Deutsche Gesellschaft für Ernährung, Ernährungsbericht 2000).

Zwischen Kinderspielshows, Zeichentrick- und Actionserien kämpfen die Hersteller mit ihren Spots hart um Marktanteile für Lebensmittel bzw. Süßwaren, Spielzeug, CDs und trendige Markenartikel. Die Werbebotschaften verfehlen nicht ihr Ziel: Untersuchungen und Studien belegen, dass die Kaufwünsche der Kinder werbegeprägt sind.

Die Heranwachsenden gelten mittlerweile als Konsum- und Markenprofis. Die Wirtschaft freut das, zumal die Sprösslinge im Besitz beachtlicher finanzieller Mittel sind. Laut Kids-Verbraucher-Analyse (KVA) 2003 verfügen die etwa 11 Millionen Mädchen und Jungen in Deutschland im Alter von 6 bis 19 Jahren jährlich über mehr als 20 Milliarden Euro. Damit dieses Geld zielgerichtet ausgegeben wird, schafft die jugendlich gestylte Werbung ausgeprägte Vorlieben für bestimmte Marken und Produkte und vermeintlich dringende Kaufwünsche.

Verschuldung unter Kindern und Jugendlichen ist mittlerweile keine Seltenheit mehr. Viele Grundschüler leihen sich Geld bei Familie oder Freunden, Jugendliche greifen zu schnellen Bankkrediten – und zurückgezahlt wird immer weniger.

Insbesondere Handys sind oft der Einstieg in die Schuldenfalle, denn sie stehen noch immer ganz oben auf der Wunschliste vieler Kinder und Jugendlicher. Ein bewusster Umgang mit Werbung, die Auseinandersetzung mit dem eigenen Kaufverhalten und eine realistische Einschätzung der eigenen finanziellen Möglichkeiten helfen, Geldprobleme oder Verschuldung zu vermeiden.

http://www.daserste.de/moma/servicebeitrag_dyn~uid,7f3l4gt3vrq90tah~cm.asp

1. Erstellt eine Tabelle, in die ihr mit Schätzwert eintragt, wofür ihr monatlich euer Taschengeld ausgebt. Vergleicht eure Ergebnisse mit der Statistik.

2. Welche Rolle beim Geldausgeben spielen – prozentual gesehen – Kleidung (inkl. Schuhe) und das Handy in eurer Klasse?

3. Stellt euch vor, jeder von euch hätte wie Christopher 400 Euro zur freien Verfügung.
   - Tauscht euch darüber aus, was ihr mit diesem Geld machen würdet.
   - Erstellt eine tabellarische Übersicht, der zu entnehmen ist, wofür ihr in der Klasse am ehesten das Geld ausgeben würdet.

Geld sparen, Geld vermehren, Geld verlieren – Textabsichten erkennen

Bestimmt sind in deiner Spardose schon einige Münzen oder sogar Scheine drin.

Dann wird's höchste Zeit! Komm bei uns vorbei und lass dein Sparschwein leeren. Schließlich kann sich das Geld nur auf dem Sparbuch vermehren.

Außerdem gibt's für jeden fleißigen Sparer nicht nur Zinsen, sondern auch ein tolles Geschenk. Lass dich überraschen!

http://www.leutkircher-bank.de

Das Sparbuch

Wer sein überschüssiges Geld nicht in ein Sparschwein steckt, der bringt es in der Regel auf sein Sparbuch. Das hat Vorteile, weil es dort nicht nur sicher ist, sondern sich auch durch Zinsen „vermehrt". Um ein Sparbuch zu eröffnen, muss man ein Formular ausfüllen, das auch von den Eltern unterschrieben werden muss. In dem Sparbuch wird jede Kontobewegung vermerkt, jede Abhebung, Einzahlung und Zinsgutschrift. Der Unterschied zum Girokonto ist, dass das Sparkonto nicht für den täglichen Geldverkehr, sondern zur Vermögensbildung und -anlage gedacht ist.

Bundesverband deutscher Banken

Das Girokonto

Für kleinere Einkäufe nimmt man in der Regel Bargeld. Man kann aber auch mit einer Karte (Kunden- oder Servicekarte) bargeldlos bezahlen, dafür braucht man aber ein Girokonto bei einer Bank oder einer Sparkasse. Um ein Girokonto zu eröffnen, muss man mindestens 12 Jahre alt sein und die Zustimmung der Eltern haben. Solange man noch nicht 18 Jahre alt ist, darf man nur so viel Geld abheben, wie auf dem Konto drauf ist. Es gibt geringere Zinsen als beim Sparbuch und kostet in der Regel für Jugendliche nichts. Wer eine solche Karte hat, kann mit ihr in vielen Geschäften bezahlen, er kann am Automaten Geld abheben, den Kontostand abfragen und Kontoauszüge drucken lassen. Auch lassen sich über ein derartiges Konto Geldüberweisungen auf andere Konten tätigen und regelmäßige Ein- und Auszahlungen bequem abwickeln. Damit niemand unbefugt die Karte benutzt, bekommt man eine Geheimzahl, die persönliche Identifikationsnummer (PIN), die man bei allen Auszahlungen eingeben muss. […]

Man spricht heute davon, dass das immaterielle Geld, das nur mehr als Eintrag in den Konten der Banken besteht, das stoffliche Geld, die Banknoten und Münzen, immer mehr verdrängen wird. Die technischen Voraussetzungen dazu gibt es schon. Der Anfang wurde 1968 mit der Einführung der ec-Karte gemacht. 1980 wurden die ersten Geldautomaten in Großstädten aufgestellt. Das Neueste ist die aufladbare Geldkarte, bei der man vom eigenen Konto einen Betrag auf die Karte überträgt und dann mit ihr wie mit Bargeld zahlt.

Was ist Was, Geld

Handy-Kosten: Jugendliche in der Schuldenfalle

Handys gehören inzwischen fest zum Alltag. Das betrifft nicht nur gut verdienende Manager, sondern auch vom elterlichen Taschengeld abhängige Kinder. Doch schnell summieren sich die Kosten für die bequeme Mobilität. Mehr als jeder zehnte 13- bis 17-Jährige in Deutschland hat laut einer Studie des Instituts für Jugendforschung in München Schulden. Zehn Prozent davon fallen durch Handys an. Von einer „Handyseuche" spricht Peter Zwegat, Leiter der Schuldnerberatung Dilab in Berlin. Zu ihm kommen immer mehr Jugendliche und junge Erwachsene mit hohen Telefonkosten. Beträge von bis zu 6000 Euro hat er schon auf Rechnungen gesehen, im Durchschnitt haben diese Jugendlichen nach seinen Worten Handy-Schulden von mehreren hundert Euro im Monat. „Das Handy ist für viele Jugendliche zwischen 12 und 18 ein entscheidendes Statussymbol", sagt der Marktforscher Dieter Korczak vom Münchner Institut für Grundlagen- und Programmforschung. [...] Selbst acht- bis neunjährige Kinder sähen im Taschen-Telefon bereits einen unverzichtbaren Begleiter.

Seien die Schulden erst angefallen, wären die Jugendlichen völlig überfordert, betont Manuela Schulz von der Schuldnerberatungsstelle der Caritas in Berlin. Wenn sich der Anwalt oder ein Inkassobüro melde, um das Geld einzutreiben, schmissen sie die Post in den Müll. „Wenn sie beim ersten Anbieter rausfliegen, gehen sie einfach zum nächsten, weil sie ohne Handy nicht mehr leben können", ist Zwegats Erfahrung. Und mit Zins und Zinseszins seien die Jugendlichen mitten drin in einer munter rotierenden Schuldenspirale, die oft bis zum Verlust der Lehrstelle oder des Arbeitsplatzes führe. Die einzige Chance, eine Schuldenlawine zu vermeiden, sieht Schulz wie die meisten Verbraucherschützer in Prepaid-Handys. Zwar sind die Kosten dort höher, das Guthaben, das abtelefoniert werden kann, ist jedoch vorher festgelegt. Bei Handy-Verträgen hingegen kommt mit der Telefonrechnung die böse Überraschung.

http://www.poolalarm.de

Handy-Vertrag: Was gilt es zu beachten?

Schließt du einen Handy-Vertrag ab, hast du Pflichten. Zum Beispiel musst du alle Gespräche, die von deinem Handy aus geführt werden, bezahlen. Die monatlichen Grundgebühren, die bei Vertragsabschluss festgelegt werden, sind, bis dein Vertrag ausläuft, ebenfalls zu entrichten. Hältst du dich nicht an Vereinbarungen, so wird der Vertrag von deinem Handyunternehmen gekündigt und du musst alle noch ausstehenden Grundgebühren (alle Grundgebühren bis zum Vertragsende) auf einmal zahlen.

http://www.ohne-moos.de

1 Macht euch die unterschiedlichen Absichten bewusst, mit denen diese Texte geschrieben worden sind.

2 Sprecht über die Vor- und Nachteile eines Sparbuches gegenüber einem Girokonto und gegenüber der Möglichkeit, sein Geld in ein Sparschwein zu tun.

3 Erklärt den Ausdruck „Schuldenlawine" in Zeile 21 des Textes über Handy-Kosten.

▸▸ **Seite 241 f.**
LS „Sich verständigen – Gespräche führen – Argumentieren"

Umgang mit Texten/Medien

Wer ist hier arm, wer ist hier reich? – Texte aufeinander beziehen

Johann Peter Hebel

Der Wasserträger

In Paris holt man das Wasser nicht am Brunnen. Wie dort alles ins Große getrieben wird, so schöpft man auch das Wasser ohmweise in dem Strom, der hindurchfleußt, in der Seine, und hat eigene Wasserträger, arme Leute, die jahraus, jahrein das Wasser in die Häuser bringen und davon leben. […]

Zwei solche Wasserträger verdienten ihr Stücklein Brot und tranken am Sonntag ihr Schöpplein[1] miteinander manches Jahr, auch legten sie immer etwas Weniges von dem Verdienst zurück und setzten's in die Lotterie.

Wer sein Geld in die Lotterie trägt, trägt's in den Rhein. Fort ist's. Aber bisweilen lässt das Glück unter viel Tausenden einen etwas Namhaftes gewinnen und trompetet dazu, damit die andern Toren wieder gelockt werden. Also ließ es auch unsere zwei Wasserträger auf einmal gewinnen, mehr als 100 000 Livres. Einer von ihnen, als er seinen Anteil heimgetragen hatte, dachte nach: Wie kann ich mein Geld sicher anlegen? Wie viel darf ich des Jahrs verzehren, dass ich's aushalte und von Jahr zu Jahr noch reicher werde, bis ich's nimmer zählen kann? Und wie ihn seine Überlegung ermahnte, so tat er, und ist jetzt ein steinreicher Mann […].

Der andere sagte: „Wohl will ich mir's auch werden lassen für mein Geld, aber meine Kunden geb ich nicht auf, dies ist unklug", sondern er nahm auf ein Vierteljahr einen an, einen Adjunkt[2] wie der Hausfreund, der so lang sein Geschäft verrichten musste, als er reich war. Denn er sagte: „In einem Vierteljahr bin ich fertig." Also kleidet er sich jetzt in die vornehmste Seide, alle Tage ein anderer Rock, eine andere Farbe, einer schöner als der andere, ließ sich alle Tage frisieren, sieben Locken übereinander, zwei Finger hoch mit Puder bedeckt, mietete auf ein Vierteljahr ein prächtiges Haus, ließ alle Tage einen Ochsen schlachten, sechs Kälber, zwei Schweine für sich und seine guten Freunde, die er zum Essen einladete, und für die Musikanten. […]

Den Boden von Paris betrat er nimmer, sondern wenn er in die Komödie[3] fahren wollte oder ins Palais royal, so mussten ihn sechs Bediente in die Kutsche hineintragen und wieder hinaus. Überall war er der gnädige Herr, der Herr Baron, der Herr Graf und der verständigste Mann in ganz Paris. Als er aber noch drei Wochen vor dem Ende des Vierteljahrs in den Geldkasten griff, um eine Handvoll Dublonen ungezählt und unbeschaut herauszunehmen, als er schon auf den Boden der Kiste griff, sagte er: „Gottlob, ich werde geschwinder fertig, als ich gemeint habe." Also bereitete er sich und seinen Freunden noch einen lustigen Tag, wischte alsdann den Rest seines Reichtums in der Kiste zusammen, schenkte es seinem Adjunkt und gab ihm den Abschied. Denn am andern Tag ging er selber wieder an sein altes Geschäft, trägt jetzt Wasser in die Häuser wie vorher, wieder so lustig und zufrieden wie vorher. Ja, er bringt das Wasser selbst seinem ehemaligen Kameraden, nimmt ihm aus alter Freundschaft nichts dafür ab und lacht ihn aus.

[1] ***Schöpplein:*** *kleiner Schoppen, Trinkgefäß für Wein*

[2] ***Adjunkt:*** *Helfer*

[3] ***Komödie:*** *Theater*

Eine Million Jugendliche arm

Sachverständiger rechnet mit Dunkelziffer in gleicher Höhe

■ **Berlin** Die Bundesregierung ist beim Kampf gegen die Kinderarmut bislang erfolglos. Eine Million Heranwachsender unter 18 Jahren sei in Deutschland abhängig von Sozialhilfe, sagte der Vorsitzende der Sachverständigenkommission, Ingo Richter, bei der Vorstellung des elften Kinder- und Jugendberichts. Diese Zahl habe sich seit Jahren nicht verändert. Besonders betroffen sind laut Richter die Kinder Alleinerziehender. 42 Prozent dieser Haushalte leben im Westen in relativer Armut[1], im Osten sind es 36 Prozent. Bundesfamilienministerin Christine Bergmann (SPD) erklärte, Alleinerziehende seien deshalb Sozialhilfeempfänger, weil sie keine Hilfe bei der Kinderbetreuung hätten und deshalb nicht arbeiten könnten.

Süddeutsche Zeitung vom 31.01.02

[1] ***relative Armut:*** *Von relativer Armut spricht man, wenn zwar die körperliche Existenz eines Menschen gesichert ist, er aber weniger als die Hälfte des durchschnittlich verfügbaren Nettoeinkommens bezieht.*

Der Fall Daniela

Ein Leben ohne Fahrkarte

Daniela B. ist ein armes Kind. Aber man kann mit Daniela auf dem Handy telefonieren. [...] Daniela und ihr Handy gehören zusammen. Daniela ist 14 Jahre alt. Und wie sie so dasitzt, in dem hinteren Raum des Schülerladens in Berlin-Wedding, scheint es unmöglich, die Armut an ihr zu entdecken. [...] Was sie trägt, könnte das nicht jede tragen? Rotschwarz gestreiftes Top, ärmellos. Es steht ihr. [...] Ihr Vater hat in einem Kaufhaus gearbeitet. Jetzt ist er arbeitslos. Was ihr Vater bekommt, weiß Daniela genau: Arbeitslosengeld. Und sie weiß auch, wie viel. Danielas Vater bekommt 620 Euro im Monat. Nicht viele Kinder wissen, was ihre Eltern verdienen. Aber Daniela hat sich alles genau gemerkt. Denn aus dieser Rechnung speist sich ihre ganze Empörung. Etwas mehr als 200 Euro braucht ihr Vater für die Miete. Und dann sind da noch so Nebenkosten. Daniela hat das eingesehen. Früher sind arme Kinder erfroren, wenn es kalt wurde, Heizen kostet Geld. [...] Am Ende aber, rechnet Daniela, und ihre Oberlippe zittert, bleiben noch 150 Euro für beide. Für einen ganzen Monat. Es klingt, als spreche sie von unermesslichem Reichtum. Und davon, sagt Daniela, kriege ich ganze 15. Die aus ihrer Klasse kriegen fast alle 50 Euro. Man sieht Daniela an, dass sie nicht bereit ist, darüber zu diskutieren. [...]

Im Grunde gibt es nur drei Dinge in Danielas Leben: ihr Handy, den Kreuzfahrttraum und das Keyboard im Schülerladen. Nun gut, und jetzt eben den Jungen vom Paketdienst. Trotzdem ist sie jeden Tag, auch in den Ferien, kurz nach acht zu Hause bei ihrem Vater. Das liegt an der BVG. Nach 20 Uhr muss man im Bus vorn einsteigen, da haben Fahrgäste ohne Fahrschein es schwer. Daniela hat kein schlechtes Gewissen, schwarzzufahren. BVG-Fahrscheine sind etwas für besser Verdienende, Menschen mit Fahrscheinen kommen aus einer komplett anderen Welt. Armut ist, was einem die Welt kleiner macht. Armut zieht eine unsichtbare Grenze durch das Leben. Daniela geht wie andere auf der Straße und hat doch zu den meisten Türen keinen Zutritt. Sie kann von ihren 15 Euro Taschengeld nicht wie andere in die Disko gehen, das kostet mindestens fünf. Ihr Mund wird jetzt klein und schmal wie eine Narbe. Auch das ist Armut: Mehr Narben zu haben als andere. Es bedeutet, unempfindlich geworden zu sein an dieser Stelle. Daniela hat schon viele solcher Stellen. Sie klagt nicht, sie steht darüber. [...] Früher ist sie manchmal zu ihrer Mutter geflohen, aber bei der lebt schon ihr Bruder, und zwei Kinder waren ihr zu viel. Vielleicht ist das das Schlimmste am Armsein – es ist im Grunde die Erfahrung, zu viel zu sein. Manchmal denkt Daniela, ohne die Enge zu Hause, ohne den Streit ums Geld hätten ihre Eltern es besser miteinander ausgehalten. Also ist Armut auch das: ein Kreislauf, der alles kaputt macht.

Tagesspiegel vom 17.09.03

1. Von welchen Formen der Armut ist auf dieser Doppelseite die Rede?
2. Überlegt euch die Lehre(n), die ihr aus der Geschichte von Hebel zieht, und überprüft sie an dem „Fall Daniela".
3. Erklärt am „Fall Daniela" den Satz „Armut zieht eine unsichtbare Grenze durch das Leben" (2. Spalte, 10./11. Zeile).

Impulse zur Weiterarbeit

- Ihr könnt die Sammlung von Sprüchen über Geld (s. Auftaktseite) durch eigene Geld-Zitate ergänzen.

- Wer Lust hat, könnte die „Lebensgeschichte" eines Fünf-Euro-Scheins schreiben.

- Eine Alternative zum Geldhandel sind die so genannten Tauschbörsen, auf denen Gebrauchsgegenstände, aber auch Dienstleistungen, ohne das Zahlungsmittel Geld getauscht werden. Ihr könnt einen solchen Tauschmarkt aufbauen und euch dabei über dessen Vor- und Nachteile verständigen.

- Um herauszubekommen, über wie viel Geld die Schülerinnen und Schüler an eurer Schule verfügen, könnt ihr eine anonym gehaltene Umfrage durchführen.

- Wer neben der Schule einen Job haben will, sollte die Vor- und Nachteile genau abwägen. Dafür könnt ihr die Argumente zusammenstellen, die bei einer solchen Frage zu bedenken sind.

- Ihr könnt Werbung untersuchen und besprechen, welche Wirkung sie auf euer Kaufverhalten hat.

- Unter dem Stichwort „Budget" und „Jugendliche" gelangt man über eine Suchmaschine auf Seiten im Internet, die einen sinnvoll bzgl. der Geldausgaben beraten. Vergleicht verschiedene Anbieter.

- Wie wäre es, wenn ihr euch alle einmal vornehmt, eine Woche lang ohne Handy auszukommen? Ihr werdet schnell merken, dass dies nicht nur Nachteile mit sich bringt.

Es lebe der Sport?! – Geschichten zum Lesen und Nachdenken

„Karsten ist eine Sportskanone!" – „Sport ist Mord!" – „Ich möchte einmal Profifußballer werden!" – Vielleicht habt ihr ähnliche Sätze schon häufiger gehört. Viele lieben es, sich sportlich zu betätigen. Sport ist ein wichtiger Bestandteil in ihrem Leben. Doch manche sind sportlich nicht aktiv, weil sie z.B. aus gesundheitlichen Gründen nicht können oder weil sie aus Angst, den Ansprüchen nicht genügen zu können, nicht wollen.
In diesem Kapitel lernt ihr einige Personen kennen, die ganz unterschiedliche Erfahrungen mit dem Sport gemacht haben.

Im Einzelnen erfahrt ihr

- warum jemand Angst vor den Sportstunden hat
- etwas über eine Freundschaft, die durch den Sport auf dem Spiel steht
- wie ein Sportunfall das Leben eines Junioren-Skiweltmeisters veränderte

Die Angst überwinden – Was heißt hier Feigling!

Liz Bente L. Daehli

Was heißt hier Feigling!

Es klingelt und die dritte Stunde ist zu Ende. Eifrig springen die anderen auf. Stühle und Tische schrappen über den Boden. Als jemand auf dem Weg zur Tür gegen einen Tisch rennt, klingt es wie ein Pistolenschuss. Die Lehrerin versucht, den Lärm zu übertönen, und ruft die Ordnungsschüler zurück. Die Tafel muss geputzt werden, sie sollen die Tische gerade rücken. Aber niemand hört auf sie. Niemand hat Zeit. Alle wollen zum Sport und können gar nicht schnell genug in den Umkleideraum kommen. Katrin ist die Einzige, die nicht aus dem Klassenzimmer stürzt. Sie will gerade anbieten, die Tafel zu putzen und aufzuräumen, als Tone sie packt und mit sich auf den Flur zerrt. „Gut, dass wir entwischt sind, sonst hätten wir aufräumen müssen“, lächelt sie und zeigt auf das Klassenzimmer.

Ich würde furchtbar gern eine ganze Stunde lang aufräumen, denkt Katrin. Aber sie spricht es nicht aus. Sie denkt nur an die Sportstunde und an den Bock, der immer noch wächst, sich dann auf sie stürzt und sie mit einem einzigen Bissen verschlingen will. Und auch an den Lehrer mit seinen vielen Fangarmen.

„Bist du sauer oder was ist?“

Katrin gibt keine Antwort. Sie kann das alles niemandem erzählen. Nicht einmal Tone kann sie es mitteilen. Und dabei ist Tone schon seit der ersten Klasse ihre beste Freundin.

„Nun sag schon! Du kannst mir ja wohl Bescheid sagen, wenn irgendetwas nicht stimmt.“

Tone ist knallrot angelaufen.

Aber Katrin bleibt stumm. Tone glaubt doch bestimmt, sie sei ausgetickt, wenn sie ihr etwas von Monstern und Ungeheuern mit vielen Armen vorbrabbelt.

„Na gut, wenn du meinst“, faucht Tone sie an und geht. O verflixt … Katrin schluckt. Das hat sie nicht gewollt. Der Kloß in ihrem Hals wächst und wächst. Ihre Augen brennen. Jetzt nur nicht heulen. Kein Feigling sein! Sie würde am liebsten hinter Tone herlaufen und ihr alles erzählen. Doch sie tut es nicht.

Als sie den Umkleideraum erreicht hat, haben die anderen sich schon umgezogen. Tone steht zusammen mit Anne und Siri in einer Ecke. Sie tuscheln und kichern laut. Bestimmt reden sie über Katrin. Da sind auch wieder diese scheußlichen Schlangen. Katrin würde sich am liebsten die Arme auf den Bauch pressen, damit die Schlangen aufhören.

„Na los, Mädels!“ Der Lehrer schaut in den Umkleideraum. Alle laufen in die Turnhalle. Katrin bleibt auf der harten Holzbank sitzen. Im Umkleideraum stinkt es. Ein fieser Geruch hängt an den Wänden. Ein unbestimmbarer Geruch, anders als jeder andere. Es riecht einfach scheußlich. Dennoch möchte sie gern hier sitzen bleiben und den fiesen Gestank ganz tief einatmen.

„Fehlt dir was?“

Sie fährt zusammen und blickt hoch. Der Lehrer ragt mit verschränkten Armen und seinem breiten Brustkasten vor ihr auf.

„Nein, nein“, murmelt sie und springt auf. Der Lehrer legt ihr seine schwere Hand auf die Schulter und schiebt sie vor sich her in die Turnhalle. Die anderen warten schon. Sie warten und starren sie an, den kleinen Feigling Katrin!

Kletterwand, Seile und Turnringe. Das geht alles gut. Doch dann ist es wieder so weit.

„Stellt euch vor dem Bock auf!“, ertönt die Stimme des Lehrers. Sein Gebrüll übertönt das Rufen und Lachen der anderen. Katrin hält den Atem an. Die anderen stellen sich auf, schubsen und drängeln. Alle wollen die Ersten sein. Katrin stellt sich ganz hinten an, dicht vor der Kletterwand. Wenn die anderen sie doch einfach vergessen könnten! Ihr Kopf prickelt und ihr Gesicht ist heiß. Ihr Herz hämmert in der Brust.

Wo Trond nur steckt? Vorhin hat sie ihn an der Kletterwand gesehen. Jetzt sucht sie ihn vor sich in der Reihe, dann sieht sie sich nach ihm um. Dort hinten sitzt er, auf einer der Turnmatten. Für einen kurzen Moment begegnen sich ihre Blicke.

Auch er hat Angst, genauso große Angst wie ich, denkt Katrin. Aber warum bleibt er da sitzen? Und was hat er dem Lehrer erzählt? Bestimmt nicht, dass er Angst hat. Alle Jungen aus der Klasse bewundern den neuen Sportlehrer, der ist nämlich Gewichtheber.

„Du bist dran. Na los, Feigling!“

Sie ist dran. Ihre Turnschuhe kleben am Boden fest. Sie kann sich nicht von der Stelle bewegen. Tone, wo ist Tone? Katrin entdeckt Tone. Die starrt auf irgendeine Stelle oberhalb von Katrins Kopf. Die anderen pfeifen und heulen. Wie beim letzten Mal hat Katrin das Gefühl neben sich zu stehen.

„Das kann doch nicht wahr sein“, sagt die eine Katrin zur anderen. „Doch“, antwortet die andere. „Du musst springen! Der Lehrer wartet schon am Bock.“

Es wird auch heute wieder so sein wie beim letzten Mal.

Er wird sich wieder in ein Ungeheuer mit vielen Fangarmen verwandeln.

„Na los!“ Rune brüllt ihr direkt ins Ohr. Und die anderen tönen wie ein Echo zurück: „Na los, na los, na los!“

Katrins Augen brennen. Zum Kranich mit dem ganzen Sportunterricht! Sie will nicht! Will nicht!

„Nein!“

Dieses eine Wort erfüllt die ganze große Turnhalle. Es hängt noch immer in der Luft, als Katrin im Umkleideraum verschwindet. Sie rennt aufs Klo und schließt die

Tür hinter sich ab. Sie lässt sich auf den Klodeckel fallen und ringt nach Atem. Ihre Tränen lassen sich nicht mehr zurückhalten. Sie suchen sich ganz einfach ihren Weg über Katrins Wangen. Drecksschule! Mistklasse! Und dieser blöde Rambolehrer, der überhaupt nichts rafft. Alles ist kaputt. Sie und Tone sind zerstritten. Und an allem ist nur der Bock schuld. Sie kann einfach nicht über den Bock springen. Wie gemein die andern sind! Das Schlimmste ist ihr Gelächter. Es trifft Katrin wie Nadelspitzen.

Sie schließt die Tür auf und blickt in den Umkleideraum. Niemand da! Schnell geht sie zu der Bank, auf der ihre Kleider liegen, reißt sich die Turnsachen vom Leib. Ganz schnell zieht sie Jeans und Pullover an. Dann schaut sie in den Spiegel über dem Waschbecken. Pfui Spinne! Sie ist so klein, dass sie sich fast nicht im Spiegel erblicken kann, auch nicht, wenn sie auf Zehenspitzen steht. Warum wächst sie nicht? Alle anderen aus ihrer Klasse werden größer und größer. Nur Katrin wächst nicht. Früher war ihr das egal. Aber jetzt ist das anders. Neben den anderen sieht sie aus wie eine Zwergin. Vielleicht ist sie eine Zwergin? Katrin springt von der Bank auf und läuft zurück zum Klo. Wieder schließt sie ab, und setzt sich auf den Klodeckel und starrt die Wand an.

[...] Katrin schüttelt den Kopf und versucht, sich bequemer hinzusetzen. Der Klodeckel ist hart und ungemütlich. Sie hat kaum Platz genug, sich zu bewegen. Und sie braucht doch nun wirklich nicht viel Platz. Eine Zwergin in der Zirkusmanege. So fühlte sie sich auch im Turnsaal. Sie ist ein kleiner Clown, der die anderen zum Lachen bringt.

Die anderen Mädchen kommen in den Umkleideraum gestürzt. Sie lachen und reden wild durcheinander. Katrin hört, wie sie das Wasser in der Dusche andrehen. Und schon heulen sie los. Das Wasser ist immer zu kalt. Jemand klopft an die Klotür, aber Katrin gibt keine Antwort. Viel später ist es draußen ganz still geworden. Sie sind weg.

Katrin steht vom harten Klodeckel auf und öffnet die Tür. Sie schaut hinaus und fährt erschrocken zurück. Am liebsten möchte sie sich wieder einschließen. Doch es ist zu spät. Der Turnlehrer sitzt auf der Bank, er hat auf sie gewartet. Sie ist auf frischer Tat ertappt und muss zu ihm in den Umkleideraum gehen.

„Ja, da steckst du also!"

Als ob er das nicht sehen könnte.

„Möchtest du mit mir über irgendetwas reden?"

Katrin starrt einfach nur ihre Schuhspitzen an.

„Probleme zu Hause? In der Schule? Beim Sport vielleicht?"

Er hat sicher keine Ahnung, wie man einen langen Satz bildet. Er redet auch jetzt so wie vorhin in der Turnhalle.

„Na los!" – „Die Nächste!" – „Tempo, Tempo!"

Aber dort brüllt er auch noch. Jetzt brüllt er wenigstens nicht. Seine armen Kinder, wenn er welche hat. Was für eine Vorstellung, so einen Vater zu haben!

„Tag, Kinder!“ – „Essen, jetzt!“ – „Bonbons. Kinderstunde. Setzen. Sonntag, Ausflug.“

Immer noch wartet der Turnlehrer auf ihre Antwort. Katrin schüttelt den Kopf. Er würde das nie verstehen, er ist doch so eine Sportskanone. Vorsichtig blickt Katrin zu ihm hoch. Er scheint sich nicht wohl in seiner Haut zu fühlen. Aber sie kann ihm doch nicht einfach erzählen, dass der Bock zum Monster wird … und er selbst zu einem Ungeheuer mit langen Armen.

Er steht auf, zögert kurz.

„Sag Bescheid, wenn irgendwas nicht stimmt“, murmelt er. Dann geht er.

Katrin atmet auf und lässt die Schultern sinken. Gut, dass er nicht länger genervt hat. Die Sportstunde war die letzte für heute, Katrin kann also nach Hause gehen. Nach Hause gehen und sich vor dem nächsten Mittwoch fürchten. Nach Hause gehen und ihre Mutter fragen: „Bin ich eine Zwergin?“

Die Tür zum Treppenhaus ist abgeschlossen. Also muss Katrin durch die Turnhalle gehen. Dort ist alles still. Jetzt, wo sie leer ist, kommt die Halle ihr noch größer vor. Katrins Blick fällt auf den Bock, der mitten in der Halle steht. Sie bleibt stehen und sieht ihn an. Er kommt ihr jetzt nicht mehr so groß vor. Gegen ihren Willen zieht es sie zu ihm hin. Wenige Schritte vor ihm bleibt sie stehen. Sie wartet darauf, dass er wächst und sich dann über sie hermacht, seinen gierigen Schlund aufreißt und sie verschlingt. Ihr Herz hämmert. Sie hält den Atem an. Sie will weglaufen.

Aber nichts geschieht. Die Sonne lässt ihre Strahlen durch die schmalen Fenster oben in der Wand fallen. Das Sonnenlicht fängt den in der Luft herumwirbelnden Staub auf, bevor es den Bock erreicht. Das braune Leder ist alt und trübe, abgenutzt von den vielen Händen, die sich bereits darauf gestützt haben. Vor langer Zeit hat es sicher geglänzt. Vorsichtig hebt Katrin eine Hand und berührt es mit den Fingerspitzen. Behutsam streicht sie darüber. Es fühlt sich warm an. Die Sonnenstrahlen haben ihm von ihrer Wärme abgegeben. Es erinnert sie ein bisschen an die Hand ihres Opas. Ein bisschen rau, ein bisschen trocken, ein bisschen warm und auch ein bisschen alt.

Warum habe ich nur solche Angst vor dir? Diese Frage jagt Katrin durch den Kopf. Aber der Bock bleibt stumm. Alles ist still. Katrin seufzt, dreht sich um und geht.

Sie geht allein nach Hause. Mit wem Tone heute wohl gegangen ist? Katrin kann sich nicht erinnern, wann sie zuletzt allein von der Schule nach Hause gehen musste. Doch sie und Tone sind jetzt zerstritten.

1 Warum hat Katrin Angst?

2 Katrin belastet nicht nur ein Problem. Was bereitet ihr noch Sorgen?

3 An welchen Textstellen kann man ihre Gefühle erkennen? Nennt diese mit Zeilenangaben.

4 Erstellt eine Ratgeberliste für Katrin. Was könnte sie tun, um sich besser zu fühlen und ihre Angst zu überwinden?

Eine Freundschaft auf der Probe – Salto abwärts

Dieter Schliwka

Salto abwärts

Der 16 Jahre alte Martin verliebt sich in die 14-jährige Constanze, eine Kunstturnerin, die hart und unermüdlich für die deutschen Meisterschaften trainiert. Dass ihr Martin mit der Zeit immer wichtiger wird, wird von der Familie, dem Trainer und dem Sponsor nicht gerne gesehen. Zuerst versuchen sie, Martin den Umgang mit Constanze zu verbieten, doch dann wird er in das seelische Trainingsprogramm mit einbezogen und unterstützt seine Freundin während der langen Trainingsstunden. Doch immer häufiger zweifelt Martin daran, dass diese Art Sport für Constanze gut ist. Er beobachtet an ihr Veränderungen. Sie ist häufig ausgelaugt, sie hungert, setzt sich selbst unter Leistungsdruck, sie hat Schmerzen und ist in einem seelischen Ungleichgewicht. Trotz allem gibt sie nicht auf, schon um ihre Eltern und den Trainer nicht zu enttäuschen. Er leidet darunter und möchte ihr helfen. Doch sie ist vom Ehrgeiz gepackt und weist seine Hilfe zurück. Der folgende Textauszug spielt zu Beginn der Freundschaft. Nachdem Martin Constanze während der langen Trainingszeit beobachtet hat, spricht er sie an und sie führen ein erstes längeres Gespräch.

„Trainierst du immer so lange?"

„Nicht immer."

„Wie oft?"

„Sechsmal die Woche. Sonntags nur zu Hause."

„Hm. Wer ist Herr Weißkirch? Der Vereinspräsident?"

Sie lächelt.

„Nein, unser Sponsor."

„Sponsor? Was heißt das?"

„Er unterstützt den Verein, vor allem die Turnabteilung. Und er bezahlt meinen Trainer, Herrn Warich. Das ist nicht wenig. Vater hat das gesagt. Und er sagt immer: Ohne Weißkirch läuft nichts. Die Stadt hat kein Geld, und von den Mitgliedsbeiträgen könne man keinen Berufstrainer bezahlen."

„Was treibt er?"

„Herr Weißkirch? Er ist Textilfabrikant. Er ist sehr nett. Ich mag ihn."

„Warum hat Melanie aufgehört?"

„Sie hatte die Bänder durch. Das kommt vor. Das kriegt man im Krankenhaus wieder hin. Aber sie hat aufgehört. Nie könnte ich das."

Ich nicke und überlege, was ich noch fragen kann.

„Kümmert sich Herr Warich nur um dich?“

Sie errötet. „In der Hauptsache. Ja.“

„Warum?“

„Nun, wenn man deutsche Meisterin werden will …“

Ich bin baff! „Wie? Meisterin der ganzen Nation?“

„Ja, in der Meisterschaftsklasse zwei. Das ist drin. Und wenn ich Glück habe, turne ich in der Nationalriege mit. In drei Monaten wird sich das entscheiden.“

„Wie alt bist du?“

„Vierzehn. Hast du denn noch nie von mir in der Zeitung gelesen?“

„N… nein“, gestehe ich zögernd. Die Sportseiten überschlage ich, und den Lokalteil lese ich nur, wenn sie etwas über eine neue Kunstausstellung bringen. Ich frage: „Du stehst also oft drin?“

„Ja, sehr oft. Mutter sammelt die Artikel und klebt sie ins Album. Ich kann sie dir mal zeigen.“

Duft aus einer Imbiss-Stube weht uns entgegen.

„Du wirst Hunger haben“, sage ich.

„Nein“, antwortet sie. „Man gewöhnt sich daran, wenig zu essen – und wenn, dann nur mageres Fleisch und viel Gemüse. Zucker- und Backwaren meide ich und Wurst ist nur im Ausnahmefall drin – schon gar nicht vor Wettbewerben! Auch Pommes frites sind gestrichen, obwohl ich sie gern mag. Aber das Opfer muss man schon bringen.“

„Soll ich welche kaufen?“

„Besser nicht.“

Dennoch hole ich zwei Portionen. Und sie isst sie gern.

Martin kritisiert immer wieder die Härte des Trainings und macht sich Sorgen um den Gesundheitszustand seiner Freundin.

Rrrrumms! Wie von einer Sehne abgeschossen schnellt der kleine Körper Constanzes auf das Gerät und von hier nach kurzem Aufsetzen weiter empor. Für Sekunden scheint er schwerelos in der Luft zu bleiben, und in diesen Sekunden vollzieht sich in rasender Geschwindigkeit das, was in der Hauptsache über den Titel an diesem Gerät entscheidet: Saltos, Schrauben und schier unmögliche Bewegungen, die Fachleute von den Sitzen reißen und Kampfrichter zu hohen Punktewertungen animieren. Und man muss stehen!

Ich bin etwas misstrauisch. In der Nacht habe ich kaum geschlafen und jetzt bin ich – wie gesagt – etwas misstrauisch. Constanzes Gesicht lässt mich nicht los, dieses strahlende Gesicht mit den roten Wangen! Macht Rouge es so glühend oder gar Fieber?

Die Landung: Gedankenvoll verzerrt sich dieses Gesicht zur Grimasse, ich kann es nicht anders sagen. Doch: Dann lächelt es – so sehr, dass ich aufatme und die zuckenden Lippen und die aufgerissenen Augen vergesse – nur kurz. Dann: Rrrrrummms!

Schon fliegt sie wieder ab, wirbelt ihr Körper herum, fällt Constanze zu Boden – doch sie steht! Und wieder pressen sich die Lippen zu einem Strich zusammen, zuckt

Umgang mit Texten/Medien

es in ihren Mundwinkeln, zeichnen sich ihre Zähne an den Wangen ab, treten ihre Backenknochen bizarr hervor, öffnen sich die Augen weit – und lächeln!

Ich gehe zum Trainer. „Na klar", sagt er. „Sie muss ein ungeheuerliches Gewicht auffangen, wenn sie stehen bleiben will. Das ist Wahnsinn, ich weiß. Und das ist kein Sport mehr, verstehst du: Es ist gegen die Natur! Ein Körper will auspendeln. Verlange von einem Leichtathleten im Weitsprung, dass er nach der Landung auf der Stelle verharre! Wahnsinn! Aber die Kampfrichter wollen das so. Den Mund habe ich mir fusselig geredet und Briefe habe ich geschrieben – nach ganz oben! Am Ende machst du dich unbeliebt und dein Zögling muss es ausbaden. Also hältst du die Schnauze!"

Rrrrrummms!

Ich mag nicht mehr hinschauen, fliehe ans Ende der Halle zu Frau Bilke, die mit den Jüngsten auf der Matte turnt – bei Klaviermusik. Rrrrrummms! Rrrumms!

Auch Constanze bemerkt, dass sie dem Leistungsdruck nur schwer standhalten kann und ihre Gesundheit stark angeschlagen ist. Doch die Tage bis zu den Meisterschaften sind gezählt und sie will es mit allen Mitteln schaffen.

Sie hat nach dem Duschen ein Zäpfchen genommen. Es sind verdammt starke Medikamente, die sie aus der Hausapotheke der Eltern gemopst hat, ohne dass sie es merken. Nun ja: Der Abend wird noch schöner als der am Vortag. Wir sind im Grunde nur einfach durch die Gegend gelaufen, eng beieinander. Und an dunklen Stellen sind wir natürlich stehen geblieben, ist klar. Ihre Eltern haben fürchterlich gemotzt, weil es wieder so spät geworden ist. Nun: Der Trainer bringt das in Ordnung, indem er ihnen erklärt, warum das jetzt wichtig ist. So vergeht ein weiterer Tag, an dem Constanze und ich miteinander glücklich sind.

Das Training am anderen Tag zeigt eine Wende an: Den Waldlauf akzeptiert Constanze noch ohne Widerspruch. Der Aufforderung des Trainers, die tänzerischen Passagen verstärkt zu üben, kommt sie nicht nach. Noch nie hat es das gegeben und Helmut Warich verliert die Nerven. Er brüllt: „Was ich sage, wird gemacht!"

Sie sagt: „Nein."

Er schreit: „Dann schmeiße ich die Brocken hin! Dann kannst du alleine weitermachen. Ich bin doch nicht doof!"

Sie antwortet: „Meinetwegen. Ich weiß sowieso am besten selbst, was mir jetzt gut tut: Krafttraining und Akros! Immer wieder! Und: das volle Programm!"

Ich greife ein: „Hör auf ihn, Constanze! Bitte!"

„Nein", sagt sie leise. Sie ist erhitzt und knallrot im Gesicht. „Ich will das, was ich sage. Ich will! Und ich bin mein eigener Herr!"

„Constanze! Bitte!"

„Nein. Ich bin nicht krank." „Wer sagt das denn!", schnauzt der Trainer. „Keiner sagt das! Da sind Unsauberkeiten im Tanz, verdammt! Die müssen raus, wenn du den Titel holen willst. Ute Pirkmeier ist eine Ballettratte. Sie wird die Kampfrichter für sich gewinnen, wenn du auch nur eine Macke hast, klar? Also komm!“

„Nein.“ Sie wendet sich an mich. „Martin! Sag's ihm doch: Ich bin mein eigener Herr! Du hast es mir beigebracht. Sag's ihm! Ich bin nicht krank! Und ich verliere kostbare Zeit, wenn ich … Martin, sag es ihm doch … Bitte!“

Plötzlich wird der Trainer ruhig. Ich sehe ihm an, wie er sich gewaltsam zusammenreißt. Für Sekunden zeichnen sich seine Backenknochen scharf ab, dann öffnet er den Mund, wartet noch eine Weile und sagt schließlich: „Hör mir mal gut zu, Mädchen: Du hast das schon einmal gedacht – damals, vor den Gaumeisterschaften. Ich habe bis jetzt nicht drüber gesprochen, weil ich dachte, du hättest es begriffen: Wenn du dein eigener Herr sein willst, dann male Bilder – wie Martin! Oder turne ein wenig herum, betreibe Breitensport … Meinetwegen! Im Spitzensport aber – dort, wo es um Hochleistung geht, kannst du dir diesen Luxus nicht erlauben. Hörst du? Was denkst du wohl, warum du's so weit gebracht hast, wie? Weil du ein Ausnahmemensch bist, dein eigener Herr?“

Constanze sitzt auf der Bank und presst die Lippen zusammen. Und sie starrt in ihre Hände, die auf den Knien liegen: Es sind große Hände, Arbeiterhände – rissig, grob. Das lederne Reckriemchen, einem zerfetzten Handschuh nicht unähnlich, und das Magnesiumpulver verstärken den Eindruck noch. Ich kann meinen Blick nicht davon lösen.

„Nein“, fährt Helmut Warich fort, und man sieht ihm an, dass er das Folgende ungern sagt: „Du musst – auch wenn's wehtut – allmählich begreifen, Constanze, dass du gewissermaßen nicht dir allein gehörst! Du bist – sei mir nicht böse! – ein Werk von vielen! Und wenn du den Titel holst, ist es auch ihr Titel, verstehst du? Du kannst nicht kurz vor dem Ziel sagen: Ich brauche euch nicht mehr! Jetzt will ich den Titel allein … Das ist unfair! Das ist Diebstahl! Und du kannst nicht sagen: Jetzt geht es nach meinem Kopf! Wenn's schief geht – wie beim Gauturnen, wenn du dich irrst, dann bringst du auch uns um den Erfolg, all die, die im Vertrauen zu dir eine ganze Menge an Geld, Kraft und Nerven, ja, Gesundheit investiert haben … Du kannst nicht sagen: Die gehen mich nichts an! Ich bin mein eigener Herr! Du bist es nicht und kannst es nicht sein, wenn du auch nur einen Funken Anstand und Dankbarkeit in dir hast. Constanze!“

Ihre Hände öffnen sich zu einer Geste der Hilflosigkeit und in dem Rot ihres Gesichtes bilden sich weiße Flecken. Leise sagt Constanze: „Verzeihen Sie mir …“

1 Notiert, was ihr über Constanzes Lebensumstände (Eltern, Training, Trainer etc.) erfahrt.

2 Wie empfindet ihr Constanzes Training?

3 Was sagt Constanzes Trainer über das Kunstturnen?

4 Warum kann Martin nicht mehr zuschauen?

5 „Ich bin mein eigener Herr.“ Erklärt, was Constanze damit meint.

6 Was entgegnet der Trainer darauf?

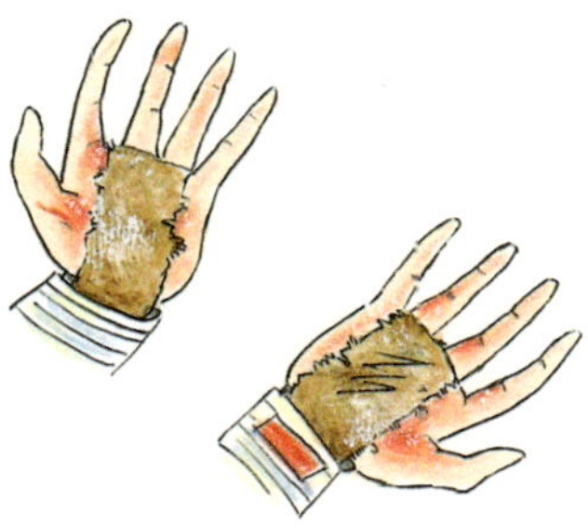

▸▸ **Seite 251 ff.**
Jugendbücher untersuchen
LS „Umgang mit literarischen Texten“

Umgang mit Texten/Medien

Schreiben

Sekunden, die das Leben verändern – Das Schicksal eines Skiläufers

Ein tragischer Moment

Mit Glücksgefühlen kannte sich Silvano Beltrametti aus. Bei Junioren-Weltmeisterschaften gewann er drei Medaillen, bei der Weltcup-Abfahrt in Lake Louise gelang ihm im November 2000 erstmals der Sprung aufs Podest. Vor seinem Unfall galt Beltrametti als größte Hoffnung im alpinen Skisport. Experten nannten ihn ein „Jahrhunderttalent". Sein Ziel war es immer, eine Medaille bei den Olympischen Spielen zu gewinnen. Am 8. Dezember 2001, dem Tag der Abfahrt in Val d'Isère, hatte er sich stark gefühlt. Er trug die Startnummer 14. Er strotzte vor Selbstbewusstsein, weil er bei einem Rennen am Vortag Dritter geworden war.

Um 11.04 Uhr stieß sich Beltrametti aus dem Starthäuschen. Nach der ersten Zwischenzeit führte er knapp, bei der zweiten lag er deutlich vor dem Italiener Kurt Sulzenbacher, der am Ende auf Platz zwei kam. Zwölf Sekunden später stemmte sich Beltrametti in eine lang gezogene Rechtskurve, geriet in Rücklage, verlor die Gewalt über seine Ski, hob ab und schoss mit Tempo 120 nach links auf den vier Meter entfernten Fangzaun zu. Die messerscharfen Skikanten zerschnitten das Sicherheitsnetz. Das Rennen wurde gestoppt. Sein Manager stand im Ziel und weinte. Er hatte den Sturz auf einer Videowand gesehen.

Als man ihn fand, lag er rücklings auf einem Stein. Er dachte, ein Blitz sei in ihn gefahren. Er spürte die untere Körperhälfte nicht. „Tausendmal habe ich im Kopf den Befehl gegeben: Beweg doch was! Den Rumpf oder wenigstens einen Zeh." Doch es kam nichts. Das Rückenmark war zwischen dem sechsten und siebten Brustwirbel vollständig durchtrennt, ein irreparabler Schaden.

Nachdem es ihm aber in diesem Jahr zum ersten Mal gelungen war, sich ohne fremde Hilfe die Hose anzuziehen, lag Beltrametti auf dem Bett und genoss einen „großen Sieg". Ihm war, als hätte er gerade ein Abfahrtsrennen gewonnen: „Ein unglaublicher Moment." Inzwischen ist die morgendliche Ankleideprozedur zur Routine geworden. Beltrametti, der seit dreieinhalb Monaten querschnittsgelähmt ist, erledigt sie in weniger als zehn Minuten. Anschließend rutscht der ehemalige Skiprofi vom Bett in den Rollstuhl und bewegt ihn mit kräftigen Armschüben aus Raum E 304. Das große, helle Zimmer liegt im dritten Stock der Spezialklinik bei Luzern. Auf dem Stationsflur begegnet er dem Leiter der Ergotherapie. „Hast du ein paar Autogrammkarten für mich?", fragt ihn der Arzt verzweifelt. Beltrametti schüttelt den Kopf. Die alten sind vergriffen und die neuen, auf denen er im Rollstuhl abgebildet ist, noch nicht gedruckt. Die neuen Autogrammkarten sind eine Idee seines Managers und eine Reaktion auf die Anteilnahme seiner Landsleute.

So einen möchte eine Nation nicht verlieren. Und deshalb wollen ihn jetzt andauernd Menschen für etwas gewinnen, auch wenn es seinen Neigungen nicht entspricht. Nun, da Beltrametti der Fähigkeit beraubt ist, zu gehen, zu stehen und brustabwärts zu fühlen, soll er als Behindertensportler Siege feiern. Er hatte die Intensivstation kaum verlassen, da schrieben Zeitungen, er möge spätestens 2006 bei den Winter-Paralympics in Turin antreten. Doch Beltrametti will gar nicht bei den Behinderten starten. „Ich war beim Skirennen von Kitzbühel dabei, wo 40 000 Leute im Ziel stehen und dir zujubeln", sagt er. „Da schmerzt es zu sehr, ein Rennen zu fahren, bei dem nur die Tante zuguckt."

Viele Leute staunen darüber, wie das ehemals größte Schweizer Skitalent seine Situation bewältigt. Kürzlich hat er den Führerschein für ein behindertengerechtes Auto gemacht. „Meinem Selbstwertgefühl hat das extrem gut getan", sagt er. Daheim in Valbella wird gerade ein Anbau an das Elternhaus fertiggestellt, in dem er künftig wohnen wird. Die Ärzte rechnen damit, dass Beltrametti in einem Monat die Klinik verlassen kann. Spitzensportler sind gute Rehabilitanden, leistungsfähiger und willensstärker als gewöhnliche Leute. Nachts holt ihn die Vergangenheit immer wieder ein. Im Traum sieht sich Beltrametti als Fußgänger. Beltrametti, 23, der auf der Piste als Draufgänger galt, wirkt erstaunlich unbefangen. Über seine Behinderung zu reden, fällt ihm leicht. „Ich bin eben ein Kämpfertyp", sagt er und bekommt leuchtende Augen.

1 Fasst zusammen, welche Erfolge Silvano Beltrametti vor seinem Unfall erzielte.

2 Informiert euch im Internet über Behindertensport und die Paralympics.

3 Beschreibt, wie Silvano Beltrametti mit seiner Behinderung umgeht. Bezieht auch das Foto mit ein.

4 Erklärt den Begriff „Lebensmut" am Beispiel des Sportlers.

5 Was würdet ihr Silvano Beltrametti für die Zukunft raten? Schreibt ihm einen Brief.

▸▸ **Seite 207 ff.**
Recherchieren im Internet
LS „Sich und andere informieren"

Impulse zur Weiterarbeit

- Vielleicht kennt ihr noch weitere Geschichten oder Jugendbücher zum Thema „Sport". Stellt sie euch gegenseitig vor oder erstellt einen Sammelband mit Textauszügen zum Thema.

- Informiert euch u.a. im Internet über das Thema „Fair Play" und stellt Regeln für den Sportunterricht auf.

- Erstellt eine Fotocollage über Sportler, die euch imponieren.

- Der Behindertensport und die Paralympics sind noch immer wenig bekannt. Überlegt, wie ihr euch dafür verstärkt einsetzen könnt. Entwerft z.B. ein Logo für eine Behindertensportart.

- Veranstaltet in der Klasse die etwas anderen Bundesjugendspiele. Überlegt euch Sportdisziplinen, bei denen alle mitmachen können und für die man nicht unbedingt eine Sportskanone sein muss. Richtet z.B. 12 Stationen ein, von denen aber jeder nur 8 durchlaufen muss. Nehmt neben dem Weitsprung auch lustige Übungen dazu, wie z.B. 50 m Sackhüpfen. Auch schwächere Sportler haben dann eine faire Chance und es macht bestimmt allen Spaß.

Lernstationen

Mithilfe der Lernstationen kannst du wichtige Inhalte des Deutschunterrichts

- selbstständig erarbeiten, wiederholen und vertiefen und
- überprüfen, ob du wirklich erfolgreich gelernt hast.

In den Lernstationen ist vieles ähnlich wie in den Unterrichtsvorhaben: Sie sind in (Teil-)Kapitel gegliedert und haben Verweise in den Randspalten, die sich vor allem auf die Unterrichtsvorhaben beziehen. Wenn du diesen Verweisen nachgehst, findest du Materialien und Hinweise, die dir helfen, das Gelernte zu vertiefen.

Die letzte Seite der Lernstationen hat jeweils eine besondere Funktion. Hier kannst du selbst überprüfen, ob du das Wichtigste aus der Lernstation tatsächlich beherrschst. Wenn du diese letzte Seite regelmäßig bearbeitest, entsteht nach und nach dein persönliches Portfolio für den Deutschunterricht. Zur Selbstüberprüfung („Selbst-Evaluation") gehören drei Schritte:

- Im Abschnitt „Kann ich das wirklich? – Lernspiegel" werden dir Fragen gestellt, die sich auf wichtige Inhalte beziehen und in der Lernstation behandelt werden. Wenn du die Antwort nicht weißt, solltest du die Lernstation ein zweites Mal durcharbeiten. Danach gehst du wieder zurück zu den Fragen des Lernspiegels.

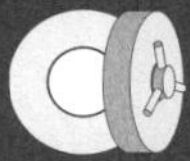

- Um dir das Lernen zu erleichtern, solltest du ein eigenes Lernlexikon anlegen. Im Abschnitt „Lernlexikon" werden dir deshalb jeweils die Stichworte genannt, zu denen du eine Karteikarte anlegen bzw. bereits angelegte Karten ergänzen solltest.

- Im „Lerndossier" legst du Texte und andere Produkte (Collagen, Tonaufnahmen usw.) ab, die bei der Erarbeitung der Lernstationen entstanden sind und mit denen du nachweisen kannst, dass du die Ziele der Lernstation erreicht hast.

Übrigens:
Die Lösungen für die meisten der Aufgaben in den Lernstationen kannst du kostenlos unter www.klett.de aus dem Internet herunterladen. Auf diese Weise kannst du dich jederzeit selbst überprüfen.

Lernstation: Lesestrategien, Lesetechniken

1 Lesegewohnheiten überprüfen

1.1 Eigene Lesegewohnheiten hinterfragen

Ungeduldig oder schlicht gelangweilt hält eine Mutter ihrem rothaarigen Sprössling das aufgeschlagene Buch hin, während er mithilfe des Zeigefingers die Wörter zu entziffern versucht.

Fern der geschäftigen Stadt sitzt der heilige Hieronymus zwischen Sand und den ausgeglühten Felsen der Wüste wie ein Pendler auf dem Vorortbahnhof und liest ein zeitungsgroßes Manuskript, während ihm der Löwe in der Ecke angespannt lauscht.

Die rechte Hand schlaff an der Seite, die linke an den Kopf gestützt, liest der junge Aristoteles, mit lässig verschlungenen Beinen auf dem mit einem Kissen gepolsterten Stuhl sitzend, gelangweilt in der Schriftrolle auf seinem Schoß.

Der heilige Dominikus hat sich, auf einer breiten Stufe sitzend und taub für die Welt, in ein Buch vertieft, das auf seinen Knien ausgebreitet liegt; geziert umspielen die Finger der Rechten sein Kinn.

Ein Liebespaar, Paolo und Francesca, sitzt aneinandergeschmiegt unter einem Baum und blickt hinab auf eine Verszeile. […] Paolo berüht ähnlich wie der heilige Dominikus das Kinn mit der Hand, Francesca hält das Buch geöffnet und markiert mit zwei Fingern eine Stelle weiter hinten […].

Einen Kneifer auf die knochige Nase gedrückt, blättert der bärtige und beturbante Vergil, fünfzehn Jahrhunderte nach seinem Tod porträtiert, in einem mit Lesezeichen versehenen Folianten.

1. Ordne die Texte jeweils einer der Abbildungen zu.
2. Beschreibe deine eigenen Lesegewohnheiten in kleinen Textabschnitten, ähnlich den oben aufgezeigten Situationen. Vielleicht findest du in einem Fotoalbum auch Bilder von dir, auf denen du lesend abgelichtet wurdest.

Lesesozialisation und Familieneinfluss bei 14- bis 19-Jährigen

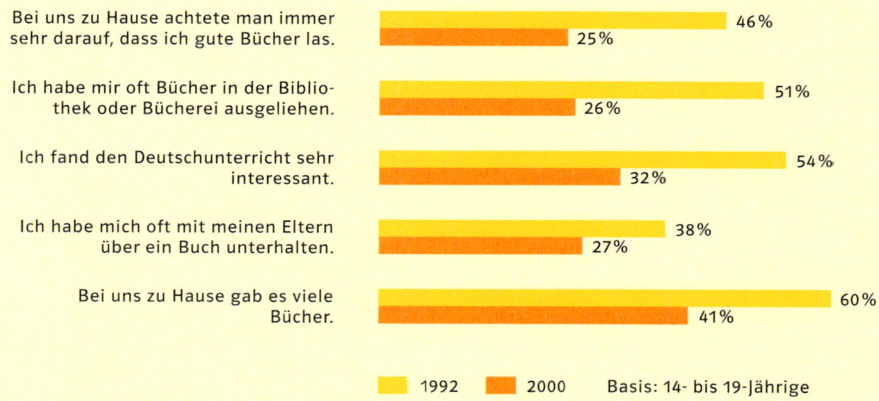

3 Beschreibe die Grafik: Wie verändert sich das Leseverhalten von 1992 bis 2000?

4 Beantworte die fünf dort untersuchten Merkmale für dich mit „Stimmt“ oder „Stimmt nicht“.

5 Berechnet im Mathematikunterricht die prozentuale Verteilung in eurer Klasse und vergleicht dieses Ergebnis mit dem Schaubild.

6 Welchem der folgenden Sprüche stimmst du am ehesten zu? Begründe deine Entscheidung.

Lesen ist Gehirnjogging.

Wenn ich mich für ein Buch entscheide, dann mit Volldampf voraus und nicht mit allerlei Bedenken. (Marcel Reich-Ranicki)

Bücher lesen heißt wandern gehen in fremde Welten, aus den Stuben über die Sterne. (Jean Paul)

Du öffnest ein Buch. Ein Buch öffnet dich. (Chinesisches Sprichwort)

Lesen verbindet.

Lesen bildet.

Lesen, ja bitte!

Heute schon gelesen?

Ein Buch ist wie ein Garten, den man in der Tasche trägt. (Arabisches Sprichwort)

7 Formuliere selber einen Spruch zum Thema Lesen, der dein Verhältnis dazu wiedergibt.

1.2 Vor dem Lesen – Erwartungen klären

▸▸ **Seite 251 ff.**
Jugendbücher untersuchen
LS „Umgang mit literarischen Texten“

Viele Informationen über einen Text bekommt man schon vor dem eigentlichen Lesen. Man muss sich dessen nur bewusst werden.

Bild
- Junge, ca. 14 Jahre
- scheint Verkleidung zu tragen
- Gebäude und Brücke: Venedig

„Herr der Diebe“
- männliche Hauptperson
- jemand stiehlt

Cornelia Funke
- hat tolle Jugendbücher geschrieben
- vielleicht wieder ein Fantasy-Roman

Roman
- d. h. fiktionaler Text

1 Wähle drei Bücher aus und formuliere in derselben Art deine Erwartungen an diese Texte.

2 Lesestrategien – Sich einen Text erschließen

Ob in alltäglichen oder schulischen Situationen – immer wieder steht man vor dem Problem, sich Inhalt und Bedeutung eines Textes erschließen zu müssen. Um diesen Leseprozess möglichst aktiv und zielorientiert zu gestalten, können vielfältige sinnentnehmende Lesestrategien herangezogen werden:

Sich einen Text erschließen
- Textinhalte grafisch darstellen
- Fragen an den Text stellen und beantworten
- Textstrukturen anhand von Signalwörtern erkennen
- Textmarkierungen und Randnotizen vornehmen

1 Mache dir das Schema klar und überlege, welche Lesestrategien du regelmäßig zur Texterschließung anwendest und welche du eher vernachlässigst.

2.1 Fragen an den Text stellen und beantworten

Alberto Manguel

Eine Geschichte des Lesens

Der Autor erzählt von seiner Erinnerung an seine ersten gelesenen Wörter und die Bedeutung, die diese für ihn hatten:

Ich war vier, als ich entdeckte, dass ich lesen konnte. Überall und immer wieder hatte ich gesehen, dass die Buchstaben, die ich kannte (weil man sie mir erklärt hatte), die Namen der Bilder formten, unter denen sie standen. Der in dicken schwarzen Strichen gezeichnete Junge mit roten Shorts und grünem Hemd (aus demselben roten und grünen Tuch, aus dem alle Bilder des Buches geschnitten waren, die Hunde und Katzen, die Bäume und die gertenschlanken Mütter) war, wie ich feststellte, auch in den strengen schwarzen Zeichen unter dem Bild enthalten, als ob er, der *boy,* in drei klare Teile zerlegt wäre: das *b* ein Torso mit einem Arm, das *o* ein abgetrennter, vollkommen gerundeter Kopf, das *y* die baumelnden Beine. Ich malte Augen in das runde *o,* dazu einen lachenden Mund, und füllte den leeren Torso mit Farbe aus. Aber das war noch nicht alles: Ich wusste, dass diese Zeichen den Jungen im Bild nicht nur einfach wiedergaben, sondern mir auch genau sagen konnten, was der Junge tat, indem er Arme und Beine von sich streckte. *Der Junge rennt,* sagten die Zeichen. Er sprang nicht, wie man hätte vermuten können, und tat nicht so, als wäre er am Fleck erstarrt, er spielte auch kein Spiel. *Der Junge rennt.*

Und doch war dieses Erkennen nur ein gewöhnlicher Akt der Zauberei ohne großen Reiz, weil jemand anders ihn für mich vollführt hatte. Ein anderer Leser, wohl mein Kindermädchen, hatte mir die Zeichen erklärt, und jedes Mal, wenn mir das Bild des lebenslustigen Jungen im Buch begegnete, wusste ich, was die Zeichen darunter bedeuteten. Das Vergnügen nutzte sich ab. Die Überraschung blieb aus.

Dann eines Tages sah ich durch das Autofenster (wohin die Fahrt ging, ist vergessen) eine Plakatfläche am Straßenrand. Ich bekam sie nur kurz zu sehen – vielleicht hielt das Auto einen Moment oder bremste nur ein wenig ab –, und dort prangten riesige Zeichen ähnlich denen in meinem Buch, und sie bildeten Folgen, die ich nie zuvor gesehen hatte. Trotzdem: Mit einem Mal wusste ich, was sie bedeuteten. Ich hörte sie in meinem Kopf, die schwarzen Zeilen und die weißen Zwischenräume verwandelten sich in klaren, klingenden Sinn. Ich hatte es ganz allein geschafft. Niemand hatte den Zauber für mich vollbracht. Ich war mit den Zeichen allein, und in einem stummen, respektvollen Dialog gaben wir einander zu erkennen. Seit ich die dürren schwarzen Zeichen zu lebendigen Wirklichkeiten zusammenfügen konnte, war ich allmächtig. Ich konnte lesen.

1 Kläre dir unbekannte Begriffe mithilfe eines Nachschlagewerkes.

2 Stelle zur ersten Erschließung des Textinhaltes alle wichtigen W-Fragen und beantworte diese.

Wer? *Alberto Manguel, Autor des Buches*
Wann? ...
Wo?
Was?
Manchmal lassen sich auch Antworten auf folgende Fragen finden:
Wie?
Warum?

3 Welche der folgenden Aussagen zum Text sind richtig? Wenn du die richtigen Antworten herausfindest, ergibt sich ein Lösungswort.

- Der Autor Alberto Manguel erzählt von seinen ersten Leseerfahrungen im Alter von sechs Jahren. (KR)
- Er stellt spielerisch eine Verbindung zwischen dem geschriebenen Wort „boy“ und dem im Bilderbuch gemalten Jungen her. (PLA)
- Regelmäßig liest ihm seine Mutter aus dem Bilderbuch vor. (UNT)
- Eines Tages beobachtet der Junge vom Auto aus große Plakatflächen, auf denen er die gleichen Zeichen wie in seinem Bilderbuch wiederentdeckt. (KAT)
- Nun gelingt es ihm, die Zeichen zu entziffern, so dass er die Bedeutung der einzelnen Worte versteht. (FLÄ)
- Der Junge glaubt, durch das Lesen allmächtig zu sein. (CHE)

2.2 Textmarkierungen und Randnotizen vornehmen

So kannst du wichtige Informationen im Text hervorheben:

- Unterstreichen, umkreisen, unterschlängeln oder einkästeln von Schlüsselbegriffen und Kernaussagen mit einem Bleistift oder Buntstift
- Markieren einzelner Schlüsselbegriffe mithilfe eines Textmarkers
- Zeichnen von Pfeilen zur Kennzeichnung von Zusammenhängen
- Setzen von Klammern zur Untergliederung und Kennzeichnung von Gedankenabschnitten
- Randnotizen, die wichtige Aussagen des Textes stichwortartig zusammenfassen

Seite 242 Einen argumentativen Text untersuchen
LS „Sich verständigen – Gespräche führen – Argumentieren"

Hier hat bereits jemand wichtige Schlüsselbegriffe markiert und am Textrand wesentliche Inhalte zusammengefasst:

Bis weit ins Mittelalter gingen die Schriftsteller davon aus, dass ihre Leser den Text vorrangig hören würden. Schließlich wurden die Worte auch bei der Niederschrift laut mitgesprochen. Da relativ wenige Menschen lesen konnten, waren öffentliche Lesungen üblich, und aus diesem Grunde ergeht in mittelalterlichen Texten wiederholt an den Leser die Bitte, einer Geschichte Gehör zu schenken. Es mag sein, dass ein ererbtes Echo dieser Lesepraktiken in einigen unserer Redewendungen fortbesteht, wenn wir etwa sagen: „Ich habe von Soundso gehört" (was auch bedeuten kann: Ich habe einen Brief erhalten) oder: „Dieser Text hört sich nicht gut an" (wenn er schlecht geschrieben ist).

Da Bücher hauptsächlich laut vorgelesen wurden, mussten die Buchstaben nicht in einzelne Wörter gegliedert werden, sondern wurden ohne Zwischenräume zu Sätzen aneinander gehängt. Die Laufrichtung, der die Augen folgen mussten, unterscheidet sich je nach Ort und Zeitalter; die Leserichtung, der wir heute in der abendländischen Welt folgen – von links nach rechts und von oben nach unten –, gilt keineswegs universell. Einige Schriften werden von rechts nach links gelesen (Hebräisch und Arabisch), andere in Kolonnen von oben nach unten (Chinesisch und Japanisch).

1. Abschnitt:
- *Mittelalter: Texte vorrangig gehört*
- *wenige Menschen können lesen*
- *öffentliche Lesungen*
- *Bitte, gut zuzuhören*

2. Abschnitt:
- *Bücher werden laut vorgelesen*
- *deshalb keine Unterteilung in Worte, sondern nur Zwischenraum zwischen Sätzen*
- *unterschiedliche Laufrichtung der Augen*
- *Abendland: links nach rechts / oben nach unten*

1 Überprüfe die Markierungen und Randnotizen: Gibt es Begriffe, die du nicht unterstrichen hättest? Fassen die Randnotizen den Inhalt sinnvoll zusammen?

2 Fertige eine Kopie des folgenden Textes an. Markiere wichtige Schlüsselbegriffe und fasse den Inhalt der einzelnen Abschnitte in Stichworten zusammen. Arbeite anfangs mit Bleistift oder Buntstift, um auftretende Fehler problemlos zu korrigieren.

Alberto Manguel

Eine Geschichte des Lesens

Die Aufgliederung der Textschlange in Wörter und Sätze entwickelte sich nur sehr langsam. In den meisten alten Schriften wie den ägyptischen Hieroglyphen, der sumerischen Keilschrift und dem Sanskrit waren solche Unterteilungen überflüssig. […] **nur 8 Wörter**

Um den im Lesen Ungeübten zu helfen, wendeten die Mönche in der Schreibstube eine Methode an, die unter dem Namen *per cola et commata* [durch Punkt und Komma] bekannt ist und durch die der Text in Sinneinheiten von Zeilenlängen eingeteilt wurde – sozusagen eine primitive Form der Interpunktion, die dem ungeübten Leser anzeigte, wo die Stimme zu heben oder zu senken war, aber auch dem Gelehrten die Suche nach bestimmten Stellen erleichterte. […] **nur 10 Wörter**

Die Interpunktion blieb willkürlich, aber diese ersten Hilfsmittel beförderten zweifellos die Fortentwicklung des stillen Lesens. Am Ende des 6. Jahrhunderts pries der heilige Isaak von Syrien die Vorteile der lautlosen Lektüre: „Ich übe mich in Stille, dass die Verse meiner Lektüre und meiner Gebete mich mit Freude erfüllen.“ […] **nur 10 Wörter**

Die Zeichensetzung entwickelte sich langsam weiter. Nach dem 7. Jahrhundert zeigte eine Kombination von Punkten und Strichen ein Satzende an, ein hochgestellter Punkt hatte die Bedeutung unseres heutigen Kommas und das Semikolon wurde bereits so verwandt wie heute. Im 9. Jahrhundert war das stumme Lesen wahrscheinlich in den Schreibstuben so verbreitet, dass die Schreiber damit begannen, die einzelnen Wörter von ihren zudringlichen Nachbarn zu trennen, um das Lesen eines Textes zu erleichtern […]. Ungefähr zur selben Zeit begannen die irischen Schreiber, die in der gesamten Welt für ihre Kunstfertigkeiten gerühmt wurden, nicht nur Teile der Rede, sondern auch grammatische Einheiten innerhalb eines Satzes zu trennen, und führten viele Interpunktionszeichen ein, die wir noch heute benutzen. **nur 15 Wörter**

3 Überprüfe deine Textmarkierungen und Randnotizen. Kontrolliere, ob du wirklich nur wesentliche Informationen markiert und auch alles Wichtige am Rand notiert hast. Falls du feststellen solltest, dass du zu viele Begriffe markiert hast, entferne einige Markierungen. Du kannst dich an den vorgegebenen Wörteranzahlen pro Abschnitt orientieren.

Unterstreichungen und Markierungen sind nur dann sinnvoll, wenn sie zur Übersichtlichkeit des Textinhaltes beitragen. Dies ist nicht der Fall, wenn man ganze Abschnitte oder zu viele Wörter unterstreicht. Hier gilt das Sprichwort: „Weniger ist mehr“.

2.3 Textstrukturen erkennen

Bei der Erschließung eines Textinhaltes kann es hilfreich sein, die Textstruktur zu erkennen. Diese kann zum einen anhand der Gedankenabschnitte erschlossen werden.
Zum anderen gibt es Strukturwörter, die Hinweise auf den Aufbau und damit die inhaltliche Strukturierung eines Textes geben. Es gibt unterschiedliche Arten von Strukturwörtern, die alle eine bestimmte Funktion besitzen.

Strukturwörter

Zeitangaben

- **Jahreszahlen** wie z.B. 1452–1455
- **Zeitadverbien:** zuerst, seither, dann, später, danach, zunächst, seitdem, sofort, schließlich …

Funktion: Es wird eine gedankliche oder zeitliche Abfolge deutlich.

Konjunktionen

Begründung: weil, da, deshalb, denn, darum, also

Gegensatz: aber, während, nicht nur – sondern, zum einen – zum anderen

Einschränkung: trotz, während, allerdings, obwohl, vorerst, doch

Folge: so dass, so, das hat zur Folge

Bedingung: wenn, falls, im Falle, dass

Absicht: um, damit, dass

Aufzählung: und, sowie

Vergleich: wie, ebenso, so – als ob

Funktion: Konjunktionen zeigen in einem Satz logische Verknüpfungen auf.

Pronomen

- dieser, diese, dieses
- jener, jene , jenes
- solch, solche, solches

Funktion: Pronomen können einen Bezug zu einem bereits geäußerten Gedanken herstellen.

1 Lies den Text zur Entwicklung des Buchdrucks in China auf Seite 202. Unterstreiche auf einer Kopie alle Strukturwörter, um dir einen ersten Überblick über den Textaufbau zu verschaffen.

Gutenbergs unbekannte Brüder – Frühe chinesische Drucke

Ein Chinese würde sich wundern, wollte man ihm weismachen, ein Johannes Gutenberg in Deutschland hätte vor rund 550 Jahren das Drucken erfunden. […] Tatsächlich ist die Druckkunst sehr viel älter, wurde in Ostasien entwickelt, und schon Jahrhunderte vor Gutenbergs Geburt um 1400 kannten Chinesen das System der „beweglichen Lettern". […]

Als Vorform des Druckens gelten heute chinesische Abreibungen und Abklatsche von Steininschriften, die eine gezielte Verbreitung von Texten ermöglichten. Im 2. Jahrhundert nach Christus, als etwa zur gleichen Zeit in der westlichen Welt der römische Kaiser Marc Aurel seine philosophischen Gedanken auf Papyrusrollen festhielt und für die Vervielfältigung auf Schreiber angewiesen war, schnitt man in China seit dem Jahr 175 unserer Zeitrechnung über acht Jahre hinweg die Hauptwerke der klassischen chinesischen Literatur in Steinplatten. Davon wurden Tausende Kopien in Form von Abklatschen hergestellt: Man drückte befeuchtetes Papier so auf die Inschriftensteine, dass beim Bürsten des Papiers mit Tusche die eingeschnittenen Schriftzeichen sich weiß vom sonst geschwärzten Papier abhoben.

Die nächste Stufe erreichte man mit dem so genannten Holztafeldruck im 7. Jahrhundert: Jedes Zeichen wurde seitenverkehrt in einen Holzstock geschnitten, indem man alles umgebende Holz entfernte. So entstanden erhabene Linien, die, entsprechend eingefärbt und auf Papier abgerieben, in positiver Gestalt den gewünschten Text abfärbten. […]

Doch schon um 1040, als in Europa Wilhelm der Eroberer noch seine Kindertage in der Normandie verbrachte, experimentierte ein Chinese namens Bi Sheng mit beweglichen, einzeln hergestellten Druckstempeln aus Keramik. Er ordnete sie auf einer Eisenform zu ganzen Texten an und fixierte sie mit einer Schicht Wachs und Harz. Dann wurde gedruckt. Wollte man die Zeichen erneut verwenden, erhitzte man die Eisenplatte, bis schmelzendes Wachs und Harz die Formen wieder freigaben. 300 Jahre später tauchten die ersten Lettern aus Holz auf. Von da war es nur noch ein kleiner Schritt, die einzelnen Holzlettern gleich groß herzustellen, um sie immer in genormten Blöcken zusammensetzen zu können. Bald experimentierte man erfolgreich mit Lettern aus Kupfer, Blei oder Messing. Aber das Drucken mit beweglichen Lettern hat sich in China bis zum Ausgang des letzten Jahrhunderts nie wirklich durchsetzen können. Der Grund liegt auf der Hand: Das traditionelle Drucken mit ganzen Holzplatten erforderte zwar enormen Stapelplatz, aber die Abertausende chinesischer Schriftzeichen verhinderten eine einfache und vor allem schnelle Zusammenstellung von Druckplatten aus beweglichen Lettern. Um wie viel einfacher war es da für Gutenberg, mit 26 Lettern und einer Hand voll Hilfszeichen alle Wörter bilden zu können!

2 Unterstreiche auf deiner Kopie in einem zweiten Lesegang alle wichtigen Orts- und Personenangaben sowie wichtige Informationen zur Entwicklung des Buchdrucks in China.

3 Erstelle nun mithilfe der markierten Informationen einen Zeitstrahl zum Buchdruck in China.

175 Jahre n. Chr. / Druck chinesischer Literatur mit Steinplatten = Abklatsche

2.4 Textinhalte grafisch darstellen

Eine grafische Darstellung der Textinhalte kann zur Erschließung der Struktur und des Informationsgehaltes beitragen. Hierbei können unterschiedliche Visualisierungsmethoden verwendet werden:

Textinhalte grafisch darstellen

- Mind-Map:

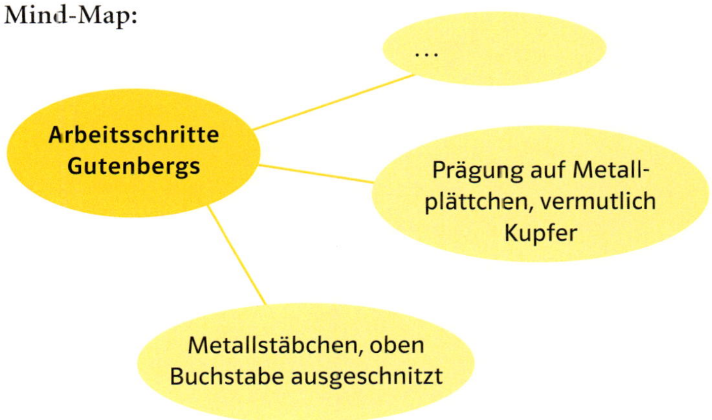

- Flussdiagramm:

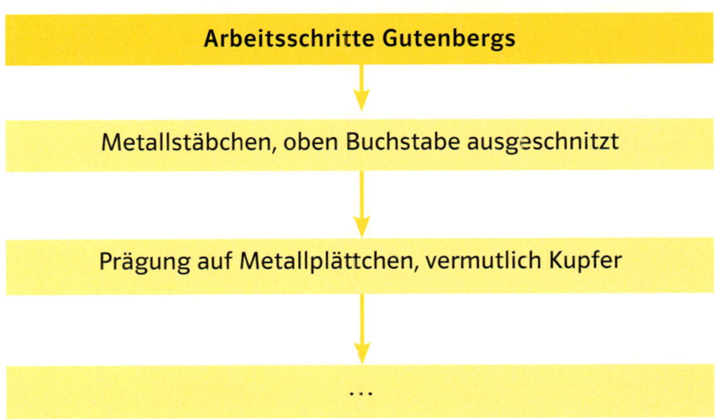

- Tabelle:

Arbeitsschritte Gutenbergs	
Arbeitsschritt 1	Metallstäbchen, oben Buchstabe ausgeschnitzt
Arbeitsschritt 2	Prägung auf Metallplättchen, vermutlich Kupfer

1 Lies den folgenden Text mehrmals aufmerksam durch.

2 Wähle eine grafische Darstellungsmöglichkeit aus und stelle damit die wichtigsten Arbeitsschritte des von Gutenberg erfundenen Druckverfahrens dar.

Technik der Zukunft – Am Anfang des Medienzeitalters

Als der fast vierzigjährige Gutenberg mit Partnern in Straßburg eine Firma aufmacht, um Pilgerspiegel für Wallfahrer auf dem Weg nach Aachen herzustellen, die damit die Heil bringenden Strahlen von Reliquien einfangen wollen, produziert er zum ersten Mal seriell und in Massen. Seine Grundlage: Serienguss mit einer Zinnlegierung. Darauf aufbauend verfolgt er im Geheimen ein Projekt mit einer Presse und einer zerlegbaren „Form“ – mehr ist den Prozessakten, die in Straßburg darüber angefertigt wurden, nicht zu entlocken. Heute denken die Forscher, dass es dabei wohl schon um Experimente zum Buchdruck ging.

Als er ab 1448 wieder in Mainz wohnte, da konnte er es bereits: drucken!

Es war doch ganz einfach! Die Kombination von Stempel, Papier und Weinpresse – aber er war darauf gekommen, ihm war der geniale Gedanke der Verknüpfung all dieser Dinge gekommen. Für jeden Klein- und Großbuchstaben und alle anderen Zeichen stellte er jeweils ein Metallstäbchen aus hartem Eisen her, das am oberen Ende den Buchstaben seitenverkehrt und erhaben herausgearbeitet zeigte.

Diese „Urtypen“ prägte er mit einem Hammerschlag in ein rechteckiges Plättchen aus weichem Metall, vermutlich Kupfer. So erhielt er beliebig viele Negativ-Matrizen seiner Urform, aus denen er nach Bedarf in einem von ihm ebenfalls neu entwickelten zweiteiligen Handgießgerät Metalltypen gießen konnte.

Dieses Gießgerät hatte er vermutlich aus Messing hergestellt, damit es die 300 Grad heiße Legierung aus Blei, Zinn und kleinen Mengen Antimon unbeschadet überstehen konnte. Die Bleitypen, die später zum Drucken verwendet wurden, mussten nach dem Erkalten sehr hart sein, um sich nicht allzu rasch abzunutzen.

Vorsortiert in Kästen, stellte der Setzer mithilfe eines Winkelhakens, den er in der linken Hand hielt, mehrere Zeilen eines Textes aus den Bleitypen zusammen, gab diese fertigen Zeilen dann nacheinander auf ein Holztablett (Satzschiff), das am Ende eine ganze Seite aufnahm. Dieses Tablett gab der Setzer auf das Fundament, Teil des „Karrens“ der Druckerpresse.

Dort trat der „Ballenmeister“ in Aktion, der zwei mit Rosshaar gefüllte Ballen in der Hand hielt. Auf die beiden Ballen gab er möglichst gleichmäßig Druckerschwärze und rollte sie dann auf der Satzform ab, so dass sie nahezu gleichmäßig eingefärbt wurde. Im gleichen Moment spannte der zweite Drucker einen Papierbogen mithilfe der Markierungsnadeln auf eine exakt bezeichnete Stelle des aufklappbaren Deckels. Dann klappte er den Deckel zu und der Bogen lag direkt auf der eingefärbten Satzform auf. Dank der großen Schraube oder Spindel mit einer Pressplatte (Tiegel), die durch Drehen des „Bengels“ (Querholz) nach unten gesenkt werden konnte, wurde das eingespannte Papier mit großem Druck auf die Satzform gepresst. Als Vorlage für diese Presse diente wahrscheinlich eine Wein- bzw. Papierpresse. Nach dem Druckvorgang wurden die Papierbögen (Doppelseiten) zum Trocknen aufgehängt und später mit den anderen Bögen des zukünftigen Buches zu „Lagen“ sortiert.

3 Was ich über Lesestrategien und Lesetechniken gelernt habe – Portfolio

3.1 Kann ich das wirklich? – Lernspiegel

CD-ROM

Kann ich …
• mindestens drei Aussagen über meine eigenen Lesegewohnheiten treffen?
• vor dem Lesen eines Buches Leseerwartungen hinsichtlich des Buchcovers, des Autors, des Titels und der Textart klären?
• W-Fragen an den Text stellen und allgemeine Fragen zum logischen Aufbau eines Textes aufwerfen und diese beantworten?
• wichtige Informationen im Text markieren und Randnotizen vornehmen?
• Strukturwörter im Text erkennen, um den gedanklichen Aufbau eines Textes zu erfassen?
• Textinhalte grafisch in Form von Mind-Maps, Flussdiagrammen oder Tabellen darstellen?

3.2 Lernlexikon

In deinem Lernlexikon solltest du zum Thema „Lesestrategien und Lesetechniken“ Einträge u. a. zu folgenden Punkten angelegt haben:

W-Fragen – allgemeine Fragen zum logischen Aufbau eines Textes – Lesestrategien zur Texterschließung

3.3 Schatztruhe – Lerndossier

Im Zusammenhang mit dem Thema „Lesestrategien und Lesetechniken“ könntest du Folgendes in deinem Lerndossier abgelegt haben:

- **eine Kopie eines Buchcovers mit von dir formulierten Leseerwartungen**
- **einen bearbeiteten Text, in dem du Wichtiges markiert und Wesentliches am Textrand vermerkt hast**
- **einen grafisch dargestellten Textinhalt**

Lernstation: Sich und andere informieren

1 Fragen stellen

Göttinger Tageblatt, WELT IM SPIEGEL
Freitag, 1. Oktober 2004
Von Boris B. Behrsing, Canberra

Spätfolgen der Meuterei auf der „Bounty“

Nachfahren der Rebellen seit gestern vor Gericht / Anklage lautet auf Vergewaltigung und Inzest

Einer der ungewöhnlichsten Gerichtsprozesse unserer Zeit hat am Donnerstag auf der entlegenen südpazifischen Insel Pitcairn begonnen.

Auf dem vulkanischen Eiland hatten vor mehr als 200 Jahren die Meuterer des britischen Kriegsschiffes „HMS Bounty“ mit ihren tahitischen Geliebten Zuflucht vor der britischen Strafverfolgung gesucht. 47 Nachkommen der Rebellen leben noch auf Pitcairn, und sieben von ihnen – die Hälfte der Männer der Insel – stehen vor dem britischen Obersten Gerichtshof. Den Männern werden 55 Sexualvergehen wie Vergewaltigung, Inzest und Missbrauch Minderjähriger angelastet.

Bürgermeister vor Gericht

Die ersten, gegen die verhandelt wird, sind Pitcairns Bürgermeister Steve Christian, ein direkter Nachkomme des Meuterei-Anführers Fletcher Christian, und der frühere Magistratsrichter Jay Warren. Die den beiden Männern vorgehaltenen Vergehen liegen bis zu 40 Jahre zurück.

Im Streit mit London

„Als die Meuterer die ‚Bounty‘ vor der Küste von Pitcairn in Brand steckten, gaben sie ihre britische Staatsbürgerschaft auf“, erklärten die Anwälte. Sie und nicht Großbritannien hätten Pitcairn besiedelt. London hätte deswegen keine Souveränität über das Eiland.

Mehrmals musste der Prozessbeginn verschoben werden. Nicht nur die Richter, Ankläger, Rechtsanwälte, Gerichtsschreiber und Polizisten mussten unter schwierigen Umständen in heimischen Langbooten an Pitcairner Land gerudert werden, auch die vorgefertigten Bauteile für die zwei Verhandlungssäle. […]

Nach Ansicht der verärgerten Bewohner Pitcairns ist der Prozess nur ein Manöver, um die 4,3 Quadratkilometer kleine Insel zu entvölkern und so dem britischen Staatssäckel die Unterhaltungskosten für diese letzte Südsee-Kolonie Londons zu ersparen.

1 Du bleibst morgens beim Lesen der Zeitung an diesem Bericht „hängen“.
Nach der Lektüre könnten sich dir folgende Fragen stellen:

- Was war die Meuterei auf der „Bounty“?
- Wer meuterte und warum?
- Wann war das?
- Wo liegt die Pitcairn-Insel?
- Warum stehen Nachkommen der Meuterer vor Gericht?
- …?

2 Stelle weitere Fragen und ordne sie nach der W-Fragen-Methode:
Wer? – Was? – Wann? – Wo? – Wie? – Warum?
Überprüfe, auf welche W-Fragen der Zeitungsbericht bereits Antworten gibt und zu welchen Fragen du genauere Informationen einholen willst.

2 Recherchieren im Internet

Um genauere Informationen zu bekommen, hast du mehrere Möglichkeiten:

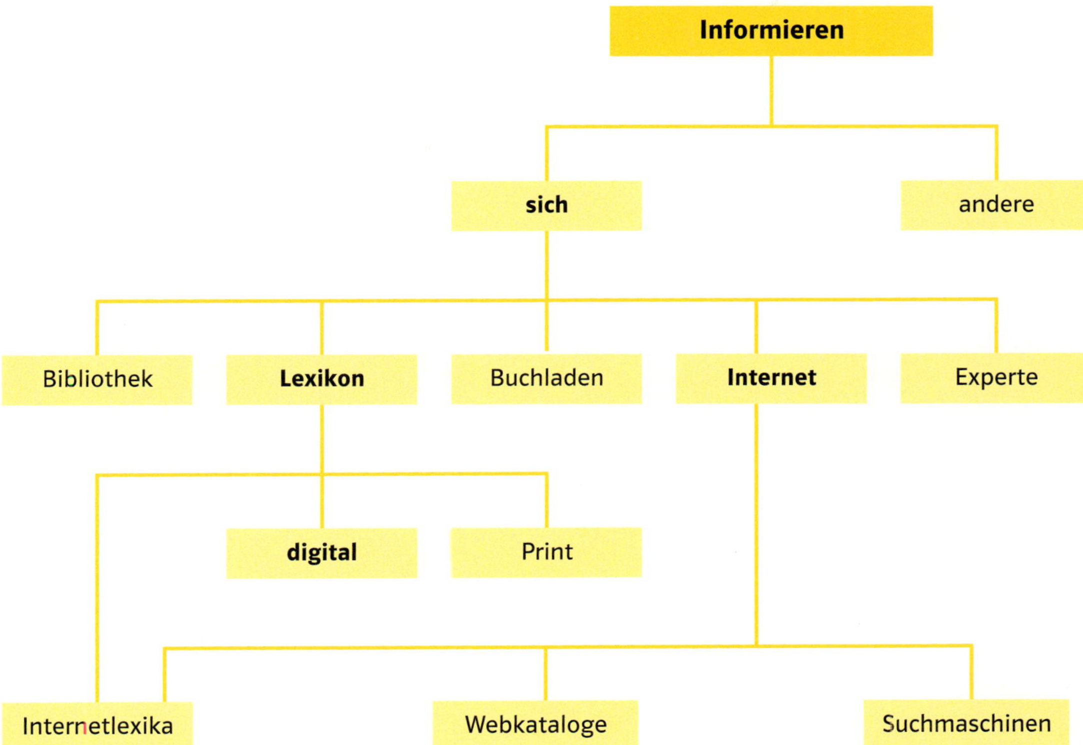

www.encarta.de
www.wikipedia.de
www.wissen.de

www.dino-online.de
www.yahoo.de
www.web.de

www.google.de
www.fireball.de
www.metager.de

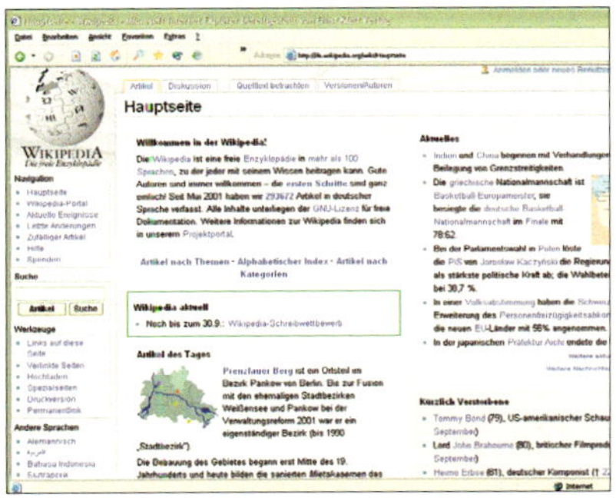

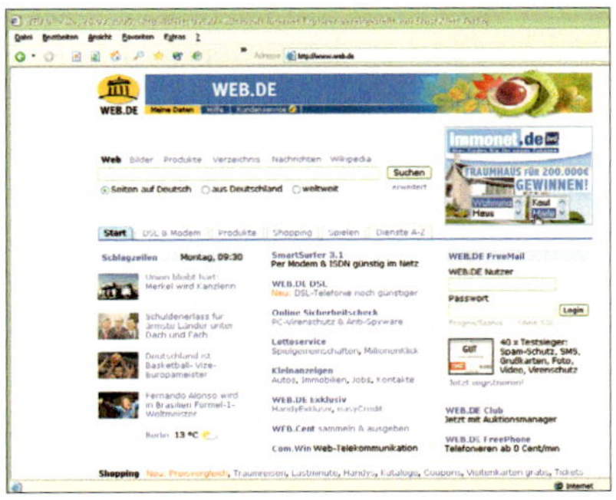

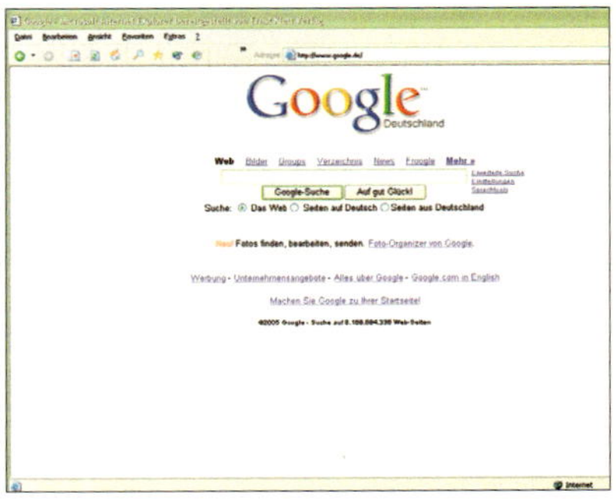

1 Welche Erfahrungen hast du beim Recherchieren im Internet bisher gemacht? Trage deine positiven und negativen Erfahrungen in Stichpunkten zusammen.

2.1 Recherchieren mithilfe von Internet-Lexika

Informationen im Internet und in Lexika sind meist durch so genannte Hyperlinks (kurz: „Links“ = Stellen, die durch Anklicken zu weiteren Informationen führen) vernetzt. In einem digitalen Lexikon, wie z.B. „encarta“, sind die „Links“ farblich (rot) hervorgehoben. In einem Print-Lexikon, also einem gedruckten Lexikon, wie z.B. dem Brockhaus, sind die „Links“ durch Verweispfeile (→) markiert.

*In der **digitalen Enzyklopädie** „encarta“ findest du unter dem Stichwort „Bounty“:*

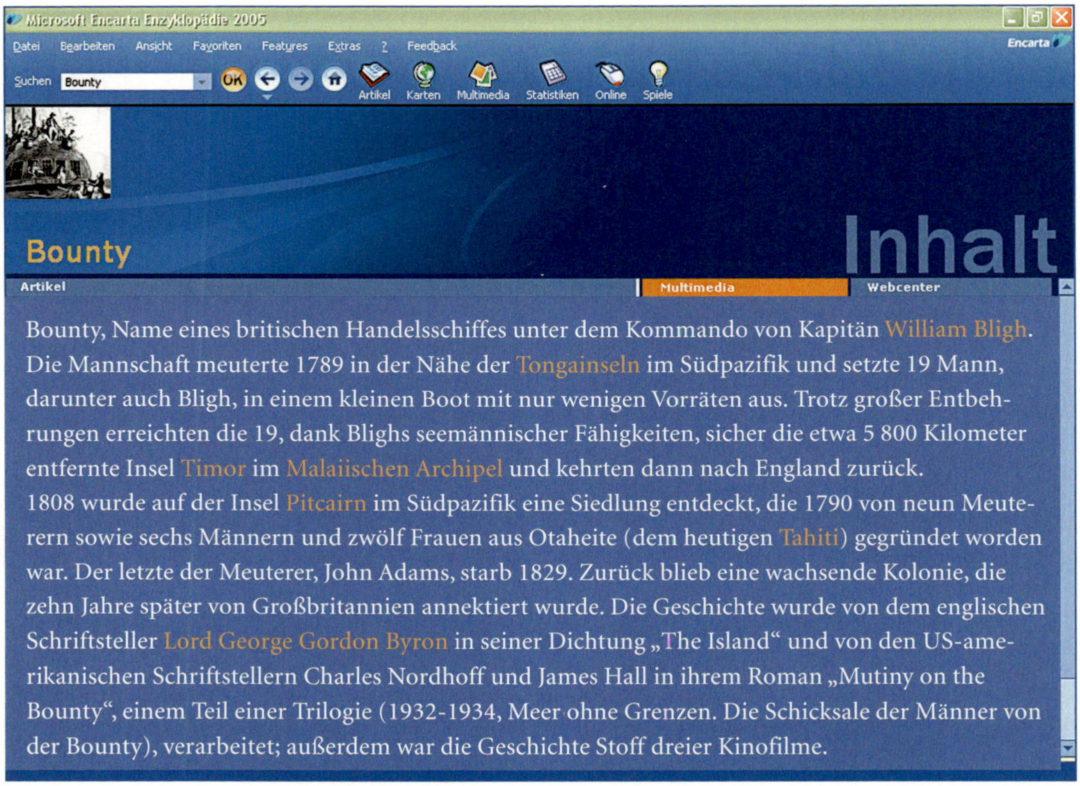

Bounty, Name eines britischen Handelsschiffes unter dem Kommando von Kapitän William Bligh. Die Mannschaft meuterte 1789 in der Nähe der Tongainseln im Südpazifik und setzte 19 Mann, darunter auch Bligh, in einem kleinen Boot mit nur wenigen Vorräten aus. Trotz großer Entbehrungen erreichten die 19, dank Blighs seemännischer Fähigkeiten, sicher die etwa 5 800 Kilometer entfernte Insel Timor im Malaiischen Archipel und kehrten dann nach England zurück.
1808 wurde auf der Insel Pitcairn im Südpazifik eine Siedlung entdeckt, die 1790 von neun Meuterern sowie sechs Männern und zwölf Frauen aus Otaheite (dem heutigen Tahiti) gegründet worden war. Der letzte der Meuterer, John Adams, starb 1829. Zurück blieb eine wachsende Kolonie, die zehn Jahre später von Großbritannien annektiert wurde. Die Geschichte wurde von dem englischen Schriftsteller Lord George Gordon Byron in seiner Dichtung „The Island“ und von den US-amerikanischen Schriftstellern Charles Nordhoff und James Hall in ihrem Roman „Mutiny on the Bounty“, einem Teil einer Trilogie (1932-1934, Meer ohne Grenzen. Die Schicksale der Männer von der Bounty), verarbeitet; außerdem war die Geschichte Stoff dreier Kinofilme.

1. Welche Informationen bekommst du hier:
   - zum Schiff?
   - zur Meuterei?
   - zu den Beteiligten?
   - zu den Folgen und späteren Auswirkungen?
   - zu literarischen und audiovisuellen Verarbeitungen des Stoffes?
2. Welche Fragen bleiben offen?

Der Lexikonartikel weist acht Links auf, bei deren Anklicken du weitere Informationen erhältst.

2. Link: William Bligh

Microsoft Encarta Enzyklopädie 2005

Datei Bearbeiten Ansicht Favoriten Features Extras ? Feedback Encarta

Suchen: Bounty OK Artikel Karten Multimedia Statistiken Online Spiele

Bligh, William (1754–1817), britischer Seefahrer, geboren in Plymouth. Bligh begleitete den Entdecker und Seefahrer James Cook auf dessen zweiter Weltumsegelung (1772–1775). 1787 schickte ihn die britische Regierung nach Tahiti als Kommandant der Bounty. Dort sollte das Schiff Brotfruchtbäume zur Umpflanzung auf die Westindischen Inseln aufnehmen. Blighs Mannschaft meuterte und setzte ihn mit 18 Gefolgsleuten am 28. April 1789 auf hoher See in einem offenen Boot aus. Mit außergewöhnlichem seemännischen Geschick und unter schwersten Entbehrungen segelte Bligh die fast 6 000 Kilometer bis zur Insel Timor bei Java, wo er am 14. Juni sicher ankam. 1805 wurde er zum Gouverneur von New South Wales in Australien ernannt, doch die Kolonisten waren mit seinem harten Führungsstil unzufrieden. 1808 rebellierten die Zivilbeamten und Militäroffiziere der Kolonie und nahmen ihn in Haft. Nach zwei Jahren der Gefangenschaft schickte man Bligh unter Arrest zurück nach England. Er wurde jedoch entlastet, und die Meuterer wurden für schuldig befunden. Bligh wurde zum Konteradmiral (1811) und später zum Vizeadmiral (1814) befördert.

3 Welche Informationen dieses Links beziehen sich auf deine Fragen zur Meuterei, welche nicht? Du kannst die Informationen speichern, herausschreiben und/oder (auf einer Folie) unterstreichen.

4 Woran wird deutlich, wer die „Schuld“ an der Meuterei trug?

6. Link: Pitcairn

Microsoft Encarta Enzyklopädie 2005

Datei Bearbeiten Ansicht Favoriten Features Extras ? Feedback Encarta

Suchen: Bounty OK Artikel Karten Multimedia Statistiken Online Spiele

Pitcairn, Insel im südlichen Pazifischen Ozean, zwischen Australien und Südamerika. Die fünf Quadratkilometer große Insel bildet mit den unbewohnten Inseln Henderson, Ducie und Oeno eine Kronkolonie Großbritanniens.

Die meisten der etwa 50 Bewohner leben vom Fischfang oder von der Landwirtschaft. Gemüse, tropische Früchte und Kaffee werden auf dem fruchtbaren Boden im Inselinneren angebaut. Adamstown, die einzige Ortschaft der Insel, liegt an der Nordküste in der Nähe der Bounty Bay.

Pitcairn wurde 1767 von dem britischen Marineoffizier Philip Carteret entdeckt. Die Insel war bis 1790 unbewohnt, als die Meuterer des britischen Schiffs Bounty, begleitet von einigen Männern und Frauen aus Polynesien, hierher kamen. Ihre Gemeinschaft wurde erst 1808 von amerikanischen Walfängern entdeckt. Wegen drohender Übervölkerung siedelten 1856 etwa 200 Inselbewohner auf die Norfolk-Insel über. 1957 wurden am Südende der Insel die Überreste der Bounty entdeckt. 1970 wurde Pitcairn dem britischen Hochkommissar in Neuseeland unterstellt.

5 Welche Informationen zur Meuterei und ihren Folgen bekommst du hier? Mache dir Notizen (z. B. 1790: *Pitcairn von den Meuterern der „Bounty“ und einer Gruppe von Männern und Frauen aus Polynesien besiedelt …*).
Ordne alle Informationen, die du aus „encarta“ bekommen hast, anhand einer sinnvollen Gliederung, z. B.
- *Meuterei auf der Bounty 1789 in der Nähe der Tongainseln*
- *Das Leben auf Pitcairn nach der Meuterei*
- *Die „Spätfolgen“ der Meuterei heute*

2.2 Recherchieren mithilfe von Suchmaschinen und Webkatalogen

Suchmaschinen geben dem Benutzer/der Benutzerin die Möglichkeit, das Internet durch die Eingabe von Stichwörtern oder Namen nach Informationen abzusuchen. Dabei werden alle Webseiten angezeigt, die die Suchmaschine gefunden hat. Wichtige und amtliche Informationen, digitale Lexika und geprüfte Informationen werden ebenso angezeigt wie Informationen, die Personen ungeprüft auf ihre eigene Homepage gestellt haben, die vielleicht nur persönliche Meinungen sind.
Etwas mehr Sicherheit hinsichtlich der Qualität der Informationen bieten **Webkataloge**. Diese bestehen aus Internetquellen, die in Katalogen nach Sachgebieten vorgeordnet und auf ihre Qualität hin überprüft sind. Webkataloge bieten auch die Möglichkeit, bei verschiedenen Katalogen die Themenblöcke zu vergleichen und zu sehen, welche Aspekte sie zu einem Thema anbieten. Kataloge eignen sich auch gut, um nach bestimmten offiziellen Informationen von Firmen, Organisationen oder Ämtern zu suchen.

Seite 45 ff.
UV „Alaska“

*Suchmaschinen wie **www.google.de** sind einfach zu bedienen. Man kann ein Stichwort oder mehrere Stichwörter hintereinander eingeben und erhält dann viele Seiten, die dieses Stichwort enthalten – aber nicht immer im gesuchten Zusammenhang. Diese Treffer sind ungeordnet und ungeprüft. Beim Benutzen von Suchmaschinen solltest du bestimmte Suchstrategien beachten:*

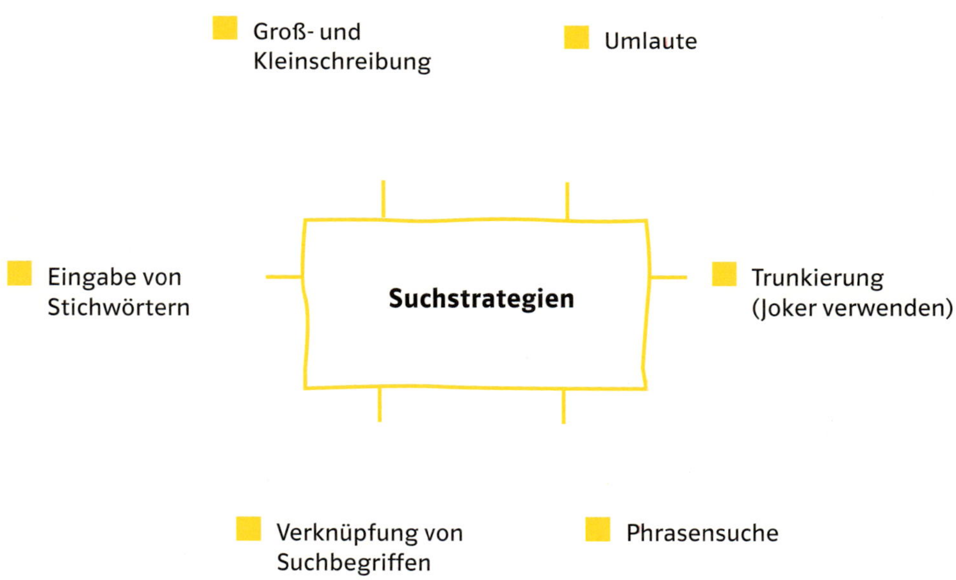

Eingabe von Stichwörtern
Stichwörter sind Wörter, die in einem gesuchten Text vorkommen (z.B. *Kardinalfrage, Schuluniform*). Da die Wörter in unterschiedlichen grammatischen Formen vorkommen, kann man auch mit Trunkierungen arbeiten.

Trunkierung
Hier wird für die Suche nur der Wortstamm und ein Stellvertreterzeichen* angeben, z.B. Bau* für ‚Bauhaus', ‚Baukunst' u.a. Man benutzt Trunkierungen dann, wenn man den Begriff, den man sucht, nicht genau kennt, oder wenn man mehrere Begriffe zu einem bestimmten Stichwort suchen will.

Groß- und Kleinschreibung
Bei Kleinschreibung suchen fast alle Suchmaschinen die entsprechenden Begriffe in Groß- und Kleinschreibung. Wenn man hingegen Großschreibung benutzt, wird das Wort nur in der Großschreibung gesucht, z.B. *Heinrich Heine* → Informationen zu dem Dichter, *Heinrich heine* → keine Treffer (Tippfehler).

▸▸ **Seite 109 ff.**
UV „Von früher und heute erzählen"

Verknüpfung von Suchbegriffen
Suchmaschinen bieten auch die erweiterte Suchfunktion durch Verknüpfung von Suchbegriffen mit UND oder ODER an. Man nennt diese Verknüpfungsstrategien auch Boolesche-Operatoren. In den Hilfefunktionen zu den Suchmaschinen findet man meistens eine genaue Anleitung, wie man bei der jeweiligen Suchmaschine Verknüpfungen vornehmen muss.

Phrasensuche
Um eine gezielte Suche vornehmen zu können, wenn man ganze Ausdrücke, Zitate oder Sätze sucht, setzt man den gesuchten Ausdruck oder Satz in Anführungszeichen, z.B.: „Meuterei auf der Bounty".

1. Suche mit der UND- und ODER-Verknüpfung und mit der Phrasensuche Informationen über das Buch „Die Schatzinsel" von Robert L. Stevenson.
2. Vergleiche die Ergebnisse und achte dabei auch besonders auf die weiteren Ergebnisseiten. Welche Ergebnisse werden als erste präsentiert?
3. Suche Adressen von Internetcafés in deiner Stadt. Überlege, welche Suchstrategie du anwenden willst. Begründe deine Wahl.
4. Finde heraus, von wem folgendes Zitat stammt:

> „Ist denn die Welt nicht schon voller Rätsel genug, dass man die einfachsten Erscheinungen auch noch zu Rätseln machen soll?"

3 Informationen aus dem Internet bewerten

■■■ Die Treffer, die von einer Suchmaschine als erste aufgelistet werden, passen nicht immer am besten zur Suchanfrage. Je nach Suchmaschine werden hier u.a. auch Seiten angezeigt, die häufig besucht werden oder auf die am meisten verlinkt wird. ■

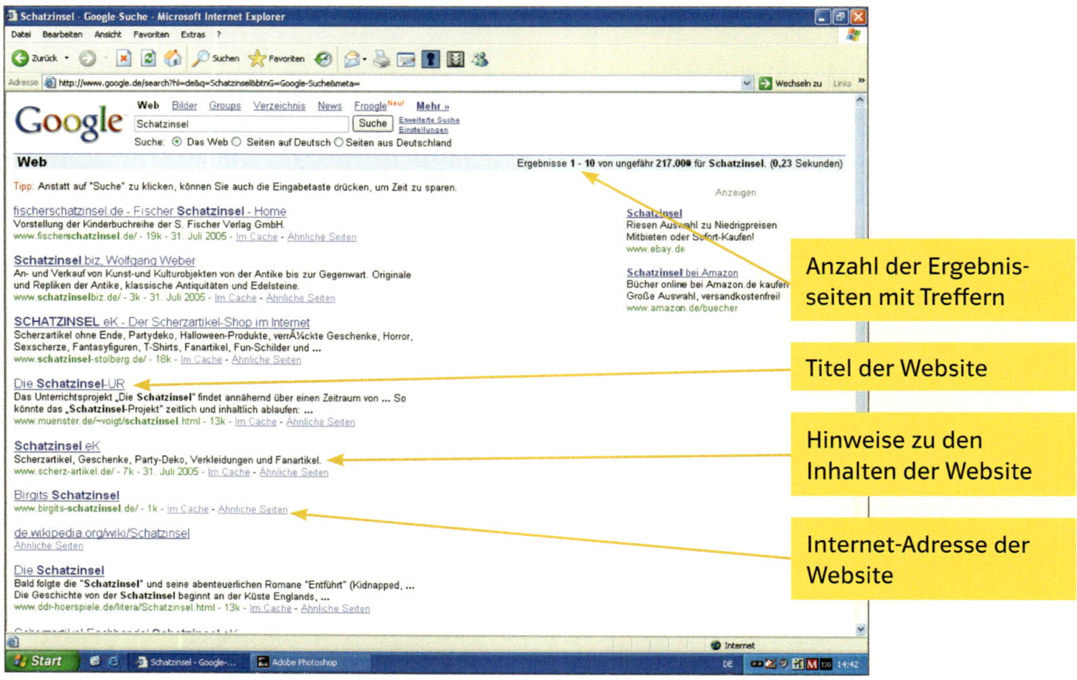

Du solltest möglichst verschiedene Websites zu einem Thema miteinander vergleichen. Folgende Punkte solltest du beachten:

▸▸ Seite 45 ff.
UV „Alaska – Ein Land entdecken im Projekt“

- Passt die Information zu meiner Frage?
- Ist die Information übersichtlich und gut verständlich geschrieben?
- Wird die Quelle des Textes angegeben?
- Stammt die Information von der offiziellen Seite eines Amtes oder einer Organisation oder von einem Experten/einer Expertin, z.B. Wissenschaftlerin, Fachjournalist u.a., oder hat sie eine private Person verfasst und auf ihrer Homepage veröffentlicht?
- Offizielle Seiten, wissenschaftliche Veröffentlichungen und Texte aus Datenbanken sind meist von besserer Qualität als Texte von privaten Seiten.

4 Was ich über das Informieren mithilfe des Internets gelernt habe – Portfolio

4.1 Kann ich das wirklich? – Lernspiegel

CD-ROM

Kann ich ...
• den Unterschied zwischen Suchmaschine und Webkatalog erklären?
• mindestens zwei Suchmaschinen und zwei Webkataloge im Internet nennen?
• mindestens drei Suchstrategien im Internet nennen?
• bei den gefundenen Informationen feststellen, aus welcher Quelle sie stammen?
• mindestens drei Prüfkriterien für Informationen nennen?
• Informationen Fragen und thematischen Mind-Maps zuordnen?
• verschiedene Texte aus dem Internet zu einem Thema auswerten und zu einem eigenen Text verarbeiten?

4.2 Lernlexikon

In deinem Lernlexikon solltest du zum Thema „Informieren“ Einträge u. a. zu folgenden Punkten angelegt haben:

Recherchieren im Netz – Unterschiede zwischen Suchmaschinen und Webkatalogen – Wie funktionieren Suchmaschinen? – Wie bewertet man Informationen aus dem Internet?

4.3 Schatztruhe – Lerndossier

Im Zusammenhang mit dem Thema „Sich und andere informieren“ könntest du Folgendes in deinem Lerndossier abgelegt haben:

- **eine Liste mit interessanten Büchern zum Thema Seefahrer**
- **eine Sammlung mit hilfreichen Adressen von Internet-Lexika, Suchmaschinen und Webkatalogen**

Lernstation: Schreiben

1 Schreiben, aber wie?

Wenn man etwas schreiben muss, ist es sinnvoll, sich im Vorfeld über die unterschiedlichen Anforderungen, die an einen Text gestellt werden, Klarheit zu verschaffen.

?
- ?
- ?

Inhaltsangabe Ballade
- sachlich
- Leser soll über Inhalt informiert werden

Tagebuch
- **?**
- ?

Krimi
- spannend
- Leser soll evtl. auf falsche Fährte gelockt werden

Sachtext: Klima Alaskas
- ?
- Leser soll ...

1 Verdeutliche dir mithilfe des Schemas die Textsorten mit ihren unterschiedlichen Anforderungen.

2 Finde weitere Textsorten, die in deinem Schreiballtag vorkommen.
Überlege, welche unterschiedlichen Stile diese Texte haben müssen und welchen Zweck sie erfüllen sollen.

2 Schreiben als Prozess gestalten

2.1 Einen Schreibplan erstellen

Selten gelingt es, einen Text auf Anhieb perfekt zu schreiben. Wichtig ist vor allem das Davor und Danach, d.h. zunächst einmal einen Schreibplan zu erstellen, diesen auszuführen und anschließend das Ergebnis kritisch zu überprüfen und gegebenenfalls zu überarbeiten. Hast du dir Klarheit verschafft, was du warum wie schreiben willst, solltest du deinen Text zunächst einmal planen. Die Ideensammlung kann z.B. in Form eines Clusters geschehen.

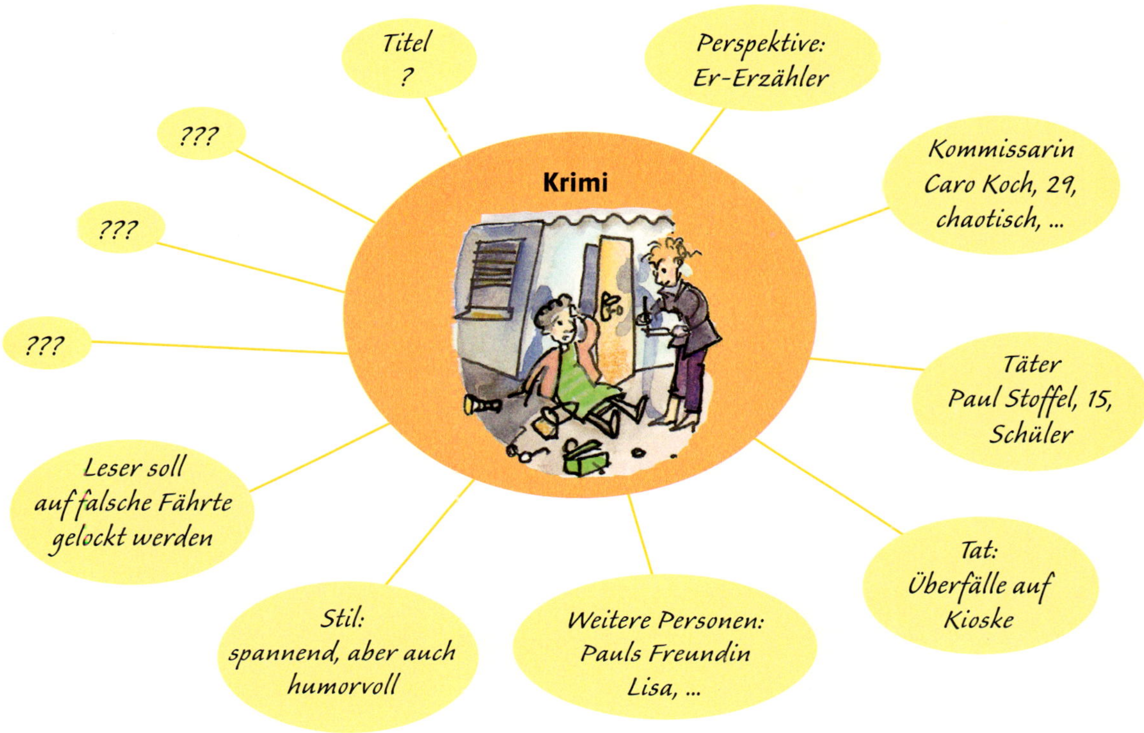

1 Ergänze die Planung um weitere eigene Ideen in Form von z.B. wichtigen Personen, wichtigen Orten, …

Seite 35 ff.
UV „Dem Täter auf der Spur“

Nach der Ideensammlung kann der Schreibplan erstellt werden:

Thema	Regelmäßige Überfälle auf Kioske im Raum Düsseldorf, die immer brutaler werden.	
Einleitung	Frau in Derendorf will abends ihren Kiosk schließen, als ein maskierter Mann sie brutal niederschlägt.	
Hauptteil	**1. Erzählschritt**	Caro Koch in Lieblingskneipe erhält Anruf von Kollegen, soll zum Tatort kommen.
	2. Erzählschritt	Kioskbesitzerin wird befragt.
	3. Erzählschritt	Polizei erhält anonymen Anruf, soll im Hubertus-Gymnasium nach Täter suchen.
	4. Erzählschritt	…
	usw.	…
Schluss	Täter kann überführt werden und Caro Koch sitzt wieder in ihrer Kneipe.	

2 Entwirf die weiteren Erzählschritte, die schließlich zur Überführung des Täters führen.

Du kannst solche Schreibpläne auch für das Schreiben eines Sachtextes verwenden. Stelle dir vor, du sollst für das Fach Erdkunde ein Referat über „Die Wüstengebiete der Subtropen" halten. Du kannst dabei so vorgehen:

1. *Thema genau klären*
2. *Ideen sammeln, auch mittels Literatur*
3. *Schreibplan (Gliederung) erstellen, z.B. folgendermaßen:*

Die Wüstengebiete der Subtropen

A Einleitung
B Hauptteil
- B.1 Lage, Entstehungsursachen
- B.2 Kennzeichen
- B.3 Wüstentypen und deren Entstehung
  - B.3.1 Sandwüste
  - B.3.2 Kieswüste
  - B.3.3 Felswüste
- B.4 Leben in der Wüste
  - B.4.1 Tiere
  - B.4.2 Pflanzen
  - B.4.3 menschliche Nutzung
  - B.4.4 Böden

C Schluss

▶▶ Seite 45 ff.
UV „Alaska"

3 Plane einen Sachtext zum Thema „Bären in Alaska". Gehe dabei so vor, wie oben beschrieben.

2.2 Formulieren des geplanten Textes

2.2.1 Schreibstil festlegen

▶▶ Seite 258 ff.
Fachtexte und ihre Sprache(n)
LS „Umgang mit Sachtexten"

Unterschiedliche Texte verlangen unterschiedliche Schreibstile. Als erste Orientierung hilft die Unterscheidung in die Bereiche fiktionaler/nicht-fiktionaler Text. Während die literarischen (fiktionalen) Texte subjektiv und ausschmückend sein dürfen, erwartet man in der Regel von einem Sachtext (nicht-fiktional) einen sachlichen Stil.

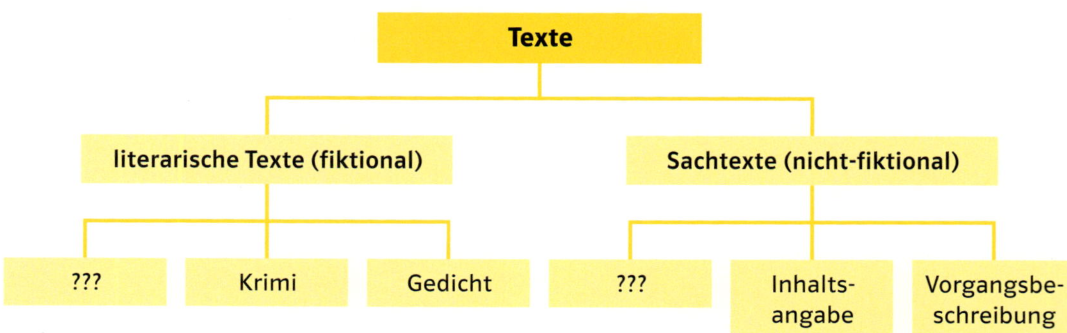

1 Ordne folgende Textsorten den beiden Kategorien „Literarische Texte" und „Sachtexte" zu:

Tagebuch | Märchen | Drama | Kochrezept | Gebrauchsanweisung | Lehrvertrag | Reisebericht | Gesetzestext | Kinderlied | Bericht über Skateboard-Meisterschaft

2 Gibt es Texte, die sich nicht eindeutig zuordnen lassen?

3 Ordne folgende Schreibstile einer möglichen Textsorte zu:

dichterisch: sehr gewählt, feierlich, bildhaft

normalsprachlich: allgemein verwendete Ausdrucksweise, die unauffällig ist

umgangssprachlich: lockere Ausdrucksweise, die bei offiziellen Situationen unpassend sein kann

amtssprachlich: unpersönliche, steife, offizielle Ausdrucksweise

amerikanisiert: Ausdrucksweise mit vielen Begriffen aus dem Amerikanischen

2.2.2 Formulieren üben

Kommissarin Caro Koch ermittelt am Tatort, wo ein Brecheisen gefunden wurde. Leider weiß die Kommissarin nicht mehr, wohin sie dieses wichtige Beweismittel gelegt hat.

Caro sagte zu ihrem Assistenten: „Freddi, such mal das Brecheisen." Freddi sagte: „Du hattest es zuletzt. Ich weiß nicht, wo es jetzt ist." Caro sagte: „O weh, das gibt wieder Ärger mit dem Chef." Freddi sagte daraufhin: „Der ist doch Kummer gewohnt."

4 Formuliere den Text abwechslungsreicher, indem du andere Verben aus dem Wortfeld „sagen" einsetzt.

lachen – sich freuen – jubeln – …

seufzen – stöhnen – sich ärgern – jammern – …

rufen – schimpfen – schreien – brüllen – …

murmeln – flüstern – …

auffordern – meinen – erzählen – informieren – …

5 Finde die Gemeinsamkeiten der jeweiligen Zeilen und ergänze sie um weitere Wörter.

„Die Besitzerin schrie laut auf. Sie fiel mit einem Seufzer zu Boden."

1. Konjunktionen ▶ …, dann oder Nachdem …, … oder … und …

2. Umstellen der Satzglieder ▶ … . Mit einem Seufzer …

6 Formuliere den obigen Satz mittels der Hilfestellungen entsprechend um.

▶▶ Seite 271 f.
LS „Sprache untersuchen – Grammatik“

7 Lege dir eine Liste von Konjunktionen an, die du jederzeit benutzen kannst.

Zeit	Grund	Art und Weise
während	*weil*	*indem*
seitdem	*damit*	*insofern*
bevor	*obwohl*	*als ob*
...	...	...

8 Verbinde die folgenden Sätze sinnvoll mithilfe der Konjunktionen:
- *Paul Stoffel zog sich eine Maske über und er schlug die Besitzerin nieder.*
- *Die Polizei stattete dem Hubertus-Gymnasium einen Besuch ab. Sie hatte einen anonymen Anruf erhalten.*
- *Caro Koch war völlig übermüdet. Und Freddy kochte seiner Chefin einen Kaffee.*

▶▶ Seite 42 f.
UV „Dem Täter auf der Spur“

9 Schreibe den Krimi mithilfe des Schreibplans. Achte dabei auf abwechslungsreiche Formulierungen. Wenn du deine Texte nicht mit einem Textverarbeitungsprogramm schreibst, solltest du grundsätzlich nur jede zweite Zeile im Heft beschriften, damit du genügend Platz hast, den Text zu überarbeiten.

2.3 Überarbeiten

▶▶ Seite 286
Schreibkonferenz
LS „Lern- und Arbeitstechniken“

Am besten ist es, deinen Text von anderen überarbeiten zu lassen, da sie mehr Distanz zu deinem Text haben. Sollte dafür niemand zur Verfügung stehen, kannst du deinen Text aber auch selbst überarbeiten.

Kriterien der Textüberarbeitung

- Rechtschreibung korrekt?
- Sätze vollständig und variantenreich?
- Zeichensetzung korrekt?
- Schrift lesbar?
- Inhalt logisch und verständlich?
- Wortwahl passend und abwechslungsreich?
- Aufbau klar und durch Absätze kenntlich gemacht?

1 Überarbeite deinen Text, indem du ihn mehrmals liest und jedes Mal einen anderen Aspekt der Überarbeitung betrachtest. Ein Wörterbuch sollte auf jeden Fall bereitliegen.

3 Formen mit besonderen Anforderungen: Berichten und Beschreiben

<table>
<tr><th colspan="4">INFORMIEREN</th></tr>
<tr><th colspan="2">Berichten</th><th colspan="2">Beschreiben</th></tr>
<tr><td colspan="2">Ereignis, Vorgang, Geschehen
• in der Regel einmalig
mit einem bestimmten zeitlichen Verlauf, einer begrenzten zeitlichen Abfolge</td><td>Gegenstand
• nicht zeitbezogen, „zeitlos“
• (meist) konstante Merkmale</td><td>Vorgang
• nicht zeitbezogen, „zeitlos“
• wiederholbar
• erklärungsbedürftig</td></tr>
<tr><td colspan="2">Beispiele:
• Unfall
• Veranstaltung
• Diebstahl
• Schadensfall
• Unterrichtsstunde
• …</td><td>Beispiele:
• Gegenstand
• Tier
• Person
• Bild
• Landschaft
• Weg
• Gebäude, Ort
• …</td><td>Beispiele:
• Rezept
• Versuch, Experiment
• Spielanleitung
• …</td></tr>
<tr><td colspan="2">Art der Darstellung
abhängig von der Funktion:
• Zweck
• Adressat</td><td colspan="2">Art der Darstellung
abhängig von der Funktion:
• Zweck
• Adressat</td></tr>
<tr><td>Sachlich
(objektiv)
• genau und (meistens) vollständig
• in der zeitlichen Reihenfolge
• ohne Bewertung und Kommentar
• verständlich</td><td>Persönlich gefärbt
(subjektiv)
• mit persönlichen Schwerpunkten
• meist in der zeitlichen Abfolge
• mit persönlichen Kommentaren
• auch spannend oder gefühlsbetont</td><td>Sachlich
(objektiv)
• genau
• vollständig
• verständlich
• oft mit Erklärungen</td><td>Persönlich gefärbt
(subjektiv)
• mit persönlichen Schwerpunkten
• je nach Interesse und Absicht
• mit persönlichen Anmerkungen</td></tr>
<tr><td colspan="2">Tempus
schriftlich: Präteritum
mündlich: Perfekt</td><td colspan="2">Tempus
Präsens</td></tr>
</table>

1 Erkunde anhand des Schaubilds die Unterschiede zwischen Berichten und Beschreiben. Achte dabei auf die Gemeinsamkeiten und vor allem die Unterschiede in Inhalt, Funktion und Art der Darstellung.

▸▸ Seite 71
UV „Klasse Party!“

3.1 Berichten

Wie man mit Mobbing in der Schule umgeht

Lohne – Immer häufiger kommt es in deutschen Schulen vor, dass Schüler von ihren Mitschülern gemobbt werden. Nach Befragungen einiger Schüler des Lohner Gymnasiums zwischen 12 und 15 Jahren hat sich ergeben, dass auch dort Mobbing vorkommt.

Die 12- bis 13-Jährigen bekommen dies laut Umfrage nicht so richtig mit. Und wenn doch, dann mischen sie sich nicht ein. Im Gegegsatz zu den 14- und 15-Jährigen: Dort kommt Mobbing häufiger vor, aber die Schüler reagieren dort anders. Nach Aussage eines Schülers wurde er selbst gemobbt und hat sich mithilfe seiner Freunde gewehrt und das Mobbing damit beendet.

Doch was ist zu tun, wenn jemand nicht so viele oder gar keine Freunde auf der Schule hat, die ihm helfen können? Auch solch ein Fall ist an der Schule vorgekommen. Dort, so eine Schülerin, wurde die Vertrauenslehrerin zu Hilfe gerufen. Diese sprach mit den Schülern in der Klasse über den Problemfall und allgemein über Mobbing. Dadurch veränderte sich die Umgangsweise untereinander erheblich.

Jedoch lassen sich nicht immer alle Differenzen unter den Schülern klären. Lehrer bemühen sich aber, ein gutes und angenehmes Klassenklima zu fördern und zu unterstützen.

Oldenburgische Volkszeitung vom 28.12.2006

1 Bei dem Text handelt es sich um einen Zeitungsbericht. In einem solchen Bericht informiert ein Journalist, indem er in der Regel auf alle W-Fragen eingeht:

- Wer? *12- bis 13-jährige und 14- bis 15-jährige Schülerinnen und Schüler*
- Was? *Der Umgang mit Mobbing in der Schule*
- Wo? *Gymnasium Lohne*
- Wann? …
- Wie? …
- Warum? …

▸▸ **Seite 179**
UV „Geld regiert die Welt“

Lies den Zeitungsbericht aufmerksam durch. Beantworte dann die noch offenen W-Fragen.

2 In welchem Tempus ist der Bericht abgefasst – und warum?

3 Prüfe mithilfe des Schaubilds (Seite 219), ob es sich um eine mehr sachliche oder mehr persönlich gefärbte Art des Berichtens handelt.

▸▸ **Seite 240 ff.**
Schriftlich argumentieren
LS „Sich verständigen – Gespräche führen – Argumentieren“

4 Verfasse selbst einen Bericht über einen Fall von Mobbing oder jugendlicher Gewalt in deiner Schule. Der Bericht soll für die Schulleitung bestimmt sein und dem Zweck dienen, einen bestimmten Vorfall möglichst sachlich und objektiv festzuhalten (= „Funktion“ des Briefes). Namen solltest du ändern.

Am Montag, dem 12.2., betrat ich zu Beginn der großen Pause meinen Klassenraum (7a), weil ich mein Pausenbrot vergessen hatte. Ich ging davon aus, dass der Raum leer war, traf dort aber zwei Mitschüler, Kilian und Philipp, die sich auf dem Boden wälzten und prügelten. Dabei schrie Kilian Philipp an, er solle sofort sein Manga-Comic herausrücken. Als Philipp sich weigerte und sagte, das sei sein Comicheft, schlug Kilian ihm mit der Faust ins Gesicht …

5 Untersuche an dem Beispieltext, ob er die Anforderungen an einen sachlichen Bericht für die Schulleitung erfüllt. Ziehe zur Prüfung das Schaubild (Seite 219) heran.

6 Stelle dir vor, du würdest von einem solchen Vorfall beim Abendbrot deiner Familie mündlich berichten. Was würde sich an der Art der Darstellung ändern? Warum würde ein Bericht wie der im Beispiel künstlich wirken?

3.2 Beschreiben

Die Beschreibung eines Gegenstands, eines Tieres oder eines Menschen erfolgt in der Regel zu einem bestimmten **Zweck** und für einen bestimmten **Adressaten.** Wenn etwas beschrieben wird, dann kann dies aus unterschiedlichen Gründen geschehen.

Du kannst z. B. folgende Gründe unterscheiden:

Beschreibung eines **Gegenstands**, z. B. eines teuren Taschenrechners
- um ihn wiederzubekommen
- um seine technischen Möglichkeiten darzustellen
- um sein „cooles" Aussehen zu verdeutlichen

Beschreibung einer **Person**
- für einen Steckbrief oder eine Vermisstenanzeige
- für einen Familienrundbrief oder als Theaterfigur

Beschreibung eines **Tieres**
- für eine Verlustanzeige in der Zeitung (z. B. „Katze entlaufen")
- für eine Informationstafel an einem Zoogehege (z. B. „Gorilla") oder zur Unterscheidung zweier ähnlicher Exemplare (z. B. „Teichmolch" und „Kammmolch")

Vermisst!

Seit Montag, dem 1. März, wird Frau Erna F. vermisst. Sie verließ unser Haus nach Aussage des Pförtners gegen 15.00 Uhr, um mit dem Bus in die Stadt zu fahren. Seitdem fehlt von ihr jede Spur. Erna F. ist ca. 1,70 m groß, geht leicht gebeugt und benutzt eine Gehhilfe. Sie trägt einen dunkelblauen Mantel, darunter eine hellblaue Bluse, eine rote Strickjacke und einen schwarzen Rock.
Ihr Haar trägt sie …

Teichmolch

Das Männchen wird bis zu 11 cm, das Weibchen bis zu 9,5 cm groß. Der Teichmolch besitzt eine schlanke Körperform mit nur schwach ausgebildetem Rückenkamm, der ohne Einbuchtung in den Schwanz übergeht. Der Schwanz ist etwas länger als der übrige Körper.
Die Oberseite des Körpers ist bräunlich gefärbt mit dunkelbraunen rundlichen Flecken. Der Bauch hat eine orange-gelbliche Färbung …

▸▸ **Seite 42**
UV „Dem Täter auf der Spur"

▸▸ **Seite 71 ff.**
UV „Klasse Party!"

1 Untersuche die Unterschiede der Beispiele je nach Grund der Beschreibung, indem du die Texte weiterführst oder selbst solche Texte (über eine Person, ein Tier, einen Gegenstand) schreibst.

3.3 Die Inhaltsangabe – Einen Text beschreiben

Eine Inhaltsangabe wird für Leser geschrieben, die den Text nicht kennen. Sie sollte deshalb die Informationen enthalten, die für das Verständnis des Textes erforderlich sind.

▸▸ **Seite 110 ff.**
UV „Von früher und heute erzählen"

Einleitung ▶
- Textsorte (z.B. eine Ballade, eine Kriminalgeschichte, ein Zeitungsartikel)
- Titel (Überschrift)
- Autor oder Autorin
- Zeitpunkt der Veröffentlichung (falls bekannt)
- Knappe Zusammenfassung des Textes in **einem** Satz

Hauptteil ▶
- Wann spielt die Geschichte?
- Wo spielt die Geschichte?
- Welche Personen spielen eine Rolle?
- Was tun die Personen?
- Was sind die Ursachen und Folgen dieser Handlungen oder Ereignisse?
- Wie endet die Geschichte?
- Warum handeln die Personen auf diese Weise?

Schluss ▶
- Besondere Aussage des Textes
- Beurteilung dieses Textes (mit Begründung)

Friedrich Schiller

Der Handschuh

Vor seinem Löwengarten,
Das Kampfspiel zu erwarten,
Saß König Franz,
Und um ihn die Großen der Krone,
Und rings auf hohem Balkone
Die Damen in schönem Kranz.

S. 142 f.

Seite 142 f.
UV „Mittelalterliche Welten“

1. Fertige eine Inhaltsangabe der Ballade „Der Handschuh“ an mit Einleitung, Hauptteil und Schluss. Bevor du die Inhaltsangabe schreibst, solltest du dir mithilfe einer Skizze einen Überblick über den Inhalt verschaffen.
2. Überarbeite deinen Text nach dem in 2.3 beschriebenen Schema.

3.4 Ein Bild beschreiben

Bei einer Bildbeschreibung hängt die Art der Darstellung vom Zweck und Adressaten ab, z.B. ob ein Gemälde für eine Auktion beschrieben oder in einem Fachbuch interpretiert werden soll. Man kann ein Bild auch beschreiben, um dessen Inhalt und Gestaltung zu erkunden.

Bildbeschreibung

- Zunächst soll die Bildbeschreibung über den **Bildinhalt** (eines Gemäldes, einer Zeichnung, eines Holzschnitts, eines Fotos …) informieren: **Was** wird dargestellt?
- Anschließend kann man die **Bildgestaltung** beschreiben: **Wie** wird es dargestellt?
- Zum Schluss hat man die Möglichkeit, auch auf die **Gesamtwirkung des Bildes** bzw. dessen „Deutung“ einzugehen.

Im Einzelnen kann man so vorgehen:

- Das Bild zunächst **genau betrachten.**
- Das **Wesentliche,** den **Kern** des Bildes zu erfassen suchen, dann auch auf **Einzelheiten** achten.
- Dabei das **Hauptmotiv** oder **Thema** (= „Sujet“) des Bildes sowie die **Art** oder **Gattung** (= „Genre“; bei einem Gemälde z.B. Landschaft, Porträt, Akt, Stillleben) bestimmen.
- Evtl. **Notizen** zum ersten Eindruck und zu beobachteten Details machen.
- Evtl. eine grobe **Skizze** mit den wesentlichen Linien des Bildes anfertigen.

*Die eigentliche **Bildbeschreibung** kann man so **gliedern:***

Einleitung
- Informationen zum Bild (Thema, Entstehungszeit, Größe und Format …) und zum Maler/zur Malerin
- Gesamteindruck

Hauptteil
- Beschreibung des Bildinhalts: Was wird dargestellt?
- Beschreibung der Bildgestaltung: Wie wird es dargestellt? (z.B. Farbgebung, Formen, Linien, Komposition, Lichtwirkung, Raumgestaltung)

Schluss
- Persönlicher Eindruck bzw. Wirkung des Bildes, evtl. Deutung

Diese Punkte musst du bei der Bildbeschreibung beachten:

- **geordnetes Vorgehen, durchdachte Reihenfolge,** z. B.
  - vom Wesentlichen, vom Kern zu den Einzelheiten
  - oder: vom Vordergrund über den Mittelgrund zum Hintergrund
  - oder: vom Bildzentrum zur Umgebung (Peripherie)

- **genau** und **treffend** beschreiben und dabei auch **Fachausdrücke** verwenden (z.B. oberer, unterer, rechter, linker Bildrand, Bildhälfte, Vordergrund, Mittelgrund, Hintergrund, Perspektive)

- Tempus: **Präsens**

- **Deutung:** Im Zusammenhang des Unterrichtsschwerpunktes „Beschreiben“ genügt die Beschreibung der **Wirkung,** die das Bild auf dich – und vielleicht auch auf andere – hat.

Carl Spitzweg:
Der Kaktusliebhaber, 1850

▸▸ Seite 124 f.
UV „Kleine Fluchten“

Bildbeschreibung „Der Kaktusliebhaber"

Einleitung

Das Bild, das ich beschreibe, wurde im Jahre 1850 von Carl Spitzweg gemalt und trägt den Titel „Der Kaktusliebhaber". Das Gemälde, das ein Originalformat von 39,5 x 22 cm hat, vermittelt den Eindruck von Ruhe und Verträumtheit.

Hauptteil

Im Zentrum des Bildes steht ein Herr mittleren Alters, der gut und wie zu Zeiten des 19. Jahrhunderts gekleidet ist. Er neigt seinen Kopf nach links in Richtung des Fensters, um einen Kaktus anzuschauen. Als Betrachter des Bildes verfolgt man seinen Blick. Der Kaktus steht in einem braunen Keramiktopf auf der Fensterbank …
Im rechten unteren Bildrand sieht man viele auf Stapeln gebündelte Zeitungen …
Im linken Bildrand … Der obere Bereich des Gemäldes wird durch die Decke des hohen Raumes begrenzt. … große Wanduhr … Mantel und Zylinder am Haken … Wandkarte … Der dargestellte Raum wirkt hell, lichtdurchflutet und freundlich.

Schluss

Das Bild gefällt mir gut, weil es Ruhe ausstrahlt. Der Mann scheint den Augenblick zu genießen … Außerdem spricht es mich an, weil …

1. Wie geht der Verfasser bei der Beschreibung des Bildes vor?
   - Benutzt er die richtige Zeitform?
   - Verwendet er Fachausdrücke?
2. Welche Punkte der Bildbeschreibung lassen sich noch in dem Text finden? Notiere diese.
3. Beschreibe ein Bild deiner Wahl. Achte dabei auf die erwähnten Punkte, die für das Beschreiben eines Bildes wichtig sind. Falls du kein eigenes vorliegen hast, dann findest du im Unterrichtsvorhaben „Richtiges Schreiben, eine Kunst?" auch schöne Gemälde von Monet, Dürer oder Hundertwasser, die sich für eine Bildbeschreibung eignen.

▶▶ **Seite 95 ff.**
UV „Richtiges Schreiben, eine Kunst?"

3.5 Einen Vorgang beschreiben

▶▶ Seite 71 ff.
UV „Klasse Party!"

Wenn man einen Vorgang (z. B. einen Versuch) beschreiben will, sollte man auf folgende Punkte achten:

- Den Vorgang in seinen einzelnen Schritten beschreiben.
- Die richtige Reihenfolge der Schritte beachten.
- Die Schritte in ihrem Zusammenhang und ihrem Zweck erklären.
- Den Vorgang genau und vollständig beschreiben.
- Sachlich und knapp formulieren.
- Ggf. Fachausdrücke verwenden, die dann erklärt werden müssen.
- Das Tempus Präsens benutzen.

1 Fertige für die Vorgangsbeschreibung zunächst eine Materialliste an.

2 Notiere dann die Versuchsbeobachtung. Beginne folgendermaßen:

Man füllt drei Schüsseln mit Wasser und stellt sie … Die Wassertemperatur sollte ungefähr … Anschließend werden einer Versuchsperson die Augen verbunden …

Als Erstes | zuerst | dann | nun | als Nächstes | sobald

jetzt | danach | währenddessen | da inzwischen | während

wenn | als Letztes | zuletzt | in der Zwischenzeit | anschließend

3 Führe diesen Versuch zu Hause durch und formuliere in einem sachlichen Stil eine Versuchsauswertung.

4 Erkläre anschließend, warum es günstig ist, vor dem Sprung ins kühle Schwimmbecken kalt zu duschen.

4 Kreatives Schreiben – Produktionsorientierte Schreibverfahren

Eine intensive Auseinandersetzung mit literarischen Texten kann auch auf kreativer Ebene in Form von produktionsorientierten Schreibverfahren geschehen. Hierdurch wird eine aktive Beschäftigung mit den Entscheidungsprozessen eines Autors beim Verfassen seines literarischen Werkes eingeleitet. Durch das Umschreiben, Weiterschreiben, Verkürzen, Verfremden und Einfügen, das stets einen Bezug zur Originalvorlage aufweist, wird der Leser zum aktiven „Koproduzenten" der literarischen Textvorlage.

Christine Nöstlinger

Spiegel

Bei der Kreuzung, bei der Straßenbahnhaltestelle, ist eine Passage. *Spiegel-Krachmann, Lüster, Lampen und Spiegel für den modernen Geschmack.* Anika geht in die Passage. Ganz nach hinten. Vorne stehen die Leute, die auf die Straßenbahn warten. Anika _____ in den Spiegel, Marke *Kristall Extra Modell Desiree.* Der Spiegel _____, denn Anika schaut _____. Anika schaut sich an.
Die _____ Ringellocken beiderseits des Mittelscheitels _____
wie _____.
Die übrigen Haare _____.
Zwischen den Strähnen _____.
Die Ohren sind _____.
Anikas Hose ist _____.
Die Absätze der Schuhe sind _____.
An einem Absatz _____.
Anikas Jacke _____
_____.

1 In dem Textauszug sind einige Lücken enthalten. Schreibe den Text ab und fülle die ausgelassenen Textstellen deinen Vorstellungen entsprechend.

Beim Füllen der Lücken in einem literarischen Text geht es nicht unbedingt darum, den Inhalt des Originals möglichst genau zu treffen. Eine intensive Auseinandersetzung mit der Eigenproduktion und dem literarischen Werk kann auch eingeleitet werden, wenn beide Vorlagen inhaltlich völlig voneinander abweichen. Durch den Vergleich beider Versionen findet eine aktive Auseinandersetzung mit der literarischen Vorlage statt.

2 Lies den Anfang des Originals auf Seite 230. Vergleiche deine Eigenproduktion mit der literarischen Vorlage und notiere wesentliche Gemeinsamkeiten und Unterschiede der beiden Versionen.

Konkretisierung/Ausführung
Genaueres, über den Text Hinausgehendes

Beschreibung wichtiger Aspekte:

- **Figuren:** Beschreibung des Aussehens, der Erscheinung, der Rolle, der Mimik und Gestik sowie des Berufs durch innere Monologe in Ich-Form, Rollenbiografien, Tagebucheinträge ...
- **Handlung:** Fortführen von Handlungen, die im Text abgebrochen werden; Ausfüllen von Handlungssprüngen (Leerstellen) oder eingesetzten Lücken; Einfügen von Handlungssträngen; Ergänzung von Kernstellen; Schluss oder Anfang eines Textes hinzufügen und mit der Originalvorlage vergleichen ...
- **Ort:** Beschreibung wichtiger Handlungsorte (Räume, Gebäude, Städte und Dörfer ...)

Kreative Schreibprozesse

Produktive Veränderung

Produktive Veränderung von Inhalt und/oder Struktur eines Textes:

- **Zeit:** Handlungsvorgänge in eine andere Zeit (Vergangenheit, Gegenwart, Zukunft) übertragen
- **Personen:** Veränderung des Alters, des Geschlechts, des Berufs, der Rolle, des Erscheinungsbildes ...
- **Handlung:** Veränderung des Handlungsgeschehens, z.B. Umschreiben von Kernstellen oder Entwurf einer neuen Schlussvariante
- **Sprache:** Veränderung des Sprachstils, z.B. gehobenen Sprachstil in Alltagssprache umwandeln
- **Textsorte:** z.B. eine Erzählung in ein Gedicht oder eine Spielszene umschreiben

Freie Produktion

Eigene, mehr oder minder angeleitete freie Produktion unterschiedlicher Texte:

- Nachgestaltung literarischer Textvorlagen nach Analyse bestimmter Textmuster, Inhalte und Aufbauprinzipien von Texten (z.B. Gedichte, Dramenszenen, Erzählungen, Märchen ...)
- Verfassen von literarischen Texten über utopische Gegenstände, Tiere oder über Fantasiewelten, Wunschwelten oder -denken
- Verfassen von Gedichten, Erzählungen, Szenen zu Bildern (z.B. Fotografien, Kunstdrucken, Werbefotos ...)
- Produktion unterschiedlicher literarischer Texte zu selbstgewählten Themen (z.B. Liebe, Natur, Freundschaft, Tod ...)

▸▸ **Seite 23 ff.**
UV „Ich-Suche“

▸▸ **Seite 142 f.**
UV „Mittelalterliche Welten“

3 Setze dich mit dem Schema der kreativen Schreibprozesse auseinander. Ordne die Aufgabe zu Christine Nöstlingers Kurzgeschichte, nämlich die Lücken auszufüllen, einer bestimmten kreativen Schreibform zu.

Erprobe im Folgenden weitere unterschiedliche kreative Schreibanlässe anhand Christine Nöstlingers Kurzgeschichte.

Konkretisierung/Ausführung

1 Formuliere in einem zusammenhängenden Text, wie die Autorin Christine Nöstlinger ihre Hauptfigur Anika beschreibt und wie du sie in deinem Textanfang dargestellt hast.

2 Lies nun die gesamte Kurzgeschichte „Spiegel lügen nicht“, die auf der nächsten Seite abgedruckt ist. Versetze dich in Anikas Person und schreibe aus ihrer Sicht in der Ich-Form einen Tagebucheintrag. In diesem äußert sich Anika über ihre Selbstwahrnehmung im Spiegel. Berücksichtige hierbei, dass sie sich an unterschiedlichen Tagen durchaus verschieden wahrnimmt, und begründe dies in dem Tagebucheintrag.

Produktive Veränderung

3 Verfasse ein Gedicht, in dem du Anikas Selbstwahrnehmung im Spiegel beschreibst. Zur Orientierung kannst du das Spiegelbildgedicht „Ich bin ich“ der Autorin Frederike Frei auf Seite 26 nutzen.

▸▸ **Seite 26 f.**
UV „Ich-Suche“

4 Stelle dir vor, es kommt zu einem Gespräch mit der Frau, die Anika beobachtet und angrinst. Verfasse ein Gespräch, in dem sich Anika mit der Passantin über ihre Gefühle hinsichtlich ihres äußeren Erscheinungsbildes und ihrer momentanen Situation austauscht.

5 Nach 10 Jahren steht Anika wieder vor dem Schaufenster „Spiegel-Krachmann“ in der Einkaufspassage. Beschreibe in Form einer Gedankenrede, wie sie sich nun als erwachsene Frau wahrnimmt. Beachte bei diesem Schreibauftrag, dass Anika nun eine erwachsene Person ist und ihr Sprachstil, den du in der Gedankenrede verwendest, unbedingt ihrem Alter entsprechen sollte.

Freie Produktion

6 Schreibe einen Spiegelbildtext, in dem du die Selbstwahrnehmung deiner Person zum jetzigen Zeitpunkt darstellst. Entscheide dich für eine Textsorte (Gedicht, Erzählung, Spielszene) und notiere vorab stichwortartig wichtige Aspekte zum Inhalt und zur Struktur deines Textes. Verfasse mithilfe deines Stichwortkataloges nun den vollständigen Text.

7 Suche im Internet oder in Büchern nach Abbildungen von Personen im Spiegel. Wähle ein Bild aus und nutze dieses als kreativen Schreibanlass für eine Erzählung, einen Tagebucheintrag, inneren Monolog oder ein Gedicht.

Originaltext:

Christine Nöstlinger

Spiegel lügen nicht

Erzählanfang

Bei der Kreuzung, bei der Straßenbahnhaltestelle, ist eine Passage. *Spiegel-Krachmann, Lüster, Lampen und Spiegel für den modernen Geschmack.* Anika geht in die Passage. Ganz nach hinten. Vorne stehen die Leute, die auf die Straßenbahn warten. Anika starrt in den Spiegel, Marke *Kristall Extra Modell Desiree*. Der Spiegel muss schief hängen, denn Anika schaut unheimlich dünn aus. Anika schaut sich an. Die schäbigen Ringellocken beiderseits des Mittelscheitels stehen wie ein Riesenschnurrbart ab. Die übrigen Haare hat der Wind zu zackigen Strähnen geklebt. Zwischen den Strähnen schauen Anikas Ohren hervor. Die Ohren sind groß und an den Rändern vom Wind rot gefärbt. Anikas Hose ist um zwei Fingerbreit zu kurz und um eine Handbreit zu eng. Die Absätze der Schuhe sind schief getreten. An einem Absatz hängt der Lederüberzug weg. Anikas Jacke war voriges Jahr modern.

Fortsetzung

Jetzt tragen nur mehr die letzten Menschen so was. Anika holt den halben Kamm aus der Jackentasche. Dem halben Kamm fehlen drei Zähne. Anika kämmt Haare über die Ohren, zerrt am ringellockigen Schnurrbart. Der Kamm bleibt im Schnurrbart stecken. Der vierte Zahn bricht ab. In einer Hosentasche sollten zwei Haarklammern sein. Weil die Hose um eine Handbreit zu eng ist, ist es schwer, bis zum Grund der Hosentaschen zu greifen. Anika findet nur eine Haarklammer. Eine Haarklammer nützt nichts. Verändert den Schnurrbart nur einseitig. Anika zieht sich einen Seitenscheitel. Im Spiegel sieht Anika eine Frau, die hinter ihr steht. Die Frau beobachtet Anika und grinst dabei. Die Frau hat keinen Schnurrbart, die Frau hat einen guten Friseur. Anika streckt dem Spiegel, der Frau, die Zunge heraus. Die Frau dreht sich um. Wahrscheinlich grinst sie jetzt noch blöder. Der Schnurrbart, auf eine Seite zusammengeworfen, sträubt sich ratlos. Anika steckt ihn mit der Haarklammer am Kopf fest, kämmt Haare über die Klammer. Die Ohren mit den roten Rändern schauen schon wieder zwischen den Haaren hervor. Anika schüttelt den Kopf, schüttelt die Haare, damit die Ohren in Deckung gehen. Anika zerrt die Hose die Hüften abwärts, bis zwischen den Schuhen und den Hosenbeinen kein Stückchen Socken mehr zu sehen ist. Anika starrt Anika wütend an. Gestern Abend, im dreiteiligen Spiegelschrank betrachtet, war Anika hübsch. Ungeheuer hübsch sogar. Das war kein Irrtum. Sie hat genau hingesehen. Über zehn Minuten lang. Sie hat die Haare zur Seite gebürstet, hochgesteckt, Mittelscheitel gekämmt, Haare ins Gesicht fallen lassen, immer war sie hübsch gewesen, ungeheuer hübsch. Kann man in zwanzig Stunden hässlich werden? Hat sich der dreiteilige Spiegelschrank geirrt?

5 Was ich über das Schreiben gelernt habe – Portfolio

5.1 Kann ich das wirklich? – Lernspiegel

Kann ich ...

- mindestens fünf Textsorten benennen, die in meinem Schreiballtag vorkommen, und dafür einen Schreibstil festlegen?
- die drei Phasen des Schreibens benennen?
- mir einen Schreibplan erstellen, bevor ich einen Text verfasse?
- zwei grammatische Veränderungen nennen und anwenden, um einen Text abwechslungsreicher zu gestalten?
- mindestens fünf Kriterien nennen, nach denen ich einen Text überarbeiten kann?
- wesentliche Unterschiede zwischen „Berichten“ und „Beschreiben“ erläutern?
- die wichtigsten Elemente der Inhaltsangabe benennen?
- mindestens fünf Punkte nennen, auf die man beim Beschreiben eines Bildes achten muss?
- mindestens fünf Punkte nennen, auf die man bei einer Vorgangsbeschreibung achten muss?
- drei unterschiedliche kreative Schreibprozesse benennen?

5.2 Lernlexikon

In deinem Lernlexikon solltest du zum Thema „Schreiben“ Einträge u.a. zu folgenden Punkten angelegt haben:

Schreibplan – Phasen des Schreibprozesses – Berichten – Beschreiben – Inhaltsangabe – Bildbeschreibung – kreative Schreibprozesse

5.3 Schatztruhe – Lerndossier

Im Zusammenhang mit dem Thema „Schreiben“ könntest du Folgendes in deinem Lerndossier abgelegt haben:

- **einen selbst verfassten Krimi**
- **eine Inhaltsangabe zu einer Ballade**
- **die Beschreibung eines Bildes**
- **die Beschreibung eines Versuchs**
- **eigene Texte, in denen du dich kreativ mit literarischen Vorlagen auseinandergesetzt hast**

Lernstation: Sich verständigen – Gespräche führen – Argumentieren

1 Sich verständigen

1.1 Kommunikation untersuchen

Was zwischenmenschliche Verständigung (Kommunikation) ausmacht, kann man sich gut an Gesprächen klar machen:

- Zu einem Gespräch gehören (mindestens) zwei Gesprächspartner.
- Das Gespräch findet in einer bestimmten Situation statt.
- Einer oder beide Gesprächspartner verfolgen eine bestimmte Absicht.

- Die Gesprächspartner verständigen sich miteinander durch Sprache, aber auch durch Mimik und Gestik.
- Die Gesprächspartner haben bestimmte Erwartungen aneinander.
- Die Gesprächspartner stehen in einer bestimmten Beziehung zueinander und nehmen dabei bestimmte Rollen ein.

Je nachdem, ob und wie alle diese Bedingungen und Umstände (Faktoren) zusammenspielen, gelingt oder misslingt Kommunikation.

Carlo Manzoni

Ein dreister Kunde

Signor Veneranda trat in einen Kurzwarenladen und verlangte von der Verkäuferin, die ihm entgegenkam, ein Taschentuch.

„Was für ein Taschentuch möchten Sie haben?“, erkundigte sich die Verkäuferin, nahm einige Schachteln von den Regalen und zeigte verschiedene Arten von Taschentüchern.

„Irgendein Taschentuch“, sagte Signor Veneranda.

Er nahm ein Taschentuch aus der Schachtel, faltete es auseinander, putzte sich die Nase und gab es der Verkäuferin zurück.

„Aber …“, stammelte die Verkäuferin verlegen.

„Was heißt aber?“, fragte Signor Veneranda.

„Sie haben es benutzt“, sagte die Verkäuferin und nahm das Taschentuch vorsichtig zwischen zwei Finger. „Sie haben das Taschentuch benutzt, um sich die Nase zu putzen!“

„Was hätte ich mir denn mit dem Taschentuch putzen sollen? Vielleicht die Ohren?“, fragte Signor Veneranda verwundert. „Was putzen Sie sich mit Taschentüchern?“

„Die Nase“, stotterte die Verkäuferin. „Aber jetzt müssen Sie das Taschentuch auch kaufen.“

„Warum sollte ich Taschentücher kaufen? Ich brauche keine“, sagte Signor Veneranda.

„Wieso nicht? Sie haben doch ein Taschentuch verlangt“, sagte die Verkäuferin.

„Gewiss, aber nur, um mir die Nase zu putzen“, sagte Signor Veneranda. „Was machen Sie denn mit Taschentüchern?“

„Ich verkaufe sie“, sagte die Verkäuferin.

„Ausgezeichnet“, erwiderte Signor Veneranda. „Man sieht, dass Sie es nicht nötig haben, sich die Nase zu putzen. Aber entschuldigen Sie die indiskrete Frage: Wenn Sie Taschentücher verkaufen und sich doch einmal die Nase putzen müssen, womit machen Sie es dann?“

„Ich … ich …“, stammelte die Verkäuferin, die nicht mehr wusste, was sie sagen sollte.

„Wollen Sie es mir nicht verraten? Dann eben nicht!“, sagte Signor Veneranda. „Übrigens will ich es nicht unbedingt wissen. Putzen Sie sich nur die Nase, womit sie wollen. Auf Wiedersehen!“

Und Signor Veneranda kehrte der Verkäuferin den Rücken und verließ den Laden.

1 Untersuche dieses Gespräch anhand der Gesichtspunkte („Faktoren“), die du links findest, im Einzelnen. Dabei kannst du so vorgehen:

Gesprächspartner:	*Signor Veneranda – Verkäuferin*
Absicht:	*Signor Veneranda will sich kostenlos ein Taschentuch ergaunern, um sich die Nase zu putzen. Außerdem will er die Verkäuferin … Die Verkäuferin will …*
Erwartung:	*Die Verkäuferin erwartet, dass Signor Veneranda ein Taschentuch kaufen will …*
Beziehung:	*Sie ist durch die Rollen „Kunde“ – „Verkäuferin“ bestimmt ..*
Situation:	*Die Verkäuferin unterstellt eine Verkaufssituation – Signor Veneranda dagegen …*
Sprache:	*Signor Veneranda verwirrt die Verkäuferin und macht sie sprachlos, indem er … – Die Verkäuferin …*
…:	*…*

Seite 158 f. ▸▸
UV „Familienbande“

2 Lies Gustav Ernsts szenischen Textauszug „Elternsprechtag“.
Gehe nach dem gleichen Schema, wie oben dargestellt, vor und untersuche die Kommunikation zwischen Mutter, Sohn und Tochter. Halte deine Ergebnisse schriftlich fest.

1.2 Kommunikationsstörungen

Kommunikationsstörungen können unterschiedliche Ursachen haben, z.B.:

▶▶ **Seite 157 ff.**
UV „Familienbande"

- Die Äußerung eines Gesprächspartners ist **nicht eindeutig** (z.B. doppeldeutig, ironisch, eine Anspielung, ein Wortspiel).
- Ein Gesprächspartner **beschimpft, beleidigt, verletzt, verärgert …** den anderen oder stellt ihn bloß.
- Ein Gesprächspartner **benutzt Formeln, Phrasen** (z.B. „Wie heißt es im Sprichwort ganz richtig: Wer andern eine Grube gräbt …").
- Ein Gesprächspartner **täuscht** oder **belügt** den anderen.
- Ein Gesprächsteilnehmer **achtet nicht genügend auf die Verstehensmöglichkeiten und die Aufnahmebereitschaft des Partners** (mangelnder Adressatenbezug).
- Ein Gesprächspartner **hört nicht richtig zu** (mangelnde Hörbereitschaft).
- **Die Beziehung zwischen den Gesprächspartnern ist gestört,** z.B. durch Misstrauen, Rivalität, Feindschaft, Neid, Hass.
- Ein oder beide **Gesprächspartner werden der Gesprächssituation und ihrer Rolle nicht gerecht** (z.B. Einkaufssituation, Trainingssituation auf dem Sportplatz, Fahrplanauskunft am Bahnhof, Aussprache unter Freunden/Freundinnen).

Anja: „Du, wir fahren in den Osterferien nach Mallorca."
Paul: „Das ist ja noch gar nichts, wir fahren nach Gran Canaria!"

A: „Na, wie geht's?"
B: „Wie soll's schon gehen?! Es geht so. Muss ja gehen."

Er: „Hier zieht's!"
Sie: „Dreh dich um, dann schiebt's!"

Trainer: „Tom, würdest du bitte die Güte haben und den Ball zügig und unverzüglich dem Libero zukommen lassen?!"
Tom: ???

Junge: „Mein schönes Fräulein, darf ich wagen, meinen Arm und Geleit ihr anzutragen?"
Mädchen: „Spinner!"

Kunde: „Haben Sie etwas gegen eine Erkältung?"
Apothekerin: „Im Gegenteil – davon lebe ich doch!"

Kundin: „Führen Sie auch Reißverschlüsse?"
Verkäufer: „Nee, so'n Schrott führen wir nicht."

Lehrer: „Ich glaube, Sie sollten sich etwas mehr um Ihren Sohn kümmern."
Vater: „Das lassen Sie mal ganz allein meine Sorge sein!"

1. Ordne die Beispiele den Kommunikationsstörungen und deren Ursachen zu.
2. Mache dir die Ursache von Kommunikationsstörungen an weiteren Beispielen aus deinem Alltag klar.
3. Wie lassen sich solche Kommunikationsstörungen beheben? Überlege dir Möglichkeiten – möglichst zu jedem Beispiel.

2 Unterschiedliche Gesprächsformen

2.1 Gesprächsformen unterscheiden

Unterscheidungskriterien von Gesprächsformen

- Rolle der Teilnehmenden
- Steuerung des Gesprächsverlaufs
- Situation und Rahmen des Gesprächs
- Intention (Absicht)
- Thema
- …

Gesprächsformen

- **Diskussion**
- **Debatte**
- Podiumsdiskussion oder Podium
- Konferenz
- Talkshow
- …

1 Solche Gespräche/Gesprächsformen hast du bestimmt schon kennen gelernt. Versuche nach den oben genannten Gesichtspunkten (Kriterien) Unterschiede zwischen zwei von dir ausgewählten Gesprächsformen gegenüberzustellen.

2.2 Diskutieren

2.2.1 Sich auf eine Diskussion vorbereiten

Wenn du dich an einem Gespräch oder einer Diskussion mit Erfolg beteiligen willst, musst du dich darauf vorbereiten. Dazu solltest du zum Beispiel:

Seite 14 ff.
UV „Schule hier und anderswo"

Thema klären ▶ Das **Thema genau klären** (z. B. „Schuluniformen für alle Schülerinnen und Schüler der Schule?" oder „Schuluniform für die Klassen 5 bis 10?").

Über Problem genau informieren ▶ Dich **über das Problem genau informieren,** z. B. mithilfe einer Mind-Map oder durch Beschäftigung mit einem Text, der sich mit dem Problem auseinandersetzt.

Pro- und Kontra-Argumente sammeln ▶ **Argumente pro und kontra sammeln** und z. B. in einer Tabelle aufschreiben.

Begründungen notieren ▶ Wichtige **Zitate als Begründungen oder Belege für deine Argumente** (auf Karteikarten) **notieren.**

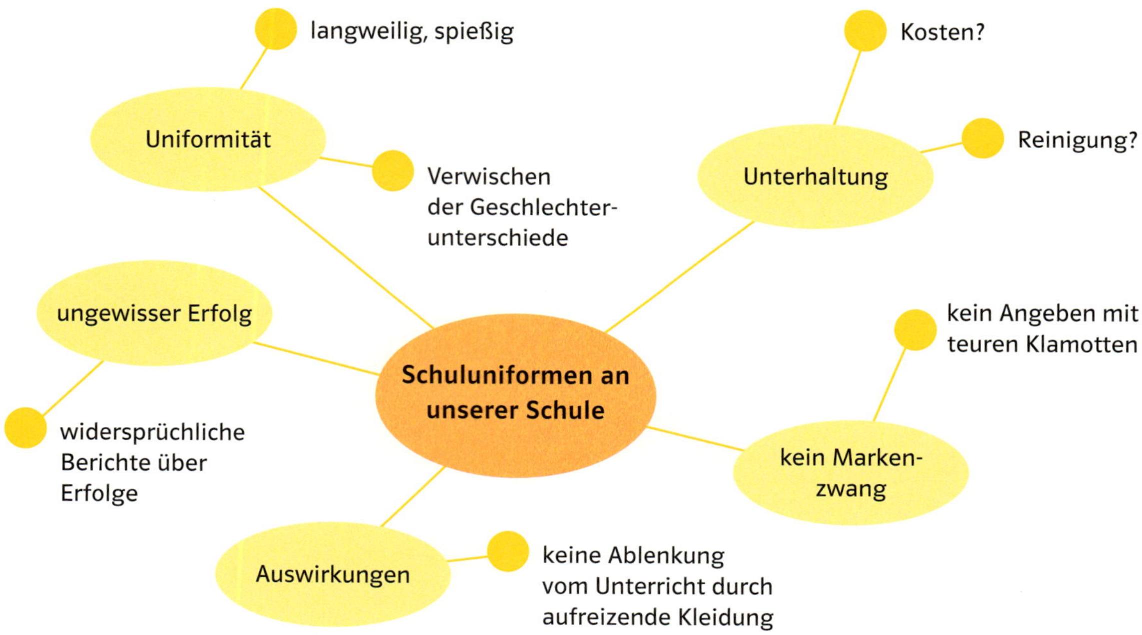

Schuluniformen verbessern Sozialklima und Konzentration

Die einen diskutieren nur noch über Jeansmarken, die anderen verwechseln das Klassenzimmer mit der Disko. Weil beides den Unterricht stört, steht das Thema Schuluniformen immer häufiger auf der Tagesordnung von Elternabenden, Schülervertretungssitzungen und Schulkonferenzen. Die Justus-Liebig-Universität hat unter der Leitung des Diplom-Psychologen Dr. Oliver Dickhäuser eine Studie zum Tragen von Schulkleidung durchgeführt, deren Ergebnisse zeigen, dass einheitliche Kleidung in Schulklassen mit einem besseren Sozialverhalten der Jugendlichen einhergeht …

Argumente pro	Argumente kontra
Identifikation mit der Schule	Uniformität
kein Anpassungsdruck (Markenkleidung)	…

In England haben Schuluniformen zu einer Angleichung des Gegensatzes Arm und Reich geführt.
Anglistik-Professorin

Auch Schuluniformen können die sozialen Unterschiede und die unterschiedlichen Lernvoraussetzungen nicht aus der Welt schaffen.
Sozialpädagoge

1. Ordne die Beispiele den Möglichkeiten der Vorbereitung auf ein Gespräch oder eine Diskussion zu (vgl. S. 235 unten).

▸▸ **Seite 16**
UV „Schule hier und anderswo“

2. Im Unterrichtsvorhaben „Schule hier und anderswo“ findest du weitere Materialien zum Thema „Schuluniform“. Welche Arbeitsschritte in der Vorbereitung auf eine Diskussion könntest du hiermit bewerkstelligen?

2.2.2 Auf eine Diskussionssituation reagieren

Wenn du dich mit einem Diskussionsbeitrag zu Wort melden willst, solltest du vorher geprüft haben:

- Was ist in der Diskussion **bereits gesagt worden?** Kann ich mich einem bereits geäußerten Beitrag anschließen? Wie kann ich vermeiden, dass ich bereits Gesagtes nur wiederhole?
(z.B. *„X hat bereits darauf hingewiesen, dass Schuluniformen die individuelle Entfaltung verhindern oder einschränken. Diesem Argument möchte ich mich anschließen und dazu noch zu bedenken geben, dass …“*)
- An welchen Diskussionsbeitrag kann ich **anknüpfen?** Und wie kann ich das sprachlich zum Ausdruck bringen?
(z.B. *„X hat darauf hingewiesen, dass bei Schuluniformen die Konkurrenz durch Markenkleidung entfällt. Ich bin nicht dieser Ansicht. Durch Schuluniformen können …“*)
- Welchen **neuen Gedanken** kann ich einbringen?
(z.B. *„Bisher ist gegen die Einführung von Schuluniformen hauptsächlich mit dem Hinweis auf … argumentiert worden. Ich finde aber, man sollte auch den Gesichtspunkt … berücksichtigen …“*)

3 Formuliere weitere Beispielsätze, mit denen du auf eine Diskussionssituation reagieren kannst.

▸▸ Seite 16 ff.
UV „Schule hier und anderswo“

2.2.3 Sich mit einem eigenen Beitrag in eine Diskussion einschalten

Wenn dir in der Diskussion das Wort erteilt wird, musst du wissen, wie du deinen Beitrag so aufbaust und formulierst, dass er überzeugend wirkt. Dazu solltest du auf Folgendes achten:

Zu Beginn:
Leite deinen Beitrag deutlich ein, indem du z.B.

- den Gedanken des Vorredners aufgreifst.
- einen neuen, noch nicht geäußerten Gedanken ankündigst.
- eine überraschende Aussage in den Raum stellst, die Aufmerksamkeit weckt – die du allerdings im Anschluss gut begründen musst.

Im Laufe der Diskussion:
Formuliere deinen Redebeitrag **klar und überzeugend.** Achte dabei auf folgende Punkte:

- **Halte dich an das Thema** und schweife nicht ab. (Argumentiere z.B. nicht zum Thema „Uniform“ ganz allgemein.)
- **Lege deine Meinung überzeugend und schlüssig dar.** Das geschieht mithilfe von Argumenten, die deine Meinung **begründen.** Argumente müssen sachlich und überzeugend sein. (z.B. *„Ich finde Schuluniformen langweilig. Denn überall sieht man nur diese Einheitskleidung. Mit der schönen bunten Vielfalt der Klamotten, die zum Beispiel auch mit der Jahreszeit wechselt, ist es vorbei. Und der Unterschied zwischen Jungen und Mädchen …“*)
- **Sprich deutlich und verständlich** und **suche den Blickkontakt** zu deinen Diskussionspartnern.

„Schuluniformen würden dazu beitragen, dass der Gegensatz zwischen Schülern aus armen und reichen Familien nicht mehr sofort zu sehen wäre und dies vielleicht die Kluft zwischen Arm und Reich abbauen helfen würde.“

„Ich bin gegen Schuluniformen. Sollen wir jetzt Soldaten spielen?“

„Ich finde Schuluniformen langweilig, denn die sehen ja so öde aus.“

„Ich bin der Meinung, dass Schuluniformen einen nicht mehr so vom Unterricht ablenken würden, wie das zum Beispiel bei aufreizender Kleidung der Fall ist.“

4 Prüfe und beurteile die Art der Argumentation in den Beispielen.

Zum Schluss:
Formuliere deinen Beitrag so, dass er die Diskussion weiterbringt, indem du z.B.

- eine **Schlussfolgerung ziehst.** (z.B. *„… ergibt sich aus meinen Ausführungen, dass wir Schuluniformen zumindest probehalber für ein oder zwei Jahre einführen sollten.“*)
- zu **weiteren Beiträgen herausforderst.** (z.B. *„Können Schuluniformen wirklich dazu beitragen, den sozialen Druck zu verringern?“*)

2.2.4 Zu einer Entscheidung kommen

Gespräche oder Diskussionen können ergebnisoffen geführt werden. Oft aber dienen sie dazu, durch Austausch vieler Argumente **eine Entscheidung vorzubereiten und herbeizuführen.** Die Entscheidung kann in einer Beschlussfassung mit Abstimmung bestehen. Dabei muss sich nicht unbedingt eine Auffassung durchsetzen, sondern oft wird ein **Kompromiss** gesucht, der allen vertretenen Meinungen einigermaßen gerecht zu werden versucht.

Die Schülerinnen und Schüler der Klassen 5 bis 10 erproben ein halbes Jahr lang die selbstständige Besenreinigung ihrer Klasse nach der 6. Stunde.

Versuchsweise wird das Klassenbuch für die Dauer eines halben Jahres von je zwei Schülerinnen/Schülern im wöchentlichen Wechsel (nach Klassenliste) geführt.

Der Elternverein schafft für den Schulhof große Schachfiguren aus Hartkunststoff an und überprüft nach einem Monat die Vollständigkeit. Bei Verlust von Figuren …

5 Welche Diskussionen und welche Pro- und Kontra-Argumente könnten diesen Kompromisslösungen wohl vorausgegangen sein?

Seite 14 ff.
UV „Schule hier und anderswo“

6 Formuliere weitere Kompromisslösungen zu umstrittenen Themen, z.B. *„Waldeinsatz“, „Laptops im Unterricht“, „Mobbing“.*

2.3 Debattieren

In einer Diskussion ist die Reihenfolge der Wortmeldungen in der Regel nicht streng festgelegt – es sei denn, der Diskussionsleiter oder die Diskussionsleiterin führt eine Rednerliste. Dagegen ist die **Debatte** (in ihrer strengen Form) stark formalisiert und ggf. durch eine **Geschäftsordnung** festgelegt.

Ablauf einer Debatte

- Der Debattenleiter nennt das Problem oder den Antrag.
- Anschließend sprechen abwechselnd immer ein „Pro-Vertreter“ und ein „Kontra-Vertreter“.
- Der jeweils folgende Sprecher der Gegenseite nimmt Bezug auf den Beitrag seines Vorredners.
- Der Debattenleiter achtet auf gleiche Redezeit, die zuvor auch festgelegt werden kann.
- Er äußert sich nicht zur Sache/zum Thema.
- Die Debatte endet in der Regel mit einer Abstimmung.

7 Überlege, was wohl Sinn und Vorteil einer so stark geregelten Diskussionsform wie der Debatte sein könnten?

3 Schriftlich argumentieren

3.1 Zwischen These – Argument – Beispiel unterscheiden

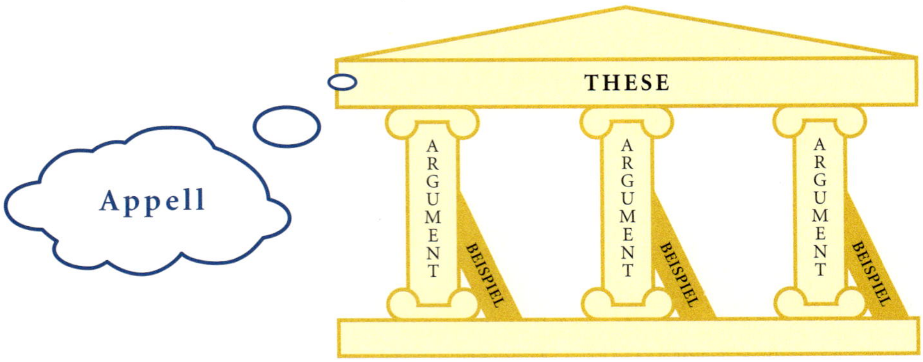

Tempelschema der Argumentation

▶▶ **Seite 14 ff.**
UV „Schule hier und anderswo"

Ein argumentierender Text setzt sich mit einem **Thema,** einem **Problem** auseinander. Dazu stellt er eine oder mehrere **These(n)** auf, die formuliert sein können als

- **Behauptung** (z.B. *„Das ständige Klingeln des Handys führt zu massiven Störungen des Unterrichts."*)
- **Forderung** (z.B. *„Ein Handy-Verbot in Schulen schafft klare Verhältnisse für Schüler und Lehrer."*)

Die These wird durch **Argumente** begründet und gestützt. Signalwörter für eine Begründung und somit Benennung eines Argumentes können Konjunktionen (Bindewörter) wie z.B. da, weil, so dass, denn usw. sein.
Ein Argument wird oft durch ein oder mehrere **Beispiel(e)** gestützt und veranschaulicht.

These: *Im schulischen Alltag sollten Handys verboten werden.*
Argument: *Weil das Handy als unerlaubtes Hilfsmittel eingesetzt werden könnte, sollte ein Verbot an allen Schulen ausgesprochen werden.*
Beispiel: *Beispielsweise kann das Handy in einer Mathematikarbeit als Taschenrechner eingesetzt werden.*

1 Untersuche die folgenden Textauszüge zum Thema „Handy-Verbot in Schulen". Bestimme, ob es sich um eine These, ein Argument oder ein Beispiel handelt. Lege hierzu eine Tabelle an und notiere darin die unterschiedlichen Aussagen.

Thesen	Argumente	Beispiele
Relativ neu ist die Störung durch den massenhaften Gebrauch des Mobiltelefons, der selbstverständlich auch vor den Schultüren keinen Halt macht.	...	...

Volkmar Kumpfert, Ministerialrat für Schule und Weiterbildung
Stellungnahme zum Thema „Handy-Verbot in Schulen“

Relativ neu ist die Störung durch den massenhaften Gebrauch des Mobiltelefons, der selbstverständlich auch vor der Schultür keinen Halt macht.

Ständig erreichbar zu sein, ist eine Statusfrage für Schülerinnen und Schüler.

Handys können als unerlaubtes Hilfsmittel bei Klassenarbeiten und Prüfungen eingesetzt werden, was den Möglichkeiten des Täuschungsversuches eine ganz neue Qualität gibt und die leistungsgerechte Beurteilung der Schülerinnen und Schüler in Frage stellt.

Das Versenden von SMS-Nachrichten kann in diesem Zusammenhang vermutlich noch als relativ harmlose Variante angesehen werden, weil es einiger Fingerfertigkeit und geraumer Zeit bedarf, um längere Texte oder Rechenoperationen unbemerkt hin und her senden zu können.

Viel bedenklicher ist, was die rasant fortschreitende Technik noch so bietet, nämlich Fortentwicklung des Handys zum Kleincomputer mit Internetanschluss.

Störungen des Schulbetriebs oder des Unterrichts durch einzelne Schüler hat es immer gegeben und wird es immer geben.

Ebenso wie es einen Schutz der Nichtraucher vor den Rauchern gibt, muss es auch einen Schutz davor geben, ständig Ohrenzeuge mehr oder weniger belangloser, gelegentlich sogar intimer Telefongespräche zu werden.

Ein generelles Handy-Verbot in der Schule (mit Erlaubnisvorbehalt für Härtefälle) schafft klare Verhältnisse.

Jede Schülerin und jeder Schüler muss wissen, dass der Verstoß gegen das Verbot unmittelbar zu Sanktionen führt.

(Aus der Zeitschrift Pädagogik, Heft Mai 2001)

3.2 Einen argumentativen Text untersuchen

48 Millionen Deutsche besitzen ein Handy. Also mehr als jeder und jede Zweite. 13 Millionen SchülerInnen besuchen allgemeinbildende und berufliche Schulen. Sie dürften zu der gesellschaftlichen Gruppe gehören, die gegenüber neuen Medien und neuen Kommunikationsmitteln besonders aufgeschlossen ist. Man kann davon ausgehen, dass weit über zwei Drittel aller Jugendlichen bereits ein Handy besitzen. [...] Es lässt sich nicht verbieten, was sich allmählich zu einem Alltagsgegenstand entwickelt und wie Stift, Schlüssel, Papiertaschentücher und Portmonee in fast jeder Tasche zu finden ist. Das Besondere ist zur Normalität geworden.

Gute Pädagogen wissen, dass ein Verbot keinen Sinn hat, wenn es nicht durchzusetzen ist. Wenn die Mehrheit aller Schülerinnen und Schüler ein Handy besitzt, ist die handyfreie Zone, die zum Beispiel der Lehrerverband den Schulen einzurichten empfiehlt, nicht sinnvoll. Ein generelles Handy-Verbot würde außerdem bedeuten, pädagogische Chancen zu vertun und Probleme aus der Schule herauszudrängen, anstatt gemeinsam nach Lösungen zu suchen.

„Mein Handy gibt mir Schutz", äußert eine Schülerin der Klasse 8, als sie danach gefragt wurde, warum dessen Besitz ihr so wichtig sei. „Ich kann jederzeit meine Mutter anrufen, sie kann mich erreichen, egal wo ich bin." Handys sind für viele Familien ein wichtiges Medium zum Familienmanagement geworden. [...]

Handys sind ein wichtiges Mittel der Jugendlichen, miteinander zu kommunizieren. Wenn man das Bild der Verinselung ernst nimmt, dann ist das Handy sozusagen die Brücke zwischen diesen Welten. Das eine Phänomen ist allerdings die Konsequenz aus dem anderen. Schulfreundschaften sind nicht mehr auf eine Straße oder auf ein Stadtviertel bezogen, sie gehen oft quer durch eine Stadt. Handys ermöglichen schnelle Verabredungen. [...]

Handys sind ohne Frage ein Statussymbol. Und als solches kann es zum finanziellen Problem für Jugendliche werden. Statussymbole sind Ausdruck einer extremen Form von Außenbestimmung. Jugendliche definieren sich über sie und werden auch über sie definiert. Es wird nicht selten gejobbt und geklaut, die Eltern werden unter Druck gesetzt, um genügend Geld zu bekommen und mit den anderen mithalten zu können. Wer das nicht kann, droht zum Außenseiter zu werden.

Ein Handy-Verbot in der Schule ändert daran nichts. Wenn es einen Ort gibt, an dem man kritisch mit dem Problem der Statussymbole umgehen muss, dann ist es die Schule. Das Handy zum Gesprächsanlass zu nehmen, ermöglicht den Druck, der durch das Statussymbol entstehen kann, bewusst zu machen. [...]

(Aus der Zeitschrift Pädagogik, Heft Mai 2001)

These 1: Behauptung

These 2: Behauptung

1. Argument: Handy Alltagsgegenstand

2. Argument: Verbot sinnlos

3. Argument: päd. Chance vertan; Probleme verdrängt

Beispiel/ Zitat

▸▸ **Seite 199 ff.**
Sich einen Text erschließen
LS „Lesestrategien, Lesetechniken"

1 Hier hat bereits jemand begonnen, den Text auf seine Argumentation hin zu untersuchen. Prüfe, wie diese Person vorgegangen ist.

2 Setze das Verfahren fort. Kopiere hierzu die Textvorlage und nimm wichtige Textmarkierungen vor.

3.3 Eine eigene Argumentation planen

Wenn man sich mit einem Thema/Problem argumentierend auseinandersetzen will, sollte man:

- sich über das **Thema/das Problem informieren.**
- sich eine eigene **Meinung bilden,** indem man **Pro- und Kontra-Argumente** zusammenstellt.
- die Argumente **ordnen.**
- die Argumente **gewichten.**
- die Argumente durch **Beispiele** und ggf. **Belege oder Zitate stützen und veranschaulichen.**
- seinen **Standpunkt klären** und **deutlich zum Ausdruck bringen.**
- evtl. ein **Fazit,** eine **Schlussfolgerung** ziehen oder eine abschließende **Forderung** erheben.

Seite 169 ff.
UV „Geld regiert die Welt“

Pro-Argumente	Kontra-Argumente
Man lernt ein Stück Arbeitswelt kennen.	Hausaufgaben kommen zu kurz.
Man lernt, den Wert von Geld besser einzuschätzen.	Versicherungsfrage ungeklärt
	Gefahren durch …
…	…

Klassengemeinschaft	• *Man lernt sich in der Klasse besser kennen.* • *Man arbeitet zusammen.* • *Man …*
Umwelt	• *Man tut etwas für die Pflege und Erhaltung des Waldes.* • *Man erfährt etwas über Waldschäden und deren Ursachen.* • *Man …*
Gesundheit	…

1. *Umwelt (5.)*
2. *Klassengemeinschaft (4.)*
3. *Gesundheit (3.)*
4. *Freizeit (2.)*
5. *… (1.)*

Argument: Man kann selbstständiger werden, wenn man einmal ohne Eltern, z.B. mit einer Sport- oder Jugendgruppe, in die Ferien fährt.
Beispiel: Ich habe das selbst erfahren, als ich im letzten Sommercamp des Fußballvereins beim Kochen helfen musste. Da habe ich … und dabei ist mir klar geworden, dass …
Beleg: Bei einer Untersuchung gaben 70 Prozent der Kinder an, dass sie durch ihre Erfahrungen im Urlaub ohne Eltern selbstständiger geworden seien.

1. Ordne die Beispiele auf dieser Seite den Merkpunkten zur Planung einer Argumentation zu.
2. Auf welche Themen/Probleme (Seite 243) beziehen sich die Beispiele jeweils?
3. Plane selbst eine Argumentation zu einem Thema, das dich interessiert, z.B. „Handys im Unterricht?“.

▶▶ **Seite 177**
UV „Geld regiert die Welt“

4 Was ich über Verständigung gelernt habe – Portfolio

CD-ROM

4.1 Kann ich das wirklich? – Lernspiegel

Kann ich ...
• fünf Faktoren nennen, die zu einem Gespräch gehören?
• mindestens vier Ursachen von Kommunikationsstörungen angeben und erläutern?
• mindestens vier Gesprächsformen unterscheiden und erläutern?
• zu einem Thema (z. B. „Jedem sein eigenes Handy?“) jeweils drei Argumente pro und kontra formulieren?
• mindestens zwei Möglichkeiten nennen, wie man auf eine Diskussionssituation reagieren kann?
• fünf Gesichtspunkte nennen, die man beachten muss, um einen eigenen Diskussionsbeitrag überzeugend zu formulieren?
• erläutern, was man unter einem „Kompromiss“ versteht?
• mindestens fünf Merkmale der „Debatte“ angeben?
• erläutern, was man unter einer „These“, einem „Argument“ sowie einem „Beispiel“ versteht?
• fünf Gesichtspunkte zum Planen einer eigenen Argumentation nennen und erläutern?

4.2 Lernlexikon

In deinem Lernlexikon solltest du zum Thema „Verständigung“ Einträge u. a. zu folgenden Punkten angelegt haben:

Faktoren der Kommunikation – Kommunikationsstörungen – Mündliche Gesprächsformen – Diskutieren – Debattieren – Schriftlich argumentieren

4.3 Schatztruhe – Lerndossier

Im Zusammenhang mit dem Thema „Verständigung“ könntest du Folgendes in deinem Lerndossier abgelegt haben:

- **ein Beispiel für eine Kommunikationsstörung**
- **eine Tabelle mit Pro- und Kontra-Argumenten zu einem selbst gewählten Thema**
- **einen schriftlich ausformulierten Diskussionsbeitrag**
- **eine kleine schriftliche Argumentation zu einem strittigen Thema**

Lernstation: Umgang mit literarischen Texten

1 Erzählende Texte untersuchen

1.1 Erzähler und Erzählverhalten

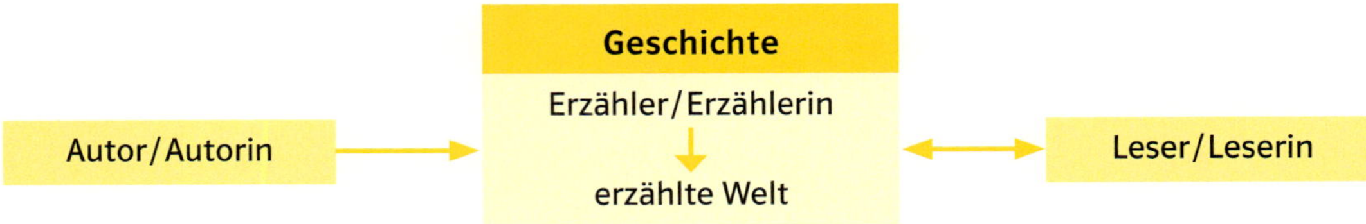

Der Erzähler einer Geschichte wird leicht mit dem Autor gleichgesetzt, besonders dann, wenn in der Ich-Form erzählt wird. Nun kann der Erzähler manches mit dem Autor gemeinsam haben. Trotzdem hat jeder Autor/jede Autorin das Recht, für seine/ihre Geschichte einen Erzähler zu erfinden. Dieser Erzähler ist also eine „erfundene Figur", die die Aufgabe hat, dem Leser/der Leserin die erzählte Welt zu vermitteln. Dabei steuert der Erzähler durch sein Erzählverhalten das Leserverhalten, z.B. wenn er spannend, lustig oder traurig erzählt und die Leserin/den Leser dadurch in eine gespannte, eine heitere oder eine traurige Stimmung versetzt.

Gabriele Wohmann

Grün ist schöner

Ich bin ein grüner Mensch. Grün mit grünblauen Placken. Grüne Haut. Die Lippen von einem so schwärzlichen Grün, dass die Leute sich fürchten. Das wird überhaupt schlimm, wenn ich mal mehr unter Leute komme. In der Schule und dann als Erwachsener. Ich muss so viel wie möglich verdecken. Doktor Stempel hat auch immer Handschuhe an. Er hat Ekzem. Bei mir werden auch alle Leute neugierig darauf sein, was ich unter den Handschuhen habe. Sie werden denken, ich hätte Ekzem. Ich muss auch einen Namen dafür finden.

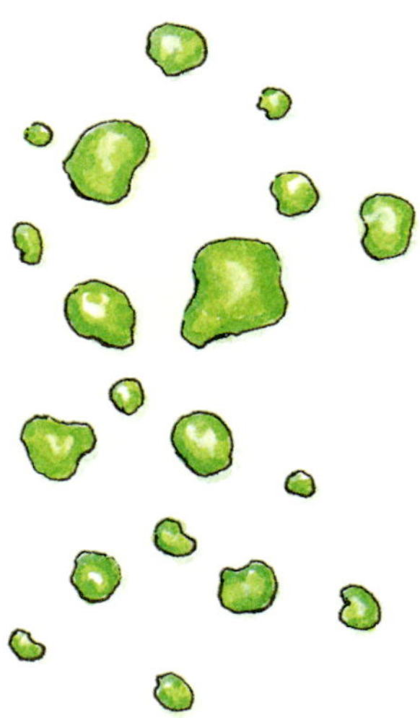

1. Mache dir anhand dieses Erzählanfangs den Unterschied zwischen Autor/Autorin und Erzähler klar.
2. Versuche dir die Erzählerfigur vorzustellen: Wie alt könnte sie sein? Und in welcher Situation könnte sie sich befinden?
3. Wie wirkt der Umstand, dass der Erzähler in der Ich-Form erzählt, auf den Leser/die Leserin?

[…]

So geht die Geschichte weiter:

Das Kind drehte sich vor dem langen Badezimmerspiegel, betrachtete seinen nackten Körper, hob die stängeldünnen Ärmchen – alles grün, unten, oben; innen auch? Es trat näher an den Spiegel, streckte die Zunge heraus: finstre bläuliche Grünporen, ein fetter Grünlappen hing über die dunklen Lippen. Also auch innen grün. Es wischte den Tau seines Atems vom Glas, es lächelte sich zu, die blassen Zähne gefielen ihm.

4 Was erfährst du hier über den Ich-Erzähler des Erzählanfangs? Welchen Eindruck gewinnst du von seiner – äußeren und inneren – Situation?

5 In der Geschichte wechselt an dieser Stelle das Erzählverhalten: Es wird nicht mehr in der Ich-Form, sondern in der Er-/Sie-Form erzählt. Woran kannst du das erkennen? Wie wirkt der Wechsel auf den Leser/die Leserin und sein/ihr Verständnis der Geschichte?

[…]

Und so endet die Geschichte:

– Fröschlein, rief die Mutter, gleich hol ich dich raus!
– Ja, rief es.
Jetzt hab ich noch die Mutter, die weiß es. Später weiß es keiner mehr.

Es hörte die flinken Schritte auf der Treppe, im Gang. Die Tür klaffte; es hielt die Hände vor die Augen, denn dazu hatte es gar keine Lust! Ein Strom frischer Luft zog herein, und die Mutter knipste die Höhensonne aus und schaltete das gelbe weiche Deckenlicht an und sagte:
– So, nun komm, mein blasser sauberer Froschmann.

6 Wie erklärt sich für dich der Anfang der Geschichte aus dem Schluss?

7 Mache dir das Erzählverhalten und die Erzählform anhand des Schlusses klar.

Der Autor/die Autorin wählt mit dem Erzähler auch eine bestimmte Erzählform (Er-/Sie-Erzähler oder Ich-Erzähler), einen bestimmten Blickwinkel, aus dem erzählt wird (=Erzählperspektive), und damit ein bestimmtes Erzählverhalten, z.B. „auktorial“ oder „personal“.

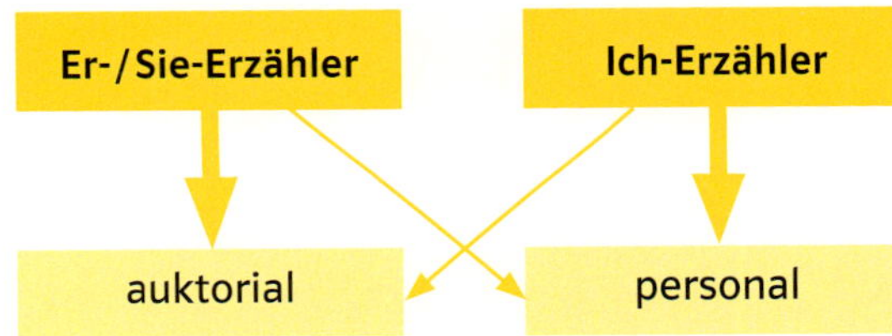

8 Versuche das Schema zu erklären.

Er-/Sie-Erzähler	Ich-Erzähler
• steht außerhalb oder über dem Geschehen	• steht innerhalb des Geschehens und erzählt aus der dargestellten Situation heraus
• erzählt aus einem distanzierten Blickwinkel (Perspektive)	• ist zugleich erlebende und erzählende Figur und erzählt aus deren Blickwinkel (Perspektive); seine Perspektive ist enger und begrenzter als beim auktorialen Er-/Sie-Erzähler
• kennt sich genau aus mit dem Schauplatz, der Zeit und den Ereignissen der Geschichte; er kann in der Handlung vor- und zurückspringen	• kann das Geschehen nur so darstellen, wie er es wahrnimmt und erlebt
• kennt seine Figuren, kann sie von außen betrachten und beschreiben (Außensicht), kann aber auch in sie hineinsehen und erzählen, was in ihnen vorgeht, was sie denken, fühlen, planen …	• kann nur das über die Figuren und ihre innere Situation erzählen, was ihm auffällt
• kann sich dem Leser/der Leserin durch Bemerkungen, Urteile und Kommentare zu erkennen geben	
Eine solche Erzählperspektive bzw. ein solches Erzählverhalten nennt man **auktorial**; man spricht von einem **auktorialen Er-/Sie-Erzähler.**	Eine solche Erzählperspektive bzw. ein solches Erzählverhalten nennt man **personal;** man spricht von einem **personalen Ich-Erzähler.**
Der Er-/Sie-Erzähler kann aber auch **personal** erzählen; man spricht dann von einem **personalen Er-/Sie-Erzähler:**	Der Ich-Erzähler kann aber auch **auktorial** erzählen; man spricht dann von einem **auktorialen Ich-Erzähler:**
• Er übernimmt die Sicht einer Figur (der „Perspektivefigur“) und erzählt aus deren Perspektive; er kann auch wechselnd aus der Sicht mehrerer Figuren erzählen.	• Er nimmt einen Standort außerhalb des Geschehens ein.
• Seine Perspektive ist begrenzt, ähnlich wie beim personalen Ich-Erzähler.	Zwischen dem erzählenden und dem erlebenden „Ich“ ist ein deutlicher Abstand, z. B. wenn er sich an ein vergangenes Geschehen erinnert und dieses kommentiert.

▸▸ Seite 39
UV „Dem Täter auf der Spur“

9 Mache dir die Tabelle im Einzelnen klar.

Simone Schneider

Luises Tagebuch oder Die Geschichte vom „Ei"

23.8. Heute war ein besonderer Tag. Ich hatte nämlich Geburtstag. Nun bin ich zwölf Jahre alt. Schon lange wollte ich zwölf sein, und nun ist es endlich so weit. Ein richtig komisches Gefühl ist das! BoBo, also mein Vater, hat heute Morgen Frühstück gemacht. „Ein Geburtstagsfrühstück für meine Große", sagte er. Am Nachmittag kamen dann die Verwandten. Das Schönste ist immer, wenn Oma zu meinem Geburtstag kommt, die hat meistens die besten Geschenke. Diesmal hatte sie allerdings etwas Seltsames für mich: ein Tagebuch. Oma sagte, ich könnte in dieses Buch alles schreiben, was ich sonst keinem erzählen will, und meine Tante, sie ist Lehrerin, sagte darauf, dass ich jetzt wohl auch bald in die „Phase" käme. – Wenn ich ehrlich sein soll – eigentlich weiß ich gar nichts, was ich keinem anderen erzählen will. Ich will meistens alles erzählen. Deswegen habe ich auch jetzt erst einmal aufgeschrieben, was heute so alles passiert ist, selbst wenn das nicht so geheim ist. Vielleicht passiert ja bald etwas Geheimes …

→ S. 28 f.

Leonie Ossowski

Die Metzgerlehre

Ein Schwein wurde geschlachtet. Es war Fietschers erster Arbeitstag, bisher hatte er noch nichts zu tun. Er sah nur das Schwein an und dachte darüber nach, wie es wohl sterben würde.

Fietscher hatte nie Metzger werden wollen. Er wollte nicht schlachten, nicht Fleisch schneiden, keine Wurst machen und nicht im Blut rühren.

Er wollte zur See fahren und das hatte man ihm verboten. Was also dann? Genau das wusste er nicht. Trotz vieler Vorschläge hatte er sich für nichts anderes als für das Aufdemwasserherumfahren entscheiden können. Trotzdem sagte der Vormund: Metzger. Jeder Widerspruch blieb sinnlos.

Also das Schwein. Es lief herum und quiekte und war groß und fett. Ein schönes Schwein, von dem man lange essen könnte, sagte der Bauer, während die Bäuerin Eimer und Schüsseln für das Blut zurechtstellte. Das Schwein lief hin und her. Nicht sehr weit, denn es war am Hinterbein an einen Baum gebunden und sah Fietscher unter rosa Wimpern an.

Steh nicht so rum, sagte der Metzger, dem – wie den meisten Metzgern – ein Finger von den Händen fehlte, hol das Schießeisen.

Fietscher lief zum Auto und kam unverrichteter Dinge zurück. Er hatte das Schießeisen in der Metzgerei liegen gelassen. Da fiel dem Metzger ein gutes Mittel gegen Fietschers Vergesslichkeit ein.

Fietscher sollte jetzt das Schwein selbst totschlagen. Die Bäuerin war dagegen, hatte das Schwein ein Jahr gefüttert und eine Beziehung zu ihm gewonnen, der Bauer nicht. Fietscher wurde blass, und es würgte ihn im Hals. Das Schwein quiekte, zwinkerte und spürte Angst. Das sah Fietscher ihm an.

Ich kann nicht, sagte er. […]

10 Erkunde bei den beiden Erzählanfängen auf der vorhergehenden Seite den Unterschied zwischen dem „personalen“ Erzählverhalten eines Ich-Erzählers und dem „auktorialen“ Erzählverhalten eines Er-/Sie-Erzählers.

11 Erprobe das unterschiedliche Erzählverhalten, indem du den ersten Erzählanfang in der Er-/Sie-Form und den zweiten in der Ich-Form darstellst. Dabei kannst du wählen, welche Figur du als „Ich“ auftreten lässt. Berücksichtige beim Erzählen auch die Gesichtspunkte auf Seite 248.

12 Mache dir an Beispielen klar, welche Erzählmöglichkeiten der „personale“ Er-/Sie-Erzähler und der „auktoriale“ Ich-Erzähler jeweils haben.

Seite 28 ff.
UV „Ich-Suche“

13 Forme eine Geschichte mit einem „personalen“ Ich-Erzähler um in eine Geschichte, in der ein „personaler“ Er-/Sie-Erzähler erzählt. Erkunde dabei unterschiedliche Erzählmöglichkeiten.

1.2 Jugendbücher untersuchen

Die Beschäftigung mit einem Jugendbuch bzw. einem Jugendroman kann man in 10 Schritten organisieren und durchführen:

1. Informationen auf den ersten Blick
2. Hineinschnuppern
3. Das Lesen organisieren
4. Eine Handlungsübersicht erstellen
5. Die Figuren untersuchen
6. Wichtige Schauplätze erfassen
7. Die Zeit vergegenwärtigen
8. Für Sinn und Aussage wichtige Textstellen ermitteln und erläutern
9. Die Gestaltung untersuchen
10. Auf das Jugendbuch reagieren

Seite 186 ff. UV „Es lebe der Sport?!“

1 Überlege, wie du vorgehen müsstest, um z.B. das Jugendbuch „Salto abwärts“ von Dieter Schliwka anhand des Schemas zu untersuchen.
Je nach Interesse kannst du dabei z.B. folgende Einzelheiten untersuchen:

1. Informationen auf den ersten Blick

Titel:	*„Salto abwärts“*
	Warum Salto? Wieso abwärts?
Verfasser:	*Dieter Schliwka*
	Den Autor kenne ich noch gar nicht.
Titelbild:	*Eine turnende Person?*
Klappentext/Buchrückseite:	*Martin ist 16 Jahre alt, als er sich in die 14-jährige Constanze verliebt. Sie ist Kunstturnerin mit Leib und Seele Zielstrebig, zäh und diszipliniert bereitet sie sich auf die deutschen Meisterschaften vor. Sie wird von ihrer Familie, dem Trainer und dem Sponsor unterstützt, die Martin schließlich in das seelische Trainingsprogramm mit einbeziehen. Aber Martin macht auf einmal nicht mehr mit, als er sieht, dass seine Freundin nicht nur ihre Gesundheit riskiert …*

2. Hineinschnuppern

Die erste Seite oder das erste Kapitel lesen – spricht es mich an? Werde ich in den Roman hineingezogen?

Wer erzählt hier – ein Mädchen oder ein Junge? Ich vergesse auch oft Sachen! (Der schreibt ja ganz nett …)

Ich habe meine Turnschuhe vergessen. So fängt alles an. Unter dem Schutzdach der Bushaltestelle knie ich nieder, wühle ärgerlich in meiner Tasche – vergeblich. Mein Magen knurrt, der Kopf ist leer nach zwei Stunden Sport bei Haverkamp, den ich nicht mag und der nichts von mir hält. Und ich Esel lasse meine Turnschuhe in der Halle! Der Bus kommt. Die anderen steigen ein. Ich muss zurück. „So ein Mist!“ Es regnet. Ich trete versehentlich in eine Pfütze, hole mir nasse Füße und womöglich einen Schnupfen. Es gibt Tage, die streichst du am besten aus dem Kalender. Und doch kommt alles ganz anders.

▸▸ Seite 196
Erwartungen klären
LS „Lesestrategien, Lesetechniken“

3. Das Lesen organisieren

- Klären, ob das Jugendbuch in der Schule und/oder zu Hause, gemeinsam und/oder allein gelesen werden soll.
- Markierungsverfahren nutzen und Wesentliches bei der Lektüre notieren.
- Offene Fragen festhalten, z.B. auf einer Wandzeitung.
- Ein Lesetagebuch anlegen, in dem persönliche Leseerfahrungen notiert werden.

4. Eine Handlungsübersicht erstellen

- Den Kapiteln Überschriften geben und diese herausschreiben.
- Oder: den Inhalt der Kapitel in Kurzform übersichtlich, möglichst auf einem Blatt, festhalten.

5. Die Figuren untersuchen

- Die Gruppierung der Figuren in einem Schema festhalten.
- Steckbriefe für die Hauptfiguren erstellen.
- Die Figuren charakterisieren.
- Das Verhältnis der Figuren zueinander beschreiben.
- Die Entwicklung der Hauptfiguren verfolgen.

Kapitel 1: Martin lernt Constanze kennen
– Martin (16 Jahre) beobachtet Constanze (14 Jahre) beim Training in der Turnhalle
– …
Kapitel 2: Constanze kommt nicht zum Treffen
– Martin erzählt seiner Mutter von Constanze
– …

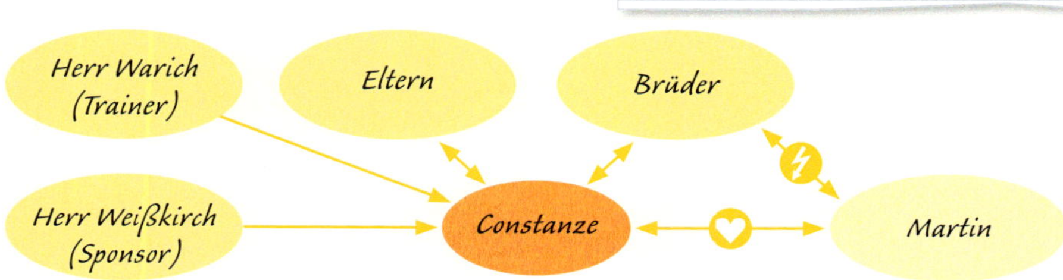

6. Wichtige Schauplätze erfassen

- Für den Roman wichtige Schauplätze heraussuchen.
- Bilder/Collagen für Schauplätze anfertigen.
- Die Bedeutung eines Schauplatzes für die Handlung bestimmen.

Schauplätze:
- Turnhalle
- Martins Zuhause
- Constanzes Zuhause
- Der Forst
- Pommesbude
- …

7. Die Zeit vergegenwärtigen

- Sich klar machen, zu welcher Zeit der Roman spielt.
- Erfassen, über welchen Zeitraum sich die Handlung erstreckt.

- Der Roman spielt in der Jetztzeit.
- Die Handlung erstreckt sich über einen Zeitraum von einem Jahr.

8. Für den Sinn und die Aussage wichtige Textstellen ermitteln und erläutern, z. B. Textstellen

- die ein wichtiges Ereignis beinhalten.
- die eine Figur besonders deutlich beleuchten.
- die den Sinn des Romans besonders erkennbar werden lassen.

- Constanzes verbissener Ehrgeiz (S. 88)
- …

9. Die Gestaltung untersuchen

- Wer erzählt die Geschichte? Aus welcher Perspektive?
- Was fällt an der Sprache auf? (z.B. schwierig? altertümlich? Jugendsprache?)

- Die Geschichte wird von Martin, dem personalen Ich-Erzähler erzählt …
- Die Sprache ist alltäglich …

10. Auf das Jugendbuch reagieren

- Eine Buchbesprechung schreiben.
- Das Buch in der Klasse vorstellen.
- Zu einem Ausschnitt des Buches ein Gedicht schreiben.
- Passagen des Buches zu einer Szenenfolge umgestalten.
- Brief oder Tagebuch schreiben.
- …

▸▸ **Seite 228 f.**
Kreatives Schreiben
LS „Schreiben“

Seite 107 ff.
UV „Von früher und heute erzählen“

2 Balladen untersuchen

Eine Ballade erzählt eine Geschichte in Gedichtform. Dabei werden Gestaltungsmittel der Lyrik, des Dramas und der Epik verbunden.

Lyrisches:

Die Ballade ist „lyrisch“, weil es sich um ein – meist längeres – Gedicht in Strophen mit Versen und allen anderen Kennzeichen von Lyrik handelt. Zum Beispiel:

- 4 Strophen mit je 4 Versen
- Reimschema: …
- …

Joseph von Eichendorff

Waldgespräch

Es ist schon spät, es wird schon kalt,
Was reit'st du einsam durch den Wald?
Der Wald ist lang, du bist allein,
Du schöne Braut! Ich führ dich heim!

→ S. 108

Episches:

Die Ballade ist „episch“, weil sie fast immer eine ereignis- und handlungsreiche Geschichte erzählt. Zum Beispiel:

- Geschichte um eine Hexe im Wald …

Dramatisches:

Die Ballade ist „dramatisch“, weil sie eine Handlung – oft mit dramatischer Zuspitzung – enthält, wobei Figuren auftreten, die sich in Monolog und Dialog äußern. Zum Beispiel:

- Auftreten von (unheimlichen) Figuren
- Wörtliche Rede („Du kennst mich wohl –“)
- …

1 Trage die Gestaltungsmittel der Lyrik, der Dramatik und der Epik an einer Ballade aus dem Unterrichtsvorhaben „Von früher und heute erzählen“ zusammen.

3 Szenische Texte untersuchen

- Art und Gestaltung untersuchen
- Inhalt, Gang der Handlung beschreiben
- Sinn und Absicht des szenischen Textes ermitteln
- Auf den szenischen Text reagieren

Suzan Zeder

Dreh dich nicht um I

Personen:
Tutti Murphy, 10 Jahre altes Mädchen
Stimme, Tuttis Alter Ego
Max Murphy, ihr Vater, ungefähr 37
Lucille Murphy, ihre Stiefmutter, ungefähr 35

Tutti, Max und Lucille sind auf der Bühne.

Stimme Rotes Licht!

Alle erstarren.

Stimme Tutti Murphy war immer ein liebes kleines Mädchen. Grünes Licht!

Für einen Moment erwachen alle wieder zum Leben. Max und Tutti gehen ein paar Schritte aufeinander zu.

Stimme Rotes Licht!

Alle erstarren.

Stimme Ihre Mutter starb, als Tutti gerade vier Jahre alt war und alle hatten solches Mitleid mit ihr. Sie sagten: „Ach, du armes kleines Mädchen!“, und sie steckten ihr kleine Trösterchen aus Süßigkeiten zu und gaben ihr Unmengen von Geschenken. Tutti lebte zusammen mit ihrem Vater, Max Murphy, dem Chef von Murphy's Entrümpelungs- und Recyclingfirma. Grünes Licht! […] → S. 160 ff.

Inhalt, Gang der Handlung beschreiben

- **Thema:** Worum geht es in dem szenischen Text insgesamt? Welche Hinweise gibt der Titel?
- **Figuren (Personen):** Welche Figuren treten in dem Stück/szenischen Text auf? Welche Rolle haben sie? Was tun sie und was geschieht mit ihnen?
- **Schauplatz und Zeit:** Wann und wo spielt das Stück?
- **Handlung:** Wie wird in die Handlung eingeführt? Wie entwickelt sich die Handlung? Wie endet das Geschehen?

▶▶ **Seite 157 ff.** UV „Familienbande“

▶▶ **Seite 110 ff.** UV „Von früher und heute erzählen“

Sinn und Absicht des szenischen Textes ermitteln

- Wirkt der szenische Text komisch, traurig, lehrhaft, unterhaltsam …?
- Welche Hinweise zum Sinn gibt der Titel des Textes?
- Kann man die Gesamtaussage in wenigen Sätzen zusammenfassen?

▶▶ **Seite 222** Inhaltsangabe LS „Schreiben“

▸▸ Seite 157 ff.
UV „Familienbande“

Art und Gestaltung untersuchen

- **Art** des szenischen Textes: Handelt es sich um ein Lustspiel, ein Trauerspiel, ein Lehrstück, einen Schwank …?
- **Aufbau:** Ist der szenische Text gegliedert, z. B. in Szenen (Auftritte) und Akte (Aufzüge)?
- **Regieanweisungen:** Gibt es Hinweise für die Regisseurin/den Regisseur zur Spielweise der Figuren u. a.?
- **Figuren:**
  - Welche Figuren treten auf? Gibt es eine Hauptfigur? Wie sind die Figuren gruppiert (z. B. Held – Gegenspieler/Heldin – Gegenspielerin)?
  - Wie ist das äußere Erscheinungsbild der Figuren? Fällt etwas auf an ihrem Aussehen, ihrem Verhalten, ihren Gesten, ihrer Mimik?
  - Welche Eigenart, welchen Charakter haben die Figuren? Welche Interessen und Absichten, welche Gedanken und Gefühle haben sie?
- **Sprache:**
  - Was fällt an der Sprache der Figuren auf? Ist die Sprechweise z.B. eher altertümlich oder gegenwartsnah, gehoben oder umgangssprachlich, schwierig oder leicht verständlich?
  - Unterscheiden sich die Figuren in ihrer Sprache? Werden sie durch ihre Sprache in ihrer Eigenart charakterisiert?
- **Dialog:** Gespräch zwischen zwei oder mehreren Figuren
- **Monolog:** Rede einer einzelnen Figur, oft zur Verdeutlichung ihrer inneren Situation

▸▸ Seite 53
UV „Alaska“

Auf den szenischen Text reagieren

▸▸ Seite 228
Kreatives Schreiben
LS „Schreiben“

- **Den Text mit verteilten Rollen vorlesen,** so dass der Sinn des Textes und die Sprechweise der Figuren deutlich werden.
- **Sich in eine Rolle einfühlen.**
  Wenn ich die Eigenart einer Figur erkunden möchte (z.B. weil ich die Rolle übernehmen will), kann ich eine Selbstdarstellung der Figur (**Rollenbiografie**) schreiben. Dabei versuche ich folgende Fragen zu beantworten:
  - Wer bin ich in dem Stück?
  - Woher komme ich, wenn ich in eine bestimmte Szene eintrete?
  - Was habe ich vor meinem Eintreten in die Spielhandlung erlebt?
  - Was will ich in dieser Szene bewirken?
  - Wohin werde ich nach dieser Szene gehen?
  - Wie bewege ich mich, wie spreche ich?
  - Welche Kostüme und Requisiten passen zu mir?
  - Wer sind meine Mit- und Gegenspieler, auf die ich eingehen muss?
- **Eine Szene spielerisch erschließen.**
- **Ein „Standbild“ gestalten.**

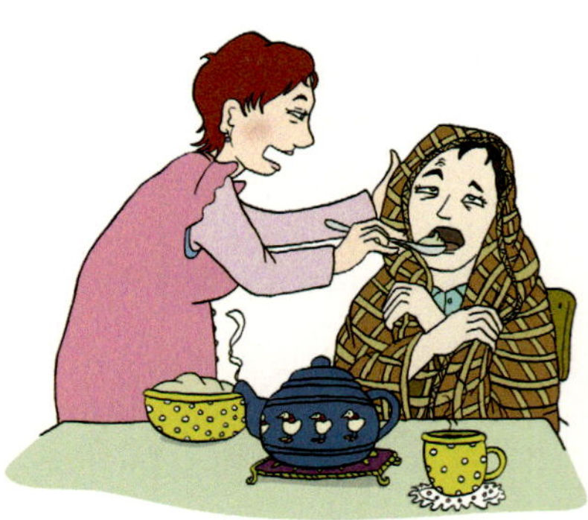

4 Was ich über den Umgang mit literarischen Texten gelernt habe – Portfolio

4.1 Kann ich das wirklich? – Lernspiegel

CD-ROM

Kann ich ...
• die Unterscheidung zwischen „Autor“ und „Erzähler“ erklären?
• einige Merkmale des Erzählverhaltens eines „auktorialen“ Er-/Sie-Erzählers und eines „personalen“ Ich-Erzählers nennen und an Textbeispielen verdeutlichen?
• ebenso einige Merkmale des Erzählverhaltens eines „personalen“ Er-/Sie-Erzählers und eines „auktorialen“ Ich-Erzählers nennen und an Beispielen verdeutlichen?
• mindestens acht Schritte zum Erschließen eines Jugendbuchs angeben und erläutern?
• mindestens drei unterschiedliche Verfahren zur Untersuchung der Figuren eines Jugendbuchs erklären?
• lyrische, dramatische und epische Gestaltungsmittel an einer Ballade erkennen?
• mindestens fünf Merkmale szenischer Texte nennen und erläutern?
• drei unterschiedliche Formen, auf einen szenischen Text zu reagieren, angeben und erklären?

4.2 Lernlexikon

In deinem Lernlexikon solltest du zum Thema „Umgang mit literarischen Texten“ Einträge u. a. zu folgenden Punkten angelegt haben:

Erzähler/Erzählform/Erzählverhalten – Untersuchung eines Jugendbuchs – Merkmale einer Ballade

4.3 Schatztruhe – Lerndossier

Im Zusammenhang mit dem Thema „Umgang mit literarischen Texten“ könntest du Folgendes in deinem Lerndossier abgelegt haben:

- **die Beschreibung des Erzählverhaltens in einer Geschichte**
- **ein Lesetagebuch zu einem Jugendbuch**
- **eine selbst verfasste Buchbesprechung**
- **die Untersuchung einer Ballade**
- **die Rollenbiografie zur Figur eines szenischen Textes**

Lernstation: Umgang mit Sachtexten

1 Fachtexte und ihre Sprache(n) – z.B. Biologie

Wenn man Sachtexten Informationen entnehmen will, die im Fachunterricht eingesetzt werden, muss man sich mit der jeweiligen **Fachsprache** und den **Fachbegriffen** auseinandersetzen. Fachbegriffe sind Wörter, die innerhalb ihrer Fachsprache (z.B. die Fachsprache der Biologie) eine festgelegte konkrete Bedeutung haben (z.B. Kiemen = Atmungsorgane der Fische). Manchmal sind diese Wörter sofort an ihrer ungewohnten Form erkennbar (Kohlendioxid = Fachbegriff der Chemie), manchmal sind sie in ihrer Form mit Wörtern der Umgangssprache identisch, werden aber in der jeweiligen Fachsprache in spezieller Bedeutung gebraucht.

Fische können im Wasser atmen, denn sie besitzen als Atmungsorgane Kiemen. Diese liegen unter dem schützenden Kiemendeckel. Dort kann man vier hintereinanderliegende Kiemenbögen mit vielen hauchdünnen Kiemenblättchen erkennen. Ihre rote Farbe verrät, dass sie gut durchblutet sind. Jeder der halbrunden, knöchernen Kiemenbögen besitzt eine Reihe solcher zweizipfliger Kiemenblättchen. Von den Kiemenbögen stehen außerdem zahlreiche, mit den Zinken eines Kammes oder Rechens vergleichbare Fortsätze ab, die Kiemenreusen. Sie verhindern, dass die zarten Kiemen verletzt werden. Bei einigen Fischarten halten sie wie ein Filter im Wasser schwebende kleinste Nahrungsteilchen zurück. Das Herz pumpt sauerstoffarmes Blut in die Kiemenblättchen. Gleichzeitig strömt außen an den Kiemenblättchen ständig Wasser vorbei. Das im Blut gelöste Kohlendioxid wird an das Wasser abgegeben und gleichzeitig, in umgekehrter Richtung, der im Wasser gelöste Sauerstoff in die Adern aufgenommen. Das nun sauerstoffreiche Blut gelangt weiter in den Körper, wo es an die Organe Sauerstoff abgibt. Diese geben umgekehrt Kohlendioxid an das Blut ab. Danach fließt das sauerstoffarme Blut wieder zum Herzen und zu den Kiemen zurück.

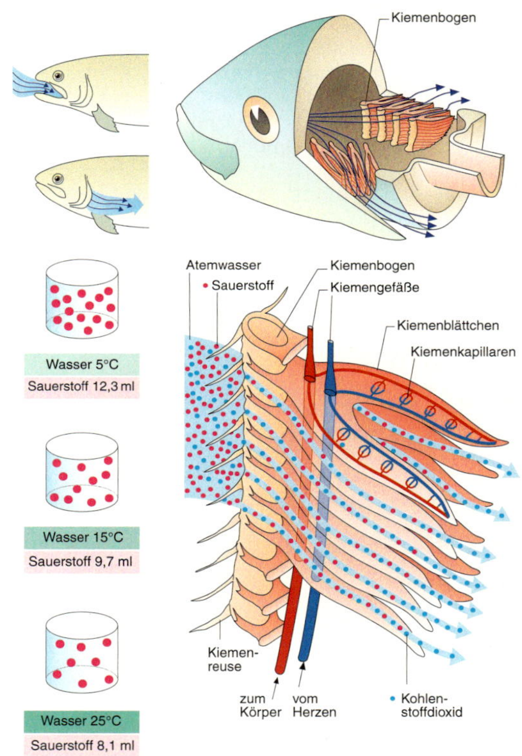

1 Fasse mit deinen eigenen Worten zusammen, warum Fische in der Lage sind, unter Wasser zu atmen.

2 Was sollen die beiden schematischen Darstellungen im Text erläutern? Formuliere passende Bildunterschriften.

3 Suche aus dem Text alle Begriffe heraus, die für die Atmung der Fische von Bedeutung sind, und mache dir klar, was sie genau bedeuten.

4 Trage die Organe der Atmung mithilfe einer Mind-Map zusammen.

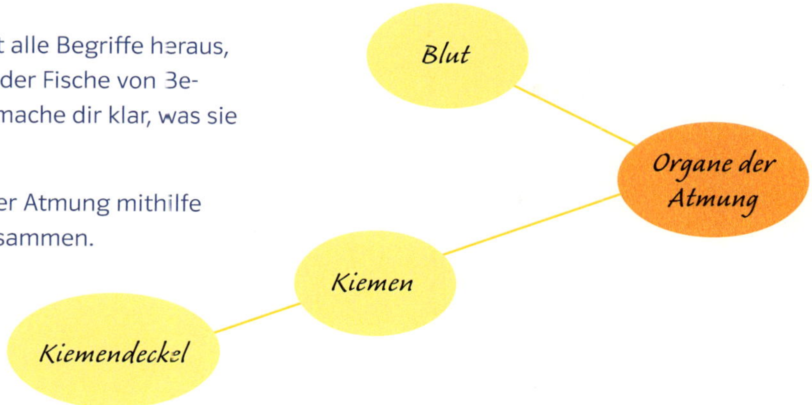

▸▸ **Seite 203**
Textinhalte grafisch darstellen
LS „Lesestrategien, Lesetechniken“

In der Fachsprache der Schulbücher kommt es oft auf jedes Wort an, und man muss genau prüfen, was mit den Formulierungen ausgesagt wird. Hier steckt in einem kurzen und unauffälligen Satz eine wichtige Verallgemeinerung:

Diese (d.h. die Kiemen) liegen unter dem schützenden Kiemendeckel.

1. *Der Kiemendeckel hat eine Schutzfunktion für die darunterliegenden empfindlichen Kiemen.* ☐
2. *Das ist bei allen Fischen so.* ☐

Jeder der halbrunden, knöchernen Kiemenbögen besitzt eine Reihe solcher zweizipfliger Kiemenblättchen.

5 Löse den Satz in einfache, klare Feststellungen auf, die verallgemeinert werden können.
1. Kiemenbögen bestehen aus Knochen.
2. …

In Schulbüchern und anderen Sachbüchern werden oft in knapper Form innerhalb eines Satzes komplexe Sachverhalte dargestellt. Diese Satzgefüge sollte man zum besseren Verständnis in mehrere einfach strukturierte Sätze auflösen:

Von den Kiemenbögen stehen außerdem zahlreiche, mit den Zinken eines Kammes oder Rechens vergleichbare Fortsätze ab, die Kiemenreusen.

1. *Von den Kiemenbögen stehen zahlreiche Fortsätze ab.* ☐
2. *Diese kann man mit den Zinken eines Kammes oder eines Rechens vergleichen.* ☐
3. *Man nennt diese Fortsätze Kiemenreusen.* ☐

Das im Blut gelöste Kohlendioxid wird an das Wasser abgegeben und gleichzeitig, in umgekehrter Richtung, der im Wasser aufgelöste Sauerstoff in die Adern aufgenommen.

6 Löse den Satz in mehrere einfache Sätze bzw. Feststellungen auf.
1. …

▸▸ Seite 216 f.
LS „Schreiben“

Schulbuchtexte und Texte aus anderen Sachbüchern sind meist eine ausgewogene Mischung aus:

Umgangssprache ▶ Sprache der alltäglichen Kommunikation mit Wiederholungen, die bei möglichen individuellen Deutungen des Lesers/der Leserin doch sofort verständlich ist.

Fachsprache ▶ Dicht und wiederholungsarm formulierte Sprache mit präzisen und fachlich relevanten Begriffen. Texte müssen für das gesicherte Verstehen mehrfach gelesen werden.

Unterrichtssprache ▶ Zwischen Umgangs- und Fachsprache angesiedelt. Meist sind die Sätze und Texte näher an der Umgangssprache, die Begriffe jedoch näher an der Fachsprache.

Symbolsprache ▶ Icons, Zeichen, Abbildungen, die Sachverhalte darstellen und erläutern und damit zusammenhängend formulierte Texte ersetzen oder ergänzen.

Formel- und Zahlensprache ▶ Zahlen, mathematische Gleichungen etc., die ohne Textunterstützung einen Sinnzusammenhang darstellen.

Tauchen ist für den Menschen nur für kurze Zeit möglich. Dann muss er an die Oberfläche kommen, um Luft zu holen.

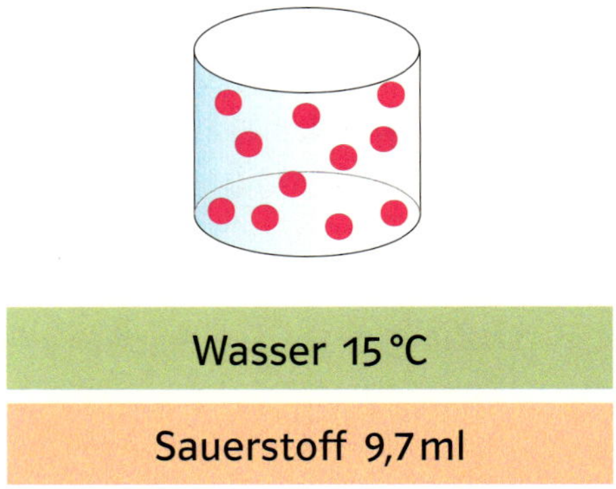

Durch den Schweredruck erfährt jeder eingetauchte Körper eine nach oben wirkende Auftriebskraft. Sie verringert scheinbar die Gewichtskraft.

$$F_A = G_{fl}$$

$$F_A = V_K \cdot \rho_{fl} \; g$$

$$F_A = V_K \cdot \gamma_{fl}$$

Taucht ein Gegenstand in eine Flüssigkeit ein, so wird seine Gewichtskraft scheinbar kleiner.

7 Ordne die Beispiele den unterschiedlichen „Sprachen“ von Sachtexten in Schulbüchern zu.

2 Verstehen von Sachtexten – z.B. Überprüfungsaufgaben

Zunehmend wird bei Prüfungen gezielt das Verstehen von Sachtexten abgefragt. Dabei werden spezielle Aufgaben eingesetzt, mit deren Form man sich vertraut machen sollte, damit man bei Lesetests nicht allein schon von der Form der Aufgaben überrascht wird. Der folgende Text wurde bei einem großen Schulleistungsvergleich (PISA 2002) eingesetzt.

Stöße, Stürze und Verschleiß ...

14 Jahre wurden am Sportmedizinischen Zentrum Lyon (Frankreich) die Verletzungen junger Amateur- und Profisportler untersucht. Die Studie beweist, dass Vorbeugung ... und gute Schuhe ... der beste Schutz sind.

Achtzehn Prozent der Spieler im Alter von 8 bis 12 haben bereits Verletzungen an den Fersen. Der Knorpel im Knöchel eines Fußballers steckt Erschütterungen schlecht weg. 25 % der Profis haben am eigenen Leib herausgefunden, dass dies ein besonderer Schwachpunkt ist. Der Knorpel des empfindlichen Kniegelenks kann ebenfalls irreparabel geschädigt werden, und wenn man nicht von Kindheit an aufpasst (im Alter von 10 bis 12 Jahren), kann dies zu frühzeitiger Arthrose führen. Auch die Hüfte bleibt von Schäden nicht verschont, und ein Spieler, besonders wenn er müde ist, läuft Gefahr, sich bei einem Sturz oder Zusammenstoß Knochenbrüche zuzuziehen. Die Untersuchung besagt, dass sich bei Fußballern, die seit mehr als zehn Jahren spielen, Knochenauswüchse am Schienbein oder an der Ferse entwickeln. Dies ist der so genannte „Fußballerfuß", eine Deformierung, die durch Schuhe mit zu flexiblen Sohlen und Knöchelbereichen entsteht.

Schützen, stützen, stabilisieren, dämpfen

Wenn ein Schuh zu steif ist, schränkt er die Bewegung ein. Wenn er zu flexibel ist, vergrößert sich das Verletzungs- und Verstauchungsrisiko. Ein guter Sportschuh sollte vier Kriterien erfüllen:

- Erstens muss er *äußeren Schutz bieten:* gegen Stöße durch den Ball oder einen anderen Spieler schützen, Bodenunebenheiten ausgleichen und den Fuß warm und trocken halten, selbst wenn es eiskalt ist und regnet.
- Er muss *den Fuß und besonders das Knöchelgelenk stützen,* um Verstauchungen, Schwellungen und andere Probleme zu vermeiden, die sogar das Knie betreffen können.
- Er muss dem Spieler auch eine gute *Stabilität* bieten, so dass er auf nassem Boden oder einem zu trockenen Belag nicht rutscht.
- Schließlich muss er Stöße dämpfen, besonders bei Volleyball- und Basketballspielern, die permanent springen.

Trockene Füße

Um kleinere, aber schmerzhafte Beschwerden wie z.B. Blasen und sogar Risswunden oder Pilzinfektionen zu verhindern, muss der Schuh das Verdunsten von Schweiß ermöglichen und äußere Feuchtigkeit am Eindringen hindern. Das ideale Material hierfür ist Leder, das imprägniert werden kann, um zu verhindern, dass der Schuh beim ersten Regen durchnässt wird.

Hier eine Frage, mit der das Verstehen des Sachtextes in PISA überprüft wurde:

Was will der Verfasser mit diesem Text zeigen?

A: Die Qualität vieler Sportschuhe ist sehr viel besser geworden.
B: Man soll am besten nicht Fußball spielen, wenn man unter zwölf Jahre alt ist.
C: Junge Menschen erleiden wegen ihrer schlechten körperlichen Verfassung immer mehr Verletzungen.
D: Für junge Sportler ist es sehr wichtig, gute Sportschuhe zu tragen.

▸▸ **Seite 119**
UV „Von früher und heute erzählen“

Solche Aufgaben verlangen, dass man vorgegebene Antworten auswählt, deswegen heißen sie auch Mehrfach-Wahl-Aufgaben oder **Multiple-Choice-Aufgaben** und gehören zu den Aufgaben des geschlossenen Formats. Bei **geschlossenen Aufgaben** ist alles vorgegeben, man muss selbst keinen Text verfassen. Multiple-Choice-Aufgaben sehen an der Oberfläche sehr einfach aus – aber Vorsicht: Es könnten eine, mehrere oder keine der vorgegebenen Antworten richtig sein. Also prüfen, ob es dazu in der Aufgabenstellung Hinweise gibt.

Bevor man Aufgaben zur Überprüfung des Leseverstehens beantwortet, sollte man zwei grundsätzliche Fragen an die Aufgabe stellen:

Wonach wird hier gefragt? Was soll ich am Text herausgefunden haben?	*Die wollen wissen, ob ich den Text insgesamt verstanden habe. Also, keine Details. Konkret wollen sie wissen, ob ich erkannt habe, mit welcher Absicht/Intention der Verfasser den Text geschrieben hat.*
Wie gehe ich vor, um die Frage beantworten zu können?	*Wenn ich nicht sofort und spontan sicher weiß, welche der vorgegebenen Antworten zutrifft, dann prüfe ich, welche der Antworten ich mit Sicherheit ausschließen kann. Also, z. B. Antwort B ist ja wohl kompletter Unfug.*

1 Beantworte nun die Frage oben aus dem Schulleistungsvergleich.

Sieh dir den folgenden Satz an, der fast am Ende des Artikels steht. Er wird hier in zwei Teilen wiedergegeben:

erster Teil: „Um kleinere, aber schmerzhafte Beschwerden wie z.B. Blasen oder sogar Risswunden oder Pilzinfektionen zu verhindern …“
zweiter Teil: „… muss der Schuh das Verdunsten von Schweiß ermöglichen und äußere Feuchtigkeit am Eindringen hindern.“

Welche Beziehung besteht zwischen dem ersten und dem zweiten Teil des Satzes?

Der zweite Teil
A: widerspricht dem ersten Teil.
B: wiederholt den ersten Teil.
C: veranschaulicht das Problem, das im ersten Teil beschrieben wird.
D: bietet die Lösung für das Problem, das im ersten Teil beschrieben wird.

2 Beantworte auch diese Frage. Stelle dir zunächst diese beiden Fragen:
1. Was soll ich herausfinden?
2. Wie gehe ich vor?

Aufgaben, die im Testformular Lücken zum Ausfüllen enthalten, gehören zur Familie des **halb-offenen Formats.** Inhaltlich ist die Antwort festgelegt, aber man kann eigene Formulierungen wählen. Deshalb die Bezeichnung „halb-offen“.

Warum sollten laut Artikel Sportschuhe nicht zu steif sein?
Wenn Sportschuhe zu steif sind, ________________ .

Wonach wird hier gefragt? Was soll ich am Text herausgefunden haben?	*Hier geht es um das Verständnis einer Einzelheit, eines Details.*
Wie gehe ich vor, um die Frage beantworten zu können?	*Eigentlich muss ich hier nur nach den Wörtern „Schuh“ und „steif“ im Text suchen und feststellen, was der Text dazu sagt. Vielleicht sollte ich auch nach Wörtern suchen, die Ähnliches bedeuten.*

3 Suche im Text „Stöße, Stürze und Verschleiß …“ die Stelle, auf die sich die Aufgabe bezieht. Was würdest du in das Testformular eintragen?

Gute Sportschuhe müssen Stöße dämpfen.
Dies ist für die Sportarten ___ besonders wichtig, weil diese Spieler ___ springen.

4 Übertrage diese halb-offene Aufgabe in dein Heft und fülle die Lücken aus.

Aufgaben wie die folgende haben ein **„offenes Format“,** d.h. sie beziehen sich auf den Text und setzen Textverstehen voraus, legen die Antwort jedoch weder inhaltlich noch in der Formulierung fest. Meist wird mit solchen Aufgaben nach Einschätzungen, Bewertungen, persönlicher Meinung, also nach einer Stellungnahme, gefragt.

An einer Stelle in dem Artikel heißt es: „Ein guter Sportschuh sollte vier Kriterien erfüllen.“ Welches dieser Kriterien ist deiner Erfahrung nach am wichtigsten?

___

___

___

___

___

5 Was wird mit dieser Aufgabe verlangt? Wie gehst du vor, um sie zu lösen?

3 Was ich über den Umgang mit Sachtexten gelernt habe – Portfolio

3.1 Kann ich das wirklich? – Lernspiegel

CD-ROM

Kann ich ...

- Fachbegriffe in einem Sachtext ausfindig machen und ihre Bedeutungen ermitteln?
- Fachbegriffe mithilfe einer Mind-Map strukturieren?
- komplexe und kompakt formulierte Sätze der Fachsprache in einfach strukturierte Aussagen (Sätze) auflösen?
- zwischen Umgangssprache, Fachsprache und Symbolsprache unterscheiden und die wichtigsten Unterschiede erläutern?
- mit Aufgaben umgehen, mit denen üblicherweise das Verstehen von Sachtexten ermittelt wird, also z.B. die unterschiedlichen Aufgabenformate verstehen?

3.2 Lernlexikon

In deinem Lernlexikon solltest du zum Thema „Umgang mit Sachtexten“ Einträge u.a. zu folgenden Punkten angelegt haben:

Sprache(n) in Sachtexten – Überprüfungsformen für das Leseverstehen

3.3 Schatztruhe – Lerndossier

Im Zusammenhang mit dem Thema „Umgang mit Sachtexten“ könntest du Folgendes in deinem Lerndossier abgelegt haben:

- **die Kopie eines Sachtextes aus einem Schulbuch (z.B. Naturwissenschaften oder Erdkunde), den du vollständig bearbeitet hast (Liste mit erklärten Fachbegriffen, Strukturskizze der Fachbegriffe, Auflösung komplexer Sätze)**
- **eine eigene Stellungnahme zu einem Sachtext**

Lernstation: Sprache untersuchen – Grammatik

Regeln

1 Wortarten

Wortarten

- Nomen (Frau, Hund, Tisch, Gedanke …)
- Adjektiv (schön, interessant, rot …)
- Verb (laufen, regnen, verbessern …)
- Adverb (jetzt, hier, zusammen …)
- Artikel (der, die, das, ein, eine …)
- Präposition (auf, unter, vor …)
- Konjunktion (und, oder, weil …)
- Pronomen (ich, du, meine …)

2 Das Verb

2.1 Grundformen

Grundform	Erklärung	Beispiel
Infinitiv	Der Infinitiv ist die Grundform des Verbs.	*lesen* *Ich werde* ***lesen.***
Partizip Präsens (Partizip I)	Das Partizip Präsens kann als Adjektiv gebraucht werden.	***lesend*** *der* ***lesende*** *Junge*
Partizip Perfekt (Partizip II)	Das Partizip Perfekt ist Bestandteil verschiedener Personalformen des Verbs. Es kann auch als Adjektiv gebraucht werden.	*gelesen* *Ich habe* ***gelesen.*** *das* ***gelesene*** *Buch*
Personalform	Die Personalform eines Verbs ist die konjugierte Form. Sie richtet sich u.a. nach Person, Numerus, Tempus und Handlungsart.	*Ich* ***lese*** *gerade das Jugendbuch „Tintenherz“.* *Das Buch* ***wird gelesen.***

2.2 Tempus

Tempus	So wird es gebildet	Beispiel
Präsens	Verbstamm + Personalendung	*Ich **lese** zurzeit das Buch „Tintenherz“.*
Präteritum	Schwache Verben: Verbstamm + (e)t + Personalendung	*Meine Mutter **kaufte** mir das Buch.*
	Starke Verben: Wechsel des Stammvokals: schreiben – schrieb, gehen – ging	*Die deutsche Autorin Cornelia Funke **schrieb** diesen Roman im Jahr 2003.*
Perfekt	Präsens von **haben** bzw. **sein** + **Partizip Perfekt**	*Ein Verlag **hat** das Buch **gedruckt**.* *Der Verkauf **ist** gut **gelaufen**.*
Plusquamperfekt	Präteritum von **haben** bzw. **sein** + **Partizip Perfekt**	*Nachdem der Roman großen Anklang **gefunden hatte**, wurde er auch verfilmt.*
Futur I	Präsens von **werden** + **Infinitiv**	*Sicherlich **wird** der Roman dir auch **gefallen**.*
Futur II	Präsens von **werden** + **Partizip Perfekt** + **haben** bzw. **sein**	*Nach der Lektüre **wirst** du zudem das Geheimnis von „Tintenherz“ **gelüftet haben**.*

Seite 57 ff.
UV „Eine Zeitreise durch die Geschichte der Mode“

2.3 Handlungsart (Genus Verbi)

Aktiv	In Aktivsätzen ist der Handelnde (der/die/das Aktive) das Subjekt.	*Mo **schickt** Meggie zu ihrer Tante Elinor.*
Passiv	In Passivsätzen ist der Nichthandelnde (der/die/das Passive) das Subjekt.	*Meggie **wird** zu ihrer Tante Elinor **geschickt**.*
	Das Passiv wird benutzt, wenn • der/die/das Handelnde im Satz nicht bekannt ist oder nicht benannt werden soll, • die Handlung selber oder das Objekt der Handlung betont werden soll.	*Meggie **wird** gefangen.* *(Personalform von **werden** + Partizip Perfekt)*

Seite 65 ff.
UV „Klasse Party!“

Beachte dabei: Das Objekt des Aktivsatzes wird zum Subjekt des Passivsatzes.

	Subjekt	Prädikat		Objekt
Aktivsatz:	*Meggie*	*liest*		*das Buch.*
Passivsatz:	*Das Buch*	*wird*	*(von Meggie)*	*gelesen.*
	Subjekt	Prädikat		Prädikat/Partizip II

▸▸ **Seite 68 f.**
UV „Klasse Party!"

2.4 Die Bildung des Passivs

Das Passiv wird gebildet aus einer Personalform von *werden* in der jeweiligen Zeitform und dem *Partizip II* (Partizip Perfekt) des Verbs.

Beispiel:	*Das Buch*	*wird*	*gelesen.*
	Subjekt	Personalform von *werden* (flektierte Form)	*Partizip II*

Tempus	So wird es gebildet	Beispiel
Präsens Passiv	Präsens von **werden** + **Partizip II** (Partizip Perfekt)	*wird gelesen*
Präteritum Passiv	Präteritum von **werden** (wurde) + **Partizip II**	*wurde gelesen*
Perfekt Passiv	Perfekt von **werden** (ist … worden) + **Partizip II**	*ist gelesen worden*
Plusquamperfekt Passiv	Plusquamperfekt von **werden** + **Partizip II**	*war gelesen worden*
Futur I Passiv	Futur von **werden** + **Partizip II**	*wird gelesen werden*
Futur II Passiv	Futur II von **werden** + **Partizip II**	*wird gelesen worden sein*

2.5 Handlungsarten in verschiedenen Tempora

Tempora	Aktiv	Passiv
Präsens	*Ich **lese** das Buch.*	*Das Buch **wird gelesen.***
Präteritum	*Ich **las** das Buch.*	*Das Buch **wurde gelesen.***
Perfekt	*Ich **habe** das Buch **gelesen.***	*Das Buch **ist gelesen worden.***
Plusquamperfekt	*Ich **hatte** das Buch **gelesen.***	*Das Buch **war gelesen worden.***
Futur I	*Ich **werde** das Buch **lesen.***	*Das Buch **wird gelesen werden.***
Futur II	*Ich **werde** das Buch **gelesen haben.***	*Das Buch **wird gelesen worden sein.***

3 Satzglieder

Im Deutschen werden vier Arten von Satzgliedern unterschieden: das Subjekt, das Prädikat, die Objekte und die Adverbiale (adverbiale Bestimmungen).
Sie werden durch die Verschiebeprobe (auch Umstellprobe oder Satzgliedprobe genannt) bestimmt. Die in einer Einheit nicht verschiebbaren Teile sind Beifügungen und werden Attribute genannt.
Das Subjekt und die Objekte können durch charakteristische Fragewörter ersetzt werden. Das Prädikat ist nur indirekt durch einen solchen Fragesatz zu ermitteln.

Satzglied	Frage	Beispiel
Subjekt	Wer oder was?	***Meggie*** *holt das Buch.* ***Sie*** *hat Verspätung.*
Prädikat	Was tut/In welchem Zustand befindet sich das Subjekt?	*Meggie* ***holt*** *das Buch.* *Sie* ***hat*** *Verspätung.* *Meggie* ***wird*** *das Buch* ***holen.***
Objekte		
Genitivobjekt	Wessen?	*Das Mädchen bedarf* ***der Ruhe.***
Dativobjekt	Wem?	*Sie winken* ***ihren Freunden.***
Akkusativobjekt	Wen oder was?	*Der Vater begrüßt* ***die Gäste.***
Präpositionalobjekt	Worauf?	*Sie freuen sich auf* ***die Ferien.***
Adverbiale Bestimmungen		
der Zeit (temporal)	Wann? Wie lange?	*Meggie liest* ***nachts.***
des Ortes (lokal)	Wo? Wohin?	*Meggie liest* ***in der Küche.***
der Art und Weise (modal)	Wie? Womit?	*Meggie liest das Buch* ***wunderbar vor.***
des Grundes (kausal)	Warum? Wozu?	*Meggie liest* ***aus Angst*** *das Buch vor.*

- **Das Attribut**
  Ein Attribut ist ein Teil eines Satzglieds, das das Satzglied genauer bestimmt. Es kann weggelassen werden, ohne dass das Satzglied, zu dem es gehört, auch wegfällt. Häufige Attribute sind das Adjektivattribut und das Genitivattribut.
  Beispiel: *Einige Gestalten* ***des Buches*** *erwachten und liefen zu ihren* ***aufgeregten*** *Angehörigen.*

4 Satzreihen und Satzgefüge

Seite 85 ff.
UV „Die Kraft der Sonne“

4.1 Satzreihen

Eine Satzreihe ist ein Satz, der aus zwei (oder mehreren) Hauptsätzen besteht, also aus zwei oder mehreren Teilsätzen, die alleine stehen können.

Seite 279
Zeichensetzung
LS „Rechtschreibung“

Die Hauptsätze in Satzreihen sind oft durch **nebenordnende Konjunktionen** verbunden.

Beispiel: *Das Buch nennt sich Tintenherz, aber ein Herz aus Tinte gibt es nicht.*

Hauptsatz **Hauptsatz**

4.2 Satzgefüge

Ein Satzgefüge ist ein Satz, der aus einem Hauptsatz und mindestens einem Nebensatz besteht. Der Nebensatz ist dabei ein Teilsatz, der einem anderen Teilsatz (dem Hauptsatz oder einem anderen Nebensatz) untergeordnet ist. Wenn mehrere Nebensätze in einem Satzgefüge ineinander verschachtelt sind, spricht man von einem komplexen Satzgefüge.
Nebensätze sind mit Hauptsätzen durch **unterordnende Konjunktionen** verbunden.

Beispiel: *Draußen in Capricorns Dorf stehen viele zerfallene Häuser,*
Hauptsatz
da das Dorf vor langer Zeit von seinen Einwohnern verlassen wurde.
Nebensatz

Beispiel: *Zunächst einmal war Meggie beeindruckt gewesen,*
Hauptsatz
als sie erfuhr,
Nebensatz
dass ihr Vater Figuren aus Büchern herauslesen kann.
Nebensatz

5 Nebensätze

5.1 Hauptsätze und Nebensätze

Hauptsätze	Nebensätze
Hauptsätze können alleine stehen.	Nebensätze können nicht alleine, d.h. nicht ohne einen Hauptsatz stehen. Sie sind Hauptsätzen untergeordnet.
Im Hauptsatz steht das Prädikat immer an zweiter Stelle.	Im Nebensatz steht das Prädikat immer an letzter Stelle.
Hauptsätze können mit einer nebenordnenden Konjunktion beginnen.	Nebensätze beginnen mit einer unterordnenden Konjunktion, einem Relativpronomen oder einem Fragepronomen.
	Nebensätze übernehmen im Satz die Funktion eines Satzglieds oder Satzgliedteils.

5.2 Konjunktionen

- Eine **nebenordnende Konjunktion** verbindet Gleichrangiges, Aneinandergereihtes: Wort und Wort, Satzglied und Satzglied, Nebensatz und Nebensatz, Hauptsatz und Hauptsatz.
  Beispiel: *und, oder, aber, denn, sondern*
- Eine **unterordnende Konjunktion** ordnet einen Nebensatz einem anderen Satz unter.
  Beispiel: *als, dass, weil, wenn, damit, so dass, indem, obwohl, nachdem, da*

5.3 Relativ- und Fragepronomen

Pronomen sind Fürwörter. Sie können Nomen ersetzen.
Relativpronomen (bezugnehmende Fürwörter, z.B. *der, die, das, welcher, welche, welches, wer, was*) und Fragepronomen (Fragefürwörter, z.B. *wer, was, wen, wem, welcher*) können Nebensätze einleiten.
Beispiel: *Die Tasche, **die** Staubfinger mit sich trägt, birgt ein Geheimnis.*
*Meggie fragt, **wer** verschwunden ist.*

▸▸ Seite 88 f.
UV „Die Kraft der Sonne“

5.4 Arten von Nebensätzen

Nebensätze unterscheiden sich durch die Wortart des Einleitungswortes.

- **Relativsätze** werden durch Relativpronomen eingeleitet.
  Beispiel: *Der Roman erzählt die Geschichte von Mo und Meggie,* ***die in Gefahr geraten.***
- **Adverbialsätze** werden meist durch **Konjunktionen** eingeleitet und ersetzen adverbiale Bestimmungen. Lokalsätze sind stets Relativsätze.
  Beispiel: ***Weil Mo zum Flughafen fuhr,*** *konnte Basta Meggie entführen.* *Zauberzunge ist nicht erstaunt,* ***dass Capricorn Elinors Bücher verbrennen lässt. Wegen eines unglücklichen Zufalls*** *muss Meggie Capricorns Männern in sein Dorf folgen.*

5.5 Arten des Adverbialsatzes

Art des Adverbialsatzes	Adverbialsatz	Einleitende Konjunktion	Beispiel: *In dem Buch „Tintenherz“ lesen die Hauptpersonen herrliche Geschichten vor, …*
Temporalsatz	… der Zeit	als, nachdem, während, solange, ehe, bevor, bis, wenn	*… während sie sich in Gefahr befinden.*
Kausalsatz	… des Grundes	weil, da, zumal	*… weil das Lesen angeordnet wird.*
Finalsatz	… der Absicht/ des Zwecks	damit	*… damit sie Gegenstände oder Personen hervorlesen.*
Konsekutivsatz	… der Folge/ der Wirkung	so dass, dass	*… so dass sie danach erschöpft sind.*
Konzessivsatz	… des Gegengrundes/der Einräumung	obwohl, obgleich, obzwar, wenn … auch	*… obwohl sie die Geschichten nicht verändern wollen.*
Konditionalsatz	… der Bedingung	wenn, falls, sofern	*… wenn sie nicht hart bestraft werden wollen.*
Modalsatz	… der Art und Weise	wie, als ob, indem	*… als ob sie diese selbst erlebt hätten.*
Lokalsatz	… des Ortes	wo, woher, wohin	*… wo sie auch sind.*

6 Übungen

Die Übungstexte, die du hier findest, sind zum Teil Texte aus dem Jugendbuch „Tintenherz", zum Teil Texte über das Buch.

▸▸ Seite 146 f.
UV „Fantasie pur"

6.1 Verbformen bestimmen

Eine Geschichte – viele Handlungsstränge
In dem Jugendbuch „Tintenherz" wird nicht nur die Geschichte von Meggie, sondern auch die ihres Vaters Mo, die von Capricorn, Basta, Staubfinger und von anderen seltsamen Gestalten erzählt. Im Laufe der Erzählung wird der Leser erfahren, wie diese Personen mit den merkwürdigen Namen miteinander verbunden sind. Dann werden die Geheimnisse von Tintenherz gelüftet werden. Am Ende wird Meggie vieles über andere und vieles über sich selbst erfahren haben. Dem Leser werden also gleich mehrere Geschichten in einer erzählt.

1. Schreibe alle Prädikate aus dem Text heraus.
2. Bestimme die Verbformen bezüglich des Tempus und der Handlungsart.

6.2 Aktivsätze in Passivsätze umwandeln

Über das Buch
Cornelia Funke erzählt die Geschichte eines magischen Lesers. Mo las und liest Personen aus Geschichten heraus. Staubfinger, den Mo aus dem Buch „Tintenherz" hervorgelesen hat, hat ihn für dieses Können schon öfter verflucht.
Capricorn raubte fast alle Exemplare von „Tintenherz", damit Mo ihn nicht mehr zurücklesen wird.
Capricorn geht noch weiter, er entführt Mo und lässt Meggie bei ihrer Tante zurück.
Doch das Schicksal traf auch Meggie; Basta, ein Gehilfe Capricorns, schleppte sie in das gemeinsame Geheimversteck.

3. Wandle alle Sätze, auch die Nebensätze, wenn dies möglich ist, in Passivsätze um. Beachte dabei das Tempus des Verbs. Der/die/das Handelnde kann im Passivsatz auch weggelassen werden. Entscheide selbst.

6.3 Satzstrukturen erkennen, Nebensätze bestimmen

Die Magie des Lesens
Viele Menschen glauben nicht an die Magie des Lesens.
Viele Menschen glauben auch nicht an Feen oder andere märchenhafte Gestalten, aber wenn sie beim Lesen in ein Buch eintauchen, dann ist es völlig egal, ob man daran glaubt oder nicht.

Es ist schon erstaunlich, dass sich sogar Erwachsene von bestimmten Jugend- und Kinderbüchern fesseln lassen. Jedes Buch erzählt immer eine Geschichte, die der Leser entdecken muss.

4 Zeichne zu allen Sätzen Stufenmodelle (wie auf Seite 270 abgebildet).

5 Bestimme dann die Art der Nebensätze im Text.

6.4 Satzgefüge bilden

Meggies Vater heißt Mo. Er wird auch Zauberzunge genannt. *(Relativsatz)*
Als Meggie drei war, las er ihrer Mutter aus dem Buch „Tintenherz" vor.
Sie war eine aufmerksame Zuhörerin. *(Relativsatz)*
In einer stürmischen Nacht stand Staubfinger vor ihrer Haustür und dann, so beschloss Mo, sollten sie zu Tante Elinor flüchten. *(Konsekutivsatz)*
Meggie und Mo fuhren zu Tante Elinor, um ihre Bücher neu zu binden. *(Finalsatz)*
Aber Capricorn war nicht der Einzige. Auch Basta, der Gehilfe, kam. *(Kausalsatz)*

6 Bilde aus den einzelnen Sätzen bzw. Satzreihen Satzgefüge. Die Art von Nebensatz, die du dabei benutzen sollst, ist jeweils in Klammern angegeben.

6.5 Abschlussübung

Ein Haus voller Bücher

Das Grundstück von Meggies Tante glich eher einem Wald als einem Garten. [...] Ein grauer Kombi stand auf dem Kies vor einem Haus, das größer war als die Schule, die von Meggie letztes Jahr besucht wurde. Sie versuchte die Fenster zu zählen, doch sie gab schnell auf. Es war ein sehr schönes Haus, aber es wirkte ebenso wenig einladend wie das Eisentor an der Straße. Vielleicht sah der ockergelbe Putz nur in der Abenddämmerung so schmutzig aus. Und vielleicht waren die grünen Fensterläden nur deshalb geschlossen, weil die Nacht schon hinter den umliegenden Bergen saß. Aber Meggie wettete einiges darauf, dass sie auch tagsüber nur selten geöffnet wurden. Die Haustür aus dunklem Holz sah so abweisend aus wie ein zugekniffener Mund und Meggie fasste unwillkürlich nach Mos Hand, als sie darauf zugingen.

7 Untersuche die Sprache des Textabschnittes, indem du
- alle Prädikate aus dem Text herausschreibst und die Verbformen bezüglich ihres Tempus und ihrer Handlungsart bestimmst.
- alle Satzgefüge und Satzreihen als Stufenmodelle darstellst.
- alle Nebensätze genauer bestimmst.

7 Was ich über Grammatik gelernt habe – Portfolio

7.1 Kann ich das wirklich? – Lernspiegel

CD-ROM

✔ Kann ich ...
• Partizipien erkennen und erklären, wofür sie gebraucht werden?
• verschiedene Tempora eines Verbs im Aktiv wie im Passiv bilden?
• in Sätzen das Tempus und die Handlungsart erkennen?
• Verben im Aktiv Futur und Verben im Passiv Präsens unterscheiden?
• in eigenen Texten unterschiedliche Tempora und Handlungsarten angemessen verwenden?
• Satzreihen und Satzgefüge unterscheiden?
• Stufenmodelle auch von komplexen Satzgefügen zeichnen?
• ein Beispiel für jede Art von Nebensatz nennen?
• mindestens vier Arten von Adverbialsätzen nennen und Beispiele dafür bilden?

7.2 Lernlexikon

In deinem Lernlexikon solltest du zum Thema „Sprache untersuchen – Grammatik“ Einträge u.a. zu folgenden Punkten angelegt haben:

Partizip – Plusquamperfekt – Futur II – Aktiv/Passiv – Stufenmodell – Arten von Nebensätzen – Arten von Adverbialsätzen

7.3 Schatztruhe – Lerndossier

Im Zusammenhang mit dem Thema „Sprache untersuchen – Grammatik“ könntest du Folgendes in deinem Lerndossier abgelegt haben:

Einen selbst geschriebenen Text, in dem alle Tempora, die Handlungsarten und mindestens fünf Konjunktionen vorkommen.

Lernstation: Rechtschreibung

Regeln

Seite 78 ff.
UV „Faszination Wassersport“

1 Groß- und Kleinschreibung

- Alle **Nomen** werden großgeschrieben.
- **Farbbezeichnungen** werden dann großgeschrieben, wenn sie als Nomen verwendet werden.
  Beispiel: *Das Blau des Himmels …*
- **Zeitangaben** können groß- oder kleingeschrieben werden, je nachdem, wie sie verwendet werden:
  - **Zeitadverbien** werden kleingeschrieben.
    Beispiel: *heute, morgen, gestern, abends, morgens*
  - **Nomen als Zeitangaben** werden großgeschrieben.
    Beispiel: *der Abend, der Morgen*
  - **Nach den Adverbien** „vorgestern“, „gestern“, „heute“, „morgen“ und „übermorgen“ werden Tageszeitangaben großgeschrieben.
    Beispiel: *heute Mittag*
- Nomen, die ursprünglich Verben oder Adjektive waren, werden **Nominalisierungen** genannt. Als Nomen werden sie großgeschrieben.
  Beispiel: *Ich komme vom **Schwimmen**.*
  *Die **Schöne** und das Biest.*

Häufige **Signalwörter** für Nomen und Nominalisierungen sind:

Artikel (bestimmt oder unbestimmt)	***das** Neueste, **eine** Lampe*
Präposition, die mit einem Artikel verschmolzen ist	***auf** Eis, **beim** Tanzen*
Pronomen (Possessiv- oder Demonstrativpronomen)	***sein** Schnarchen*
Numerale (Zahlen oder unbestimmte Zahlwörter)	***drei** Gedanken, **wenig** Schönes*
Adjektiv	***große** Taten*
Indefinitpronomen (unbestimmte Mengenangabe)	***nichts** Schönes, **alles** Gute*

- **Eigennamen** werden großgeschrieben.
  Beispiel: *Hamburg, Jessica, Talstraße*
- Bei **mehrteiligen Eigennamen** schreibt man das erste und alle weiteren Wörter groß, sofern es sich dabei nicht um einen Artikel, eine Präposition oder eine Konjunktion handelt.
  Beispiel: *Vereinigte Staaten von Amerika, das Tote Meer*
- Großgeschrieben werden weiterhin **Wörter auf -er,** die von geografischen Eigennamen abgeleitet sind,
  Beispiel: *der Schweizer Käse, ein Düsseldorfer Hotel*
  und Adjektive in bestimmten festen Begriffen, obwohl keine direkten Eigennamen vorliegen.
  Beispiel: *der Heilige Abend, das Fleißige Lieschen, Weißer Sonntag*
- Kleingeschrieben werden **Adjektive,** die **auf -isch** enden und von geografischen Namen abgeleitet, aber nicht Teil des Eigennamens sind.
  Beispiel: *fränkische Würste, holländische Tulpen, italienische Salami*
- Adjektive nach einem Artikel werden kleingeschrieben, wenn sie auf ein vorangegangenes Nomen zu beziehen sind.
  Beispiel: *Die großen Fische fressen **die kleinen.***
  *Die Gardinen sind sehr schön, am besten gefallen mir **die karierten.***
- Im Zweifelsfall gilt immer der Grundsatz: Im Wörterbuch nachschlagen!
  Beispiel: Adjektive in festen Wendungen *(bis auf weiteres, seit kurzem usw.)*

2 *das/dass* – Schreibung

▸▸ **Seite 90 f.**
UV „Die Kraft der Sonne“

- Das Wort ***dass*** ist immer eine Konjunktion. Meistens gehen Verben des Meinens, Sagens, Denkens, Fühlens und Wahrnehmens voraus.
  Beispiel *Es ist möglich, dass …*
  Ich bin der Meinung, dass …
- Das Wort ***das*** kann ein bestimmter Artikel, ein Relativpronomen oder ein Demonstrativpronomen (hinweisendes Fürwort) sein. Für das Demonstrativpronomen kann man „dies“ einsetzen.
  Bestimmter Artikel: *das Mädchen, das Getränk*
  Relativpronomen: *Das Kind, das über die Straße läuft, ist sehr klein.*
  Demonstrativpronomen: *Das (Dies) gefällt mir nicht. Das dort ist eine seltene Blume.*
- Grundsätzlich gilt: Wenn man ein ***das/dass*** nach einem Komma durch „dieses“, „jenes“ oder „welches“ ersetzen kann, dann schreibt man es mit einem einfachen -s.
  Beispiel: *Da sah das Kind, **das** erst neun war, **dass** es schon sehr spät war.*

3 Zusammen- und Getrenntschreibung

3.1 Grundsätzliches zur Zusammen- und Getrenntschreibung

▶▶ Seite 82 f.
UV „Faszination Wassersport“

- Bei Wörtern, die im Text unmittelbar nebeneinander stehen und inhaltlich aufeinander bezogen sind, unterscheidet man zwischen
  - **Zusammensetzungen** *(z.B. Handschuh = ein Wort)* und
  - **Wortgruppen** *(z. B. Auto fahren = zwei Wörter)*.
- In der deutschen Sprache gibt es viele **Zusammensetzungen**. So gilt zunächst: Den Ausdruck, den man als zusammengesetztes Wort versteht, **schreibt man zusammen** *(z. B. hochnäsig, unterbringen, Klassentafel)*.
- In Zweifelsfällen gilt aber der Grundsatz: **Wortverbindungen werden getrennt geschrieben** *(z. B. schwimmen gehen, Schlange stehen, nahe kommen)*.

3.2 Besonderes zur Zusammen- und Getrenntschreibung

- **Verb + Verb:** Der Regelfall ist die Getrenntschreibung *(z. B. schreiben lernen)*. Zusammenschreibung ist möglich bei *kennen lernen* sowie Verbverbindungen mit *lassen* und *bleiben* als zweitem Bestandteil, wenn die Verbindung eine übertragende Bedeutung hat.
  Beispiel: *(im Bett) liegen bleiben/liegenbleiben (= unerledigt bleiben)*
  (auf dem Teller) liegen lassen/(links) liegenlassen (= etwas nicht beachten)
- **Nomen + Verb:** Der Regelfall ist die Getrenntschreibung *(z.B. Fahrrad fahren)*. Wenn das Nomen nicht mehr als Nomen wahrgenommen wird, schreibt man es mit dem Verb zusammen.
  Beispiel: *kopfstehen, wundernehmen, stattgeben*
  In manchen Fällen ist auch eine Doppelschreibung möglich.
  Beispiel: *achtgeben/Acht geben*
- **Adjektiv + Verb:** Der Regelfall ist die Getrenntschreibung *(z.B. schnell rennen)*. In manchen Fällen ist auch Zusammenschreibung möglich.
  Beispiel: *kaputt machen/ kaputtmachen*
  Grundsätzlich wird die Verbindung zusammengeschrieben, wenn sie eine übertragende Bedeutung hat.
  Beispiel: *krankschreiben, heiligsprechen, kürzertreten (= sich einschränken)*
- **Verbindungen mit dem Verb *sein*** werden immer getrennt geschrieben.
  Beispiel: *beisammen sein, fertig sein*
- **gar + Adverb:** *gar* wird vor *kein, nicht, nichts, sehr, wohl* immer getrennt geschrieben.
- **Wortverbindungen mit *irgend-*** werden zusammengeschrieben, wenn die Verbindung nicht mit *so* erweitert ist.
  Beispiel: *irgendetwas* *aber: irgend so etwas;*
  irgendeine *aber: irgend so eine*

4 Zeichensetzung

4.1 Kommasetzung bei Satzgefügen

Seite 85 ff.
UV „Die Kraft der Sonne“

Die Verbindung von Hauptsatz und Nebensatz nennt man Satzgefüge. In einem Satzgefüge wird der Nebensatz vom Hauptsatz durch ein Komma abgetrennt. Die meisten Nebensätze erkennt man daran, dass das Prädikat an ihrem Ende und ein Signalwort an ihrem Anfang steht. Das Signalwort kann entweder

Seite 270
Satzreihen und Satzgefüge
LS „Sprache untersuchen – Grammatik“

- ein Relativpronomen
  Beispiel: *Die Frau kam,* ***die*** *bei uns angerufen hatte.*
- oder aber eine unterordnende Konjunktion sein.
  Beispiel: *Sie hatte bei uns angerufen,* ***weil*** *sie sich mit meinem Bruder verabreden wollte.*
- Ein eingeschobener Nebensatz wird durch Kommas eingeschlossen.
  Beispiel: *Die Arbeit,* ***die die Klasse schreiben musste,*** *war eher leicht.*
- Zwei Nebensätze in einem Satzgefüge werden durch ein Komma voneinander getrennt.
  Beispiel: *Die Freunde verabredeten sich erneut,* ***weil sie mit ihrem Referat nicht fertig geworden waren, da ihnen noch ein wichtiges Buch fehlte.***

4.2 Kommasetzung bei Infinitivgruppen

Infinitivgruppen (Infinitiv mit „zu“) sind Satzergänzungen, die wie Nebensätze mit Kommas abgegrenzt werden, wenn der (erweiterte) Infinitiv mit „zu“
• mit *um, ohne, statt, anstatt, außer* oder *als* eingeleitet wird:
Beispiel: *Sie ging in ihr Zimmer, um zu lesen.*
Sie las, ohne sich um den Lärm im Nebenraum zu kümmern.
• von einem Nomen abhängt:
Beispiel: *Er hatte den Wunsch, wieder einmal ins Kino zu gehen.*
Er fasste den Plan, sich eine Kinozeitschrift zu besorgen.

4.3 Kommasetzung bei Einschüben und nachgestellten Satzteilen

- Einschübe und Nachstellungen in einem Satz werden durch Kommas abgetrennt.
  Einschub: *In der Schule, gemeint ist die Erich-Kästner-Schule, findet heute Abend eine Theateraufführung statt.*
  Nachstellung: *Die Direktorin überreichte allen Schauspielerinnen und Schauspielern ein Geschenk, einen kleinen Strauß mit Rosen.*
- Eine Sonderform bei Einschüben ist die **Parenthese**. Man spricht von einer Parenthese, wenn ein vollständiger Satz in einen anderen Satz eingeschoben ist. Parenthesen werden durch Kommas oder Gedankenstriche kenntlich gemacht.
  Beispiel: *Nach der Aufführung,* ***die Zuschauenden waren schon gegangen,*** *feierten die Schauspieler ihre gelungene Premiere.*

5 Übungen

5.1 Groß- und Kleinschreibung

Mehrteilige Eigennamen

HEILIGER VATER, ITALIENISCHE NUDELN, KÖLNER DOM, DRESDNER CHRISTSTOLLEN, BRASILIANISCHER KAFFEE, THÜRINGISCHE WÜRSTE, DER BAYERISCHE WALD, FRANZÖSISCHER KÄSE, NORWEGISCHER LACHS, INDISCHER OZEAN, DER BLAUE PLANET, DER STILLE OZEAN, DAS TOTE MEER, DER TOTE SEE, DIE DEUTSCHE SPRACHE, DIE VEREINTEN NATIONEN, SCHWEIZER KÄSE

1 Schreibe diese mehrteiligen Namen und Herkunftsbezeichnungen in richtiger Schreibweise in dein Heft.

Nominalisierte Adjektive

der ängstlichste von uns ließ wenig gutes an dem vorschlag, den unser bester vorgeschlagen hatte. schon lange maulte er herum, ohne dass man viel neues von ihm erwarten konnte. „über kurz oder lang kommt es doch heraus, wer die maus in die klasse geschmuggelt hat. ihr seid euch doch hoffentlich im klaren, dass wir dann unsere klassenreise vergessen können!" alle überlegten aufs neue, wie man sich gegen den schulalltag wehren konnte, ohne das äußerste zu wagen.

2 In dem Text verstecken sich sieben nominalisierte Adjektive sowie zwei Adjektive in einer festen Wendung, die kleingeschrieben werden muss. Schreibe alle diese Formen (mit Signalwörtern) in richtiger Schreibweise in dein Heft und bilde mit ihnen eigene Sätze.

NICHTS ANGENEHMES, VON NAH UND FERN, IM GRÜNEN, AUS DEM DUNKELN, DURCH DICK UND DÜNN, DAS EINZIG RICHTIGE, VON KLEIN AUF, UNSER KLEINER

3 Ergänze deine Liste der nominalisierten Adjektive durch die fünf nominalisierten Adjektive und die drei festen Wendungen mit Adjektiv.

Nachgestellte Adjektive

- mit dem dünnen stift schreibe ich besser als mit dem dicken.
- die kinder versammelten sich zum klassenfoto, wobei sich die kleinen in die erste reihe und die großen nach hinten stellten.
- in ulis schrank hängen zwei jacken, eine braune und eine schwarze.
- heute gehen die kleinen auf den spielplatz.
- der ober bringt den fisch, und zwar den gekochten.

4 Übertrage die Sätze in richtiger Schreibweise in dein Heft und bilde mit den nachgestellten Adjektiven eigene Sätze.
Achtung: Ein Adjektiv wird großgeschrieben.

5.2 Zusammen- und Getrenntschreibung

Herr Wedel will uns seine Ideen NAHEBRINGEN. Dazu wird er SELBSTSICHER seinen Vortrag FREISPRECHEN. Das wird ihm GUTGELINGEN, denn er hat sich WOCHENLANG vorbereitet. BRANDNEU wird es aber nicht sein, was er zu sagen hat.

5 Schreibe den Text in richtiger Rechtschreibung in dein Heft. Achtung:
In ihm finden sich sechs Wortverbindungen mit einem Adjektiv, von denen vier als Zusammensetzungen und zwei als Wortgruppen zu verstehen sind.

5.3 *das* oder *dass*?

Ich bin der Überzeugung, dass …
Du glaubst doch nicht etwa, dass …
Sie riefen mir zu, dass …

6 Überlege dir fünf Formulierungen dieser Art und schreibe sie zusammen mit einem ganzen Satz in dein Heft.

Auf der einen Seite finde ich es nicht gut, dass/das es für jeden Aufsatz eine Zensur gibt. Es ist doch klar, dass/das man dabei die Lust am Schreiben verliert, dass/das kann doch nicht gewollt sein! Andererseits möchte ich schon durch eine gute Note bestätigt bekommen, dass/das ich gelernt habe. Mein Vater sagt immer, dass/das das Zeugnis, dass/das man bekommt, vor allem für das spätere Leben von Bedeutung ist. Ich meine, dass/das …

7 Schreibe den Text als Selbstdiktat ab und entscheide, wo du ein *dass* (fünfmal) einsetzen musst.

5.4 Übungen zur Zeichensetzung

Kommasetzung bei Satzgefügen

Es wird erzählt, dass in China einst zwei Fürsten, deren Reiche durch ein mächtiges Gebirge voneinander getrennt waren, gegeneinander Krieg führen wollten. Beide Seiten schickten Kundschafter aus die die Möglichkeiten eines Angriffes ausspionieren sollten. Unabhängig voneinander stellten diese fest dass nur ein schmales Tal die Möglichkeit für einen Einmarsch bot wobei genau dort wo man den Fluss überqueren konnte ein altes Paar lebte das sehr glücklich war.
Ihr Glück wäre unweigerlich zerstört worden wenn eine Armee den Boden dieser kleinen Idylle betreten hätte. Der Krieg wurde nie geführt.

8 Übertrage den Text in dein Heft und unterstreiche die Hauptsätze und Nebensätze mit unterschiedlichen Farben. Setze entsprechend der Regel 4.1 die Kommas (S. 279). Insgesamt musst du noch sieben Kommas setzen.

Kommasetzung bei Einschüben und nachgestellten Teilen

Der Witz , also die Geschichte, geht so: Ein Mann saß gemütlich zu Hause er arbeitete bei der Feuerwehr als ihn der Feueralarm rief, plötzlich. Sofort sprang er auf und eilte zur Sammelstelle zur nahe gelegenen. Kaum hatte er seinen Platz auf dem Wagen dem Leiterwagen des Zuges eingenommen da brausten sie auch schon mit Sirenengeheul los. Er staunte sehr seine Kollegen übrigens auch als sie an seinem eigenen Haus Halt machten. Es war sein Haus genauer gesagt sein Kamin der brannte.

9 Schreibe den Text mit richtiger Zeichensetzung (s. Regel 4.3, S. 279) in dein Heft. Insgesamt musst du noch zehn Kommas setzen.

5.5 Abschlussübung

ES WAR NICHT IMMER SO DASS/DAS DEUTSCHLAND ZU DEN HOCHENTWICKELTEN INDUSTRIESTAATEN GEHÖRTE. VOR 180 JAHREN WAR DEUTSCHLAND IM VERGLEICH ZU ENGLAND UND BELGIEN EIN UNTERENTWICKELTES LAND DASS/DAS DEN TECHNISCHEN FORTSCHRITT IMPORTIEREN MUSSTE OBWOHL ES HIER DURCHAUS EINIGE VORDENKER GAB. DIE ERSTE DEUTSCHE EISENBAHN VON 1835 DIE ZWISCHEN NÜRNBERG UND FÜRTH FUHR WAR KOMPLETT IN ENGLAND HERGESTELLT WORDEN. DER LOKOMOTIVFÜHRER EIN SPEZIALIST EBENFALLS AUS ENGLAND WAR EINE ART ENTWICKLUNGSHELFER VON DEM DIE DEUTSCHEN VIEL LERNEN KONNTEN SEHR VIEL. DAFÜR ERHIELT ER AUCH EIN SPITZENGEHALT DASS/DAS DOPPELT SO HOCH WAR WIE DAS DES EISENBAHNDIREKTORS.

10 Schreibe den Text in richtiger Schreibung und mit richtiger Zeichensetzung in dein Heft. Es müssen insgesamt zehn Kommas gesetzt werden.

6 Was ich über Rechtschreibung und Zeichensetzung gelernt habe – Portfolio

6.1 Kann ich das wirklich? – Lernspiegel

CD-ROM

Kann ich …

- die Regeln zur Groß- und Kleinschreibung bei Eigennamen nennen?
- sagen, welche Adjektive, die von geografischen Namen abgeleitet sind, großgeschrieben werden müssen?
- erklären, welche Zeitangaben groß- oder kleingeschrieben werden?
- vier Signalwörter für Nomen und Nominalisierungen nennen?
- die Schreibung von *das/dass* erklären?
- die Grundregel zur Zusammen- und Getrenntschreibung nennen?
- die zwei wesentlichen Unterscheidungsmerkmale zwischen einem Hauptsatz und einem Nebensatz nennen und an einem Beispiel aufzeigen?
- die Regel zur Kommasetzung bei Satzgefügen nennen und an einem Beispiel erläutern?
- die Regel zur Kommasetzung bei Einschüben und Nachstellungen nennen und an entsprechenden Beispielen erläutern?
- den Ausdruck „Parenthese" erklären und die für sie gültige Kommaregelung nennen?

6.2 Lernlexikon

In deinem Lernlexikon solltest du zum Thema „Rechtschreibung und Zeichensetzung" Einträge u. a. zu folgenden Punkten angelegt haben:

Groß- und Kleinschreibung bei mehrteiligen Ausdrücken und geografischen Namen – Nominalisierungen und Signalwörter – Zusammen- und Getrenntschreibung – *das/dass*-Schreibung – Kommaregeln bei Satzgefügen, Einschüben, nachgestellten Satzteilen

6.3 Schatztruhe – Lerndossier

Im Zusammenhang mit dem Thema „Rechtschreibung und Zeichensetzung" könntest du Folgendes in deinem Lerndossier abgelegt haben:

- **ein selbst geschriebenes Diktat mit einer ausführlichen Fehleranalyse**
- **einen selbst geschriebenen Text, in dem mindestens fünf Satzgefüge und jeweils drei Einschübe bzw. Nachstellungen vorkommen**

Lernstation: Lern- und Arbeitstechniken

1 Sich am Unterricht beteiligen

Deine mündliche Mitarbeit ist wichtig, nicht nur für die Beurteilung durch die Lehrerin oder den Lehrer, sondern auch für dein Selbstgefühl und deine Rolle im Unterricht. Wenn du dich häufig und regelmäßig zu Wort meldest, kannst du

- dein Interesse am Unterricht, deine Motivation steigern
- bewusster und zielgerichteter am Unterricht teilnehmen
- deine Aufmerksamkeit erhöhen und deine Lernleistung steigern
- Zeit einsparen, z. B. bei Hausaufgaben und der Vorbereitung von Klassenarbeiten
- deine Lernzufriedenheit steigern

1.1 Das eigene Beteiligungsverhalten überprüfen

Du kannst deine mündliche Mitarbeit und dein Beteiligungsverhalten überprüfen, indem du dich testest:

Selbstbeurteilung

- Ich bin eher ein „Schweigertyp".
- Ich habe oft keine Lust, mich zu melden.
- Andere sind mit ihren Beiträgen oft so schnell, dass sich für mich eine Wiederholung von bereits Gesagtem erübrigt.
- Ich möchte nicht gerne als „Schleimer" oder „Streber" gelten.
- Ich fühle mich oft gehemmt, habe Scheu, mich vor anderen zu äußern, und bekomme einen roten Kopf.
- Ich fürchte mich vor Kritik durch Mitschülerinnen und Mitschüler und/oder durch Lehrerinnen und Lehrer.
- Ich fühle mich unsicher und weiß nicht, ob das stimmt, was ich sagen möchte.
- In meiner Clique gilt es als „uncool", sich häufig zu melden.
- Ich bin oft schlecht vorbereitet.
- Ich melde mich nicht, weil das Fach x mir nicht liegt.

Wenn drei oder mehr Sätze auf dich zutreffen, solltest du die Gründe für dein Verhalten genau untersuchen und evtl. mit einer Vertrauensperson, z. B. dem Beratungslehrer/der Beratungslehrerin, sprechen. Und du solltest dich aktiv bemühen, deine Unterrichtsbeteiligung zu verbessern.

1.2 Selbstständigkeit trainieren

Versuche, dich für den Unterricht zu motivieren und Interesse und Lernbereitschaft zu entwickeln. Dazu kannst du z. B. überlegen, was dich am Unterrichtsthema interessiert, was du dazu vielleicht schon weißt oder wie du dir eigenständig Informationen beschaffen kannst.

Nutze den Unterricht für dich selbst. Dazu solltest du z.B.

- dich auf den Unterricht konzentrieren und dich nicht ablenken lassen
- Tafelbilder sorgfältig in dein Heft übertragen
- wichtige Ergebnisse einer Stunde in Stichworten festhalten
- Tipps des/der Unterrichtenden, Lösungswege (z.B. in Mathematik), Merkpunkte u.Ä. notieren
- Unterrichtstexte eigenständig bearbeiten und erschließen
- dich am Unterrichtsgespräch beteiligen und dich dabei – auch – sprachlich erproben
- den anderen aufmerksam zuhören und dich in deinen Beiträgen auf sie beziehen
- eigenständig Fragen stellen
- Hausaufgaben genau notieren und zu Hause gewissenhaft anfertigen

1.3 Sich an Planung und Verlauf des Unterrichts beteiligen

- Versuche, eigenständig Vorschläge zur Planung des Unterrichts zu machen.
- Traue dich, den Unterricht zu kommentieren oder konstruktiv zu kritisieren.
- Sammle Ideen für den Unterricht und ordne sie, z.B. mithilfe von Methoden, die du bereits kennen gelernt hast, wie „Mind-Map“ usw.
- Nutze sog. „Zwischenstopps“ zur inhaltlichen und/oder methodischen Vergewisserung (z.B.: An welchem Punkt des Themas stehen wir im Augenblick? Was müsste nun erarbeitet werden? Wie können wir das am besten in Angriff nehmen?).

1.4 Das eigene Beteiligungsverhalten evaluieren

- Um den richtigen Einstieg in ein aktiveres Beteiligungsverhalten zu finden, kannst du zunächst mit einer Strichliste arbeiten, die du etwa ein bis vier Wochen lang führst:

Datum	Fach	Anzahl der Meldungen	Anzahl der Aufrufe durch den Unterrichtenden	Rückmeldungen durch den Unterrichtenden		
				positiv: +	negativ: –	keine ./.
21.10.	Deutsch Englisch …	IIII	I	…		
22.10.	…	…	…	…		

  Nach ein bis vier Wochen solltest du einen deutlichen Anstieg deiner Meldehäufigkeit und deiner Beiträge verzeichnen. Wenn das nicht der Fall sein sollte, suche eine Vertrauensperson auf, z. B. den Vertrauenslehrer/die Vertrauenslehrerin.
- Längerfristig solltest du dein Beteiligungsverhalten dadurch verbessern, dass du deine Rolle im Unterricht neu bestimmst und wahrnimmst (z.B. vom „Schweiger“ zum regelmäßigen „Beiträger“).

2 Feedback geben

Unter Feedback wird jede Rückmeldung an eine Person verstanden, die dieser Person Informationen darüber liefert, wie ihre Beiträge von anderen wahrgenommen, erlebt und verstanden werden.

▶▶ Seite 51
UV „Alaska"

2.1 Mündliches Feedback

- Beginne beim Feedback mit positiven Aspekten.
- Sende grundsätzlich nur Ich-Botschaften (*Ich finde, dass …*).
- Beziehe dich auf konkrete Einzelheiten und nenne Beispiele.
- Kritisiere nicht nur, sondern eröffne deinem Gegenüber auch Lösungsmöglichkeiten.

▶▶ Seite 218
Überarbeiten
LS „Schreiben"

2.2 Schriftliches Feedback: Schreibkonferenz

Die Schreibkonferenz ist ein Verfahren, bei dem man einen selbst verfassten Text einer kleinen Öffentlichkeit zur Verfügung stellt, um aus den Reaktionen der Teilnehmer (Feedback) Hinweise für eine Überarbeitung des Textes zu erhalten.
Eine Schreibkonferenz könnte so ablaufen:

- Wählt ein Thema.
- Erstellt einen ersten Entwurf und tragt diesen vor.
- Macht euch Notizen und prüft Inhalt, Stil und Rechtschreibung.
- Kontrolliert Satz für Satz und nehmt ein Wörterbuch zu Hilfe.
- Streicht Dinge an, die euch unklar erscheinen, oder überflüssige Passagen.
- Notiert noch fehlende Informationen.
- Überprüft mit den W-Fragen, ob alle wichtigen Informationen im Text enthalten sind.
- Geht in die Endredaktion und überarbeitet eure Texte.

3 Diagramme auswerten

Sachtexte werden häufig durch Grafiken in Form von Diagrammen ergänzt. Diese Diagramme veranschaulichen Informationen des Textes oder sie geben zusätzliche Informationen. Sie haben meist die Form von Kurven, Säulen, Balken oder Kreisen. Diagramme sind in einer „eigenen Sprache“ abgefasst. Nur so gelingt es, sehr komplizierte Sachverhalte auf kleinstem Raum darzustellen.

Stärken und Schwächen unterschiedlicher Darstellungsformen:

	+	−
Kreisdiagramme 	Eignen sich gut, um Prozentwerte darzustellen.	Je mehr Angaben Kreisdiagramme enthalten, desto unübersichtlicher werden sie.
Säulendiagramme 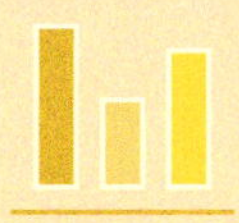	Eignen sich besonders zum Vergleich von Mengenangaben zu einem bestimmten Zeitpunkt.	Die Wahl der Maßeinheiten beeinflusst, wie die Zahlen und Größenunterschiede wirken.
Kurvendiagramme 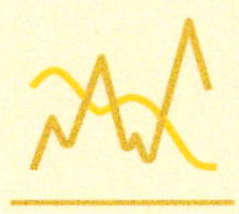	Verschaffen einen raschen Überblick; Entwicklungen lassen sich gut und schnell ablesen.	Der Maßstab kann über die wirkliche Größe der Änderungen täuschen.

Folgende Fragen können dir bei der Arbeit mit Diagrammen helfen:

▸▸ Seite 174 f.
UV „Geld regiert die Welt“

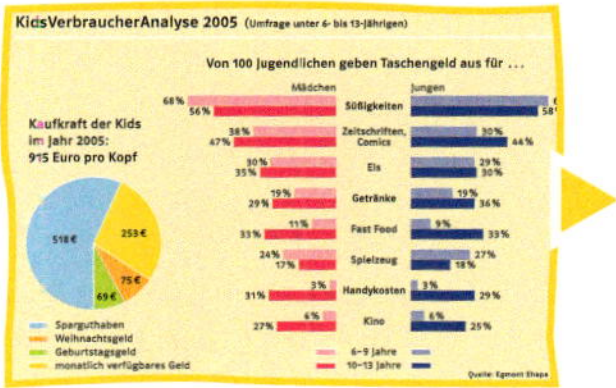

- Welche Frage will das Diagramm beantworten?
- Für welche Zeit und/oder für welchen Raum soll es gelten?
- Welche Darstellungsform wurde gewählt?
- Welche Zahlen wurden verwendet (absolute Zahlen, Prozentangaben)?
- Welche Minimal- und Maximalwerte ergeben sich?
- Welche Angaben sind weiterhin relevant?
- Wie lautet die Gesamtaussage zum Diagramm?
- Macht das Diagramm zu einzelnen Bereichen der Fragestellung keine Aussage?
- Enthält die Statistik Mängel bzw. Fehler?
- Ergeben sich Fragen aus dem Diagramm?

3.1 Kreisdiagramme

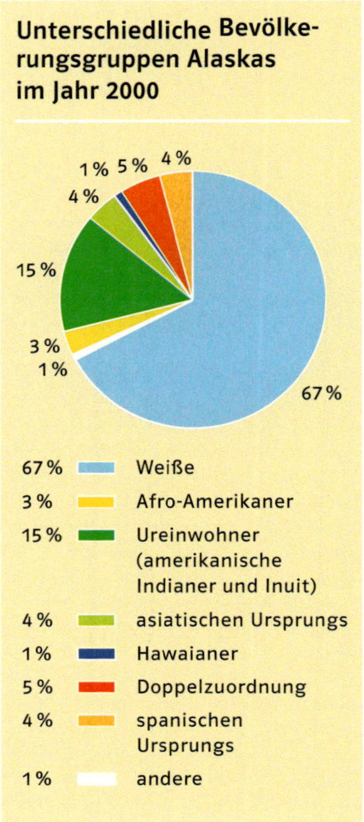

- Welche Frage will das Diagramm beantworten?
  Beispiel: *Das Diagramm gibt Auskunft über die ethnische Zugehörigkeit der Bevölkerung.*
- Für welche Zeit und/oder für welchen Raum soll es gelten?
  Beispiel: *Betrachtet wird hierbei der Lebensraum Alaska im Jahr 2000.*
- Welche Darstellungsform wurde gewählt?
  Beispiel: *Die Zahlen wurden mittels eines Kreisdiagramms dargestellt.*
- Welche Zahlen wurden verwendet (absolute Zahlen, Prozentangaben)?
  Beispiel: *Die verschiedenen ethnischen Gruppen wurden prozentual dargestellt.*
- Welche Minimal- und Maximalwerte ergeben sich?
  Beispiel: *Die Weißen bilden mit 67 % die größte ethnische Gruppe, die Hawaianer mit 1 % die kleinste namentlich benennbare Gruppe.*
- Welche Angaben sind weiterhin relevant?
  Beispiel: *Nennenswert sind weiterhin die Ureinwohner, die mit 15 % verzeichnet wurden, sowie die mit jeweils 4 % angesetzten Einwohner spanischen und asiatischen Ursprungs.*
- Wie lautet die Gesamtaussage zum Diagramm?
  Beispiel: *Ablesbar ist, dass mit 67 % die Weißen die größte ethnische Gruppe in Alaska im Jahr 2000 bilden und sich der Rest der Bevölkerung bis auf 6 % nicht benannter Größen aus Ureinwohnern, Einwohnern mit spanischer und asiatischer Herkunft, Afro-Amerikanern und Hawaianern zusammensetzt.*
- Macht das Diagramm zu einzelnen Bereichen der Fragestellung keine Aussage?
  Beispiel: *Zu insgesamt 6 % der Bevölkerung Alaskas gibt das Kreisdiagramm keine genauere Auskunft.*
- Enthält die Statistik Mängel bzw. Fehler?
  Beispiel: *Zum besseren Verständnis des Diagramms wäre es wünschenswert gewesen, die einzelnen ethnischen Gruppen genauer zu definieren. So bleibt evtl. unklar, welche Bevölkerungsgruppe mit Afro-Amerikanern genau definiert ist.*
- Ergeben sich Fragen aus dem Diagramm?
  Beispiel: *Dem Betrachter stellt sich nunmehr die Frage, warum nur 15 % Alaskas Ureinwohner, d. h. amerikanische Indianer und Inuit sind.*

▸▸ **Seite 174 f.**
UV „Geld regiert die Welt“

3.2 Säulen- bzw. Balkendiagramme

Säulendiagramme wirken zumeist komplexer als Kreisdiagramme. Bei der Auswertung gestaltet sich jedoch der Weg sehr ähnlich. Grundsätzlich sind alle Fragen, die du bei der Bearbeitung der Kreisdiagramme kennen gelernt hast, auch auf Säulen- bzw. Balkendiagramme übertragbar. Weiterhin solltest du noch folgende Fragen, speziell auf diese Diagrammart bezogen, beachten.

1. Was wird auf der x/y-Achse dargestellt?
2. Handelt es sich hier um absolute Zahlen oder Prozentangaben?

3.3 Kurvendiagramme

Bei dem hier vorliegenden Kurvendiagramm handelt es sich um ein sog. „Klimadiagramm", das dir vielleicht schon im Erdkundeunterricht begegnet ist. Ein Klimadiagramm zeigt für einen Ort während eines Jahres den durchschnittlichen Temperaturverlauf sowie die durchschnittliche Menge der Niederschläge und ihre Monatsverteilung. Die Auswertung eines Kurvendiagramms erfolgt nach demselben Grundschema wie die Bearbeitung von Kreis- bzw. Säulendiagrammen. Folgende Schritte solltest du hier einhalten:

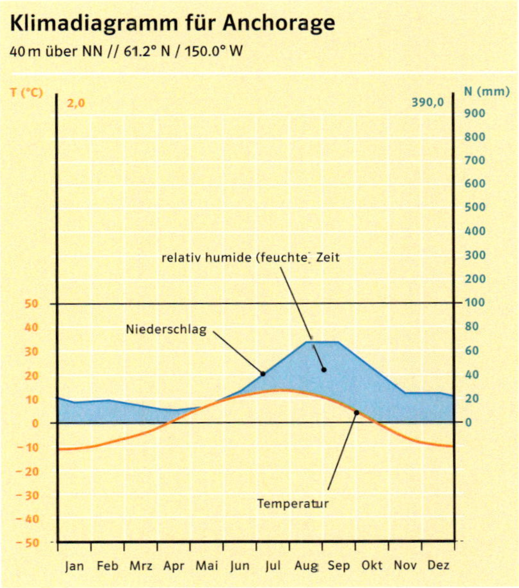

1. Lies den Namen, die Höhe und die Lage im Gradnetz der Station ab.
2. Lies die mittlere Jahrestemperatur ab und ermittle mithilfe der Kurve dann den wärmsten und den kältesten Monat (Minimal- und Maximalwerte).
3. Lies den gemittelten Jahresniederschlag ab und ermittle den feuchtesten und den trockensten Monat (Minimal- und Maximalwerte).
4. Vergleiche den Jahresver auf der Temperatur mit der Niederschlagskurve.

▶▶ **Seite 50**
UV „Alaska"

4 Präsentieren

▶▶ **Seite 52 f.**
UV „Alaska“

4.1 Ein Informationsplakat erstellen

Ein Informationsplakat soll die Informationen anschaulich präsentieren, deshalb muss es klar und einladend aufgebaut sein. Im Einzelnen solltest du auf folgende Punkte achten:

- Genau klären, welche Inhalte auf dem Plakat dargestellt werden sollen.
- Dazu überlegen: Was ist vom Thema her wichtig? Was interessiert den Betrachter bzw. die Betrachterin?
- Dabei das Thema in Teilbereiche untergliedern und dazu gezielt Material suchen bzw. auswählen.
- Je nach Materiallage auch Grafiken, Zeichnungen, Diagramme u. a. zur Veranschaulichung einsetzen.
- Auch selbst verfasste – sauber und lesbar geschriebene – Texte einbeziehen.
- Evtl. Kernstellen zitieren.
- Dem Plakat eine Überschrift geben, die Neugier weckt und auf Anhieb deutlich macht, worum es geht.

Hinweise zum Layout:

- Das Plakat sollte aus einer Entfernung von zwei bis drei Metern noch gut lesbar sein; deshalb die Buchstaben etwa 3 cm groß wählen.
- Das Plakat übersichtlich gestalten und nicht überfrachten.
- Auf ein ausgewogenes Verhältnis von Texten und Bildern, Tabellen usw. achten.
- Zu viele Farben vermeiden, Zusammengehöriges mit derselben Farbe schreiben.
- In Druckbuchstaben und mit Textblöcken schreiben.

▶▶ **Seite 107 ff.**
UV „Von früher und heute erzählen“

4.2 Balladen vortragen

- Schreibe die Ballade ab und erstelle eine Lesepartitur, in der du Pausen, Betonungen, das Lesetempo und evtl. Zeilensprünge notierst.
- Unterschlängele ggf. lautmalerische Wörter, die z.B. Geräusche wiedergeben.
- Achte auf die Häufung dunkler oder heller Vokale in den Strophen, da sie oftmals die Stimmung der Ballade widerspiegeln (dunkle Vokale = düster, traurig; helle Vokale = lustig, heiter).
- Teile die Ballade in Abschnitte ein.

∘	Betonung
/	Pause
+	laut lesen
–	leise lesen
~	langsam
III	schnell
↘	Stimmführung tief
↗	Stimmführung hoch

- Überlege dir, wie du durch Mimik und Gestik deinen Vortrag unterstützen kannst.
- Gestalte das Lesetempo bewusst (z.B. wenn jemand vor Angst wegrennt, kannst du schneller sprechen).
- Variiere die Lautstärke (ein Sturm ist z.B. laut, während ein geheimes Treffen zwischen zwei Personen besser geflüstert wirkt).
- Ändere den Klang deiner Stimme (ein alter Kapitän sollte sich anders anhören als eine junge Elfe).
- Übe deinen Vortrag mehrfach, am besten vor einem Spiegel.

4.3 Einen Kurzvortrag halten

▸▸ Seite 48 ff.
UV „Alaska“

Vorbereitung

- Lege dir Karteikarten an.
- Notiere dir keine ganzen Sätze, sondern nur Stichwörter.
- Unterstreiche dir Überschriften und markiere wichtige Worte.
- Nummeriere die Karteikarten durch und beschrifte sie nur von einer Seite.
- Durchschnittlich solltest du pro Vortragsminute nicht mehr als eine Karteikarte benötigen.

Übung

- Übe deinen Kurzvortrag vor einer vorgestellten Zuhörerschaft. Wenn du 2–3 Mal geübt hast, ist der Ernstfall dann nicht ganz so schwierig.
- Halte deinen Vortrag im Stehen und achte während der Übungsphase auf deine Körper- und Handhaltung.
- Probiere deine Stimmwirkung aus und versuche, bewusst laut und deutlich zu sprechen.
- Schaue vor Beginn der Übungsphase auf die Uhr und überprüfe, ob der Vortrag im zeitlichen Rahmen liegt.

Vortrag

- Begrüße deine Zuhörer und beginne mit der Nennung des Themas.
- Teile deinen Zuhörern kurz die Gliederung deines Vortrags mit.
- Sprich langsam und deutlich und lege Sprechpausen ein.
- Verwende einfache Sätze und gebräuchliche Wörter.
- Erläutere Fachbegriffe klar und anschaulich.
- Versuche, das Zuhörerinteresse zu wecken, indem du diese evtl. direkt ansprichst, Bezüge zu ihrem Wissen herstellst oder viele Beispiele und Vergleiche verwendest.
- Gib dem Publikum jederzeit die Möglichkeit, Nachfragen zu stellen.

5 Arbeitsformen im Unterricht

▸▸ **Seite 48 ff.**
UV „Alaska“

5.1 Gruppenarbeit

Es gibt sehr viele Faktoren, die die Arbeit in einer Gruppe bestimmen. So ist es für manchen entscheidend, wer miteinander arbeiten soll oder wie viele Personen in einer Gruppe sind. Weiterhin ist das zu bearbeitende Thema und die Neigung bzw. Abneigung der Gruppenteilnehmer nicht immer unproblematisch für alle Gruppenmitglieder. Daher sollte man zumindest einige Regeln und Tipps beherzigen, damit die entscheidenden Dinge nicht dem Zufall überlassen bleiben. Ganz besonders bei der Projektarbeit spielt die Gruppenarbeit eine wichtige Rolle.

- Macht euch das Thema klar und formuliert ein Ziel.
- Tauscht euch im Vorfeld über eure Erwartungen und Ziele aus.
- Wenn euch die Arbeitsschritte und die Ziele klar sind, erstellt einen Zeitplan.
- Verteilt innerhalb der Gruppe Rollen (z.B. jemanden, der etwas aufschreibt oder jemanden, der Streit schlichtet).
- Verteilt innerhalb der Gruppe verschiedene Aufgaben und notiert die Zuständigkeit *(z.B. Katja besorgt das Tonpapier, Alexander recherchiert Fachbegriffe im Internet)*.
- Akzeptiert, dass Teile der Arbeit besser und schneller von einer Person allein erledigt werden können, und nutzt diese Zeit lieber sinnvoll für die Erledigung noch anstehender Aufgaben.
- Überprüft in regelmäßigen Abständen, ob ihr noch in der Zeit liegt und ob die Bearbeitung noch eurem Auftrag entspricht.
- Achtet darauf, dass Diskussionen in der Gruppe nicht ausufern.
- Besprecht regelmäßig Probleme bzw. Zwischenstände in der Gruppe.
- Präsentiert am Ende die Ergebnisse des Projekts und besprecht diese.
- Gleicht ab zwischen den festgesetzten Zielen und deren Realisierung.
- Wertet kritisch das gesamte Projekt mit seinen Ergebnissen aus.

6 Stummes Schreibgespräch

Seite 122
UV „Kleine Fluchten“

Das stumme Schreibgespräch eignet sich gut, um in ein Thema einzusteigen. Man kann es nach den eigenen Bedürfnissen abwandeln. Es funktioniert im Allgemeinen wie folgt:

- Die Lehrerin/der Lehrer hat z.B. ein großes Plakat ausgelegt. Darauf sind räumlich verteilt verschiedene Fragen, Aussagen oder andere Impulse geschrieben, je nachdem, wozu man ein stummes Schreibgespräch durchführt.
- Nun gehen die Schülerinnen und Schüler mit Stiften um den Tisch herum. Jeder, der etwas zu den Impulsen äußern möchte, schreibt einen Kommentar unter das Stichwort. Die anderen lesen das Geschriebene, nehmen Stellung dazu oder setzen weitere Aspekte hinzu Auch Fragen sind möglich.
- Sprechen ist während des so entstehenden „Schreibgesprächs“ nicht erlaubt.
- Nach einer vorher festgesetzten Frist oder wenn der Schreibfluss abgeebbt ist, endet die „Schreibmeditation“.
- Nun haben alle noch einmal Zeit, sich die Ergebnisse anzuschauen, Fragen zu stellen und sich zu verständigen.
- Nach einer vertiefenden Erörterung der Kommentare erfolgt dann die Besprechung weiterer Einzelfragen im Unterrichtsgespräch.

7 Lernen mit einer Rechtschreibkartei

Seite 95 ff.
UV „Richtiges Schreiben, eine Kunst?“

Besorge dir einen Karteikasten oder eine Schachtel und unterteile sie in fünf Fächer.

Schritt 1: Alle neuen Karten mit jeweils einem Wort kommen in das erste Fach deines Karteikastens.

Schritt 2: Die Karten des ersten Fachs werden (möglichst) jeden Tag bearbeitet. Lasse dir die Wörter der Karten des ersten Fachs diktieren. Falls niemand für ein Diktat Zeit hat, so lies dir das Wort durch, lege die Karte weg und schreibe das Wort aus dem Gedächtnis auf.

Schritt 3: Kontrolliere das geschriebene Wort. Hast du das Wort richtig geschrieben, so wandert die Karte in das zweite Fach. Hast du das Wort falsch geschrieben, so verbleibt die Karte in Fach 1.

Schritt 4: Beginne mit einem Fach deiner Wahl und achte darauf, dass alle Fächer regelmäßig abgearbeitet werden.

Schritt 5: Schreibst du das Wort eines Fachs richtig, so wandert es ein Fach weiter.

Schritt 6: Schreibst du ein Wort falsch, so wandert es zurück in das Fach 1.

Schritt 7: Wandert ein Wort aus dem Fach 5 heraus, so kannst du es schreiben und du darfst die Karte verschenken.

Tipp: Tausche deine aus Fach 5 herausgewanderten Karte mit einer Mitschülerin/einem Mitschüler; so ergänzt ihr euch im Wortschatz gegenseitig.

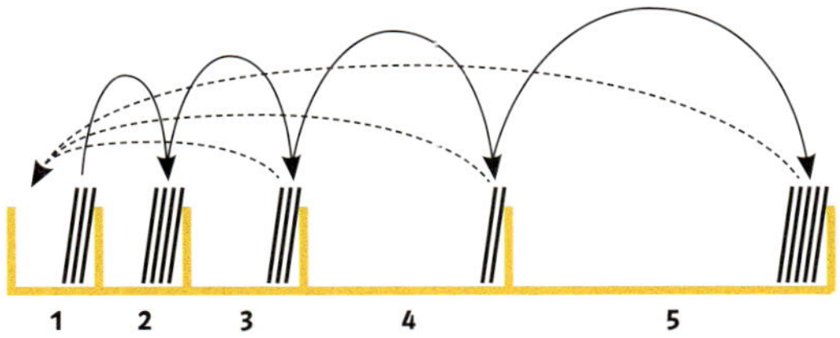

Anhang

Sachregister **295**
Autorenregister **298**
Textsortenregister **299**
Textquellenverzeichnis **301**
Bildquellenverzeichnis **303**

Sachregister

Ableitung 100, 101
Adjektiv 78, 81, 82, 105, 266, 269, 276–278
Adjektivattribut → Attribut
Adverb → Zeitadverb
Adverbialsatz/Adverbialsatzarten 88, 89, 269, 272
Akkusativobjekt → Objekt
Aktiv/Aktivsatz 65–76, 168, 267
Aktives Zuhören (AT) 12
Anonyme Umfrage (AT) 127
Anredeformen 70
Arbeiten im Projekt (AT) 45–56
Arbeitsformen im Unterricht (LAT) 292
Argument 14, 240, 243; → Argumentieren
Argumentation (Tempelschema) 240
Argumentieren (LS) **232–245**
Argumentieren (schriftlich) 14–22, 240, 243
Artikel 78, 81, 105, 266, 276, 277
Attribut 269
Aufgabentypen 262–264
Auktoriales Erzählen 248; → Er-/Sie-Erzähler

Ballade untersuchen 107–120, 254–256
Balladenmerkmale 108, 109, 254
Balladenvortrag 116, 117, 290, 291
Beispiel 14
Berichten 219
Beschreiben 219, 221, 223, 224, 226
Beschreibende Fragestellungen → Fragestellungen
Beteiligungsverhalten 284, 285
Betonungszeichen 117
Bildbeschreibung 223, 224; → Beschreiben

Computerspiel vorstellen 123

das/dass-Schreibung 91, 277
Dativobjekt → Objekt
Debatte/Debattieren 21, 239
Dehnungs-h 102
Dehnungszeichen 102
Demonstrativpronomen 277; → Pronomen
Detektivgeschichte (Merkmale) 40
Deutende Fragestellungen → Fragestellungen
Diagramme auswerten (LAT) 174, 287, 288
Direkte Rede → Wörtliche Rede
Diskussion/Diskutieren 11–22, 235, 237–239
Diskussionsleiter 20
Diskussionsregeln 20
Doppelkonsonant → Konsonant
Doppelvokal → Vokal

Eigenname 81, 104, 277
Einleitung/Einleitungssatz 111, 222
Einschub 92, 279
Er-Form → Er-/Sie-Erzähler
Er-/Sie-Erzähler 41, 248
Erzähler 246, 248
Erzählperspektive → Perspektivenwechsel
Erzählverhalten 246

Fachbegriffe 258
Fachsprache 258, 260
Fachtexte → Sachtexte
Feedback geben (LAT) 51, 286
Fehlerschwerpunkte (Übersicht) 97
Fester Begriff → Eigenname
Fiktionaler Text → Textsorte
Finalsatz 89, 271
Fish-Bowl-Methode (AT) 20
f-Laut 103
Formel- und Zahlensprachen 260
Fragepronomen 271; → Pronomen
Fragestellungen 124
Fremdwort 103
Fürwort → Pronomen
Futur I 62, 75, 267, 268
Futur II 63, 267, 268

Gedächtnistraining (AT) 13
Gedankenrede → Innerer Monolog
Gedankenstrich 279
Gegenstandsbeschreibung 219, 221
Genitivattribut → Attribut
Genitivobjekt → Objekt
Geografischer Eigenname 81, 277; → Eigenname
Gespräche führen (LS) **232–245**
Gesprächsformen (mündlich) 235
Getrenntschreibung 82, 83, 278
Gliedsatz 89
Grafik 18, 19
Grafische Darstellung (Textinhalte) 203

Grammatik/Sprache untersuchen (LS) **266–275**
Großschreibung 78, 80–83, 104, 105, 276, 277
Grundform (Verb) → Infinitiv
Gruppenarbeit (Verlauf) 45–56, 292

Handlungsart (Verb) 267
Hauptsatz 86–91, 270, 271, 279
Hilfsverb → Verb

Ich-Collage 25
Ich-Erzähler 41, 246, 248
Ich-Form → Ich-Erzähler
Ich-Scherenschnitt 25
Indefinitpronomen 276; → Pronomen
Infinitiv 62, 266, 267
Informationsplakat erstellen 52, 290
Informieren (LS) **206–213**
Informierende Textsorte → Textsorte
Inhaltsangabe 110–113, 222
Innerer Monolog 26
Internetrecherche 207–210

Jugendbuch untersuchen 251–253

Kausalsatz/Kausalbestimmung 89, 269, 272
Kleinschreibung 80–83, 276, 277
Komma/Kommasetzung 86–92, 277, 279
Kommunikation 232
Kommunikationsstörung 234
Kompromiss 239
Konditionalsatz 89, 272
Konjunktion 81, 86–91, 201, 266, 270–272, 277, 279
Konjunktionalsatz 88
Konsekutivsatz 89, 272
Konsonant 99, 101
Konsonantenverdopplung 99
Konzessivsatz 89, 272
Kreativer Schreibprozess 23–34, 227–230
Kreisdiagramm 287, 288
Kriminalgeschichte schreiben (Elemente) 43
Kriminalroman (Merkmale) 40
Kugellager (AT) 17
Kurvendiagramm 287, 288
Kurzvortrag 291

Lern- und Arbeitstechniken (LS) **284–293**
Lernen mit Rechtschreibkartei (LAT) 293
Lernstationen (LS) **194–293**
Lesegewohnheiten 194–196
Lesepartitur (AT) 117, 290
Lesestrategien/Lesetechniken (LS) **194–205**
Leseverhalten 246
Literarische Texte (LS) **246–257**
Literarischer Text → Textsorte
Lokalsatz/Lokalbestimmung 89, 269, 272
LS → Lernstationen

Mehrteiliger Eigenname 81, 277; → Eigenname
Meinung 14, 240
Mengenangaben 78, 105
Metapher 31
Mitsprechen → Rechtschreibsprache
Modalsatz/Modalbestimmung 89, 269, 272
Monolog → Innerer Monolog
Multiple-Choice-Aufgabe 262; → Aufgabentypen

Nachgestellte Satzteile 279
Nachstellung 92, 279
Nebenordnende Konjunktion 270, 271; → Konjunktion
Nebensatz/Nebensatzarten 87–91, 270–272, 279
Nomen 78, 80, 82, 83, 91, 104, 105, 266, 276, 277
Nomensignale 78, 105
Nominalisierung 78, 105, 276
Numerale 276

Objekt 69, 267, 269

Parenthese 92, 279
Partizip I 266
Partizip II 59, 60, 63, 68, 72, 73, 266–268, 278
Partizip Perfekt → Partizip II
Partizip Präsens → Partizip I
Passiv/Passivsatz 65–76, 267, 277, 268
Perfekt 60, 73, 75, 219, 267, 268
Personalform 75, 87, 88, 266
Personenbeschreibung 221
Personennamen (Ableitung) 81
Perspektivenwechsel 41, 246–250
Plusquamperfekt 59, 75, 267, 268
Possessivpronomen 105; → Pronomen
Prädikat 69, 269, 271, 279
Präposition 78, 81, 105, 266, 276
Präpositionalobjekt → Objekt

Präsens 62, 75, 111, 113, 219, 224, 267, 268
Präsentieren (LAT) 52, 290, 291
Präteritum 58, 59, 72, 75, 219, 267, 268
Pro-und-Kontra-Debatte (AT) 21, 125
Produktionsorientiertes Schreiben → Kreativer Schreibprozess
Projektarbeit → Arbeiten im Projekt
Pronomen 78, 89–91, 105, 201, 266, 271, 276, 277, 279

Randnotizen 199, 200
Recherche → Internet-recherche
Rechtschreibkartei → Lernen mit Rechtschreibkartei
Rechtschreibsprache 98
Rechtschreibstrategie 97
Rechtschreibung (LS) **276–283**
Relativpronomen 89–91, 271, 277, 279; → Pronomen
Relativsatz 88, 89, 272
Rückmeldung → Feedback geben

Sachtext → Textsorte
Sachtexte (LS) **258–265**
Satzgefüge 87, 270, 279
Satzglied 269, 271
Satzreihe 86, 270, 279
Säulendiagramm 287, 288
Schreiben (LS) **214–231**
Schreibgespräch → Stummes Schreibgespräch
Schreibkonferenz 286
Schreibplan 214, 215
Schreibprozess → Kreativer Schreibprozess
Schreibweise von Wörtern 98–105
Selbstbeurteilung 284
Selbstporträt 25
Selbstständigkeit trainieren 284, 285
Sich verständigen (LS) **232–245**
Signalwort 276, 279
Silbe 98, 99
Silbenmethode 99, 101
s-Laut 101
Spielentwicklung 130, 131
Strukturwörter 201
Stummes Schreibgespräch (AT/LAT) 122, 293
Subjekt 69, 267, 269
Suchmaschinen 207, 210, 211
Suchstrategien → Suchmaschinen
Symbolsprache 260

Tempelschema → Argumentation
Temporalsatz/Temporalbestimmung 89, 269, 272
Tempus 57–64, 267
Texterschließung 196
Texthervorhebungen 199, 200
Textinhalte → grafische Darstellung
Textmarkierungen → Texthervorhebungen
Textsorte 111, 113, 216
Textstruktur 201
Textüberarbeitung (Kriterien) 218
These 14, 240

Überprüfung → Aufgabentypen
Übertragung → Metapher
Übungsregel → Rechtschreibstrategie
Umfrage → Anonyme Umfrage
Umgangssprache 260
Umstellprobe 83
Unterordnende Konjunktion 270, 271, 279; → Konjunktion
Unterrichtsbeteiligung (LAT) 284, 285
Unterrichtssprache 260

Verb 58–60, 62, 63, 68, 72, 73, 75, 78, 82, 83, 91, 105, 266, 267, 276–278
Verlängern 100
Verständigung → Kommunikation
Verwandte Wörter 100
Visualisierungsmethoden von Texten 203
Vokal 99, 102
Vorgangsbeschreibung 71, 219, 226; → Beschreiben

Webkataloge 207, 210
W-Fragen 198, 206
Wortarten 266
Wortfamilie 100
Wortgruppe → Wortverbindung
Wörtliche Rede 113
Wortstamm 100
Wortverbindung 278

x-Laut 103

Zeichensetzung → Komma
Zeitadverb 80, 201, 266, 276
Zeitangaben 80, 201, 276
Zeitform → Tempus
Zusammenschreibung 82, 83, 278
Zusammensetzung 278

Autorenregister

Ärzte/Die Ärzte (Gruppe)
Der Graf 118

Axster, Lilly
Tochtertag 166, 167

Bērziņa, Ērika
Ich bin so jung 32

Colfer, Eoin
Artemis Fowl 148, 149

Daehli, Liz Bente L.
Was heißt hier Feigling! 182–185

Doyle, Sir Arthur Conan
Sherlock Holmes (aus einer Erzählung) 39

Eichendorff, Joseph von
Waldgespräch 108, 254

Ernst, Gustav
Elternsprechtag 158, 159
Mamas Liebling 164, 165

Frisch, Max
Homo Faber 87

Funke, Cornelia
Tintenherz 146, 147, 273, 274

Goethe, Johann Wolfgang von
Der König in Thule 112
Der Zauberlehrling 116, 117

Grimm, Gebrüder
Der Werwolf 119

Hebel, Johann Peter
Der Wasserträger 178

Heine, Heinrich
Die Nixen 110
Loreley 114

Hitchcock, Alfred
Die drei ??? und der Zauberspiegel 36, 37

Hobbs, Will
Im Goldrausch (als Vorlage für eine Spielszene) 53

Hutten, Ulrich von
Ritterleben 136, 137

Kästner, Erich
Der Handstand auf der Loreley 115

Kersten, Detlef
Kommissar Kniepel 48
– Ein Fall zum Selberlösen (mit Bildern) 40, 41

Manguel, Alberto
Eine Geschichte des Lesens 197, 200

Mankell, Henning
Kommissar Wallander (aus einem Roman) 38

Manzoni, Carlo
Ein dreister Kunde 232, 233

Markgraf, Miriam
Der Mönch und die Hexe 138–141

Markova, Dawna
Ich bin wichtig 31

Meissner-Johannknecht, Doris
Traumtänzer 33

Mey, Reinhard
Der Mörder ist immer der Gärtner 43

Meyer, Kai
Die Wellenläufer 152, 153
Interview 154, 155

Nöstlinger, Christine
Spiegel/Spiegel lügen nicht 227, 230

Ossowski, Leonie
Die Metzgerlehre 249

Pohl, Peter
Du fehlst mir, du fehlst mir 30

Schiller, Friedrich
Der Handschuh 142, 143, 223

Schliwka, Dieter
Salto abwärts 186–189, 252

Schlüter, Andreas
Das Spiel beginnt 126

Schneider, Simone
Luises Tagebuch oder Die Geschichte vom „Ei“ 28, 29, 249

Steenfatt, Margret
Im Spiegel 26, 27

Tolkien, John Ronald Reuel
Der kleine Hobbit 150, 151

Wohmann, Gabriele
Grün ist schöner 246, 247

Zeder, Suzan
Dreh dich nicht um 160–163, 255

Textsortenregister

Ballade
Der Handschuh (Friedrich Schiller) 142, 143, 223
Der Handstand auf der Loreley (Erich Kästner) 115
Der König in Thule (Johann Wolfgang von Goethe) 112
Der Zauberlehrling (Johann Wolfgang von Goethe) 116, 117
Die Nixen (Heinrich Heine) 110
Loreley (Heinrich Heine) 114
Waldgespräch (Joseph von Eichendorff) 108, 254

Gedicht
Ich bin so jung (Ērika Bērziņa) 32
Ich bin wichtig (Dawna Markova) 31

Geschichte/Erzählung
Das Spiel beginnt (Andreas Schlüter) 126
Die Metzgerlehre (Leonie Ossowski) 249
Ein dreister Kunde (Carlo Manzoni) 232, 233
Grün ist schöner (Gabriele Wohmann) 246, 247
Im Spiegel (Margret Steenfatt) 26, 27
Spiegel/Spiegel lügen nicht (Christine Nöstlinger) 227, 230
Traumtänzer (Doris Meissner-Johannknecht) 33

Gespräch/Interview
Ein dreister Kunde (Carlo Manzoni) 232, 233
Interview mit Kai Meyer (Schriftsteller) 154, 155
Interview zur Entwicklung der Computerspiele (Frau Eringfeldt) 128, 129
Kanuwettkämpfe (ohne Titel – fiktives Gespräch) 81
Verhaltensnoten (ohne Titel – fiktives Gespräch) 14

Jugendbuch/Jugendroman (Auszüge)
Artemis Fowl (Eoin Colfer) 148, 149
Der kleine Hobbit (J.R.R. Tolkien) 150, 151
Der Mönch und die Hexe (Miriam Markgraf) 138–141
Die Wellenläufer (Kai Meyer) 152, 153
Du fehlst mir, du fehlst mir (Peter Pohl) 30
Im Goldrausch (Will Hobbs – Vorlage für eine Spielszene) 53
Salto abwärts (Dieter Schliwka) 186–189, 252
Tintenherz (Cornelia Funke) 146, 147, 273, 274
Was heißt hier Feigling! (Liz Bente L. Daehli) 182–185

Kalendergeschichte
Der Wasserträger (Johann Peter Hebel) 178

Kriminalgeschichte/Detektivgeschichte
Die drei ??? und der Zauberspiegel (Alfred Hitchcock) 36, 37
Kommissar Kniepels 48. Fall (Detlef Kersten) 40, 41
Kommissar Wallander (aus einem Roman von Henning Mankell) 38
Sherlock Holmes (aus einer Erzählung von Sir Arthur Conan Doyle) 39

Liedtext
Der Graf (Die Ärzte) 118
Der Mörder ist immer der Gärtner (Reinhard Mey) 43

Roman (Auszug)
Homo Faber (Max Frisch) 87

Sachtext/Sachbuch
13-Jähriger seit zweieinhalb Jahren erpresst (Zeitungsartikel) 220
Alaska (ohne Titel) 46
Alaskas Klima 50
Albrecht Dürer 98
Bin ich spielsüchtig? (Testfragen) 127
Bligh, William (Online-Artikel) 209
Bounty (Online-Artikel) 208
Claude Monet – Der Maler des Lichts 96
Computerspiel (ohne Titel) 128
Computerspiele – oft nichts für Mädchen (Zeitungsartikel von Florian Rötzner) 125
Das Girokonto 176
Das Sparbuch 176
Der Adonis-Komplex 33
Der Fall Daniela 179

Der Kaktusliebhaber/Carl Spitzweg (Bildbeschreibung) 225
Der Kreislauf des Bargeldes 171
Der Sonnengott Ra 86
Der wundersame Perlenbeutel (Zaubertrick) 73
Die Erforschung der Sonne 88
Die Inuit 54, 55
Dörfer im Mittelalter (ohne Titel) 134, 135
Dürers berühmter Hase 99
Ein tragischer Moment (Erlebnisbericht über Silvano Beltrametti) 190, 191
Ein Wechselbad der Gefühle (Bericht) 17
Eine Geschichte des Lesens (Alberto Manguel) 197, 200
Eine Million Jugendliche arm (Zeitungsartikel) 179
Erfahrungsbericht eines Zeitungsausträgers 173
Erfolg für jungen Kommissar (Zeitungsartikel) 42
Fische (ohne Titel) 258
Friedensreich Hundertwasser 104, 105
Geld (Lexikonartikel) 170
Gutenbergs unbekannte Brüder – Frühe chinesische Drucke 202
Handy-Kosten: Jugendliche in der Schuldenfalle (Online-Artikel) 177
Handy-Verbot (Zeitungsartikel) 242
Handy-Vertrag: Was gilt es zu beachten? (Online-Artikel) 177
In vierzehn Tagen wirst auch du zum Profi/Surfkurs 82
Jugendlicher hat eine clevere Idee, Sonnenenergie zu speichern (Zeitungsartikel) 93
Kanusport (ohne Titel) 80, 81
Kinder und Konsum (Online-Artikel) 175
Lacanau-Ozean 82
Land und Leute 49
Meine Schule und ich: Finnland (Erlebnisbericht) 21
Mode im Laufe der Jahrhunderte (ohne Titel) 58–63
Nudelsalat „Klassenfest“ (Rezept) 70
Öl-Boom/Alaska (ohne Titel) 52
Pablo Picasso – Das Genie des Jahrhunderts 102
Phänomen Sonne 90, 91
Pitcairn (Online-Artikel) 209
Ritterleben (Ulrich von Hutten) 136, 137
Schönheitsideal im Barock (ohne Titel) 32
Schuluniformen verbessern Sozialklima und Konzentration 236
Sozialverhalten 15
Spätfolgen der Meuterei auf der „Bounty“ (Zeitungsartikel) 206
Sportspiel für PC – Wo ist der Sommer? (Zeitungsartikel) 123
Stechuhr in der Schule 20
Stöße, Stürze und Verschleiß 261
Taschengeldparagraph (§ 110 BGB) 172
Tauchen/Kindertauchkurs (ohne Titel) 78
Technik der Zukunft – Am Anfang des Medienzeitalters 204
Teichmolch 222
Tierwelt 50
Van Goghs Tod 101
Vermisst! 222
Vincent van Gogh – Früher verarmt, heute weltberühmt 101
Was war vor dem Geld? 170, 171
Was wir der Sonne verdanken 92
Weitere Möglichkeiten an Geld zu kommen: Jobs 173

Sage

Der Werwolf (Gebrüder Grimm) 119

Szenischer Text

Dreh dich nicht um (Suzan Zeder) 160–163, 255
Elternsprechtag (Gustav Ernst) 158, 159
Im Goldrausch (Szene aus dem Jugendroman von Will Hobbs) 53
Mamas Liebling (Gustav Ernst) 164, 165
Tochtertag (Lilly Axster) 166, 167

Diagramm/Grafik/Schaubild

Alaska: Internationale Exporte 289
Ausgaben für Bildung 19
Der Kreislauf des Bargeldes 171
Geburtenentwicklung 19
Hauptgründe für die Entscheidung für Kinder 167

KidsVerbraucherAnalyse 2005 174, 287
Klimadiagramm für Anchorage 289
Lesesozialisation und Familieneinfluss bei 14- bis 19-Jährigen 195
PISA-Länderstudie 2003 18
Taschengeld 172
Unterschiedliche Bevölkerungsgruppen Alaskas im Jahr 2000 288
Wasserkreislauf 92

Tagebuch
Luises Tagebuch oder Die Geschichte vom „Ei" (Simone Schneider) 28, 29, 249

Textquellenverzeichnis

S. 13: www.geo.de, Gruner + Jahr AG & Co KG, Hamburg; – **S. 15:** www.lsvnw.de, 77. Landesdelegiertenkonferenz der LSV NRW, März 2003; – **S. 17:** www.ksta.de, Kölner Stadt-Anzeiger, Neven DuMont Haus, Köln; – **S. 20:** www.geo.de, Gruner + Jahr AG & Co KG, Hamburg; – **S. 26 f.:** Margret Steenfatt: Im Spiegel. aus: Augenaufmachen, hrsg. von Hans-Joachim Gelberg. Beltz, Weinheim/Basel, 1984; – **S. 28 f.:** Simone Schneider: Luises Tagebuch oder Die Geschichte vom „Ei". Aus: Hans-Joachim Gelberg (Hrsg.): Wie man Berge versetzt, Beltz , Weinheim/Basel, 1981; – **S. 30:** Peter Pohl & Kinna Gieth: Du fehlst mir, du fehlst mir. Aus dem Schwed. von Birgitta Kicherer, Bertelsmann-Club [u.a.], Rheda-Wiedenbrück, 1995; – **S. 31:** www.online-netzwerk-lernen.de, Online-Netzwerk-Lernen, Dipl.-Ing. Jörg Petermann, Rottmersleben; – **S. 32:** Ērika Bērziņa: ich bin so jung. Deutsch von Matthias Knoll, Anfang des lettischen Originals: es esmu tik jauna …, Erschienen in: Karogs Nr. 6/2002, S. 88, www.literatur.lv; – **S. 33:** Doris Meissner-Johannknecht: Traumtänzer, rororo, Reinbek, 1995, S. 7–8; – **S. 36:** Alfred Hitchcock: Die drei ??? und der Zauberspiegel. Omnibus Taschenbuch, München 2003,S. 64 ff.; – **S. 38:** Henning Mankell, Die fünfte Frau, Paul Zsolnay, Wien 1998, S. 68; – **S. 39:** Sir Arthur Conan Doyle: Der Hund von Baskerville, Ullstein 2004, Seite 7–8; – **S.40/41:** Detlef Kersten: Kommissar Kniepel, 62 knifflige Fälle zum Selberlösen, ars Edition, München 2003; – **S. 43:** CD Reinhard Mey: Seine größten Erfolge,1984 Intercord, Produktion Walther Richter, Printed in Holland, Lied Nr. 5, 1971 Intercord „Der Mörder ist immer der Gärtner"; – **S.50/51:** www.br-online.de, Bayerischer Rundfunk, Anstalt des öffentlichen Rechts, München; – **S. 54:** www.alaska-info.de, Ragnar Nikolas Rademacher, Wiesbaden; – **S. 55:** www.gfbv.de , Online-Dienst der Gesellschaft für bedrohte Völker e.V. (GfbV), Göttingen; – **S. 60 f.:** http://www.einslive.de, Simone Wans, Westdeutscher Rundfunk, Köln; – **S. 63:** http://www.daserste.de, Erstes Deutsches Fernsehen, München; – **S. 87:** Max Frisch: Homo Faber. Ein Bericht. Suhrkamp, Frankfurt a.M, 1957; **S. 88–92:** Uwe Wandrey: Kraftwerk Sonne, Wie wir natürliche Energiequellen nutzen und die Umwelt schützen. Reinbek, rororo 2003, S. 13, S. 22 f.; – **S. 93:** Aus: HA vom 13.09.04, S. 20; – **S.96:** Heinrich Christoph: Claude Monet. Benedikt, Köln 1994, S. 25; – **S. 99:** www.wasistwas.de, Tessloff, Nürnberg; – **S. 101:** www.vangoghgallery.com, David Brooks; – **S. 102:** Susanna Partsch:

Haus der Kunst. Carl Hanser, München/Wien, 1997, S. 298/299; – **S. 108:** Joseph von Eichendorff. Waldgespräch; zitiert nach Hartmut Laufhütte (Hrsg.), Deutsche Balladen, Reclam, Stuttgart 1991, S. 180; – **S. 110:** Heinrich Heine: Die Nixen; zitiert nach Hartmut Laufhütte (Hrsg.), Deutsche Balladen, Reclam, Stuttgart 1991, S. 242/243; – **S. 112:** Johann Wolfgang von Goethe: Der König in Thule, zitiert nach Hartmut Laufhütte (Hrsg.), Deutsche Balladen, Reclam, Stuttgart 1991, S.64/65; – **S. 114:** Loreley, zitiert nach Norbert Berger (Hrsg.) Materialien Balladen, Klassen 5–11, Klett, Stuttgart 1991, S. 59; – **S. 115:** Erich Kästner: Der Handstand auf der Loreley, zitiert nach Hartmut Laufhütte (Hrsg.), Deutsche Balladen, Reclam, Stuttgart 1991, S. 502–503; – **S. 116/117:** Der Zauberlehrling, zitiert nach Hartmut Laufhütte (Hrsg.), Deutsche Balladen, Reclam Stuttgart 1991, S. 79– 82; – **S. 118:** Die Ärzte (Bela Felsenheimer), Der Graf, auf der CD 13, Universal Music 1998; – **S. 119:** Gebrüder Grimm, Der Werwolf, (sehr frei nacherzählt); www.gutenberg.spiegel.de; – **S. 123:** aus: Computer Bild Spiele 9/2004, Axel Springer AG, Hamburg, S. 70–74; – **S. 125:** Florian Rötzer, 16.12.2000, www.heise.de, © Heise Zeitschriften, Hannover; – **S. 126:** Andreas Schlüter, Level 4 – Die Stadt der Kinder, Deutscher Taschenbuchverlag 2003, S. 17 f.; – **S. 127:** www.geo.de, Kornberger: Das macht echt süchtig! GEOlino, Gruner + Jahr AG & Co Hamburg; – **S. 136/137:** Arno Borst: Lebensformen im Mittelalter, Propyläen, Frankfurt/Main/Berlin 1973, S. 173–175; – **S. 138/139:** Miriam Markgraf: Der Mönch und die Hexe. Bertelsmann, München 2004, S. 5–7; **S. 146/147:** Cornelis Funke: Tintenherz, Cecilie Dressler, Hamburg 2003, S. 152 ff.; **S. 148/149:** Eoin Colfer: Artemis Fowl, Übers. Claudia Feldmann, List, München 2001, S. 31 ff.; – **S. 150/151:** J. R. R. Tolkien: Der kleine Hobbit. dtv, München 2003, S. 101 ff.; – **S. 152/153:** Kai Meyer: Die Wellenläufer, Loewe, Bindlach 2003, S.20ff.; – **S. 154/155:** Interview: Kai-meyer.de; – **S. 159:** Gustav Ernst: Elternsprechtag. Aus: Mit mir nicht. In: Spielplatz. Fünf Theater-stücke über Gewalt. Hrsg. von Marion Victor, Verlag der Autoren, Frankfurt 2004, S. 86–94; – **S. 160 f.:** Susan Zeder: Dreh dich nicht um. In: Spielplatz. Scheiden tut weh. Fünf Theaterstücke für Kinder. Hrsg. von Marion Victor, Verlag der Autoren, Frankfurt 2001, S. 141–212; – **S. 164/165:** Gustav Ernst: Mamas Liebling 1. Aus: Mit mir nicht. In: Spielplatz. Fünf Theaterstücke über Gewalt. Hrsg. von Marion Victor, Verlag der Autoren, Frankfurt 2004, S. 110–114; – **S. 166/167:** Lilly Axster: Tochtertag. In: Spielplatz. Scheiden tut weh. Fünf Theaterstücke für Kinder. Hrsg. von Marion Victor, Verlag der Autoren, Frankfurt 2001, S. 9–19; – **S. 170:** aus: Schülerduden „Die Wirtschaft", Dudenverlag, Mannheim 1992, S. 147 f.; – **S. 170/171:** Dr. Alexander Stahr, Techniker Krankenkasse, Hamburg; – **S. 171:** Aus: Unser Geld. Ein Heft für die Schule Sek 1, Ausgabe 2003/2004. Hrsg. im Auftrag der AG zur Förderung der wirtschaftlichen und sozialen Bildung e.V., Bonn, von Dr. Adalbert Kitsche und Prof. Dr. Heinz Marktmann und der deutschen Bundesbank, S. 9; – **S. 173:** http://www.sputnik.de, Mitteldeutscher Rundfunk, Anstalt des Öffentlichen Rechts, Leipzig; – **S. 176:** Aus: Das Geldbuch, Vom Verdienen, Sparen und Ausgeben, Hrsg. Bundesverband deutscher Banken, Berlin 2002, S. 84; aus: Was ist was, „Geld" (Band 78), Nürnberg 2002, S. 41; – **S. 177:** http://www.poolalarm.de/kinderschutz/news/schuldenfalle, Verein zum Schutz gefährdeter Kinder i.G., News Juni 2002; – **S. 178:** Johann Peter Hebel, Poetische Werke, in: Deutsche Buch-Gemeinschaft, Berlin 1968, S. 294-296; – **S. 179:** Süddeutsche Zeitung vom 31.01.2002, S. 5; – **S. 179:** Kerstin Decker: Ein Leben ohne Fahrkarte, in: Tagesspiegel, 17.9.2003; – **S. 182-185:** Liz Bente L. Daehli: Was heißt hier Feigling, Omnibus, München 1997; – **S. 186–189:** Dieter Schliwka: Salto abwärts, dtv, München 2002, S. 9; S. 22–23; S.129–131, S.139–141; – **S. 190/191:** Ein unglaublicher

Moment, in: Spiegel Online, 27.03.2002 (identisch mit dem gedruckten Artikel aus dem Spiegel 13/2002); – **S. 194–200:** Aus: Alberto Manguel: Eine Geschichte des Lesens, Rowohlt, Reinbek 1999, S. 11–13, S. 13–15, S. 62 ff.; – **S. 202/204:** www.gutenberg.de, Team „Mainz. Gutenberg 2000"; – **S. 206:** DIE ZEIT 51/2001, Zeitverlag, Hamburg; – **S. 220:** Oldenburgische Volkszeitung vom 28.12.2006; – **S. 228:** N. Hopster (Hrsg.): Handbuch „Deutsch". Schöningh, Paderborn 1984. S. 119 ff.; – **S. 227/230:** Christine Nöstlinger: Stundenplan, Beltz , Weinheim/Basel 1976; – **S. 242:** Aus der Zeitschrift Pädagogik, Heft Mai 2001, Verlagsgruppe Beltz; – **S. 246/247:** Gabriele Wohmann: Sieg über die Dämmerung, Piper, München 1960; – **S. 249:** Leonie Ossowski: Mannheimer Erzählungen, Piper, München 1974; – **S. 258:** aus: Natura, Biologie für Gymnasien, Ausgabe NRW, Klassen 5-7. Klett, Stuttgart 2004. S. 233

Bildquellenverzeichnis

Coverbild: Corbis (Onne van der Wal), Düsseldorf; – **S.11:** Avenue Images GmbH (Digital Vision/RF), Hamburg; – **S. 12:** Picture-Alliance (PA Chris Young, KNA/Radtke, ZB/Jens Wolf, dpa/Ulrich Glauber), Frankfurt; – **S. 14:** AKG, Berlin; – **S. 18/19:** Agence France-Presse GmbH, Berlin; – **S. 22:** Picture-Alliance (dpa/Werner Baum), Frankfurt; – **S. 23:** photopool (Erwin Wodicka/BilderBox – Fotoagentur), Hersbruck; – **S. 24:** Avenue Images GmbH (Thinkstock/RF,), Hamburg; Visum (Sven Döring), Hamburg; Corbis (Rick Gomez), Düsseldorf; Das Fotoarchiv (Yavuz Arslan), Essen; Mauritius (age fotostock, Halaska), Mittenwald; – **S. 31:** Picture-Alliance (Okapia KG, Germany/Oswald Eckstein), Frankfurt; – **S. 32:** Corbis (H. Winkler/A. B./zefa), Düsseldorf; AKG, Berlin; – **S. 33:** Corbis, Düsseldorf; – **S. 34:** Picture-Alliance (GODONG/Pascale Deloche), Frankfurt; – **S. 35:** Picture-Alliance (dpa/Jörg Carstensen), Frankfurt; – **S. 38:** Picture-Alliance (KPA, akg-images, dpa/Eve Goldschmidt MCA, KPA, dpa/Votava), Frankfurt; – **S. 40/41:** Detlef Kersten, Gehrden; – **S. 44:** Picture-Alliance (dpa/Roland Scheidemann), Frankfurt; – **S. 45:** Picture-Alliance (Picture Press/RIZZOLI/Borghi Fiorenz), Frankfurt; – **S. 47:** Picture-Alliance (OKAPIA/Robert Maier), Frankfurt; – **S. 49:** Klett-Archiv (Andrea Mix), Stuttgart; – **S. 50:** Picture-Alliance (OKAPIA/Tom Brakefield), Frankfurt; – **S. 51:** Picture-Alliance (OKAPIA/Helfried Weyer), Frankfurt; – **S. 52:** ullstein bild, Berlin; – **S. 54/55:** Corbis (Galen Rowell), Düsseldorf; – **S. 56:** Corbis, Düsseldorf; – **S. 57:** ullstein bild (Sauer), Berlin; – **S. 58:** ullstein bild (KPA/HIP), Berlin; – **S. 61:** AKG, Berlin; Corbis (Hulton-Deutsch Collection), Düsseldorf; – **S. 62:** Action Press (Steve Wood), Hamburg; – **S. 63:** Picture-Alliance (dpa/Jan-Peter Kasper), Frankfurt; – **S. 64:** Corbis (Giardino), Düsseldorf; – **S. 65:** photoactive (Anette Jäger), Oberschleißheim/Lustheim; – **S. 71:**Zabert Sandmann, München; – **S. 76:** Avenue Images GmbH (Blend Images/John Lund/Drew Kelly/RF), Hamburg; – **S. 77:** Picture-Alliance (dpa/ASA/Actionplus Tom Hauck), Frankfurt; – **S. 78:** Caro Fotoagentur (Hechtenberg), Berlin; – **S. 79:** Das Fotoarchiv (Jochen Tack), Essen; – **S. 80:** Picture-Alliance (KPA 90047 / Hage), Frankfurt; – **S. 81:** Picture-Alliance (Picture Press/Frank Wartenberg), Frankfurt; – **S. 82:** Picture-Alliance (ASA/Xandi Kreuzeder),

Frankfurt; – **S. 84:** Picture-Alliance (dpa/ Stefan Sauer), Frankfurt; – **S. 85:** Astrofoto (EIT/SOHO/NASA), Sörth; – **S. 86:**Artothek, Weilheim; – **S. 87:** Corbis (Craig Tuttle), Düsseldorf; – **S. 88:** Corbis (Archivo Iconografico, S.A.), Düsseldorf; – **S. 89:** AKG, Berlin; – **S. 90:** Getty Images, München; – **S. 91:** Astrofoto (EIT/SOHO/NASA), Sörth; – **S. 92:** Schweizerischer Verein des Gas- und Wasserfaches SVGW, Zürich; – **S. 94:** Picture-Alliance (ZB/ Jens Wolf), Frankfurt; – **S. 95:** Picture-Alliance (dpa/dpaweb/Jörg Carstensen), Frankfurt; – **S. 96/98/99/100/101:** AKG, Berlin; – **S. 102:** Museum Sammlung Rosengart Luzern/(c) Succession Picasso - VG Bild-Kunst, Bonn 2005; – **S. 104:** Mauritius, Mittenwald; – **S. 105:** AKG, Berlin/© Hundertwasser Archiv, Wien; – **S. 106:** Galerie Tijani, Dortmund/© Johann Otto Henrich; – **S. 107:** Corbis (Gianni Dagli Orti), Düsseldorf; – **S. 114:** ullstein bild, Berlin; – **S. 121:** Imago Stock & People (Raimund Müller), Berlin; – **S. 124:** Vivendi Universal Games, Langen; dtp entertainment AG, Hamburg; Electronic Arts Deutschland GmbH, Köln; – **S. 125:** Das Fotoarchiv (Thomas Mayer), Essen; – **S. 128:** Picture-Alliance (ZB/Wolfgang Thieme), Frankfurt; ullstein bild (R. Janke, Kujath), Berlin; – **S. 129:** laif (Holland Hoogte), Köln; – **S. 133:** AKG, Berlin; – **S. 134:** aus: „Das Dorf der Salierzeit“ von Norbert Wand, Thorbecke Verlag, Sigma; – **S. 135:** AKG, Berlin; – **S. 136:** AKG, Berlin; – **S. 137:** AKG (Westfälisches Schulmuseum), Berlin; – **S. 144:** AKG (Erich Lessing), Berlin; – **S. 145:** Corbis (Ron Sanford), Düsseldorf; – **S. 148:** Ullstein Buchverlage, Berlin; – **S. 50:** Klaus Ensika, Deutscher Taschenbuch Verlag, München; – **S. 154:** Picture-Alliance (dpa/Pilick), Frankfurt; – **S. 157:** laif (Dirk Eisermann), Köln; – **S. 168:** Avenue Images GmbH (Digital Vision/David Ellis/RF), Hamburg; – **S. 169:** Picture-Alliance (Marcus Krüger), Frankfurt; – **S. 170:** Illustrationen aus WAS IST WAS spezial Wirtschaft, Tessloff Verlag, Nürnberg; – **S. 171:** Arbeitsgemeinschaft zur Förderung der wirtschaftlichen und sozialen Bild; – **S. 172:** Deutsche Postbank AG, Bonn; – **S. 174:** Agence France-Presse GmbH, Berlin; – **S. 175:**Corbis, Düsseldorf; – **S. 176:** ullstein bild (Bonn-Sequenz), Berlin; – **S. 181:** Picture-Alliance (dpa/Wolfgang Kumm), Frankfurt; – **S. 186/251:** Christine Skobranek, 1987 Deutscher Taschenbuch Verlag, München; – **S. 190:** Picture-Alliance (dpa/George Frey), Frankfurt; – **S. 191:** Keystone (REGINA KUEHNE), Zürich; – **S. 192:** Picture-Alliance (dpa/All Over Press/Kari Kuukka), Frankfurt; – **S. 194:** Artothek (ALINARI 2005, WLMKuK), Weilheim; BPK (Photo RMN/ Gérard Blot), Berlin; AKG, Berlin; Bridgeman Art Library, London; BPK (RMN/Hervé Lewandowski), Berlin; AKG, Berlin; – **S. 195:** Stiftung Lesen, Mainz; – **S. 196:** C. Dressler Verlag, Hamburg; – **S. 211:** C. Dressler Verlag, Hamburg; – **S. 212:** Corbis, Düsseldorf; – **S. 214:** Avenue Images GmbH (Corbis/ RF), Hamburg; – **S. 216:** Corbis (Jose Fuste Raga), Düsseldorf; – S. 223: Von der Heydt-Museum Wuppertal/© VG Bild-Kunst, Bonn 2005; – **S. 224:** AKG, Berlin; – **S. 226:** Corbis, Düsseldorf; – **S. 229:** Getty Images (Charles Gupton), München; – **S. 232:** Picture-Alliance (dpa), Frankfurt; – **S. 239:** Corbis (Lou Cypher), Düsseldorf; – **S. 264:** Picture-Alliance (dpa/ZB - Fotoreport), Frankfurt

Nicht in allen Fällen war es uns möglich, den Rechteinhaber der Bilder ausfindig zu machen. Berechtigte Ansprüche werden selbstverständlich im Rahmen der üblichen Vereinbarungen abgegolten.